KB042297

제2판

인적자원관리

권순식

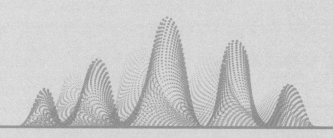

박영사

머리말

창원대학교에서 전임교원으로 발령받아 인사관리란 과목을 강의한 지 어언 15년이 흘러가고 있다. 2019년 1월 인적자원관리란 제목으로 교재를 출판한 이후 이 교재는 강의용으로 요긴하게 사용되어져 왔으며 앞으로도 그럴 것이다. 이전 판에서 밝혔듯이 본서는 많은 욕심을 내지 않았으며 창원대학교 학생들에 대한 강의용으로 성공하면 그 목적은 이뤄진 것으로 판단했다. 그러나 창원대학교를 비롯하여 D 대학교, I 대학교 등 인근의 대학교에서도 교재 사용에 대한 문의가 들어오고 이 교재가 사용되고 유통되고 있다는 것을 알고 나서 무척 놀라게 되었다.

더구나 2019년 이후 많은 시대적 변화가 있었음에도 불구하고 그 추세를 충분히 반영하지 못하고 있다는 점에서 교재를 사용할 때마다 무거운 짐을 지고 있었는데 인근 대학교에서도 본 교재를 사용한다는 소식은 이런 부담을 배가시키는 역할을 했다.

그래서 바쁜 가운데 당장 짬을 내어 개정 작업에 들어갔으며 본서는 그 결과의 산물이다. 본서는 1장부터 11장까지 구성되어 있는데 그 구조를 현격하게 변화시키지는 않았다. 초판에서의 기본적 골격을 그대로 유지하면서 최근의 학문적 동향이나 시사적 동향 등을 보완하는 방식으로 개정을 진행하였다. 전체적인 분량도 한 학기 동에 강의하기에 매우 적당한 수준이다.

본서가 학생들에게 널리 읽혀지고 대학교 등의 강의에서 사용되기에 조금이라도 유익하다면 지속적으로 보완하고 개정하는 작업을 향후에도 진행할 것이다.

2023년 7월
사림동 연구실에서

머리말

　　창원대학교에 전임교원으로 발령받아 첫 강의를 시작한 것이 2008년 3월 이니 어느덧 강산이 한번 바뀌는 11년이란 세월이 흘렀다. 내가 창원대학교에 인사조직 분야의 신임 교수로 임용되어 인사관리란 과목을 처음 강의할 때 느꼈던 혼란스러움에 대한 기억이 아직도 뚜렷하다. 기존에 계셨던 인사조직 분야의 선임교원 두 분 모두가 퇴직을 한 이후 내가 입사하였기 때문에 창원대학교에서는 그 당시 내가 인사조직 분야의 유일한 전임교원이었고 나에게 과목운영에 대해 충고해 줄 수 있는 사람이 없었다. 그 당시에는 정말 무엇을 어떻게 해야 할지 혼란스러웠다. 이 과목을 어떻게 강의하는지 그리고 어떻게 학생들을 교육해야 하는지 등에 대해서 말해주는 교원이 주위에 없었다. 몇 안 되는 선배 교원들은 전공이 다르니 한 발 빼는 분위기였고 인사조직 분야는 당신이 전문가이니 당신의 재량으로 이끌어 가라는 입장이었다.

　　그 이후 나는 인사관리란 과목을 강의하기 시작하였고 쉽지 않았던 이 과목을 어언 11년간 강의해오고 있다. 그간 가장 어려웠던 점은 창원대학교 학생들에게 무엇을 가르치는 것이 적절한가에 대한 고민이었다. 인사조직 분야는 조직 행동, 거시 조직, 인적자원관리, 고용관계, 경영전략 등의 각론 등으로 구성되는데 이 모든 것을 한 두 과목에 녹여서 내용을 전달해야 하는지 아니면 지정된 좁은 분야의 각론 강의만 해야 하는지에 대한 고민이었다(최소한 인사조직 분야의 교원들이 5명 이상 확보되어 있는 대규모 대학에서는 이런 고민을 하지 않았을 것 같다). 특히 인사관리, 즉 인적자원관리란 과목은 요즈음 많은 학문들이 그러하듯이 독자적인 영역만 가지고 있는 것이 아니라 고용관계, 전략, 조직행동 등 나머지 인근 학문 영역과도 밀접한 상호작용을 할 수밖에 없는 학제적 성격을 가진다. 위 고민에 대해서 충분한 답을 얻기도 전에 인사관리과목에 대한 강의는 진행되었고 어느 정도 세월이 가자 내 나름대로의 강의 경험과 기술이 축적되기 시작하였다.

　본 서는 이런 배경에서 서술되었다. 따라서 과학적이고 학문적인 체계를 담기보다는 그간 부담 없이 강의해오던 것을 정리하는 것에 중점을 두었고 새로운 것을 추구하기보다는 그간 해오던 익숙한 내용을 정리하는 것에 중점을 둠으로써 교재의 내용을 단순하고 쉽게 구성하려고 노력하였다. 그래서 사실상 나는 이 교재 출간에 대해 그다지 큰 욕심을 내지 않는다. 적어도 이 습작수준의 졸서가 창원대학교 학생들에게 강의용 교재로 성공적으로 사용될 수 있다면 이것으로 나의 소박한 목표는 달성되는 것이다.

　나는 향후 창원대학교에서 퇴직하기 전까지는 이 과목을 강의하고 지속적으로 학생들과 상호작용을 해 나갈 것이다. 그런 의미에서 현재의 인적자원관리 교재 출간은 미래를 향해 내딛은 조그만 발자국이며 향후 내가 겸허한 자세로 더욱 공부에 지속적으로 매진함으로써 졸작을 넘어 걸작으로서의 발전 가능성을 모색할 기회가 될 것이다.

2018년 12월
창원대학교 경영대학 연구실에서
권순식

Contents

차례

Chapter 01
인적자원관리의 기초

Chapter 04
고용 및 노사관계관리

Chapter 05

조직관리

Chapter 06

직무분석과 직무설계

Chapter 07

모집과 채용, 사회화

Chapter 09

평가 및 보상관리

Chapter 10

복리후생

Chapter 11
비정규직 및 고용 포트폴리오의 관리

인적자원관리

인적자원관리의 기초

01

인적자원관리의 기초

① 연구대상

인적자원관리의 연구대상은 제도와 사람이다. 제도란 인력의 선발, 선발된 인력에 대한 교육훈련, 사회화, 동기부여제도, 급여, 평가, 복리후생, 노사관계 등 다양한 분야에서의 내용을 포괄한다. 개별 기업은 자기 기업에 적합한 인재상을 정하고 이에 적합한 인력을 자체 기준에 의해 선발하는 제도를 운영한다. 물론 인력 선발은 제도가 아닌 최고경영자의 직관적 판단에 의할 수도 있지만 기업의 규모가 일정정도 증가하면 최고경영자의 판단에 근거한 통제가 한계에 달하므로 자체적인 기준을 정하고 이를 제도화하는 방향으로 나아가는 것이 일반적이다. 인력에 대한 교육훈련 역시 이 같은 경로를 통해 발전되어왔다. 과거엔 최고경영자가 일정한 시간을 정해 조례를 한다든지 또는 공식적인 의례를 정해 정신 교육을 한다든지 하는 사례가 있었다. 그러나 이후 시간이 지남에 따라 경영조직에서의 교육제도는 이보다 더 다양하게 발달되어갔다. 기술 및 숙련 형성을 위한 교육, 교양 교육, 인내력 등 정신 교육, 어학 교육, 리더십 향상, 혁신 교육 등 매우 다양한 교육 프로그램을 형성하여 운영하였다. 이 다양한 교육 프로그램은 최고경영자의 능력 밖에 있는 다양한 전문성이 필요하므로 전문 강사가 필요해졌으며 회사는 사내에서 전문 강사를 양성해 운영하거나 외부의 전문 컨설턴트 등을 불러 교육 및 훈련

프로그램을 진행하였다.

아울러 종업원들을 동기부여하기 위하여 다양한 인센티브 제도 등이 고안되었다. 종업원 우리사주제도나 개인 성과에 따른 인센티브 부여, 우수 경영인재 유치를 위해 시행된 스탁옵션 등이 이에 해당된다. 급여제도 역시 회사별로 매우 다양하게 시행되어 왔다. 한국의 경우 과거 연공서열에 기초한 연공형 급여체제가 대세를 형성하였지만 IMF 경제위기와 2008년 금융위기를 겪은 후 대부분 개별 성과급 급여체제 방향으로 변화하고 있다. 한편 생산인력이 많은 사업장의 경우 직능에 기초한 능력급이 시행된 회사도 있다. 이 같은 유연 급여체제의 도입에는 노동조합이나 노사관계가 중요한 변수로 등장하고 있다.

평가제도는 상사가 일방향으로 부하를 평가하는 방식을 벗어나 상사의 부하 평가, 동료의 수평적 평가, 그리고 부하의 상사에 대한 상향 평가 등 다면적인 평가 방식을 활용하는 것으로 탈바꿈하고 있다. 이런 시도는 갈수록 평가의 객관성 확보가 중요해지므로 이를 실현하기 위해 기업 현장에서 아직도 많은 고민을 하고 있다. 노동조합이 조직되어 있는 사업장의 경우에는 노사대화와 협상 등 법제적인 측면에서의 다양한 노무관리 지식과 제도 운영의 경험이 필요하다. 복리후생은 전체 직원에게 획일적으로 적용되는 복리후생의 내용에서 벗어나 개인별 기호와 욕구에 따라 차별화된 유연 복리후생제도로 발전하고 있다.

이같이 기업의 인적자원관리는 기업에서 시행되는 다양한 인적자원관리 관행과 제도를 연구의 대상으로 하고 이 제도 등이 원래 의도하고 있는 대로 조직의 성과 달성에 효과적인 기능을 할 수 있는 조건 등이 무엇인지 등을 탐구하는 역할을 담당하고 있다.

인적자원관리는 제도와 더불어 또한 사람을 연구대상으로 한다. 조직을 구성하는 사람의 심리와 욕구, 그리고 이에 기초한 사람의 태도와 행위의 발현 등이 어떤 연관관계를 맺고 어떻게 상호작용하여 최종적인 행위로 구현되는지 등에 대한 미시적인 연구 주제 등이 인적자원관리의 한 흐름을 형성한다. 이 같은 미시 수준, 즉 개인 수준에 초점을 둔 연구 관심은 궁극적으로 사람의 본성과 본질을 제대로 파악하여 이를 경영과 연결하기 위한 것이다. 조직을 구성하고 있는 사람의 심리와 욕구의 본질을 정확히 파악할 수 있다면 경영자는 이를 기초로 조직에 가장 적합한 인센티브 제도와 동기부여, 리더십 유형을 적용함으로써 최대한 효과적인 경영을 할 수 있을 것이다. 주로 경영자는 종업원들의 심리구조를 파악하여 종업원들을 동기부여하고 리더하는 역할에 초점을 맞추어 조직 효과성을 달성하고자 노력할 것이다. 만약 특정 조직을 구성하는 구성원들의 욕구구조가 물질적이고 경제적인 보상에 의하여 많은 영향을 받는다면 이에 적합한 인센티브제도와 동기부여 방식은 물질적이고 경제적인 보상을 위주로 한 보상 제도를 고안해 시행하는 것이 효과적인 방법이 될 것이다. 한편 특정조직을 구성하는 구성원들의 욕구구조가 능력 개발이나 성취 욕구 달성 등에 많은 영향을 받는다면 경영자는 물질적 보상보다는 내재적 만족을 충족할 수 있는 자기 개발 기회와 성취 기회 등을 제공함으로써 구성원들을 효과적으로 동기부여 할 수 있을 것이다. 이같이 사람에 대한 연구는 기본적으로 인간이 가진 욕구의 구조와 특징을 파악함으로써 동기부여할 수 있는 이상적인 형태의 제도와 관행을 찾고 실행하는 것에 있다고 볼 수 있다.

2 인적자원관리구조

경영학은 인적자원관리, 재무관리, 회계학, 생산관리, 마케팅 등 실용성 위주의 다양한 학문 분과들이 서로 연합하고 상호작용하여 형성되어 있는 무척 학제적인 성격의 응용 학문이다. 대체로 경영학의 하위 단위를 구성하고 있는 분과들이 최종 목적으로 하는 것은 경영의 효율성이라 할 수 있는데 이는 최소의 투입과 최대의 효과, 최대 다수의 최대 행복 등 공리주의적 가치에 기반하고 있다. 이 중 인적자원관리란 학문 분과는 여타 분과들과 마찬가지로 경영조직의 효율성 달성을 목적으로 한다는 점을 부인할 수 없지만 다른 학문 분과와는 달리 종업원들의 직업생활의 질 향상이란 목적 역시 중요하게 취급한다는 점에서 특별히 구별될 수 있다. 인적자원관리란 학문은 경영의 효율성 뿐 아니라 동시에 종업원의 직업 생활의 질을 중시하는 학문으로서 직업을 통한 자기 발전, 능력 개발, 직무 만족, 성취 욕구의 실현 등을 지원한다. 그런데 경영의 효율성과 종업원 직업생활의 질이란 목적은 서로 상위적 성격이 있다. 종업원 직업생활의 질을 높이기 위해서는 비용투자가 선행되어야 하는데 비용이 투입된다는 측면에서 보면 경영 효율의 저하를 야기할 수 있기 때문이다. 예를 들어 한국에서는 최근 육아휴직 등이 법적으로 보장되어 있다. 그런데 과거 민간 기업에서 특히 남자나 여자 할 것 없이 법제도에 공식적으로 보장하고 있는 육아휴직을 실제적으로 사용할 수 있는 여건이 되는 경우는 극히 회귀하였다. 대체로 한국의 회사 분위기는 비록 법적으론 육아휴직이 보장되어 있지만 이를 사용하는 남자와 여자 사원은 그야말로 간 큰 사원으로 간주되는 것이 현실인 것이다. 아니면 크게 육아휴직을 저지르지만 복귀하였을 때 승진을 포기하여야 하거나 직무 이동이나 좌천 등 다양하고 암묵적인 불이익을 감수하고 인내해야 하는 처지가 될 수 있을 것이다. 만약 여러분이 육아휴직을 했을 때 그간 여러분이 담당해온 직무를 조직에서 남아 일하는 다른 사람이 이를 인수하여 계속 해야 했고 여러분이 향후 복귀하였을 때 이 사실을 알게 된다면 여러분은 어떤 심정이 될 것인가? 아마도 나의 일까지 담당해준 주위의 동료 직원에게 여러분은 매우 미안한 감정을 가지게 될 것이고 이런 미안한 마음은 그 기간 동안 고생한 동료들보다 자기 자신을 우선시하는 행위를 하는 것이 염치없는 것으로 간주될 것이다. 예를 들면 1년 간 육아휴직이든 비슷한 형태의 휴직을 한 경우 자기 자신을 동료들보다 우선적으로 승진의 대상 명단에 올리는 행위 등을 자제하게 할 것이다. 소위 눈치를 보고 처신하여야 하는 처지가 된다. 이같이 육아휴직을 저지르는 것 역시 주위 동료와 상사의 눈치를 봐야 하는 것이 한국적인 기업 문화이고 현재도 크게 달라진 것은 없어 보인다. 그런데 만약 인적자원관리 기능 및 제도의 실행이 활성화되어 있는 기업이 있다면 이 기업에서의 육아휴직 제도는 거의 정상적으로 운영될 가능성이 크다. 인적자원관리 기능이 활성화되어 있다면 육아 휴직 등 직업생활의 질을 향상시킬 수 있는 제도의 중요성을 타 기업보다 높이 평가하고 자각하여 이를 적극적으로 시행할 가능성이 높기 때문이다. 즉 인적자원관리 기능이 활성화되어 육아 휴직 등 직업생활의 질을 제고하는 것이 바람직한 조직의 문화로 인지되고 조직의 관습으로 인정되고 자리잡게 되면, 조직구성원 누구나 충분한 여건이 된다면 육아 휴직 등을 할 것이고 회사 역시 이를 적극적으로 지원하게 될 가능성이 높다.

3 인적자원관리 연구 내용

인적자원관리는 제도와 인간을 연구의 대상으로 삼는다고 하였다. 그런데 우리는 개별 제도들이 묶음(Bundle)으로 해 동시적으로 실행되어 나타나는 제도적 시스템을 구분할 수 있고 개별 인간과 개별 인간이 모여 형성한 조직을 역시 구분할 필요가 있다. 인적자원관리는 미시적 관점으로부터의 인간과 제도에 대한 연구, 그리고 거시적 관점으로부터의 조직과 제도가 형성하고 있는 시스템을 각각 연구 대상으로 할 수 있다는 것이다. 이를 정리한 것이 〈표 1-1〉이다.

개별 인사제도 등에 대한 연구들은 직원의 선발제도, 직원에 대한 평가 제도, 급여제도, 인센티브 제도, 복리 후생 등 각 인사제도를 개별적으로 연구하는 분야이다. 가령 IMF 경제위기 등 2번의 경제위기를 겪으면서 우리 기업들은 연공서열형 급여제도를 벗어나 개인성과에 근거하여 급여를 지불하는

표 1-1   인적자원관리의 연구 대상/관점에 따른 연구 내용 분류

	제도	사람
미시적 관점	개별인사제도에 대한 연구 (선발, 평가, 급여, 평가, 복리 등)	개인의 욕구, 태도와 행위 등에 대한 연구, 리더십 등 인적자본(개인의 역량)에 대한 연구
거시적 관점	전략적 인적자원관리 (인적자원체제, 조직 구조, 전략과의 연계성, 조직성과와의 연계성을 탐색)	거시 조직 구조 조직 혁신, 조직 학습, 팀, 사회적 자본 (개인이 가진 관계망)

연봉제도가 많이 확산되어 왔다. 이와 같은 개별 급여 제도의 변천과정과 내용, 그리고 개별 제도가 독립적으로 미치는 영향 등을 연구한다면 이것은 개별 인사제도 연구에 해당된다. 그러나 조직이 형성하는 인사제도 등은 사실상 단독으로 작동하기보다는 다른 인사제도와 혼합되어 동시적으로 실행되는 것이 일반적이므로 다양한 개별 인사제도 등이 형성하고 있는 인사 관행 등의 번들이나 시스템이 조직에 미치는 영향이나 번들이 어떻게 구성되어 어떤 특징 등을 발현하는지 등 다양한 연구 주제가 나올 수 있다. 이와 같은 인사제도들의 번들이나 시스템이 조직구조와 어떤 연관성을 가지는지, 경영전략과 어떤 연관성을 가지는지 등에 대한 경영학적 시사점을 연구한다면 이는 거시적 관점의 제도 연구 영역에 속한다고 볼 수 있다. 이같이 거시적 관점의 제도적 시스템과 환경, 전략과의 연계성을 중시하는 인적자원관리 분야의 학문적 흐름을 전략적 인적자원관리라고 지칭한다. 전략적 인적자원관리는 주로 경영전략과 조직의 인적자원관리시스템의 연계성, 그리고 이 연계성이 조직성과에 미치는 영향 등 조직단위에서 파생할 수 있는 다양한 주제를 포함하여 탐구하는 학문적 영역이라 할 수 있다.

한편 미시적 관점의 사람연구는 조직 구성원이 되는 각 개인의 욕구구조를 탐구하거나 각 개인의 조직에 대한 태도나 행위, 또는 동료나 상사 등에 대한 태도와 행위 등을 탐구의 대상으로 한다. 그리고 인적자본, 즉 개인적

역량에 대한 연구 내용들을 추가적으로 포함하는데 개인의 역량을 개선하거나 향상하기 위해 필요한 요건을 탐구한다든지, 개인의 역량이 초래하는 다양한 효과 등을 탐구하는 등의 주제 들이 이에 포함될 수 있다. 거시적 관점의 사람연구는 조직이나 그룹에 대한 연구로써 조직 구조에 대한 이론 탐구, 조직을 동적 흐름으로써의 지식 축적으로 접근하여 조직 경쟁우위 및 인적자원의 연결망 등의 형성과 발전을 탐구하는 등 다양한 연구 영역을 포함한다. 인적자원이 각각 형성하는 관계망을 학술적 용어로 사회적 자본이라고 하는데 이에 대한 연구 역시 최근 들어 매우 활발하게 나타나고 있다.

이야기

조직은 사람?

"조직은 사람이다", 이 구호는 조직을 사람이 구성하고 사람이 운영하므로 조직 경영에서의 사람 경영의 중요성을 지적하고 있다. 아울러 기업 경영에서 조직의 경쟁력이 사람으로부터 나온다는 측면, 즉 사람을 통한 경쟁우위 확보란 조직경영의 방향을 제시하는 용어로 자리매김했다. 그러나 실제적으로 한국 경제를 둘러싼 경영환경에서 이런 주장을 과감하게 할 수 있을까? 급변하는 경영환경 속에서 경영조직은 실제적으로 이런 철학으로 경영되는가? 이에 대해 의문을 제기할 수 있다. 2015년 이후 한국 경제에서 중요한 사건으로 기록되고 있는 중공업과 조선업의 불황은 창원, 울산, 거제 등에서 중공업 및 조선업종 기업들이 다운사이징 하는 것에 기여를 했다, 이미 중소 조선업체들은 과거에 많은 인력들을 구조조정하였으며 이어 대우 조선, 현대 중공업, 삼성 중공업 등 조선 빅 3에 구조조정 압력이 가해지고 있다. 이 같은 현실 속에서 과연 "조직은 사람이다"란 구호는 어떤 의미를 가지고 있는가? 불황 등으로 인해 기업의 경영실적이 떨어지면 먼저 직원들의 교육훈련비를 삭감하고 그 다음 그마저도 힘들어지면 인력을 고용조정하거나 해고하는 것이 작금의 현실이 아닌가?

스탠포드 대학의 제프리 페퍼(J. Pheffer) 교수는 "조직은 사람이다"는 구호에 대해 1/8 법칙을 제시하였다. 그에 의하면 우선 1/2 정도의 사람들은 사람을 효과적으로 관리하는 것이 조직의 성과에 이익을 가져다준다는 것을 믿지 않는다. 사람관리와 조직성과의 관계를 믿지 않는다는 것이다. 문제는 이 관계를 믿는 절반의 사람들 중 또다시 1/2 정도는 이에 확신을 하지 못하고 한두 가지의 변화를 통해 그 효과를 보려고 하며 장기적인 인내심을 갖지 못하므로 이 관계를 실천적로는 보지 못하며 깨닫지 못한다고 했다. 결국 나머지 1/8에 해당하는 사람들만 효과적인 사람관리가 기업 성과에 긍정적인 영향을 준다는 것을 실천적으로 체험하고 알게 된다는 것을 주장하였다.[1] 이와 같이 경영자는 인적자원관리에의 투자가 조직성과의 향상을 가져올 수 있다는 믿음을 갖기 어렵다는 것을 의미한다.

4 환경의 불확실성이 증가할수록 인적자원관리는 중요해지는가?

요즈음 갈수록 기업을 둘러싼 환경의 불확실성이 증가하고 있다고 한다. 그런데 환경의 불확실성이란 무엇을 의미하는가? 학문적으로 접근하자면 대체로 환경 불확실성을 복잡성과 동태성 등 두 가지의 차원으로 접근하는 경향이 있다. 환경의 복잡성이란 기업이 의사결정할 때 고려해야 하는 요소의 수가 많음을 의미하는 용어이고 환경의 동태성이란 주로 기술 환경이나 소비자기호 등의 변화성, 즉 변화 속도를 의미하는 용어로 사용되고 있다. 따라서 환경의 불확실성이 증가하고 있다는 것은 환경이 보다 복잡해지고 있으며 동시에 환경의 변화속도가 매우 빠르게 진행되고 있음을 의미하는 것이라고 볼 수 있다. 그렇다면 이와 같이 환경 불확실성이 증가한다면 기업의 경쟁우위 형성에 있어 인적자원관리의 역할과 중요도가 증가할 것인가? 아니면 그 반대

---

1 배종석, 2009, 전략적 인적자원론.

로 인적자원관리가 가지는 중요도가 상대적으로 경시될 것인가? 이 주제를 다루어보고자 한다. 그러나 이 주제를 다루기 위해서는 1980년 이후 제시된 다음의 두 가지 중요한 경쟁우위에 관한 이론을 공부할 필요가 있다.

1) 자원준거관점(Resource based view)[2]

자원준거관점이란 기업의 지속적 경쟁우위는 보이는 자산(Tangible asset)뿐 아니라 보이지 않는 무형의 자산(Intangible asset)에게서도 나올 수 있다는 관점을 의미한다. 즉 지속적인 경쟁우위는 적절한 수준의 물질적 자원과 월등한 인적, 조직적인 자원으로부터 나온다는 것이다.

1980년대 이전의 기업의 경쟁우위를 가늠했던 기준은 대체로 기업의 재무적 자산 규모나 인력 채용 규모 등 주로 기업의 크기나 규모 등이었다. 이 경향은 한국에서도 비슷하게 나타났는데 대기업은 중소기업보다 경쟁력이 높고 지속적인 경쟁우위가 있는 것으로 판단되었던 성향 등을 보면 알 수 있을 것이다. 이 같은 기업 규모 등은 기업이 보유하고 있는 자산의 규모나 인력의 규모, 매출액 규모 등 주로 명시적으로 확인되는 유형의 자산이라고 할 수 있다. 그러나 기업의 경쟁우위를 판단하는 이 같은 가시적이고 명시적인 기준은 1980년 이후 환경이 빠르게 변화하는 와중에서 좀 더 특징적으로 변화하게 된다. 즉 기업의 지속적인 경쟁력이나 경쟁적 우위는 명시적인 규모나 당장 나타나는 현금 흐름 등 가시적 자산뿐 아니라 보이지 않는 무형의 자산으로부터도 충분히 나올 수 있다는 주장들이 나타나게 된 것이다. 이것이 바로 자원준거관점이다. 자원준거관점은 기업의 지속적 경쟁우위의 원천을 물적 자산으로 간주했던 과거 경영학의 지평을 확장하여 보다 넓은 시각으로 기업의 경쟁력을 해석하는 혜안을 제공하였다. 그러면 무형의 자산이란 무엇을 의미

---

2 Wernerfelt, B. 1984. A Resource based view of the firm, *Strategic Management Journal*, 5, pp.171－180.

하는 것인가? 이는 인적자원관리가 형성하는 인적·조직적 자원, 조직 문화나 개인들의 관계망, 개인이 가진 능력과 역량 등을 의미한다고 볼 수 있다. 어떤 조직을 구성하는 개인들의 역량과 그 개인들이 형성하는 인간관계의 연결망의 가치, 그리고 조직 문화 등은 바로 우리가 명시적으로 식별하고 판단할 수 있는 성격을 가지고 있지 않다. 이 들은 조직에 배태되어 있거나 조직을 구성하는 개인들 속에 내재되어 있는 속성을 가지므로 경쟁회사들의 시각에 표면적으로 잘 나타나지 않으며 경쟁회사의 모방 시도에도 잘 노출되지 않는 것들이다.

예를 들어 제조 기업에서의 인력 교대제를 성공적으로 수행한 기업인 유한 킴벌리는 자신의 교대제 운영 방법과 실태를 조사하려는 다양한 기업들에 대해 항상 개방적인 자세로 대하고 이들이 요청한 다양한 자료들을 거의 대부분 제공하였다. 사실 우리가 알고 있는 굴지의 기업인 현대중공업, 한국타이어, 포스코 등 다양한 대기업 임직원 등이 유한킴벌리를 방문하여 교대제 운영에 대한 다양한 정보와 자료를 얻어 이를 자사에 적용하고자 노력하였다. 그러나 이들이 배워간 교대제는 유한킴벌리의 교대제만큼의 긍정적인 효과를 나타내고 있지는 않다. 그 이유가 무엇인지를 생각해보아야 할 것이다. 즉 다양한 대기업들은 유한킴벌리의 보이는 제도 내용과 운영방식 등을 배워서 적용할 수는 있지만 교대제가 결합하여 형성되어 있는 유한킴벌리의 조직문화에 대해서는 단기간에 배울 수도 없고 자신의 회사에 즉각적으로 이식할 수 있는 성격이 아니다. 이와 같이 보이지 않는 자산은 경쟁회사를 비롯한 다른 회사 등에서 이를 캐취 업하기가 쉽지 않고 완전하게 모방하거나 적용하기가 불가능하게 한다. 만약 기술 환경의 동태성이 증가한다고 가정하면 이 이야기는 지금 사용하는 기술이 급변하여 새로운 기술이 창출되어 현재의 기술은 구식화되어 사장될 수 있다는 시급성을 말하는 것이며 개발한 기술 또한 쉽고 더욱 빠르게 경쟁자들에 의해 모방되거나 캐취 업되는 경향을 보인다는 것을 의미한다. 이럴수록 보이는 자산은 모방이 쉽지만 보이지 않는 무형의 자산은 경쟁회사에 모방될 가능성이 적어지므로 갈수록 무형의 자산을 형성하는 인적자원관리의 중요도가 증가한다고 볼 수 있을 것이다. 즉 경쟁이 심화되고 환경이 불확실해질수록 인적 · 조직적 자원의 중요도가 증가하는 것이다.

2) 전략적 자산론의 등장

전략적 자산의 개념은 Barney(1995)[3]에 의해 제시되었는데 이는 기업의 지속적인 경쟁우위를 창출하는 자산을 지칭하는 것으로 어떤 기업이 가진 경쟁우위의 원천이 되는 자산이 경쟁회사들의 모방과 추격으로부터 오랫동안 지속하기 위해서는 다음과 같은 조건이 충족되어야 한다고 보았다. 첫째, 전략적 자산은 시장에서 가치 있게 평가되어야 하고 가치를 창출하는 것이어야 한다(Valuable). 둘째, 전략적 자산은 회귀성이 있어야 한다(Rare). 셋째, 전략적 자산은 경쟁자들의 모방이 어려운 성격을 가져야 한다(inimitable). 넷째, 전략적 자산은 대체성(Substitutable)이 낮아야 한다. 즉 전략적 자산을 대체할 다른 자원이 없어야 한다.

전략적 자산의 개념을 고려할 때 이런 성격을 충족할 수 있는 자원은 어떤 것이 있는가? 물론 기업이 가지고 있는 기술력이나 특허 등 명시적이고 암묵적인 지식도 이에 속할 수 있지만 인적자원관리가 산출하는 인적 역량, 사회적 자본, 조직 문화 등도 이에 속할 수 있다. 전략적 자산의 조건을 충족하는 자산은 대부분 경쟁자들의 눈에 보이지 않을 정도로 무형으로 존재하여야만 위의 조건들을 충족시킬 수 있으므로 대부분 이런 요소들은 조직 구성원이나 내부에 배태되어 있는 것들일 것이다. 이런 요소들로 조직만이 특이하게 가지고 있는 조직적 문화, 인적자원, 인적자원관리 체제, 사회적 자본 등을 지적할 수 있다. 이 요소들은 인적자원관리에서 중요하게 취급되어지는 것들인 것이다.

---

3 Barney, J. B. 1995. Looking inside for competitive advantage, *Academy of Management Executive*, 9, pp.49-61.

이야기

소니의 소형화 기술

소니는 아날로그 시대에서는 소형화 기술의 강자였다. 소니가 만든 제품들은 대부분 기존에 존재하고 있던 상품들이지만 소니는 이 상품들을 소형화하여 누구나 쉽게 휴대할 수 있을 뿐 아니라 지참하여 이동할 수 있는 가치를 부가하였다. 이 소형화 기술은 카메라, 카세트 라디오, 스피커 등 다양한 전자 제품에 활용되었다. 대부분의 사람들은 소니가 만든 대표적인 제품으로 워커맨이란 카세트 라디오를 기억할 것이다. 소니는 어떤 경쟁회사들도 따라올 수 없을 정도로 카세트 라디오를 소형화하였지만 그 성능이나 기능은 최고의 출력을 보장하였다. 1980년과 90년대까지만 해도 한국의 삼성전자는 소니의 소형화 기술을 모방하는 입장이었으나 소니의 원천적 소형화 기술에는 전혀 미치지 못하였다. 이런 소니가 현재 삼성전자에 의해 추월당하였으며 2000년 이후부터는 다양한 경영난을 겪게 되었다. 소니가 당한 역전의 수모와 어려움의 원인은 무엇인가? 삼성전자가 소니의 소형화 기술을 추월하여 나간 탓일까? 전혀 그렇지 않다. 문제는 기술의 변화 동향을 소니가 제대로 읽어내지 못한 것에 있었다. 소니의 소형화 기술은 아날로그 형 제품에서나 적용되는 핵심적인 역량인 것이다. 그런데 디지털화의 기술은 아날로그적인 소형화 기술을 진부화된 기술로 만들어 버렸다. 카메라, 카세트, 저장장치 등 다양한 제품들에서 디지털화가 이루어짐으로 인해 다양한 디지털 기기가 아날로그형의 전자제품들을 대체해 버리는 현상이 나타났다. 다행히도 한국의 삼성전자는 이런 기술환경변화에 대해 빠르고 능동적으로 대처함으로써 디지털화에 적극적으로 적응해 냄으로써 성공할 수 있었다. 반면 소니는 성공을 가져다 준 과거 경로에 집착하고 의존함으로써 새로이 등장하고 있는 기술 변화에 둔감해져 있었다.

1. 소니가 2000년 이후 겪고 있는 어려움에 대해 조사하고 이를 어떻게 극복하고자 노력하고 있는지에 대해 조사해 보시오.
2. 소니가 다시 이전의 명성을 회복하고 화려하게 부활할 수 있을까? 그렇게 하기 위해서 필요한 것이 무엇인지 토론해 보시오.

5 인적자원관리의 전개

인적자원관리의 역사적 전개를 어디에서부터 설명할 수 있을까? 우리는 이를 다음의 순서로 분류하여 살펴보고자 한다.

1) 원시적 인사관리

산업화 초기의 인력통제 방식을 원시적 인사관리란 용어로 설명한다. 종업원에 투입되는 비용과 시간을 통제하는 것을 목적으로 한 관리 방식으로 볼 수 있는데 종업원에게는 최소의 임금을 주고 시간적 통제를 극대화하는 방식으로 비용을 통제하고 이익을 극대화하는 방식이다. 원시적 인사관리의 핵심은 노무비 절감과 노동자들의 시간 통제 및 감독에 있다. 산업화 초기의 노동자들은 철저히 작업시간과 출퇴근 등 매우 엄격한 통제와 감독아래에서 생활하였다. 심지어 화장실 가는 것조차 작업 감독자의 허락이 없이는 갈 수 없는 지경이었다. 이 같은 원시적 인사관리의 전형을 영화 "쇼생크 탈출"을 통해 볼 수 있다. 평생 감옥에서 생활해온 모건 프리만이 어느 날 가석방되어 위수 지역의 어느 슈퍼마켓에서 고용되어 일하는 장면이 나온다. 모건 프리먼은 일하다가 소피가 마려울 때 슈퍼마켓의 주인에게 화장실 가도 되냐고 허락을 구한다. 이에 대해 슈퍼마켓의 주인은 모건 프리먼을 조용히 불러 말한다. "화장실 가고 싶으면 조용히 다녀오시면 됩니다"라고… 모건 프리먼은 평생 감옥에서 화장실 갈 때마다 간수에게 허락을 구하였다는 자조적인 독백을 하는 장면이 나온다. 원시적 인사관리는 이와 같이 작업자의 노동과 시간에 대하여 지독하고도 철저한 감독과 통제에 초점을 두고 있는 것이다.

2) 인사관리(Personnel Management)

종업원의 비용통제에 초점을 둔 인력관리 방식을 의미한다. 프레드릭 테일러의 생산방식이후로 적용된 인력관리 방식으로 종업원들의 능력을 차별화하여 적재적소에 배치시키고 작업을 지시함으로써 생산성을 높이는 활동을 한다. 인사관리란 개념은 원시적 인사관리에 비하면 다소 체계적 관리를 도입한 것이지만 결국 종업원에 투입되는 비용을 통제하는 면에 목적을 두고 있다는 점에서는 접근방식이 매우 유사하다. 즉 비용절감을 통해 기업 이익의 극대화를 꾀한다는 점에서 양자는 비슷하다. 인사관리란 과목은 1915년 미국의 Dartmouth College에서 첫 강의가 시작되었고 한국에서는 1950년대와 60년대의 경영학과에 이 과목이 도입되기 시작하였다.

3) 인적자원관리(HRM)

인사관리란 용어가 주로 종업원의 비용 통제에 초점을 두고 있다면 인적자원관리는 직원선발, 교육, 평가, 급여 등 제반 인적자원관리 관행 등이 직원의 역량 개발에 초점이 있다는 것을 강조하는 용어이다. 직원의 능력과 역량을 개발하고 이를 조직의 성과 창출에 기여하게 한다는 점을 강조하고 이 같은 관리적 목적을 분명히 하고 있는 것이라고 할 수 있다. 과거엔 인사관리란 용어를 주로 많이 사용하였지만 1980년대 이후부터 인적자원관리란 용어를 사용하는 경향으로 전환되었다.

4) 전략적 인적자원관리

인사관리나 인적자원관리가 인사제도나 관행, 종업원의 동기부여나 리더십 등 개별 인사 기능에 대하여 초점을 두고 논의를 진행하였다면 전략적 인적자원관리는 인적자원관리의 관행이나 제도간의 합이나 번들이 야기하는 효과와 영향 등을 논의하고, 경영전략과 경영환경과의 관계를 고려하여 다소 유기체적 조직 관점을 조직의 내부로 수용하고 있다는 점이 특징이다. 전략적 인적자원관리의 관심은 개별적 인사관행에 있기보다는 기업에서 동시적으로 실행되고 있는 다양한 인사관행들의 번합과 외부 환경과 전략 등과의 연계성 등에 있다고 볼 수 있다. 그러다 보니 개별인사제도간의 내적인 일치성(적합도)과 개별 인사제도가 뭉쳐 형성한 인사제도 시스템을 비롯하여 이 시스템과 경영전략과의 일치성(적합도나 연계성)이 연구대상이 되며 이 일치성을 어떻게 하면 잘 달성할 수 있을지, 그 결정요인과 결과 등에 대해 관심을 두고 연구하고 있다. 전략적 인적자원관리와 조직성과의 관계를 강화하는 주요요소로써 내적 적합성, 외적 적합성, 전략적 적합성 등의 다양한 용어 등이 등장한다.

(1) 내적 적합성(Internal fit, internal alignment)

적합성 또는 정합성이란 용어는 영어로 fit, match, alignment, consistency 등 다양하게 사용된다. 내적 적합성(Internal fit)이란 인적자원관리 관행이나 제도간의 일치성(fit, alignment)을 의미하는 용어이다. 즉 기업이 채택하고 있는 채용, 교육, 평가, 급여, 인센티브, 복리 등 개별 인사 관행들간의 구성이 얼마나 합리적으로 이루어져 있으며 이런 구성이 최적의 효과를 내고 있는지에 대한 측도라 할 수 있다. 내적 적합성은 인사제도나 관행들의 변합적 효과 또는 보완적 효과를 기대하는 것이며 제도가 변합하여 발휘하는 시너지 효과를 전제로 하고 있다.

(2) 외적 적합성, 전략적 적합성

기업은 변화하는 환경의 특징 등을 정확하게 파악하고 그런 변화에 맞게 기업의 전략을 수정하거나 재설계하고 실행하여야 하며, 전략의 변화에 적합하도록 인적자원관리 시스템을 구축해야 한다. 이 과정에서 외적 적합성과 전략적 적합성의 개념에 주목할 필요가 있다.

먼저 외적 적합성이란 경영환경과 조직의 경영전략과의 정합성을 의미하는 용어이며 외적인 환경변화에 걸맞게 적절한 경영전략이 수립되어 실행되고 있는지의 개념이다. 그런데 기업의 경영전략에 따라 조직내부의 실행적 구조를 형성하는 인적자원관리 체제와의 관계의 일치성, 적합성 역시 중요해진다. 이를 전략적 적합성이라고 한다. 즉 기업은 경영전략과 내부적 인사관리

시스템간의 정합성이 확보될 필요가 대두되는데 이 정합성을 전략적 적합성 이라고 지칭한다.

6 인적자원전담조직의 흐름

과거 기업에서는 사람의 채용, 교육, 평가, 급여, 복리 등 인사관리 기능을 인사부서를 둠으로써 전담케 하였다. 그러나 최근 이런 추세는 다음과 같은 방향으로 갈수록 완화되고 있다. 향후 인사부서의 미래는 어떻게 될 것인지에 대해 생각해 보자.

첫째, 인사부서의 기능들이 갈수록 분권화되어 현장 중심으로 권한과 책임 등이 이양되고 있다. 가령 인력선발을 예를 들자면 과거 대기업들은 중앙부서에서 인력을 선발해 이를 교육과 연수를 통해 사회화하고 각 개별적인 자사나 부서로 뿌려주는 중앙 통제식 또는 집권식 관리 방식이었다. 그러나 최근에는 현장중심으로 이를 분권화하고 지역이나 현장에서 직접 필요하고 적합한 인재를 자체적으로 선발하여 채용하는 방식으로 변화되고 있다.

둘째, 인적자원관리는 인사부서에서만 담당하는 업무로 인식되기보다는 부하를 거느린 모든 경영자, 또는 리더들이 감당해야 할 기능으로 인식되는 경향이 높아지고 있다. 특히 종업원 동기부여와 평가, 리더십 등의 다양한 역할 등이 강조되고 있으며 이는 보편적으로 경영자라면 누구나 감당해야 할 내용으로 변화하고 있다.

셋째, 채용, 교육, 평가 기능 등 많은 스탭의 전문적 행정 기능 등이 갈수록 아웃소싱 되는 경향이 있다. 인사기능의 전통적인 역할 등이 외부화되고 있는 추세이다.

넷째, 구조조정의 상시화, 기업인수합병 등으로 발생하는 조직의 와해 또는 조직의 합병 등 외부의 다양한 변화로부터 어떻게 종업원들이 받을 충격을 최소화하고 변화를 수용하고 적응하게 하는지 등이 문제들이 부각되고 있다. 대체로 변화관리 분야에서도 외부의 컨설턴트 등을 많이 활용하는 추세이며 인적자원부서의 스탭들이 외부 컨설턴트와 협업 관계를 형성하여 구조조정이나 조직 변화를 유도하는 역할을 한다. 스탭들이 하는 역할 중 가장 괴로운 것이 직장 동료들과 상사, 부하들에 대한 살생부를 작성하는 일이며 때로는 이로 인해 심한 정신적 스트레스를 겪고 트라우마를 호소하기도 한다.

다섯째, 인적자원부서 스탭 등이 담당하는 업무로 구성원 옹호 관련 역할이 있다. 이 역할은 구성원들의 불편사항이나 불만, 목소리 등을 듣고 실현하는 것으로서 노조나 노사협의회와 같은 제도를 통해 이루어지는 경향이 있다. 특히 노사의 대립적 이슈보다는 서로의 상생을 위해 필요한 이슈들을 찾고 이를 공유함으로써 상생적인 조직 문화를 형성하는 데 기여한다. 한국의 경우 노동조합이나 노사협의회 등을 통해 이런 기능을 수행한다. 노동조합은 노동자들의 자치적인 조직으로 회사와 독립적으로 불평중재 기능을 담당하지만 노사협의회는 회사의 경영 및 의사결정 관련하여 정보적 소통을 중시하고 종업원들의 제안 사항 등을 정책에 반영하는 통로로서의 역할을 한다. 인적자원부서 스탭 등은 노동조합관련업무에서는 노무관리를 담당하고 아울러 노사협의회 등에서는 회사와 노동자들의 소통을 촉진하여 노동자 제안 사항을 정책에 실현하거나 의사결정 사항에 노동자들의 의견을 반영하도록 노력한다.

여섯째, 인적자원부서와 경영전략과의 연계가 갈수록 중요해지고 있다. 과거엔 인사부서가 최고경영층의 결정과 지시에 의해 업무적 방향이 할당되었다고 하면 최근엔 경영전략의 형성 단계부터 인사노부부서의 임직원이 이 사회에 참가하여 전략적인 조율을 하고 인사부서가 이에 능동적이고 선제적으로 대응하는 역할을 하도록 독려하고 있다.

대체로 보면 전통적 인적자원관리의 관행 등은 갈수록 외부화되어 가는 경향을 보이는 반면 인적자원관리의 변화관리나 전략적 역할이 갈수록 강조되는 경향이 있다. 인사부서 자체는 과거보다 축소될 가능성이 높으며 소수의 정예 직원들로 구성되어 운영되고 조직의 전략적 목적과 일치성을 추구하므

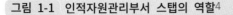

그림 1-1 인적자원관리부서 스탭의 역할4

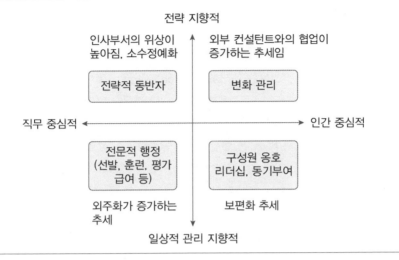

로 조직 내의 위상이 다소 높아질 것으로 예측된다. 통상적인 리더십이나 종업원 동기부여 등에 대한 내용은 인적자원부서 스탭뿐 아니라 조직의 관리자라면 누구나 해야 하는 보편적인 역할로 바뀌고 있다.

7 과학적 관리법과 인적자원관리

테일러의 과학적 관리법이 나오기 이전 기업 경영이 존재했을까? 경영학에서는 프레드릭 테일러를 사실상 경영학의 아버지이자 시조로 보는 경향이 있다. 영국에서 시작된 산업혁명 이후 산업화 시대를 이끈 것은 공장 경영이며 공장 경영은 대부분 비슷한 방식으로 자신의 이익을 극대화하였다. 즉 테일러의 과학적 관리법이 등장하기 이전에는 과학으로서의 경영이라는 개념이기 보다는 자본가의 이익 극대화의 논리가 지배하여 과학이라고 할 수 없을 정도로 단순하였다. 당시의 공장 경영은 매출과 투입비용의 간격을 벌리는 방

---

4 이학종·양혁승, 2012, 전략적 인적자원관리, 도서출판 오래.

식이라고 할 수 있는데 매출을 올리기 위해 노동자들에게 장시간 노동을 강요함과 동시에 투입, 즉 가변비를 줄이기 위해 아주 적은 임금을 주었다. 아울러 가변비를 줄이기 위해 아동이나 부녀자들을 대거 노동에 투입하기도 하였다. 당시의 공장의 노동자들은 대부분 시골에서 올라온 농노와 농부가 대부분이었는데 이들은 청운의 꿈을 안고 기회를 잡고자 공장지역으로 이주하여 노동자가 되었지만 실제적으로 이들의 삶의 질은 나아지지 않았고 비참하기까지 했다. 이들은 장시간 노동과 적은 임금에 시달리면서 자본가의 이익축적에 기여했으며 자신들이 착취당하고 있다는 사실 자체도 자각하지 못한 경우가 대부분이었다. 즉 공장경영시절에는 과학으로서의 경영학이 아니라 노동자에 대한 억압과 착취에 의해 가치가 만들어지는 형식을 벗어나지 못했다는 것이다.

그런데 테일러식 관리법이 기존의 공장경영과 무엇이 다르기에 테일러의 경영법을 과학적 관리라 지칭하고 그를 경영학의 아버지라 칭송하는가? 당시 테일러는 공장 경영인으로써 자신이 경영하는 공장의 생산라인을 점검하면서 생산성 향상을 위해 몇 가지 혁신적인 방법을 찾게 된다. 즉 이익을 남기되 보다 과학적이고 스마트하게 이익을 남기는 경영을 했다는 의미에서 과학이란 단어를 수식어로 붙이고 있는 것이다.

첫째, 테일러는 공장 작업에서 노동자들의 역할과 관리자로서의 역할을 명확히 구분하였다. 그는 관리자의 역할은 효율적인 작업 방식을 찾는 작업을 해야 하는 것이고 노동자는 관리자가 제시한 효율적 작업방식에 따라 지시하는 대로 작업하는 것이라고 보았다. 이런 사고방식은 작업장에서의 관리와 과업 작업을 명확히 분리하는 구조를 만들어 내게 된다. 이 것을 분업의 원리라고 한다. 테일러는 관리자와 작업자의 역할을 명확히 구분하여 효율적인 작업 구조를 만들어 내었다. 또한 작업자들의 업무 역시 세분하게 분화하여 보다 단순화하고 표준화하도록 유도했다.

둘째, 테일러는 작업장에서 일하는 노동자들이 각각 일하는 방식과 생산성 등이 달리 나타나는 것에 주목하여 왜 그런 현상이 발생하는지를 관찰하였다. 그 후 노동자 중 가장 생산성이 높은 노동자(The best worker)를 선발해 이 노동자의 작업 방식에 대해 시간 연구와 동작 연구를 진행하여 여타 다른 노동자들이 익히고 따라할 수 있을 가장 효율적인 작업방식(one best way)에 대한 매뉴얼을 만들게 된다. 이 매뉴얼에 지시하는 대로 공장의 노동자들을 훈련시킴으로써 테일러 공장의 생산성은 비약적으로 증가하게 되어 회사는 많은 이익을 남기게 된다.

셋째, 인적자원관리적 측면에서 과학적 관리법을 고려하면 테일러는 표

---

5 신은종, 2010, 노사관계역사 200년: 복수노조 허용이후의 한국 노사관계를 진단한다, 북넷, pp.66 – 67.

준작업량을 정해 이 표준작업량을 초과달성하는 분량에 대해서는 높은 임률을 적용하고 반면, 표준작업량을 하회하는 분량에 대해서는 상대적으로 낮은 임률을 적용함으로써 노동자들의 임금을 산정하였는데 이를 차별임률제도(Differential piece rate payment)라고 한다. 이 차별임률제도는 오늘날 개인 성과급 급여 제도의 효시라 할 수 있을 것이다.

넷째 테일러는 최초로 생산현장의 일선감독(Front line foreman)과 기능적 감독(Functional foreman)을 분리하였다. 일선감독은 생산현장의 생산 과정 집행을 통제하고 감독하는 역할을 담당하였고 기능적 감독은 생산계획, 인원조달, 훈련 등 오늘날의 스탭지원기능과 비슷한 역할을 수행하였다.

8 호오손 공장 실험과 인적자원관리

호오손 실험은 시카고 근교의 Western Electric Company의 Hawthorne 공장에서 1927년부터 시작해 1932년까지 시행한 연구로 그 목적은 과학적 관리법의 타당성을 검증하는 것이었다. 구체적인 주제는 작업장의 물리적 환경의 변화가 종업원의 생산성 향상에 어떤 영향을 미치는지를 파악하는 것이다. 이는 작업환경의 표준화, 합리적인 직무 배분 등 과학적 관리법의 기본적 원칙이 실제로 종업원들의 생산성에 유의하게 영향을 주는지를 연구하는 것이다.

실험은 통제 집단과 실험 집단으로 나눠 진행하였는데 작업장의 조명, 임금지불방법, 작업시간 등 조건과 환경을 변화하여 가면서 이에 따른 통제집단과 실험집단간의 생산성의 차이를 비교하였다. 그런데 작업환경과 생산성과는 뚜렷한 관계가 나타나지 않았고, 그 원인을 추적하는 과정에서 작업집단의 인간적 요소와 상호 작용 등이 오히려 생산성과 더 밀접한 관계가 있음을 발견하게 되었다. 따라서 이 연구의 후반기에는 연구의 초점이 작업환경에서 구성원들의 집단 행동과 사회적 상호작용으로 옮겨갔다. 생산성은 구성원들의 상호작용과 사회적 관계에 의해 크게 영향을 받는다는 것을 주장하게 되었고 공식적인 직무체계나 권한 관계보다는 자연발생적인 비공식 조직이나 인간관계의 역할이 더욱 중요하게 간주되었다.

9 인간관계 학파의 등장

호오손 공장의 실험은 인간관계학파의 형성에 지대한 공헌을 했다. 호오손 공장의 실험 이전에는 작업집단의 생산성은 작업환경이나 직무 체계의 구조화 정도에 의존한다고 보는 경향이 높았지만 호오손 공장 실험 이후에는 작업집단의 생산성은 이뿐 아니라 작업집단 내 구성원들이 형성하는 사회적 관계나 상호작용, 인간관계 등에 오히려 더 의존할 수 있다는 것을 강조했다. 인간관계학파는 이 배경을 근거로 해 성립되어 발전하게 되었는데 그 주장을 요약하면 다음과 같다.

첫째, 작업집단의 생산성은 공식구조의 효율성과 합리성뿐 아니라 집단 구성원간의 사회적 관계와 상호작용, 인간관계에 의존하며 특히 후자의 영향이 크다고 보았다.

둘째, 개인의 행동동기는 집단의 규범과 동기부여에 의해 영향을 받고 조직의 성과는 조직 구성원들의 인간관계와 사기 등에 의해 좌우된다고 주장했다. 총체적인 주장의 명제는 "만족하고 있는 종업원이 생산성이 높다"이다. 즉 조직구성원들간의 사회적 관계나 인간관계 등에 원활하고 이에 만족하는 직원이 그렇지 않은 직원보다 생산성이 높다는 것인데 이것은 직원의 생산성이 구조의 문제가 아니라 리더십의 문제라고 보는 관점과 매우 유사하다.

10 조직 유기체론(시스템론)

테일러의 과학적 관리법이나 인간관계학파에서는 경영조직을 둘러싸고 있는 환경이란 요소를 고려하진 않았다. 조직유기체론에 이르러 조직을 둘러싼 경영 환경의 중요성이 부각되기 시작했고 조직체는 이를 둘러싼 환경에 지속적으로 적응할 수밖에 없는 유기체로 간주되어 환경과의 상호작용을 통해 생성되고 발전하며 소멸하는 것으로 간주되었다. 조직유기체론은 조직체가 환경에 대해 개방되어 있으며 조직체의 생성과 발전은 환경에의 적응성에 의존한다는 내용으로 조직을 생명을 가진 유기체로 간주하는 시각을 가지고 있다.

경영조직을 둘러싸고 있는 환경은 조직의 경영전략에 반영된다. 조직의 CEO는 환경변화를 분석하고 정확히 예측하여 이에 기초한 경영전략을 수립해야 한다. 이후 경영전략의 수행과정에서 이를 지원하기 위해 필요한 인적자원관리 체제를 형성할 뿐 아니라 적절한 조직 구조로 변화하게 된다. 즉 전략 수립 및 수행과정에서 환경 → 전략 → 인적자원관리 및 조직 구조 등으로 그 영향이 전달되어 조직은 원하는 성과를 달성한다. 챈들러(A. Chandler)는 전략과 조직 구조 사이에서 '구조는 전략을 따른다'는 유명한 명제를 남겼다.[6] 이는 그가 70개 미국기업을 대상으로 연구한 결과에서 이런 밀접한 관계가 있음을 발견한 것이다. 그러나 이 발견을 오늘날 좀 더 확장한다면 아마도 이렇게 명제를 갱신해야 할 것 같다. '구조와 인적자원관리 체제는 전략을 따른다'로 말이다. 경영조직에는 구조뿐 아니라 인적자원관리체제가 있다. 구조가 조직의 뼈대라면 인적자원관리체제는 그 뼈대를 지지하고 지원하는 근육과 같은 것이다.

만약 기업이 설립되어 초창기에는 경쟁력이 있다고 자부하는 제품을 판매함으로써 시장에서 지속적으로 생존하는 것이 무엇보다 중요한 목표이자 전략이 될 것이다. 우리나라의 경우 10곳의 법인이 설립될 때 3년 내에 70% 이상의 법인이 폐업한다고 하는데[7] 이것은 초기 기업을 설립한 후 시장에서

---

6 Chandler. A. 1962. *Strategy and Structure*, MIT Press.
7 2013년도 국세통계연보에 의하면 2013년 한 해 동안 신규로 설립되는 법인은 101,349개이고 폐업되는 업체는 57,867개로 나타나고 있으며 새로이 설립되는 법인에 비해 폐업되는

생존하기가 쉽지 않다는 것을 보여주는 것이다. 기업 설립 초기에는 생존 전략에 치중하여 한정된 제품을 생산하여 이를 시장에서 성공시키는 것이 필요한데 이를 위해 몇 사람의 창립자에게 권한이 집중된 집권화된 조직 구조가 요구 된다. 그러다가 시장에서 일정의 성공을 거두면 제품의 종류가 확대됨과 함께 관리와 생산의 효율성을 중시하게 되므로 기능조직으로 성장한다. 아울러 부품이나 원료의 공급업체에 대한 의존성으로 나타나는 불확실성을 줄이고자 공급업체 등을 내부화하려는 수직적인 통합을 추구하거나 제품의 다양화를 추구하기 위해 연구개발 투자를 늘리고 제품별 조직집단을 구성하는 다각화전략을 실행하게 된다. 다각화 전략으로 인해 조직 전체의 구조는 각 사업부별 경영책임과 자율성을 중시하는 사업부 구조로 전환될 수 있다.

전체적으로 정리하면 전략 → 구조의 방향으로 진행되는데, 기업체의 성장 단계를 따라 초기에는 생존전략 → 집권화 구조, 성장기에는 효율성 중시전략 → 기능조직, 성숙기에는 다각화나 수직 계열화 전략 → 자율적 사업부 구조 등으로 발전한다. 기업은 성숙기에서 새로운 사업 분야를 발굴하고 확장하여야 하는데 이것에 실패하면 쇠퇴의 길을 가게 되거나 새로운 도약을 위해 인수 합병이나 사업부문 매각 등 다양한 전략이 구사될 수 있다.

11 한국기업의 인적자원관리의 변화

한국의 고용 관계 및 인적자원관리는 연공서열형 급여와 승진, 유교적 영향을 받은 가부장적 인사관리 등으로 특징지어졌지만 1980년대 이후 이런 경향이 바뀌고 있다. 이 흐름을 바꾸는 두 가지 중요한 시점이 있는데 1987년 6.29 민주화 선언과 1997년 IMF 경제위기이다. 1987년 6.29 선언은 그간 불법시 되었던 노동조합 조직화 운동을 제도권으로 인정하고 합법화한 것으로

법인이 약 57%이고 전 산업에 걸쳐 폐업되는 업체의 전체 법인에 대한 비율은 약 8.5% 정도로 나타났다.

이야기

시류와 거꾸로 가는 우량 중소기업의 인적자원관리

마이다스 아이티의 4무 정책[8]

마이다스아이티는 토목, 건축, 지반, 기계 분야 소프트웨어를 개발함으로 건축 및 플랜트 분야 공학분야에서 소프트웨어 용역업을 주 사업으로 한다. 마이다스 아이티는 1989년 포스코 건설이 만든 제1호 사내 벤처회사이다. 이 당시만 해도 한국 건설기업이 사용했던 건설 소프트웨어는 100% 외국산이었다. 이를 개선하기 위해 포스코는 사내 팀을 만들었고 지금의 이형우 마이다스 아이티의 이형우 대표가 팀을 리드했으며, 2000년에 포스코로부터 분사하여 독립하게 되었다. 그 이후 마이다스 아이티의 성장은 파격적이었는데, 2000년 15억원의 매출을 시작으로 2002년 104억원, 2004년 145억, 2015년 706억으로 급성장하였으며 20~30명 수준의 직원은 2015년 340명 수준으로 늘었다. 2019년 말 직원수는 379명이며 711억원의 매출에 160억원의 순이익을 달성하였다. 이 직원 중에는 비정규직이 1명도 없다. 이형우 대표는 회사 초창기에 새롭게 채용한 사원들이 적응을 못하고 그만두거나 괜찮은 인재들이 이직하는 것을 보고, 이 문제를 해결하기 위해 많은 고민을 했다고 한다. 그 결과 "사람을 이해해야 문제를 해결할 수 있다"는 것을 깨닫고 사람이 우선하는 인재경영철학을 지금의 4무(無) 정책에 담아 실행하였다고 한다. 4무 정책이란 첫째 무스펙, 신입사원 채용 시 스펙을 고려하지 않는다는 것, 둘째, 무징벌, 실패에 대해 징벌하지 않음으로 인해 다양한 시도와 도전 정신을 가지게 하는 것, 승진 심사를 없애고 누구라도 직급의 체류 연한을 채우면 자동으로 승진하게 하는 것, 셋째, 무상대평가, 직원들을 일정한 잣대로 서로 비교하여 줄 세우기를 하지 않으며 다양성과 독창성을 인정하는 것, 넷째, 무정년, 정년퇴직을 할 나이에도 본인의 의사와 열정, 역량이 있다면 더 오래 일할 수 있도록 하자는 것 등이다. 이런 4무정책 속에서 직원들은 일할 열정을 가지고, 회사에 신뢰와 애착을 느끼며, 스스로 찾아서 일하는 문화를 창출하고 있다. 이형우 대표의 경영철학은 '자연주의 인본 경영'이라고 지칭되고 있다. 이 철학은 일에서 행복을 찾을 수 있는 동기를 유발할 수 있다면 직원들은 스스로 올바른 선택을 할 수 있다는 믿음을 반영한다.

이후 많은 노동조합이 조직되고 임금투쟁으로 인한 임금 인상 등을 봇물처럼 촉발하였다. 이 당시는 기업의 노무관리가 노동조합의 힘에 의해 끌려갔던 시절이라고 할 수 있고 종업원들에게 순수연공기반의 급여, 승진, 교육훈련기회가 제공되었다. 1987년 이후 1996년까지 IMF 경제위기가 발생하기 이전에 우리나라 노조기업의 임금 상승률은 거의 두 자리 수를 기록할 정도로 획기적이었으며 노조기업의 임금인상이 비노조기업의 임금인상을 이끌어가는 구조였다. 이어 1997년 노동법 개정이 이루어지고 바로 IMF 금융위기를 겪게 되었다. IMF 경제위기는 우리나라 기업의 인적자원관리 관행의 많은 변화를 가져왔는데 그 중 특징적인 것으로 개별 성과주의 인사제도의 도입, 경영상 사유에 의한 정리해고 등 노동유연성을 제고하기 시작했다는 것이다. 이런 경향은 2008년 미국발 모기지 사태를 겪으면서 더욱 심화되어 오늘날에 이르고 있다. 개별 성과주의 인사제도는 이미 많은 기업의 사무직과 영업직을 중심으로 확산되었으나 아직도 강력한 노조가 있는 생산직의 경우엔 연공 서열형 급여제도를 고수하고 있는 경우가 많다.

최근 우리나라의 개인 성과주의와 고용유연성 정책 확산에 대해서는 찬반에 대한 논쟁이 존재한다. 전체적으로 볼 때 개인 성과주의의 확산이 개인주의 조직 문화를 확산함으로써 조직 내부 경쟁을 유발하여 긍정적인 성과기여도를 높였다는 긍정적인 평가가 있는 반면 오히려 조직 내 임금 격차와 위화감을 악화시켜 기업내 개인주의 성향을 확산할 뿐 아니라 나아가 사회적인 부의 양극화를 촉발하고 있다는 부정적인 평가 역시 존재한다. 무엇보다 조직 내 직원간의 응집력이 과거보다 많이 약화되었다는 점이 자주 지적되어지고 기업입장에서는 조직 내에서 인재의 육성이나 특유 지식의 생성 자체가 과거처럼 쉽지 않아졌다는 평가를 하는 경우가 많다.

---

8 중앙시사 메거진, "마이다스 아이티, 4무 원칙으로 꿈의 직장 실현", 2015년 11월 3일 기사 내용에서 일부를 발췌함.

12 한국인적자원관리의 도전

현재 한국 기업이 당면하고 있는 인적자원관리에서의 도전 과제 등을 다음과 같이 정리할 수 있다.

첫째, 전세계적인 현상이긴 하지만 투자를 해도 고용이 늘지 않고 있다. 과거 한국정부는 고용률 70% 달성 등 다양한 정책적인 목표를 제시하였지만 정작 기업들은 자동화에 투자를 하고 고용에 투자를 하지 않는다. 만약 고용이 없어진다면 인적자원관리는 무슨 의미가 있는가.

우량기업에 대한 기업의 입장은 이제 고용으로 인한 규모 확대가 아니라 환경 적응성을 갖춘 강소 조직인 것이다. 환경의 불확실성과 시장 경쟁이 심해질수록 기업은 환경변화에 발빠르게 움직이는 기민성을 중요시하기 때문에 더 이상 고용 등을 통해 덩치를 키우지 않는 것이다.

이는 신규인력 채용을 감소시키고 기존 인력에 대해서는 구조조정, 정리해고, 명예퇴직, 권고사직 등의 형태로 퇴출시키는 구조로 나타나고 있다. 이것은 국가적인 차원에서는 청년 인력과 중고령 인력이 가진 인적자산을 활용할 기회를 상실하는 결과로 기업에서의 의사결정이 사회적인 차원의 최적의 의사결정과는 배치되는 현상을 보이고 있는 것이다.

기업에서 고용을 기피하고 자동화를 선호하는 또 다른 이유로는 갈수록 강화되고 있는 산업안전에 대한 기준과 최저임금의 인상, 노조의 결성 등이며, 갈수록 근로자 인권 신장됨으로써 나타나는 각 종 고정적인 비용의 증가 등도 영향을 준다.

둘째, 청년들의 제조업 기피 현상 등을 들 수 있다. 특히 중소 제조업종의 경우 생산 기능 인력의 부족은 오래된 관행이다. 중소기업의 생산 기능인력 등은 대부분 산업인력공단이나 중소기업 중앙회의 산업 연수생 제도에 의한 외국인 노동인력으로 조달되고 채워지고 있다. 이 분야의 사장님들의 이야기를 들어보면 한국인 특히 청년들이 힘들고 어려운 작업을 기피하는 경향을 보이고 있으며 청년들의 시각에서는 노동 현장에서 직무-기대의 불일치가 존재함을 확인할 수 있다. 이 같은 기대와 현실의 부조화를 어떻게 해결해 나가야 하는지 등이 향후 인적자원관리가 담당해야 할 과제가 될 것이다.

셋째, 갈수록 기업간 경쟁이 심화됨으로써 새로운 기술이나 경쟁우위를 따라잡고 모방하는 속도가 매우 빨라지고 있다. 선도 기업이라고 해서 지속적인 선도기업의 위치를 유지하는 것이 쉽지 않은 시대가 됨으로써 경쟁사가 모방 불가능한 자원이나 자산의 가치가 갈수록 높아지고 있다.

이런 자원들은 대부분 무형의 것으로써 조직문화, 노사 문화, 인적 자본이나 사회적 자본 등이 이에 해당될 것이다. 향후 인적자원관리는 이 같은 무형의 자원을 어떻게 형성해야 할 것인지에 대해 해답을 제시하여야 할 것이고 이를 통해 지속적인 경쟁우위를 형성하는 것에 기여하여야 한다.

넷째, 다양한 환경의 압력은 기업으로 하여금 주주 중심만의 경영뿐 아니라 보다 다양한 이해관계자 중심의 경영으로 그 활동 반경을 넓히게 한다. 기업에 자금을 투자하고 있는 주주의 이익만을 최우선으로 대변하는 경영체제에서 갈수록 이 외 소비자, 직원, 지역사회, 공급자 등 다양한 이해관계자의 이익을 대변하는 경영으로 흐름이 바뀌고 있는 것이다. 기업은 독자적인 생존을 하는 주체가 아니라 다양한 이해관계자들과의 관계를 형성하고 그 속에서 자신의 역할을 찾고 이익을 추구하는 주체이기 때문에 기업 경영의 관점도 이를 강조하는 방향으로 나아가고 있다.

과거 조직의 사회적 책임 표준인 ISO26000이 발표됨에 따라 기업은 국제적인 사회적 책임 표준에 의해 원료 공급자, 직원, 소비자, 지역 사회 등에 필요한 최소한의 책임 활동을 해야 하는 상황으로 전개되었다. 물론 사회적 책임 표준에 대한 활동은 강제성이 아니라 자발성에 기초하므로 당장 기업 경영에 영향을 미칠 정도는 아니라고 하지만 최소한 사회적 책임활동이 기업의 이미지 제고와 연관되는 측면이 있으므로 기업은 지속적으로 이를 모니터링할 필요가 있다. ISO26000은 정부와 시민단체 등을 비롯하여 기업에게 지배구조 개선, 인권 신장, 노동 관행 개선, 환경보호, 공정 거래 등을 통해 소속 사회에 도움이 되도록 노력할 것을 요구하며 각종 국제 지침을 망라한 행동에 대한 지침 안내서라 할 수 있다. 향후 만약 기업이나 NGO 등 누구라도 이 국제 표준에 어긋나는 행동을 할 경우 무역 마찰이나 거래상의 불이익을 받을 수 있다.

과거 이같이 외부적인 압력에 의해 주도되어온 사회적 책임 압력은 최근 ESG 경영의 추세로 전환되고 있다. ESG 경영은 기업의 외부자가 기업을 감시하는 시각으로 전개된 과거의 사회적 책임 추세와는 달리 기업 내부자, 특히 투자자 관점에서의 경영방식을 독려한다는 점에서 차이가 난다. 즉 투자자 중심의 자발적인 행동 규범이나 투자 원칙을 강조하기 때문에 외부적 압력에 의한 변화가 아니라 투자자 관점의 전환 노력이란 점에서 많은 기대와 관심을 받고 있다.

다섯째, 한국은 급속하게 인구가 고령화되고 있다. 통계청 자료에 의하면 65세 이상 인구비율이 7.2%였던 것이 2010년 11.0%, 2020년에는 15.7%, 2050년에는 37.4% 등 급격하게 증가할 것으로 예상하고 있다. 더구나 청년들의 취업문이 막히면서 우리나라 전체 취업자 중에서 55세 이상 고령자가 차지하는 비율 역시 갈수록 증가하고 있다. 이러한 인구구조와 취업자 고령화 등은 향후 연금 비용의 일시적 증가 등 부담으로 나타날 수 있을 뿐 아니라 청년과 고령자 등간의 일자리 다툼 등 세대 간 갈등으로 번질 수 있다. 특히 과거 정부가 공공부문 고령자에게 임금피크제를 거의 강제적으로 도입하고 이를 강제할 뿐 아니라 이로 인하여 확보한 재원을 청년 취업을 위해 사용하겠다는 방식으로 정책 방향을 설정한 적이 있는데 이런 정책은 세대 간 갈등을 부추기는 방식으로 비판 받을 수 있다.

여섯째, 경쟁이 심화될수록 직장인들의 스트레스는 갈수록 증가하고 있다. 최근 스트레스 관리에 대한 주제가 인사조직분야에서 뜨고 있는데 이는 이 경향을 잘 대변한다. 1980년대 초반과 2010년대의 직장인의 항우울제 복용은 약 5배 이상 차이가 난다고 한다. 경쟁이 심화될수록 직장인들은 일에 대한 부담과 심리적 스트레스가 증가하고 있는 것이다.

이야기

스트레스와 생산성과의 관계

여러분은 스트레스와 생산성과의 관계를 어떻게 예상하는가? 직무 스트레스와 생산성과의 관계는 역 U형의 패턴을 가지는 것으로 알려져 있다. 직무를 효율적으로 하기 위하여 적당한 수준의 긴장도를 야기하는 스트레스는 필요하다는 것이다. 적당한 수준의 긴장도와 심리적 스트레스는 사람의 정신을 활성화하여 두뇌 활동을 돕는 것으로 알려져 있다. 이를 활성화 이론이라고 한다. 그러나 사람이 인내하는 수준을 넘어서는 스트레스는 심리적 불안감과 더불어 탈진과 소진 현상 등 비정상적인 영향을 주므로 생산성을 저하시키는 요인으로 간주된다. 이를 그림으로 반영하면 스트레스수준과 생산성과의 관계는 역 U형의 모양으로 나타날 것이다. 문제는 사람들의 최적화된 스트레스 수준, 즉 심리적 활성화를 촉진하는 스트레스 수준이 사람들마다 다르게 나타난다는 것에 있다. 아울러 조직의 리더십에 의해 최적 스트레스 수준이 상향조정되기도 하고 하향조정 되기도 할 것이다.

1. 조직의 스트레스 관리를 효과적으로 하기 위한 방안에 대해 토론해 보시오.

이야기

주 52시간 근무제의 단상

2018년 7월 1일부터 300인 이상의 사업장에 근무하는 종업원의 경우 주 52시간의 노동시간을 초과하여 근무할 수 없게 되었다. 이 같은 강제적 입법은 원래 한국이 OECD국가 중 가장 긴 노동시간과 그럼에도 불구하고 평균 이하의 노동생산성을 기록하고 있고 오랫동안의 장기 불황을 겪고 있어 이에 대한 개선의 목적을 가지고 시행되었다. 그 이후 창원의 대표적인 대기업인 H 사업장과 D 사업장의 경우 이미 이같은 입법의 시행일인 7월 이전부터 오랫동안 52시간 근무제의 시범적 실시를 통해 법령에 대한 대비를 해왔으므로 7월 시행과 즈음하여 크게 어려운 점은 없는 것으로 이야기되고 있다. H 사업장과 D 사업자의 경우 과거 빈번했던 야간 근무를 줄이고 5시나 6시에 칼퇴근하는 방식으로 전환되었다. 중공업과 원자력, 재료 부문의 불황은 특히 기업의 일거리를 줄여 왔으므로 그런 측면에서 52시간제로 인한 갈등적 상황 등은 없어 보인다. 그러나 최근 특수고용형태근로자의 연구를 하는 가운데 택배 기사들과의 면담은 이 52시간제가 미치는 엉뚱한 효과에 대해 알게 한 계기가 되었다. 52시간제가 정착되고 장기불황이 맞물리면서 투잡족이 늘어났다는 것인데 문제는 대리운전업에 많은 사람들이 진입하게 되었다는 것이다. 이로 인해 기존 대리운전기사들은 투잡족과 경쟁하면서 일자리 얻기가 더욱 어렵게 전개되고 있다고 하는 것을 듣게 되었다. 주 52시간제로 인해 야근하는 근로자들의 수가 줄었지만 오히려 퇴근 후 가정으로 돌아가 가정친화적 삶을 영위하는 것이 아니라 투잡을 통해 경제적인 목적을 추구한다는 것이다. 대리운전기사업은 2종 보통 면허증이 있고 일정 수준의 공탁금만 콜 센터에 제공하면 누구나 진입할 수 있는 직종으로 진입 장벽이 거의 없는 상태여서 불황과 주 52시간 근로시간제가 맞물리면서 많은 직장인들이 투 잡을 할 수 있는 직종으로 인식되어 이 시장에 진입하게 되었고 이것이 운전기사간의 밑으로 향하는 경쟁을 부추기고 있다.

13 장의 요약

인적자원관리의 연구 대상은 제도와 사람으로 이를 다시 미시적 관점과 거시적 관점으로 나누어 그 내용을 살펴볼 수 있다. 미시적 관점의 제도 연구는 주로 선발, 평가, 급여, 승진 등 개별 인사제도나 관행에 대한 연구이고 미시적 관점의 사람의 연구는 주로 조직구성원 개인의 욕구, 태도와 행위, 동기부여, 인적자본이나 리더십 등에 대한 연구내용을 포함한다. 거시적 관점의 제도 연구는 인적자원관리체제와 전략과의 연계성, 조직성과와의 연계성 등의 내용을 포함한다. 거시적 관점의 사람 연구는 거시 조직 구조, 조직 혁신, 조직 학습, 사회적 자본 등의 내용을 포함한다.

오늘날 갈수록 기업환경의 불확실성이 증가하고 있는데 이같이 기업환경의 불확실성이 증가할수록 인적자원관리와 인적자원관리가 산출하는 결과에 대한 중요도가 증가하는 경향이 있다. 1980년대 이전 기업의 경쟁우위로 각광을 받았던 요소는 기업의 재무적 자산의 규모 등 물적 자산의 크기나 규모 등이었지만 지금은 오히려 인적자원관리가 산출하는 조직 문화, 학습 문화와 같은 무형의 자산이 더 각광을 받고 있다. 이를 뒷받침해주는 관점이 자원준거이론이다. 자원준거이론은 기업의 지속적 경쟁우위가 물적 자산뿐 아니라 무형의 자산에서도 충분히 나올 수 있다는 것을 뒷받침한다.

Barney가 제시한 전략적 자산의 개념에 의해 이런 무형의 자산은 시장에서 가치를 생성할 수 있고 경쟁자들이 모방하기가 어렵고, 시장에서의 대체 가능성이 낮으므로 지속적인 경쟁우위의 원천이 될 수 있다.

인적자원관리는 원시적 인사관리단계 → 인사관리 → 인적자원관리 → 전략적 인적자원관리의 단계로 발전해왔고 거시적 관점으로 접근하는 전략적 인적자원관리에서는 인사제도나 관행들간의 내적 정합성과 전략과의 일치성을 의미하는 전략적 정합성이란 개념이 중시된다. 인적자원관리를 전담해온 전담조직의 기능은 많은 내용이 갈수록 아웃소싱되고 있어 기능의 일대 전환이 불가피해 보인다. 기능적이고 일상적인 업무는 대부분 외부화되고 있으나 경영전략과의 연계성을 관리하는 전략적 동반자의 기능과 변화관리 기능의 필요성이 날로 증가하고 있는 추세이다.

인적자원관리는 과학적 관리법, 호오손 공장의 실험, 인간관계학파, 조직유기체론 등의 영향을 받으면서 꾸준히 발전하여 왔다.

애초 과학적 관리법에서 시작된 관리법이 노동자의 삶에 지대한 영향을 미쳤는데 과학적 관리법에서는 인간 이성의 합리성을 추구하였지만 경영과 작업의 분리를 통해 노동자들을 소외시키고 비인간화를 초래하였다. 테일러는 과학적 관리법을 통해 노동자들을 효율적으로 통제하는 방식을 개발하였고 작업을 시간연구와 동작연구 등을 통하여 단순화, 표준화, 전문화 하는 방향으로 개조하였다. 또한 차별 임률제도를 시행하고 일선감독과 기능감독을 분리하여 일반적 생산감독기능과 지원스탭 기능을 분리하여 합리적 효율화를 추구하였다.

호오손 공장의 실험은 과학적 관리법의 타당성을 검증하고자 시행되었지만 의외로 작업장의 성과를 결정하는 요소는 과학적 관리법의 구조적 요소가 아니라 작업집단의 인간적 요소와 상호작용이란 것을 발견하였다. 이 호오손 공장의 실험은 이후 인간관계학파의 등장에 지대한 공헌을 하였다. 인간관계 학파는 작업집단의 생산성은 공식구조의 합리성뿐 아니라 구성원간의 사회적 관계와 상호 작용, 인간관계에 의존하는 바가 크며 특히 후자의 영향이 크다고 봤다. 테일러의 과학적 관리법이나 인간관계학파는 경영조직을 둘러싸고 있는 환경을 중요하게 고려하지 않았다. 그러나 경영환경의 중요도가 갈수록 중요해지면서 조직유기체론이 등장하는데 조직유기체론은 조직체의 생성과 발전 소멸 등을 조직을 둘러싼 경영환경에 지속적으로 적응하는 과정으로 설명하였다. 전략수립 및 적응 등에서 환경 → 전략 → 인적자원관리 체제와 구조 등으로 상호 영향관계를 주고 받을 수 있으며 조직 현상을 환경과의 적응이란 관점에서 해석하고 파악하였다.

오늘날 한국인적자원관리가 당면하고 있는 문제는 투자를 해도 고용이 늘지 않는다는 점, 청년들의 제조업 기피, 경쟁심화, 주주중심 경영에서 다양한 이해관계자 중심의 경영으로의 전환, ESG 경영의 대두, 출산율 저하로 인해 나타나는 인구 감소 및 급속한 고령화, 직장인들의 스트레스 증가 현상 등이 있다.

MEMO

Chapter 02

경영환경과 인적자원관리

02

경영환경과 인적자원관리

1 경영환경

조직은 환경에 대해 개방되어 있는 체제로서 유기체처럼 환경으로부터 영향을 받고 지속적으로 상호작용한다. 이와 같은 조직론적 시각을 조직유기체론이라고 한다. 조직유기체론은 조직의 생성과 발전, 그리고 소멸을 환경과의 상호작용을 통해 설명하는 이론이다. 환경에 민감하게 대응하여 이에 적응을 잘 하는 조직은 성장하고 발전하지만 그렇지 못한 조직은 소멸할 수 있다는 의미이다. 따라서 기업이나 조직이 처한 경영환경은 조직에게 위협이 되기도 하지만 기회가 되기도 한다.

대체적으로 기업이 처한 환경은 일반환경과 과업환경으로 구분된다. 일반환경은 사회 전체적으로 이에 속한 모든 기업 조직에 공통적으로 영향을 주는 환경요인으로, 조직입장에서는 관리를 할 수 없기 때문에 이에 적응하는 것에 경영의 초점이 맞추어진다. 반면 과업환경(Task Environment)은 기업 조직과 높은 관련성을 가지고 기업이 적극적으로 관리함으로써 영향력을 행사할 수 있는 환경적 요인이다.

일반환경의 예시로 정치적 환경, 법률적 환경, 경제적 환경, 기술적 환경, 사회문화적 환경 등을 들 수 있고, 과업환경의 예시로서는 기업의 의사결정과 직접적인 관련이 있는 종업원, 주주, 노조, 소비자, 경쟁자, 정부의 정책, 지역

사회, 원료 공급자, 금융기관, 지역사회 등을 들 수 있다. 이 환경에 대해 찬찬히 살펴보자.

1) 일반환경

(1) 경제적 환경

시장의 이자율과 환율 변동, 원유가 변동, 물가 변동 등은 기업 경영에 중대한 영향을 주는 경제적 요인이다. 이 요소들은 전체 사회에 속한 기업들에 영향을 준다는 점에서 일반 환경에 속한다 하겠다.[1] 이자율의 상승은 기업들에게 금융조달 비용을 증가시키므로 기업의 투자를 저하시키고 부채비율이 높은 기업의 부실화를 촉진한다. 뿐만 아니라 이자율의 상승은 부동산 등 자산 보유보다는 현금 보유로 인한 수입의 증대를 선호하게 하는 효과를 가지므로 부동산 가격을 떨어뜨리거나 채권 가액을 떨어뜨림으로써 기업이나 가계 등 경제 주체들의 투자의사결정에도 지대한 영향을 준다.

과거 미국에는 부동산 개발업자 출신이면서 억만장자인 트럼프가 대통령에 당선되면서 미국식 보호무역주의가 강화되기 시작했다. 당시 트럼프의 정치경제적 공약은 한마디로 미국 내에 일자리를 유치하겠다는 것으로 그간 미국을 넘어 인건비가 싼 지역으로 투자된 자금과 투자를 미국 내로 회귀시켜 이를 달성한다는 다소 국수적인 정책을 시행하였다. 멕시코 지역으로 새 공장을 짓고자 했던 GM의 계획을 무산시켰고 대 중국을 대상으로 제조업을 회귀시키기 위한 다양한 정책을 시행하였다. 이런 미국 이해관계 중심 성향은 트럼프에 대한 팬심을 자극하였으며 우리는 이를 트럼피즘이라고 지칭한다. 그러나 2020년에 전세계에 불어 닥친 코로나 19 사태는 미국뿐 아니라 전세계의 경제를 침체시켰으며 각국은 경제 침체를 벗어나고자 양적 완화에 근거한 저금리 정책을 시행하였다. 미국의 경우 지속적인 양적 완화를 통해 실물 경

[1] 선대인, 2017, 선대인의 대한민국 경제학, 갑우문화사.

제에 활력을 공급하고자 하였으며 2019년 이후 2021년까지 약 3년간 이 정책이 지속되었다. 2022년부터 미국은 코로나 19이후 강화하였던 양적 완화로부터 양적 축소로 전환함으로써 경제적 거품을 걷고 경기를 연착륙시키기 위해 지속적으로 이자율을 인상하고 있다.

이것이 한국에는 어떤 영향을 미칠 것인가? 미국이 금리를 올린다면 그간 금리 인하와 양적 완화 정책을 통해 경제를 부양해온 일본과 한국 등도 더이상 낮은 금리를 유지하여 경기를 유지하는 방식으로 갈 수는 없을 것이다. 만약 한국에서 금리가 오른다면 이는 1,400조원에 이르고 있는 부동산 등으로 인한 가계 부채에 직격탄을 줄 수 있을 뿐 아니라 기업들의 투자 활동 역시 지금보다 훨씬 더 위축시킬 가능성이 있다. 이자율의 인상은 영세 소규모 자영업자들의 이자 비용 역시 증가시킬 것이기 때문에 우리나라 서민 경제에도 매우 좋지 않은 영향을 줄 수 있을 것이다.

환율의 상승은 수출기업의 가격 경쟁력을 높이지만 수입을 주로 하는 기업에게는 거꾸로 가격경쟁력이 떨어지는 역할을 한다. 특히 환율의 급격한 변동성은 수출입의 비중이 큰 기업에게는 안정적인 기업활동을 저해하는 요소가 된다. 미국은 과거 미국과의 교역국가 중에 중국을 환율조작국가로 지정하여 관세 장벽을 높이려는 경향을 보이고 있다. 한국도 일본과 더불어 환율조작 감시국으로 이미 지정되어 있어 미국 행정부의 지속적인 감시를 받고 있다. 미국과의 관계에서 볼 때 만약 달러화에 비해 한국 원화의 가치가 상승한다면, 즉 환율이 하락한다면 철강이나 자동차 등 대미 수출비중이 높은 기업들의 가격 경쟁력이 하락하게 될 것이다. 반면 환율이 상승한다면 철강이나 자동차 등의 수출 제품이 미국 시장 내에서의 가격 경쟁력이 상승하게 될 것이다. 이 같은 가격경쟁력의 등락은 미국 자동차 시장의 주요 경쟁국이 일본이란 점을 감안할 때 일본 엔화의 등락과도 연관되어 매우 복잡한 양상을 보인다.

만약 미국이 금리를 꾸준히 인상한다면 이것이 원－달러 환율에는 어떤 영향을 미칠까? 미국이 금리를 꾸준히 인상한다면 한국의 금리보다 미국의 금리가 높기 때문에 한국에 투자한 많은 달러들이 더 많은 수익을 보장해주는 미국 쪽으로 이동할 것이다. 이는 원달러 환율의 상승을 의미한다.

유가 변동은 원료와 원자재에 대한 해외 의존도가 높은 한국 경제에 지대한 영향을 주는 요소로 인정되고 있다. 1970년대 전 세계적으로 발생한 오일 쇼크는 유류를 수입해 사용하는 많은 국가들의 실물 경제에 엄청난 타격을 가했다. 한국에서도 급격한 유가 인상과 더불어 범국민적인 에너지 절감 운동에 돌입하였고 해외 자원 개발 등에 대한 관심을 키우기 시작하였다. 그러나 그 이후 장기간의 고유가는 이에 대한 내성을 키우게 하였고 석유 시추 기술과 대체 에너지 분야의 비약적인 발전을 가져왔다. 2017년 7월 당시 중동 두바이유 기준의 유가는 배럴 등 40달러 내외로 최저가를 유지하고 있었다. 이런 저유가는 석유 시추 기술의 발전으로 말미암아 쉐일 오일[2]이나 심해저에 있는 오일 등을 사용할 수 있게 되었다는 점에서도 원인이 있지만 전 세계적인 경제 불황으로 인해 석유 사용에 대한 수요가 매우 감소하였다는 점에서도 원인이 있다.

그럼 이 같은 저유가는 한국경제와 기업에 어떤 영향을 미치는가. 일단 석유를 소비하는 개인들은 싼 가격에 석유를 소비할 수 있으므로 좋다고 할 것이다. 반면 석유를 수입해 이를 정제하여 다양한 석유화학 제품을 생산하는 업체는 어떨까? 지금까지의 관찰에 의하면 지나친 저유가는 석유화학제품을 생산 판매하는 회사의 경우 그 마진을 축소하는 것으로 인식되는 것 같다. 아니나 다를까 최근 저유가인 상태에서 SK이노베이션이나 S오일 등의 정유 회

---

2 Shale Oil, 원유를 함유한 퇴적암(셰일)과 모래(샌드)를 의미한다. 순수하게 매장되어 있는 원유와 달리 모래와 퇴적암에 스며있는 오일이므로 별도의 추출·정제 과정을 거쳐야 하기 때문에 생산단가가 비싸고 잔해 처리에 비용이 많이 들어 폭넓게 실용화되지는 않았다. 최근 채굴 기술 발달로 개발이 늘고 있다고는 하나 경제성과 단가가 문제이다. 오일셰일에는 평균 10%의 원유가 포함돼 있다고 한다. 향후 원유의 가격이 많이 오른다면 셰일오일 생산 및 정체 역시 전 세계적으로 많은 관심을 받을 것으로 예상된다.

사들의 경우 국제 유가가 오르면 이에 따라 주식 가격이 오르고 원유 가격이 빠지면 이들 회사들의 주식 가격 역시 빠지는 동조 현상들이 자주 벌어지고 있다. 유가가 석유정제 산업이나 석유화학 산업 등에 종사하는 기업의 가치에 민감하게 영향을 준다는 것인데 사실 요즈음 증권업계에서는 저유가 정도가 이들 업체에 대한 불황의 정도를 의미하는 것으로 해석되어지고 있다.

> **토론**
>
> 2022년 8월에 통과된 미국 인플레이션 감축법의 내용이 무엇이며, 이것이 한국 자동차 산업(현대기아자동차)에 미치는 영향에 대해 토론해 보시오.

(2) 정치적 환경

한국의 경우 기업경영에 영향을 주는 요소로 정치적 환경을 빼놓고 갈 수는 없다. 정부의 성격이 어떤가에 따라 기업의 경영활동에 지대한 영향을 준 사례는 많다. 사회의 정치 풍토, 정치 권력의 집중 정도, 정당제도 등이 기업 활동에 영향을 준다. 현재까지 우리나라의 경제는 10대 재벌 그룹 등 대기업이 주도해왔다. 실제로 재벌닷컴의 자료에 의하면 국내총생산(GDP)과 10대 재벌 그룹의 매출액을 비교하여 보면 10대 재벌 그룹이 만든 매출액 규모가 국내총생산의 70% 이상을 차지하고 있으며 그 중 삼성 그룹이 차지하는 매출액 규모가 GDP 규모의 20% 이상을 차지하고 있다. 이 재벌들의 성장에서 1970년대와 80년대의 정부와의 우호적인 관계가 큰 역할을 했다는 점을 부인하는 사람은 없을 것이다.

과거에는 정부와의 관계가 소원해서 퇴출되는 기업도 있었는데 이 사례를 몇 가지 제시할 수 있다. 예를 들어 율산 그룹과 동명 목재 등의 사례를 통해 보면 이들 기업들의 쇠락은 정부와의 관계에서 비롯되었다는 점을 일부에서 지적하기도 한다. 율산 그룹은 호남 출신의 젊은 사업가 몇 명이 자본금 500만원을 투자하고 1975년 오퍼상으로 설립하여 급격하게 성장해 78년 건설, 의류, 전자 부문 14개 그룹, 종업원 8,000명 정도의 대기업으로 성장했다. 1979년 율산 그룹의 경영진이 외국환 거래법 위반과 횡령협의로 검찰에 구속됨으로써 그룹이 해체되었다. 율산 부도가 율산 내부의 원인보다는 급성장한 '호남 기업'으로 박정희 정권의 미움을 샀다는 주장이나 '무서운 젊은이들'에 대한 기성 재계의 견제 등에 의해 초래됐다는 견해가 있다. 또 20대 후반, 30대 초반의 젊은 율산 그룹 창업주들이 추구했던 열정과 아이디어, 재계의 기득권 파괴와 경쟁력에 의한 승부수, 돌파력으로 요약되는 도전 정신만큼은 후세에 회자될 수 있다는 긍정적 평가가 양립하고 있다.

과거로부터 정부와의 우호적 관계를 중시해온 기업들의 전통은 기업들이 정부의 정책적 비자금(기여금)을 공급하고 각종 정책적 특혜를 수여받는 방식으로 발전해온 것이 어제 오늘의 일은 아니다. 이 같은 정경유착의 관행은 과거 군부 정권 시절부터 일반화된 현상이었다. 이 같은 정경유착의 관성이 향후 한국 사회에서 근절되는 것을 기대할 수 있을까?

(3) 법률적 환경

기업 활동에 영향을 주는 대표적인 법률로, 상법, 세법, 독과점규제, 공정거래법, 소비자 보호법, 노동법, 공해방지법 등을 들 수 있다. 이 법률 등의 적용으로 기업 활동에 정당성을 부여하기도 하고, 규제나 벌칙이 가해지기도 한다. 예를 들어 분식회계와 관련된 사례는 우리나라의 경우 매우 비일비재하게 발생하는 사건이었다. 또한 노동법 개정에 의해 우리나라 사업장에 복수노조제도가 도입되었고 노조전임자 급여 지급을 원천적으로 막는 타임오프제도가 시행되었다. 이 같은 법제도적인 변화는 기업 경영과 인적자원관리에 지대한 영향을 주는 요인이다. 최근에는 기업체에 일하는 종업원들의 주당 최대

근무 시간을 주당 52시간으로 묶는 입법안이 시행되기 시작하였다. 이 법에 의하면 300인 이상 대기업의 경우 2018년 7월부터 주당 정상적 근무시간과 초과 근무 시간을 합쳐 52시간까지만 근로를 허용해야 하며 이것을 위반할 시 경영자에게 처벌을 강제하고 있다.

한편 2016년 이후 잇따른 산업재해로 인해 발생한 젊은 노동자들의 죽음은 산업재해를 야기한 위험의 외주화 현상에 대한 사회적 경각심을 고취시켰다. 2021년 1월부터 중대재해가 발생한 사업체의 경영자와 사업자에 대하여 징벌적 내용을 강화한 중대재해처벌법이 시행되고 있지만 그 이후부터 현재까지 우리 사회에서 산업재해가 감소한다는 징후는 전혀 나타나지 않고 있다.

이런 법제도적인 변화는 기업들이 법제도의 변화를 둘러싼 제반 환경을 지속적으로 체크하고 모니터해야 하는 필요를 증가시킨다.

> **토론**
>
> 1. 복수노조제도와 타임오프제도가 기업 경영에 미치는 영향에 대해 토론해 보시오.
> 2. 중대재해처벌법에 대해서는 경영자총협회(경총)와 노동단체 등의 입장이 서로 다르다. 각자 어떤 주장을 하고 있는지 조사하고 이를 중재하기 위한 방안을 강구해보시오.

(4) 사회문화적 환경

국가 간 사회문화적 차이는 기업 경영과 인적자원관리에 지대한 영향을 주는 요소이다. 무엇보다 어떤 집단이나 조직을 특징지어주는 가치관과 욕구, 문화적 가치 등을 문화라고 지칭할 수 있는데 이런 문화는 기업의 활동에 필요한 정당성을 확보하게 하거나 배제시키는 작용을 한다. 예를 들면 교육을 중시하고 노동의 가치를 폄하하는 가치관, 여성 등 사회적 약자에 대한 배려

정도, 인맥과 지연 등을 중시하는 문화, 과정보다는 결과를 중시하는 사회적 풍토 등은 기업의 대외 활동과 종업원 관리 활동 등에 지대한 영향을 주는 요인이다.

최근에는 밀레니엄세대와 Z세대의 합성어로 MZ세대가 자주 회자되고 있다. MZ세대의 특징은 개인주의적 성향을 가지며, 집단적인 복리보다는 자신의 복리를 미래가치보다는 현재가치를 더 중요시 하는 것으로 설명되고 있다.

2022년 상반기 하이닉스 반도체의 한 젊은 직원이 사내 인트라넷에 회사의 성과 인센티브에 대한 노골적인 반감과 비판의 글을 올린 적이 있는데 많은 직원들이 이에 동조하고 응원의 글을 보태었다고 한다. 이 사태로 인해 회사 쪽에서도 이 글에 대한 입장과 대책을 발표했을 정도로 유명한 사건이 되었다. 이 사례는 MZ세대의 특징을 설명하는 것으로도 자주 인용되고 있다.

(5) 기술적 환경3

최근 기업의 둘러싼 기술적 환경이 급격하게 변하고 있다. 2016년 다보스포럼에서는 제4차 산업혁명이 화두로 등장했다. 제4차 산업혁명은 기존의 컴퓨터 및 정보 기술에서 한 걸음 나아가, 인공지능, 사물인터넷을 통한 연결성 확장, 지능형 공장, 마이크로 센서기술, 3D 프린팅, 자율주행 자동차 등 다양한 측면에서 공장의 지능화와 자동화, 사물 간 연결성 등을 강조하고 있다는 점에서 특징적이다. 이 기술적 환경의 변화는 제품의 생산 방식이나 사람들의 작업 방식 등에 엄청난 변화를 야기할 것으로 판단한다. 4차 산업혁명과 관련하여 가장 논란이 되는 주제는 '4차 산업혁명이 고용과 일자리 등에 미치는 영향'이 될 것이다. 이 주제에 대해 아직 학자들 간에 많은 논쟁이 벌어지

---

3 권순식, 2016, 기술환경 변화와 한국의 자동차 산업의 고용관계, 노사공포럼, 40(4), pp.145−176.

고 있지만, 전반적으로는 4차 산업혁명은 인간의 인지적인 능력을 대처하는 기술 들이 개발된다는 점에서 기존의 혁명적 변화와는 다르며, 4차 산업 혁명으로 인한 기술적 변화로 인해 새롭게 생성되는 일자리보다는 기존의 일자리를 자동화와 인공지능 등이 대체하는 것이 오히려 더 우세할 것이란 비관적인 전망을 하고 있다.

인간노동과 기술의 관계는 1760년 1차 산업혁명이후 오랫동안 경제적, 사회적, 그리고 정치적으로 제기되어온 논쟁거리이다. 기술의 발전은 생산성을 증가시키고 인간의 부를 증가시킨 것은 맞지만 기술의 발전이 반드시 인간에게 이점만을 제공한 것은 아니다. 1811년과 1816년 영국의 섬유 노동자를 중심으로 일어난 러다이트 폭거(Luddite Movement)는 혁신적 기술의 진보로 인해 일자리를 잃을 위기에 처한 노동자들이 산업계를 파괴하고 영국 경찰과 군대와 충돌한 역사적인 사건이다. 혁신적 기술이 이같이 기존의 일자리를 진부하게 하는 효과가 산업화초기부터 있었으나 러다이트 폭거 이후 기술의 진보가 생산성을 향상하고 일자리를 잃은 노동자들에게 새로운 일자리의 기회를 제공함으로써 그 동력을 잃게 된다.

1차 산업혁명, 2차 산업혁명, 3차 산업혁명에서는 기술적 변화로 인해 없어지는 일자리보다 새롭게 만들어지는 일자리가 더 많았다는 점이 기존 학자들의 문헌에서 자주 발견된다. 이같이 1차에서 3차 산업혁명까지는 혁신적 기술 진보가 인류의 생활을 풍족하게 가꿔왔다면 4차 산업혁명은 다소 다른 방향으로 작용할 수 있다는 가능성이 제기되고 있다. 즉 오히려 새롭게 만들어지는 일자리보다 기술적 변화로 인해 대체되어 사라지는 일자리가 더 많아진다는 것으로 향후 인간의 삶을 유지하기 위해 필요한 교육시스템, 기술적 체제 등에 대한 전반적인 변화를 예고하고 있다.

2) 과업환경

(1) 주주

기업의 주주들은 기업의 주식을 소유한 사람들로써 주주총회를 통해 기
업 경영에 대한 의견을 제시하고 경영자에 영향력을 행사한다. 특히 소유한
주식의 양과 주주가 행사하는 권한은 비례관계를 가지고 있으므로 충분한 주
식의 지분을 확보하고 있는 대주주의 경우 경영권에 영향력을 행사할 수 있
다. 가령 경영자나 이사가 대주주의 이익에 반하는 행동을 하여 대주주에게
손실을 입혔다고 여겨지면 적극적으로 주주총회를 통해 경영자의 해임을 촉
구한다든지 아니면 주주 소송을 통해 권리를 행사하는 경우도 있다.

최근 한국 사회를 뜨겁게 달군 주제 중에 하나로 '오너 리스크(Owner
risk)'가 있다. 오너 리스크란 강력한 카리스마를 갖고 있는 오너(총수)의 독단
경영이 인수·합병(M&A)을 포함한 기업의 경영활동에 부정적인 영향을 주는
것을 말한다. 오너에게 모든 것이 집중되어 있다는 것은, 오너의 잘못된 판단
으로 인해 기업에 끼칠 수 있는 위험이 그만큼 크다는 것을 의미한다. 1세대
오너가 기업을 열심히 일구고 경영권을 차세대인 제2세에게 양도하는 과정에
서 발생하는 다양한 위험과 불확실성 등 후계자 리스크 등을 포함하여, 이 같
이 총수 일가가 기업 경영에서 차지하는 절대적인 권력으로 인해 발생하는
다양한 사건 등을 반영하고 있는 용어가 '오너 리스크'이다. 최근 발생했던 삼

성가의 경영권 승계과정에서의 잡음, 롯데가의 경영권 승계 과정에서 벌어졌던 사건들, 대한항공의 땅콩 회항 사건, 아시아나 항공의 갑질 논란 등은 모두 오너 리스크란 용어로 포괄할 수 있는 사건들이다. '오너 리스크'는 소유경영체제로 이뤄진 재벌에서 자주 발생하고 있으며 지배구조의 합리적 개선 없이는 향후에도 그림자처럼 따라 다닐 것으로 예상된다.

(2) 노동조합

노동조합은 종업원들의 권익을 보호하고 향상하기 위해 종업원 스스로 결성한 단체로 조합원들의 임금 및 근로조건, 발언권 등을 대표하여 경영활동에도 직간접적인 영향을 행사한다. 우리나라의 경우 기업별로 노동조합이 형성되어 있지만 유럽의 경우 산별 노조가 발달되어 있어 이런 경우 기업경영에 미치는 영향이 더욱더 지대하다고 본다.

(3) 소비자

최근 소비자가 자신의 권리를 보화하기 위하여 적극적으로 소비자 보호운동을 전개하는 현상을 보게 된다. 기업 입장에서는 최근 소비자를 만족시키지 않고는 지속적으로 매출 유지와 수익 창출이 어렵다고 보고 소비자의 태도와 욕구에 대한 연구를 경영활동에 도입하여 중요한 관심거리로 두고 있다.

(4) 공급자

기업에게 원재료를 공급해주는 공급자를 의미하는데 한국에서는 공급자가 대체로 원하청 관계나 갑을 관계 등으로 회자되는 불공정거래의 당사자로 인식되기도 했다. 그러나 때로는 공급자가 독점적 시장 지위에 있을 경우도 있을 수 있으며 이럴 경우 소비자에 대해 오히려 원재료 가격을 일방적으로 정해 영향력을 미치기도 한다.

(5) 지역 사회(Community)

기업은 경제단위이기도 하지만 지역 사회의 구성원이기도 하다. 따라서 기업의 활동 등은 지역사회의 상호작용이 중시될 수 있다. 지역 사회는 기업 활동을 위한 인프라를 깔아주기도 하고 기업생산활동을 위한 노동력을 공급해 주기도 하며 기업이 생산한 제품을 소비하는 역할을 하기도 한다. 기업은 지역사회의 일원으로서 지역사회에 일자리를 제공하고, 다양한 공헌 활동을 통해 지역사회의 발전에 기여할 수 있다. 이 같은 상호호혜적 관계를 형성하는 것이 지속적인 기업 활동을 위해 필수적으로 인식되는 경향이 나타나고 있다.

2 환경의 복잡성과 동태성, 그리고 인적자원관리

최근 기업을 둘러싼 환경이 불확실해 지고 있다는 기사들이 자주 나타난다. 기업 환경의 불확실성이란 기업의 의사결정자가 외부 환경변화를 예측할 시간이 없고 변화를 초래하는 환경적 요소에 대한 정보 역시 충분하지 않은 상황을 의미한다. 이를 외부적 요소의 단순성−복잡성차원과 안정성−동태성차원 등 두 가지 차원으로 나타낼 수 있다.[4]

1) 환경의 단순성-복잡성 차원과 인적자원관리

환경의 단순성−복잡성 차원은 조직의 운영에 관계되는 외부적 환경요소의 수와 그 요소간의 이질성(Heterogeneity, dissimilarity)을 지칭한다. 조직에 영향을 미치는 외부적 요소의 수가 많아질수록 조직은 복잡한 환경에 놓여있다고 볼 수 있고 단순한 환경에 놓여있을수록 조직과 상호작용하는 환경요소

---

4 Duncan, R. B. 1972. Characteristics of Organizational Environment and Perceived Environmental Uncertainty, *Administrative Science Quarterly*, 17, pp.313−327.

의 수와 그 요소간의 이질성은 낮다고 본다. 즉 환경의 복잡성이란 경영조직이 의사결정을 할 때 고려해야 하는 요소의 수를 의미하는 것으로 조직이 성장하여 규모가 커질수록 당면하는 복잡성의 정도는 커질 수 있다. 처음 창업을 하고 난 이후 기업이 당면하는 복잡성보다는 성장하는 단계에서 당면하는 복잡성이 더 크게 나타날 것이다. 구멍가게를 운영하는 경영자보다는 중소기업을 운영하는 경영자가 당면하는 환경의 복잡성이 더욱 클 것이고 중소기업보다는 대기업을 운영하는 경영자가 당면하는 복잡성이 더 크게 나타날 것이다. 경영자가 의사결정을 할 때 고려해야 하는 요소의 수가 증가하면 경영자 혼자 의사결정을 할 정도의 전문성이 없는 분야가 대두되므로 이에 대처하기 위해 부서화를 통해 의사결정을 대리하게 하는 경향이 높았다. 즉 환경의 복잡성이 증가하면 기업은 대체로 부서화를 통해 이에 대처해온 것이 전통적 방법이었다. 그러나 최근에는 오히려 기업의 다양한 부서와 조직을 매각(또는 아웃소싱)하고 기업 간의 연계관계를 형성하여 이 복잡성을 해소하려는 경향도 많아지고 있다. 기존 기업에서는 소비자 환경에 대응하기 위해 마케팅 부서를 내부화하여 영업 활동을 진행하였지만 최근 기업에서는 제품개발과 기획 기능만 담당하고 생산이나 마케팅, 광고, 영업 등을 오히려 전문업체와의 연계관계를 형성하여 해결하는 경향이 높아지고 있다. 이 같은 경향은 환경의 복잡성이 증가함에도 불구하고 작은 본사를 유지할 수 있으면서 환경 변화에 유연하게 대처하는 기민성을 제공한다. 애플은 실리콘벨리의 본사에 제품 연구개발과 기획만 담당하며, 이외의 기능 들은 대부분 연계관계를 통해 해결하는 비즈니스 모델을 실행하고 있다. 이 같은 전략은 나이키, 아디다스 등 스포츠 브랜드 업체에서도 발견되는 공통적인 현상이다.

한편 한국의 삼성전자 등은 애플과는 달리 핵심 부품들의 생산과 조달을 내부화된 계열회사를 통해 해결하고 있는 비즈니스 모델을 가지고 있는데 애플 등 미국의 우량기업이 지향하는 비즈니스 모델과는 사뭇 다른 모습을 보이고 있다. 삼성전자와 애플의 영업이익과 매출액을 비교하면 재미있는 현상을 발견하게 된다. 2014년 애플의 매출액은 삼성전자의 60% 정도 수준이었지만 영업이익은 2배에 웃도는 실적을 보였다. 전체적인 매출액은 삼성전자가 많았지만 영업이익은 오히려 애플이 월등하게 나타나는 대조적 현상을 보인 것이다. 애플의 이익률이 삼성전자보다 높은 이유는 Supply Chain Management(SCM)의 성공에서 찾는 것이 맞아 보인다. 현재 애플의 CEO인 Tim Cook은 원래 Compact Computer에서 스카우트 되어 애플로 전직한 경영자로서 SCM 분야의 전문 경영자였다. 그를 스티브 잡스가 스카우트하여 애플의 경영자로 안착시켰으며 잡스의 신뢰를 얻었던 Cook은 애플의 공급망 구조를 근본적으로 변화시켜 지금의 애플의 비즈니스 모델을 만들어 내는 데 기여하였다. 잡스의 창의적이고 혁신적인 아이디어를 반영하는 변화 리더십과 Cook의 산업공학적인 SCM이 결합하여 현재의 애플의 이익구조를 만들어 내었다고 보는 것이 정상적인 시각일 것이다.

환경의 복잡성과 관련하여 인적자원관리는 어떤 대응을 해 나갈 수 있는가? 부서화를 하든 아니면 연계관계를 생성하든 중요한 것은 우수한 인재를 확보하는 것일 것이다. 기업이 우수인재를 확보하기 위해 할 수 있는 인사관리적 정책 등을 효과적으로 실행하는 것이 중요하다. 삼성그룹의 경우 임원진의 고과 평가 항목에 우수 인재를 얼마나 확보하고 유지하고 있는지를 포함하고 있다고 한다. 이 같이 인재의 발굴과 육성, 유지에 중요성을 부여하여 이를 전략적 차원에서 관리하고 있다는 이야기이다. 기업 내부적으로도 창의성을 고양하고 혁신적 아이디어의 창출과 전파를 이룰 수 있도록 인적자원관리 정책과 관행 등이 실행되어야 할 뿐 아니라 기업 외적으로도 새로운 혁신을 수혈할 수 있는 인재들을 영입하는 것에 적극적이어야 할 것이다.

2) 환경의 안정성-동태성 차원과 인적자원관리

환경의 안정성–동태성 차원은 다양한 환경요소들의 특징 등이 시간의 흐름에 따라 얼마나 빠르게 변하는가, 빠르게 변하는 정도, 즉 환경요소들의

표 2-1   기계적 경영구조와 유기적 경영구조의 비교

내용	기계적 경영구조	유기적 경영구조
전체적 특징	내적인 효율성을 중시	환경의 적응성을 중시
과업의 설계	과업내용이 세분화, 명확하게 구분	과업내용/구조 등이 상황에 따라 변화
권한과 책임	상부에 집중되는 경향	현장 중심으로 분권화되고 권한과 책임이 하부에 이양됨
의사결정속도	집권적이고 관료적인 절차를 거쳐야 하므로 속도가 느림	재량권위주, 현장 중심으로 빠른 의사결정이 가능
관료화 정도	매우 높은 편, 규정과 작업순서가 명시됨	낮은 편, 규정과 규칙보다는 유연한 적용과 대응이 중요해짐
의사소통	수직적, 탑 다운 방식	수평적 소통 중시
문제해결방법	공식화된 절차, 지위권력 중심	수평적 상호작용과 팀 회의 등, 개인 창의성에 의존하는 정도가 높음.
인적자원관리 특징	행정전문가 기능과 기능적 전문성이 강조됨	리더십과 전략적 일치성과 유연성이 중요해짐
노무 관리적 특징	대립적인 차원의 노무관리 풍토가 배경	노사간 상호호혜성(Reciprocity)과 신뢰가 필요

변화속도를 의미한다. 예를 들어 정보통신 산업의 기술환경변화와 조선산업의 기술환경변화의 속도는 매우 다르게 나타난다. 정보통신산업의 기술환경변화가 조선산업보다 훨씬 빠르므로 환경의 동태성이 높다고 할 수 있다. 이같이 환경의 변화속도가 동태적이라면 이에 조직은 어떻게 대응할 수 있는가? 환경변화속도가 빠를수록 그런 환경에 속한 기업은 그렇지 않은 기업보다 환경에 매우 능동적이고 기민하게 대처하여야 생존할 수 있고 나아가 발전할 수 있다. 그러기 위해서는 조직내부의 구조나 의사결정과정이 유기적이어서 환경변화속도를 따라잡을 수 있을 정도의 기민성을 가지고 있어야 할 것이다.

T. Burns와 G. M. Stalker(1961)[5]에 의하면 환경변화가 안정적인 조직일 경우 내적 효율성을 중시하는 기계적인 경영구조(Mechanistic Management Process)

---

5 Burns, T. and Stalker, G. M. 1961. *The Management of Innovation*, London: Tavistock.

가, 반면 동태적인 조직 환경에서는 환경에 대한 적응성이 중요한 유기적 경영구조(Organic Management Process)가 형성되는 경향이 있다고 했다. 이 의미는 환경변화속도가 빠른 산업에 소속된 조직은 그렇지 않은 조직보다 조직내부의사결정구조가 환경변화 속도를 따라잡을 정도의 유기성과 기민성을 가지고 있어야 하므로 유기적 구조화되는 경향이 있는 반면 환경변화속도가 비교적 안정적인 산업에 소속된 조직은 기민성보다는 내적인 효율성이 더 중요하므로 이를 달성할 수 있는 기계적 의사결정구조가 형성된다는 것이다.

〈표 2-1〉은 기계적 경영구조와 유기적 경영구조를 각 경영 관리적 차원에서 비교 분석하고 요약한 것이다. 기계적 경영구조와 유기적 경영구조를 과업의 설계, 권한과 책임, 의사결정속도, 관료화 정도, 의사소통방식, 인적자원관리의 특징, 노무 관리적 특징 등의 차원에 의해 비교하여 정리한 것이다.

기계적 경영구조는 과업자체가 명확하게 구분되고 작업 과정의 표준화 수준이 높아서 직원간의 업무 구분이 명확하고 관료화 수준이 높다. 의사소통방식은 톱 다운 방식에 의존하며 많은 권한이 조직의 상층부에 집중되는 경향을 보인다. 의사결정속도는 위계적이고 관료적인 규정과 절차를 철저히 지켜야 하는 과정에 의해 빠르지 않을 뿐 아니라 권한이 집중되어 있는 상층부에까지 현장의 정보가 도달하는 시간이 꽤 걸릴 수밖에 없는 구조이다. 반면 한번 상층부에서 의사결정이 떨어지면 전 조직이 일사불란하게 한 방향으로 움직이므로 내적인 효율성은 상당히 높다.

유기적 경영구조는 과업자체의 구분이나 표준화 수준이 낮고 주로 유기적인 회의 체제를 통해 과업의 할당이나 범위가 상황에 맞게 유동적으로 움직이는 특징을 가진다. 의사소통방식은 주로 수평적 회의 방식이며 위계적인 측면이 매우 약하다. 권한과 책임이 작업이 이루어지는 현장에게 충분히 위임되어 있어 현장에서 발생하는 문제에 대해 작업자가 즉각적인 대응이 가능하다.

〈그림 2-1〉은 지금까지의 논의를 정리하여 환경의 복잡성과 동태성에

그림 2-1 환경의 복잡성과 동태성에의 대응 방식

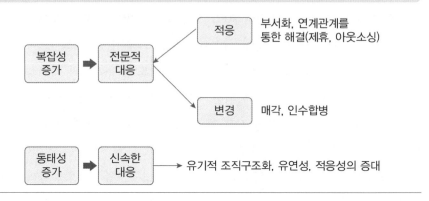

대응하는 조직의 방식을 정리하고 있다. 환경의 복잡성이 증가하면 각 복잡한 과업환경에 맞는 전문성이 필요하고 전문적 대응을 하기 위해 부서화나 연계관계를 통한 해결을 할 수 있다. 반면 환경자체를 단순하게 변화시킬 수도 있는데 이를 위해 매각이나 인수합병 등의 수단을 이용하게 된다.

환경의 변화속도, 즉 동태성이 증가하면 신속한 대응이 중요해지는데 그러기 위해서는 변화속도를 중시하는 조직적 유기성이 필요해진다. 따라서 조직은 내부경영과정을 유기적으로 변화시키고자 노력할 것이다.

3) G. Hofstead의 사회 문화[6]와 인적자원관리

홉스테드는 50개국에 흩어져 있는 IBM의 직원들을 각 국가 간의 문화차이를 탐구하였다. 각 국가별 직원들의 가치와 행동성향에 대해 설문조사하여 다음 다섯 가지의 비교 문화적 차원을 제시하였다.

(1) 개인주의/집단주의

개인이 팀이나 그룹에 속해 일할 때 더 편안함을 느끼는지? 아니면 소속

---

6 Hofstede, G., 1984. "Cultural Dimensions in Management and Planning," *Asia Pacific Journal of Management*, vol.5. 81－99.

없이 자유로이 일할 때 더 편안함을 느끼는지 등에 대한 내용으로 전자의 경우 집단주의 성향을, 후자의 경우 개인주의 성향을 의미한다. 홉스테드는 미국은 일본 등 동양권 국가들에 비해 개인주의 성향이 높다고 판단하였다.

(2) 권력중심형, 권력격차, 권력거리(Power Distance)

사회에서 권력의 불균등한 분배를 받아들이고 용인하는 정도를 의미한다. 이 개념에 의하면 사회가 다원화 되어 권력이나 부의 분배가 비교적 균등하게 되어 있는 국가의 경우 권력거리가 낮은 것이 되고 반대로 사회에 권력이 소수에 집중되어 있는 국가의 경우 권력거리가 높은 것으로 인정된다. 한국의 경우 1980년대 이전 군부 정권시절에 권력이 소수에 집중되어 있었다면 민주화 이후 권력이 사회 전반에 분산되어 가는 과정을 겪어 오고 있다고 볼수 있다. 이를 반영하면 한국은 과거에는 권력격차가 높은 사회였지만 시간이 갈수록 이가 해소되고 있는 사회이다.

(3) 불확실성 회피

불확실성을 회피하는 정도를 의미하고 불확실성한 상황에서 일하는 것을 불편하게 생각하는 정도를 나타낸다. 미국의 부동산 개발업자인 Donald Trump는 불확실성한 상황에서도 과감한 투자를 하는 성향 등으로 유명했다. 그는 2007년 미국에 부동산 모기지 사태가 퍼지는 가운데에서도 부동산개발에 대한 위험스런 투자를 과감히 실행해 성공한 사업가이다.

(4) 남성중심성/여성중심성

국가간 사회문화는 사회구성원들이 남성과 여성의 역할 구분을 얼마나 엄격하게 하고 있는지에 의해 차이가 날 수 있다. 남녀간의 역할이 뚜렷이 구분되는 사회일수록 남성중심성이 높게 나타날 수 있다고 할 수 있다. 남성중심사회에서는 남성이 보다 적극적이고 사회의 지배적 역할을 담당하고 있으며 여성은 대부분 남성을 조력하는 수준의 역할만을 담당한다. 남성중심사회는 업적의 양, 숫자로 나타나는 가시적인 성과, 물질적인 양적 성과를 생활의 질이나 환경보호, 약자에 대한 배려 등보다 훨씬 더 강조하는 경향을 보인다. 홉스테드에 의하면 영미나 일본, 한국 등은 남성중심성이 높게 나타났고 스웨덴, 노르웨이, 덴마크 등 북부 유럽의 국가들이 여성중심성이 높게 나타났다.

(5) 유교적 역동성(Confucian dynamism)

1970년대 이후 빠른 경제 성장을 달성했던 한국, 대만, 홍콩, 싱가포르 등 아시아의 네 마리 용에 대한 관심도가 증가했다. 홉스테드는 일본을 포함하여 이 사회에서의 성장과 발전을 기여하게 한 문화적인 요인을 찾고자 하였으며 이를 유교적 역동성이라 표현했다. 이것은 사회 구성원의 근면과 성실, 장기적 사안에 대한 계획과 저축 성향 등을 반영하는 것으로 아시아에서 높은 발전을 이룬 국가 구성원들이 대부분 유교적 문화의 영향을 많이 받았다는 점에 착안한 것이다. 유교의 가치관이 영향을 준 나라들로써 이 아시아 국가들이 높은 유교적 역동성을 보인다.

국가 간 사회문화적 특성과 인적자원관리의 관계는 오늘날 국가별 형성되어 있는 인적자원관리의 특징을 이해하는 것에 도움을 준다. 개인주의적이고 권력중심성이 낮은 미국 등을 비롯한 서구적 문화권에서는 인적자원관리가 개인의 자유와 능력을 중시하는 방향으로 발전되어 있다. 반면 우리나라와 일본 등 비교적 집단주의적이고 권련중심성이 높게 형성되어온 역사적 맥락을 가진 국가들은 인적자원관리가 권위와 리더와 부하의 온정주의적 관계를 중시하는 방향으로 형성된 경향이 높다. 개인주의적이고 권력중심성이 낮은 문화권에서는 직원들 간의 소통이 활발히 이루어지므로 수평적인 의사전달이나 소통 채널이 발달되어 있다. 조직구성원 개개인의 능력과 성과를 중시하는 인사정책을 실시하여 직원 선발, 교육, 고과, 급여제도 등이 이를 지지하도록 설계되어 추진되어왔다. 반면 한국과 일본은 집단주의적이고 권력 중심적 역사적 맥락을 가지고 있다. 이런 경우 가족이나 친족, 그리고 소속된 집단과의 관계가 인사관리나 경영에서 매우 중요한 역할을 하게 되므로 개인적 성과나 내재적 성취보다는 인간관계의 유지와 권위가 주는 체면, 지역적이고 학연적인 연고주의 등이 인사관리 실행의 이면에 깊이 배태되어 있는 성향이 있다. 이 같은 성향이 반드시 나쁘다고 간주되는 것은 아니지만 가속화되는 세계화의 조류에 맞추어 조금씩 변화해가고 있다.

권력중심성과 불확실성 회피 등은 조직의 문제해결 방식에 지대한 영향을 준다. 권력중심성과 불확실성회피도가 높은 사회문화권에서는 문제해결과 의사결정에 있어 가능한 상위 직책의 공식적 지위나 권한, 규율 및 규정 등에 의지하는 정도가 크게 나타나는 경향이 있다. 반면 권력중심성과 불확실성이 낮은 사회문화권에서는 문제해결과 의사결정에 있어 문제가 되는 집단이나 구성원들의 직접적인 토의와 참가 과정을 통해 해결하려는 경향을 보인다.

남성중심성과 유교적 역동성이 높은 사회문화에서는 구성원들이 열심히 일하는 근면성과 성실성, 추진력 등이 중시되며 인내, 집념, 근면절약 등의 정신이 강한 동기부여요인으로 작용하는 경향이 높다. 반면 여성중심성이 높고 유교적 역동성이 낮은 사회문화는 현재 삶의 질을 중시하며 직장 생활과 일상생활의 질적 조화를 중시하는 경향을 보인다. 예를 들어 스웨덴, 네덜란드 등 북유럽 국가들은 이런 성향이 높게 나타난다.

홉스테드의 문화 연구는 주로 국가간 문화 연구의 범주에 속한다. 홉스테드는 영미권의 관점에서 동양과 서양, 아랍권 등의 문화적 차이를 설명하기 위해 필요한 척도와 차원을 개발하고 이에 기초하여 다양한 국가 간의 문화를 설명하는 시도를 하였다. 그러다 보니 한국과 일본 등 동양권의 문화가 미묘한 차이가 있음에도 불구하고 이를 부각시키지 못했으며 또한 조직 차원에서 홉스테드의 문화 개념을 개별 국가의 현실에 적용하기에는 아직도 많은 한계가 있다.

4) 경영조직에서 문화의 역할

일반적으로 조직 문화가 종업원들의 태도나 행위 등에 중대한 영향을 미치고 강한 조직 문화를 형성하면 이것이 조직 구성원들과 조직에 중대한 영향을 미친다고 알려져 있다. 조직 문화는 어떤 영향을 미치는지 등을 자세히 평가해볼 필요가 있다,

첫째, 조직 문화는 조직의 경계를 구분하는 역할을 수행한다, 한 조직과 다른 조직을 구분하는 것에 문화란 것이 주요한 요인으로 작용한다는 것이다. 삼성그룹의 문화와 현대자동차 그룹의 문화를 예를 들어 이를 설명할 수 있다. 과거 삼성 그룹의 문화를 대표하는 조직맨으로 삼성맨이란 용어가 회자되었고 현대 그룹의 문화를 대표하고 이에 체화된 조직맨으로 현대맨이란 용어가 회자된 적이 있다. 대제로 일반인들이 지각하는 삼성맨이란 정장 차림의

---

7 천성현, 2021. HR 메가트랜드 패러다임의 전환, 서울: 가디언, p.153

단정한 용모, 잘 다듬어진 헤어, 항상 뛰기 전에 생각하는 치밀성, 일등주의 등으로 연상한다. 반면 현대맨은 우직하고 적극적이며 약간은 엉성하지만 할 일을 확실하게 해내는 추진력, 항상 뛰면서 함께 생각하는 저돌적인 업무 자세 등을 연상한다. 이 대기업들은 과거 신입사원을 채용한 후 그룹연수와 자사연수를 통해 기업체가 이상적으로 추구하는 인재상을 교육하고 사회화함으로써 사원들에 대해 비슷하고 동질적인 문화적 이미지를 주입하고 표출시켜 왔다.

둘째, 조직 문화는 조직 구성원들에게 자신의 정체성과 조직의 집단적 정체성을 일치시키는 방향으로 작용하여 집단적 규범에 개인이 따르도록 하는 자발적인 동기부여를 자극하고 영향력을 행사한다. 즉 집단내 문화를 공유하게 함으로써 자신들의 정체성을 조직적 규범에 맞게 재정의하게 하는 역할을 수행한다.

셋째, 조직 문화는 구성원들의 의식, 태도, 정체성, 행위 등에 영향을 주어 제도나 규칙 등으로 인한 통제를 완화시키고 거래 비용을 줄이는 긍정적인 작용을 할 수 있다. 예를 들어 창원대학교 경영학과의 집단적 학습 문화가 훌륭하게 형성된다면 경영학 공부를 학생 스스로 자율적으로 할 수 있고 중간과 기말시험에서도 시험감독자 없이 자율적으로 시험을 치를 수 있을 것이다. 문화를 통해 컨닝이나 치팅 같은 부정행위를 감시하고 감독하기 위한 거래적 비용이 절약될 수 있는 것이다.

넷째, 강하게 형성된 조직 문화가 오히려 조직 관성을 강화하여 변화에 대한 장벽으로 나타날 수도 있다. 즉 조직 문화가 반드시 구성원이나 조직에 대해 긍정적으로만 작용하는 것은 아닌 것을 유념할 필요가 있다. 급변하는 정보 통신 분야의 기술환경에서 소니나 파나소닉 등 전자업체 등은 자신이 가진 핵심적인 역량인 아날로그형 소형화 기술의 개발에 많은 자원을 집중해 왔다. 그러나 급변하는 정보통신 기술적 환경은 일본 기업의 기술적 성향인 "한 가지 잘하는 기술, 즉 한 우물에 집중하는 전략 문화"가 오히려 디지털 기술환경 변화에 대해 적절하게 대처하지 못하는 결과를 초래하였다. 이런 문화는 미래 기술에 대한 근시안을 초래하여, 현존하는 기술을 대체할 수 있는 다른 기술에 대한 동향을 쫓아가지 못하게 한 결과를 가져왔다.

다섯째 조직 문화는 기업의 인수합병시 반드시 고려되어야 하는 요소로 부각된다. 과거 기업의 인수합병시 고려한 요소는 재무적 성과나 사업의 포트폴리오 구성 등 제품 간의 시너지 효과였다. 그러나 최근에는 조직간의 문화적 적합성이 주요 관심사로 등장하고 있다. 수많은 인수 합병에서 피인수 회사의 임직원들은 인수 회사의 문화에 적응하거나 그간 가지고 있던 회사의 문화적 규범을 버리고 새로운 환경에 적응해야 하는데 이는 쉬운 일이 아니다. 그 과정에서 많은 갈등이 잉태되는 것이 지금의 현실인 것이다. 예를 들어 기독교적인 조직 문화를 가진 이랜드가 기존 유통업체를 인수합병하면서 겪었던 노사갈등 상황 등은 두 인수 합병조직간의 문화적 차이로 충분히 설명될 수 있는 사례가 될 것이다.

5) 조직 문화와 인적자원관리

조직 문화의 형성과 발전에 인적자원관리는 어떤 역할을 할까?

첫째, 인적자원관리는 조직 문화의 형성에 기여한다. 인적자원관리는 조직 문화의 나아갈 방향을 정하고 최적의 문화를 형성하기 위해 다양한 정책과 제도적인 지원을 제공한다. 최근 조직에서 다양성 관리에 대한 주제가 부각되는 현상이 감지되는데 이는 조직내 입사하는 구성원들의 특징이나 배경 등이 매우 다양하여 이를 수용함으로써 다양성이 발현하는 장점 등을 개발하려는 의지가 작용하고 있다.

둘째, 인적자원관리는 조직 문화의 변화에 대해 윤활유적인 완충 작용을 한다. 급격한 조직 변화의 과정에서 인적자원관리는 구성원들이 변화에 적응하는 완충 역할을 수행함으로써 내적인 갈등을 줄이는 역할을 수행할 수 있다. 특히 기업간 인수합병의 과정에서 나타나는 급격한 변화는 심한 내적인 갈등과 트라우마를 유발할 수 있는데 인적자원관리는 이런 급격한 변화를 완화하는 다양한 툴 등을 제공함으로써 갈등 상황을 완화하거나 조기에 대처하는 역할을 감당한다.

셋째, 인적자원관리는 바람직하고 적절한 조직 문화를 형성하게 함으로써 조직 통제에 들어가는 잠재적인 비용을 줄이는 역할을 한다. 인적자원관리는 사원들의 문화적 적응과 배태를 돕기 위해 다양한 교육과 사회화 프로그램 등을 지원한다. 이를 통해 직원들이 스스로 학습하고 자율적으로 일하는 문화를 창출하여 직원들에 대한 조직적 통제의 필요성을 경감시킨다. 실리콘밸리의 구글 캠퍼스에서는 직원들에 대한 출퇴근, 근무 시간 등에 대한 통제가 거의 없다. 이는 직원들의 자율적 문화에 의존하여 해결하고 있으며 직원들은 자율적으로 직무를 수행하고 새로운 직무를 개척한다.

6) 4차 산업혁명과 인적자원관리[8]

우리는 이상에서 경영환경을 고려할 때 기업의 인적자원관리는 어떻게 전개되는지에 대한 주제를 다루었다. 이 주제는 조직 유기체적 관점에서 논의를 진행하였고 현재에도 지속적으로 논의를 진행할 수 있을 것이다, 최근에는 경영환경이 매우 급속하게 변하고 있다고들 말한다. 특히 기술 환경이 그렇다. 최근 언론에서 회자되고 있는 4차 산업혁명으로 인한 다양한 논쟁 등이 이에 해당될 것이다.

4차 산업혁명은 기업의 인적자원관리에 어떤 영향을 미칠까? 이 같은 기술적 변화가 초래하는 영향을 논의한다면 다음과 같은 것들을 지적할 수 있을 것이다.

첫째, 생산과 제조에서의 로봇과 인공지능의 활용이 일반화될 것이다. 특히 인공지능의 활용은 그간의 제조 관행 및 인적자원관리 방식의 변화에 큰

---

8 권순식, 2016, 기술환경변화와 한국자동차산업의 고용관계, 노사공포럼, 40(4), pp.145-176.

변화를 초래할 것으로 예상된다. 먼저 단순조립라인이나 일상적이고 반복적인 작업과정은 대부분 로봇이 대체할 것으로 보이므로 육체노동자들의 절대적인 감소는 불가피할 것으로 예상된다. 아울러 이를 감독하는 중간 관리자들의 전통적인 역할이 축소되어 중간관리자의 역할이 축소되거나 없어지고 생산 및 제조 현장에서는 로봇의 프로그램이나 소프트웨어를 관리하거나 오류를 수정하고 유지하는 작업을 현장의 작업자들이 흡수하거나 아니면 아예 이를 전문으로 하는 기술자를 채용하거나 아웃소싱 등으로 확보할 것으로 보인다. 제조나 생산 현장에서 갈수록 자동화가 인간의 노동과 브레인을 대체하는 정도는 증가할 것으로 보이므로 인간이 개입할 여지는 작아지고 이에 따라 인적자원관리 역시 축소되어 핵심 인력의 확보나 관리에 집중될 가능성이 증가할 것으로 예상한다. 전반적으로 전자장비와 소프트웨어와 관련된 기술적 인력에 대한 사회적 수요가 증가할 것이고 특히 엔지니어나 연구 인력 등에서 이런 현상이 가속화될 것이다.

둘째, 생산과 제조 영역이 대부분이 로봇과 인공지능의 영역으로 넘어간다면 기업경영 및 인적자원관리의 방향은 서비스 영역으로 강화될 것으로 예상된다. 제조품의 외연 확대화가 가능해지며 이에 따라 고용은 제조분야보다 서비스 분야로 확대될 가능성이 더 높아진다. 예를 들어 자동차 산업의 경우 차량 공유 서비스의 출현이나 항공기 제조업의 경우 부품 교체 시기를 미리 점검하고 알려주는 앱 서비스 등 제조업과 관련하여 그 외연이 서비스분야로 확대되는 현상이 나타나고 있으며 이에 따라 고객 서비스 분야의 고용이 늘어나고 이에 대한 중요도가 갈수록 높아질 것이다.

셋째, 인공지능, 로봇제어기술과 사물인터넷의 연결 기술 등은 기업 특수적인 기술이기보다는 시장지향적이고 보편성의 성격이 갈수록 높아지므로 기업간의 기술 인력 이동이 무척 자유롭게 일어날 수 있는 노동시장 환경이 조성될 가능성이 높다. 이에 의해 20세기 들어 활성화되어왔던 내부 노동 시장에 기초한 육성형, 내부 개발형 인적자원관리 방식이 점차적으로 완화되고 갈수록 외부 채용형 인적자원관리 방식이 확대될 것으로 예상한다. 따라서 개인별로 유연한 급여체제, 기술인력 개인에 대한 평가, 적극적인 보상 정책 등으로 인력을 시장에서 유인하는 방식의 시장 유인체제 방식으로 인적자원관리의 방향이 나아갈 것이다.

　최근 연구에서는 자동화와 스마트화 등 기업혁신을 주도하는 기술적 자원을 도입하여 효과적으로 운영하기 위해서는 자원기반관점에 기초를 둔 인적자원관리에 대한 접근 방식이 자동화 등 기술자원과 인적자원이 보완적으로 결합하여 협업하는 체제인 HARM(Human Automatic Resource Management)로의 이행이 필요하다고 강조하고 있다.[9]

　4차 산업 혁명이 인적자원관리에 미치는 영향은 현재 진행형이므로 향후 지속적으로 지켜볼 필요가 있으며 이 같은 기술적 변화가 고용과 인적자원관리의 방향에 미치는 영향에 대해서 학자들 간의 이견이 존재한다.

7) 사례: 자동차부품기업의 기술변환에 대한 대응[10]

　자동차 부품을 포함한 자동차 산업은 현재 기술적인 전환기에 있다. 전환의 방향은 하드웨어적 측면의 전동화, 자율주행을 비롯한 소프트웨어의 발전, 생산 및 가공 공정의 스마트화 등 세 가지 방향에 있다. 전동화의 방향에 의해 내연기관의 핵심을 구성했던 휘발유나 경유 등의 엔진이 배터리에 의해 추진되는 전기 모터 등으로 대체되면서 기존의 흡기나 배기 장치, 엔진 부품 등을 만들어온 부품업체의 미래가 불투명해졌다. 아울러 자율주행 등 소프트웨어의 발전 역시 유지군으로 간주되어온 조향장치 등을 만드는 부품업체에도 적지 않은 위협을 가할 가능성이 커지고 있다. 자동차와 그 부품을 생산하

9　Stein, V., and Scholz, T. M. 2020. Manufacturing revolution boosts people issues, the evolution need for 'Human−Automation Resource Management' in smart factories, *European Management Review*, 17(2), 391−406.

10　권순식 · 김도현 · 김민철, 2022, 기술변환기 자동화와 고용, 전략적 대응방향: 자동차부품기업의 복수사례연구, 산업과 경영, 35(2), 48−78.

거나 가공하는 과정도 컴퓨팅기술과 정보통신이 결합되어 제조 공장의 스마트화로 나아가고 있다.

이 같은 상황은 자동차 부품을 생산하고 이를 완성차 업체에 납품하고 있는 기존 부품업체의 미래에 쉽지 않은 난제를 던지고 있다. 향후 진행될 전동화와 자율주행, 공정의 스마트화 등 기술적 고도화에 기존 자동차부품업체 등은 지속적 생존을 위해 어떻게 대응하여야 하는가.

자동차 산업의 기술적 전환기에 대한 기존 논문들이나 글 등은 4차 산업혁명, 또는 인더스트리 4.0, 스마트화 등 다양한 용어를 기술적 변혁의 의미로 사용하고 있다. 그 이유는 향후 자동차 산업에 적용되는 기술적 변환 등이 4차 산업혁명에서 언급하고 있는 빅 데이터, 인공지능, 사물인터넷, 센서의 고도화, 스마트 공장 등의 다양한 기술을 직간접적으로 포함하고 있기 때문이다.

그러나 이 같이 거창한 기술적 변환 추세에도 불구하고 우리나라 자동차 부품업체 등은 몇 개의 대기업 계열사를 제외하고는 대부분 영세하고 완성차에 대한 물량 의존도가 높을 뿐 아니라 영업 구조에서도 충분한 이익을 만들어내지 못하고 있다. 이는 기술변환에 대비하는 새로운 투자 시도를 할 정도의 여유가 없다는 의미이기도 하다.

그럼 자동차 부품 산업에 속한 기업들은 어떻게 기술변화에 대응해야 하는가. 이 업체들의 상황은 여의치가 않다. 우리는 이 같은 자동차 부품 기업이 당면하는 딜레마를 부각하고자 하며 그 이면에서 벌어지고 있는 고용의 구조적 측면을 탐구함과 동시에 향후 나아갈 방향은 무엇인가. 이를 파악하기 위해 우리는 울산, 창원 등지의 자동차 부품 생산 기업 등을 심층 면접 조사를 진행하였다.

그 결과 기술전환기 자동차부품업체들이 공통적으로 당면하고 있는 조건은 완성차 시장에 대한 물량 의존성이 가져오는 불확실성이었다. 완성차의 시장 동향에 따라 유동화되는 수주 물량이 초래하는 다양한 불확실성과 위험을 관리하는 것이 자동화수준과 고용수준을 결정하는 핵심 내용이 된다. 즉 자동화 수준과 고용 수준은 물량 확보로 인한 불확실성을 관리하는 위험관리 차원에서 그 상대적인 의존도가 결정된다. 대부분의 부품기업에서 수주 물량의 불확실성을 최소한의 적정 자동화기기 배치와 협력회사의 소싱이나 사내 하청 등 노동의 양적 유연성을 결합하여 관리해오고 있었다.

최근 자동차를 둘러싼 기술환경이 급변하자 수익성이 좋지 않은 중소기업의 경우 자동차 기술전환에 대해 대비할 여력이 부족하다. 여유 자원이 충분하지 않은 중소기업의 경우 새로운 사업영역이나 기술영역에 투자한다는 것은 상상하기가 어렵다. 따라서 자동차 부품기업들이 향후 기술전환에 대해 어떻게 대응하여야 하며 이 고질적인 딜레마를 어떻게 극복해나가야 하는지의 문제는 향후 지속가능한 생존을 담보하기 위해 필수적으로 극복해야 하는 과제가 된다.

이에 대해 본 사례에서의 기업들은 나름대로 주어진 상황을 받아들이고 현실적인 대안을 찾는 모습을 보여주고 있다. 이 기업들의 기술전환에 대한 미래 대응 방향을 다음의 네 가지 분류로 압축하여 제시한다.

(1) 완성차 중심의 생태계 의존 전략

이 전략은 완성차업체 중심의 생태계에 대한 의존성을 유지하거나 높여서 기술전환을 하는 것을 의미한다. 이 방향은 중견기업인 D사와 K사, 소기업인 S3사가 해당될 것이다. D사는 완성차에 직렬로 카핏과 도어 등을 납품하는 회사로 완성차와의 긴밀한 관계를 중시하며 사업을 진행하고 있다. D사는 완성차에 직렬로 부품을 만들어 직렬로 납품하기 때문에 완성차가 파업이나 휴업 등 기타 사유로 생산을 일시 중단하면 이에 맞춰 부품 생산을 일시 중단하여야 한다. 두 회사는 직렬생산으로 상호 의존되어 있어 D사는 완성차를 중심으로 한 폐쇄형 생태계를 만들어 나가게 된다. 즉 완성차의 성공이 나의 성공이 되며 완성차의 실패가 나의 실패가 되는 방식이다. 완성차에서 친환경차 비율이 높아지면 납품하는 카핏이나 도어 등도 친환경차 부품으로 납품되는 비율이 높아진다. 만약 기술적 발전이 필요하다면 완성차 업체로부터 기술 지원을 받아 이의 해결을 도모하는 방식이 될 것이다.

한편 K사는 변속기 부품과 샤시 부품 등을 만드는 회사로 현대 모비스가 기술적으로 지원하여 기존 라인을 전동화 라인으로 전환 중에 있는 회사이다. 전동화 라인에서 생산되는 부품들은 전량 현대와 기아자동차의 전기차종의 부품으로 투입된다. 향후 전동화 라인을 점차로 확대하여 완성차업체의 전기자동차에 들어갈 전동화 부품들을 생산하여 이를 완성차에 납품하게 된다. 이 같이 K사도 D사와 유사하게 완성차업체와 밀접한 관계를 맺고 있는 육성업체이며 완성차를 중심으로 한 생태계의 일원으로 활동하게 될 것이다.

이 전략의 문제는 완성차와 밀접한 관련성이 다소 낮은 2~3차벤터 이하의 중소기업의 경우에는 완성차 생태계로부터 언제든지 다른 업체로 대체될 수 있는 위험에 직면할 수 있지만 그렇다고 해서 뚜렷이 새로운 기술분야에 투자할 여력도 없다는 점이 부각된다. S3사 같은 경우가 이에 해당되는데 S3사는 완성차와의 지속적 관계 유지를 위해 어떤 방식이든 상당한 노력을 해야 하는 입장에 있다.

따라서 이 전략은 완성차 중심의 보호기제가 계속 지속된다면 안정적인 변화 전략이 될 수 있지만 자동차 산업 환경의 불확실성이 예상외로 크게 증폭되면 그 충격으로 유지되기가 쉽지 않을 수도 있다.

(2) 기존 제품 역량을 기초로 해 틈새시장을 개척하는 전략

이 전략은 U사가 해당될 것이다. U사는 스틸 – 휠 생산업체로 H완성업체에 스틸 휠을 공급하고 있다. 그런데 시간이 갈수록 스틸 휠에 대한 수요가 줄어들어 완성차 시장이외 시장을 개척할 필요가 대두된다. 스틸 휠은 강성이 강하나 무게가 무거울 뿐 아니라 디자인 구현성에서도 한계가 있어 최근 승용차가 고급화되면서 차츰 외면 받고 있는 추세이다. 주로 스틸 휠은 저가형 자동차에 적용되고 있어 기존 완성차업체에 납품하는 것으로는 이익을 남길 수 없는 구조이다. 이 같은 추세를 U사는 잘 알고 있으나 새로운 기술에 투자할 여유 자원이 부족한 상태에서 U사가 미래 방향에 대해 취할 수 있는 선택권은 많지 않았다. 그래서 스틸-휠을 사용하는 틈새시장 개척에 나서게 된다. 스틸 휠은 중량감이 있으나 열과 온도에 강하고 비포장도로 등 극한 상황에서 알루미늄이나 다른 경량화 제품에 비해서 내구성이 좋다. 따라서 레저용 트레일러나 주행거리가 상당한 트럭 등에는 반드시 들어가야 하는 제품이다. U사는 미국과 유럽의 레저 시장과 트럭 쪽 시장을 개척하고자 노력하여 북미와 유럽 등에서 계약을 체결하는 등의 성과가 있다.

(3) 전동화를 보완하는 새로운 기술 개발 전략

이 전략은 어느 정도 기술투자에 대한 여력이 있는 대기업인 W사가 취하는 방식이다. W사는 엔진과 구동부품 등을 생산하여 완성차에 납품하는 1차 벤더이다. 이 회사는 인기 SUV와 고급 승용 브랜드 제너시스 차종에 들어가는 엔진과 구동부품 등을 납품하여 나오는 이익 잉여 등을 전기차 열관리 시스템에 투자하고 있다. 전기차 열관리 시스템의 핵심은 여름이나 겨울 차량 에어컨이나 히터 등을 가동함으로써 나타나는 현격한 주행거리 감소 등을 제어하는 열관리 시스템을 만들어서 주행거리 등을 충분히 보존하는 것에 있다. 이 기술은 전통 자동차 부품과는 관련성이 적고 새로운 분야의 신기술이므로 사업화에 성공한다면 획기적으로 새로운 시장을 개척하는 것이 된다. W사에 의하면 전략적 차원에서 이 기술에 지속적으로 투자를 하고 있으나 가시적인 결과는 아직 나온 것이 없다고 한다. 성공 가능성까진 멀고 먼 길을 가야 하는 불확실성이 있다는 것이다. 더구나 자본력이 취약한 중견이하의 기업에서 하기엔 버거운 전략이다.

(4) 자동차 부품 플랫폼 사업화, 또는 제조 컨설팅 사업화 전략

이 전략은 제조업 기반의 부품회사가 정보통신서비스 기능을 결합하여 자동차부품 플랫폼 기업으로 진화하거나 기존 제조 사업을 발전시켜 제조 컨설팅 사업 등으로 영역을 개척하고 확대하는 것이다. 이 방향은 120명 정도의 직원을 고용하고 있는 중소기업인 T사와 중견기업인 C사가 해당한다.

중소기업인 T사는 사업초기부터 자체적으로 기술을 개발하고 해외수출에 힘쓴 결과 자생력을 갖춘 강소기업으로 성장하였다. 세계적인 자동차 부품회사인 ZF사와 대등한 협업관계를 형성해 유 조인트란 조향장치 부품을 만들어 자율주행 2~3단계의 소프트웨어를 효과적으로 조응함으로써 자동차고객사들로부터 상당한 찬사와 호평을 얻었다. 이 회사는 2019년 K 등대공장으로 선정되어 중소벤처산업부로부터 정책적인 지원을 받고 있으며 회사를 방문하는 타 업체나 연구자들에게도 선뜻 라인과 스마트 공장 시스템 운영방식을 공개할 뿐 아니라 회사의 정책으로 생산 및 관리적 노하우를 공유하는 개방형 혁신을 지향하고 있다.

T사의 미래 방향은 개방형 혁신이며 이를 실행하는 와중인 최근 제조 컨설팅사를 설립하여 운영하고 있으며 나아가 자동차부품생산과 정보통신기술이 통합한 자동차 부품 제조 플랫폼사업도 구상하고 있다. 이 회사는 제조 공정 라인을 반자동화(1라인), 자동화(2라인), 스마트화(3라인) 등 세 가지 공정 라인으로 나눠 각 공정별로 자율적 팀을 구성, 팀별 핵심생산성지표(KPI)를 산정하고 실행할 뿐 아니라 실시간 데이터를 축적한다. 그리고 작업의 과정과 성과를 외부에 공개하고 공유하는 전략을 취한다. 이 과정에서 새로이 제조 컨설팅 회사를 설립하여 운영하고 있다.

C사는 조향장치를 비롯해 매우 다양한 가공 부품 등을 생산하여 다양한 고객사에게 납품하는 글로벌 중견기업이다. 이 회사는 사내벤처로 시작한 중고 배터리 플랫폼 서비스 회사를 합작법인 형태로 캄보디아 등 동남아시아를 기점으로 설립하여 운영하고 있다. 동남아시아에서 흔히 볼 수 있는 삼륜 전기차(일명 툭툭이 택시)에 중고 배터리를 탈부착하는 스테이션을 제공하고 손님을 태우고 내리게 하는 플랫폼 서비스(즉 승차에 대한 호출서비스 등)를 추가적

으로 결합한 것이다. 더 나아가 지역형 삼륜 전기차를 생산하고 전기배터리를 스테이션을 통해서 교환하거나 충전시켜 주는 사업을 영위한다.

T사와 C사의 미래 사업은 기존 자동차 부품 제조에서 서비스 부분을 강화하여 확대한 방향으로서 구체적으로 법인 설립 등까지 나아가 사업 자체가 실행단계로까지 구체화되어 있다. 즉 제조와 서비스를 통합한 플랫폼 사업이라고 해도 되는 수준인데 구체적으로 법인 설립까지 가서 실험적으로 실행되고 있다는 점이 특징이며 향후 지속적으로 사업의 전망을 관찰할 필요가 있을 것이다.

본 절에서 정리한 기술 변환에 대응하는 기업들의 전략적 대응 방향은 혁신성에 있어 순차적인 차이가 있다. 즉 '완성차의 육성 및 협력회사로 남아 지속적으로 보조를 맞추는 전략', '기존 역량을 기초로 틈새시장 개척', '전동화 기술 관련하여 새로운 기술 개발', '제조역량에 정보통신을 결합, 부품 플랫폼 사업화 또는 제조 컨설팅 사업화' 중 가장 혁신성이 높으면서 구체적 실행 가능성 측면에서 가장 높게 평가되는 전략적 방향은 네 번째인 '제조역량에 정보통신을 결합, 부품 플랫폼 사업화 및 제조 컨설팅 사업화'라고 판단된다. 특징적인 것은 가장 혁신성이 높은 전략을 수행하고 있는 기업인 중소기업 T와 중견기업 C는 설립 초기부터 현대기아차의 공급망에서 제외된 업체이며 독자적으로 생존을 모색하여 자립에 성공, 오늘에 이르고 있다는 점이다.

토론

자동차 부품 기업이 기술변화에 대응하는 네 가지 전략 중 가장 현실적이며 혁신적인 무엇인지 판단하고 그 이유를 설명하시오.

3 장의 요약

조직은 환경에 대해 개방되어 있는 체제로 환경으로부터의 영향을 받고 지속적으로 상호작용한다. 기업이 처한 환경을 일반 환경과 과업 환경으로 구분할 수 있다. 일반환경은 사회 전체에 속한 기업들에 대해 공통적으로 적용되는 환경요인을 지칭하고 과업환경은 개별 기업 조직에 높은 관련을 가지는 요인이다. 일반 환경은 정치적 환경, 벌률적 환경, 경제적 환경 등을 포함하지만 과업 환경은 개별 기업이 당면하고 있는 종업원, 소비자, 노조, 경쟁자, 지역사회, 원료공급자, 금융기관 등을 포함한다. 환율이나 유가의 변동, 이자율과 환율의 변동 등은 한국사회에 속한 모든 기업에 영향을 주는 점에서 일반경으로 분류된다. 반면 기업내부에 노조의 유무, 시장에서의 독과점적 위치, 소비자에 의한 압력, 공급사슬체제에서의 거래 관계 등은 개별 기업마다 다르게 나타나고 개별기업이 차별적으로 적응하는 환경이란 점에서 과업환경에 포함된다.

최근 기업환경의 불확실성 증대라는 이슈가 자주 대두되고 있다. 환경 불확실성이란 개념을 환경의 복잡성과 동태성으로 구분할 수 있다. 환경의 복잡성이란 경영조직이 의사결정을 할 때 고려해야 하는 환경요소의 수를 의미하는 것이고 환경의 동태성이란 기업이 처한 환경의 변화속도를 의미한다. 환경의 복잡성에 대응하는 방식으로 조직은 복잡한 환경요소마다 부서를 만들어 대응하거나 아니면 다양한 환경요인을 아웃소싱 등 기업간 연계 관계를 형성하여 복잡성을 해소하려는 경향을 보이기도 한다.

환경의 동태성이 증가하면 환경변화 속도에 적응하기 위한 조직적 유연성이 중요해지므로 조직은 유기적 구조를 구현하여 이에 적응하고자 한다. 유기적 경영구조는 과업 자체의 구분이나 표준화 수준이 낮고, 회의 등 팀 의사결정체제를 통해 과업의 할당이나 범위 등이 상황에 맞게 유동적으로 변화하는 구조를 가진다. 의사소통방식은 수평적인 회의 방식이며 위계적인 측면의 정보 흐름보다는 수평적인 정보 흐름이 중시된다.

G. Hofstead는 50개국에 흩어져 있는 IBM의 직원들을 대상으로 각 국가 간의 문화 연구를 진행하였다. 그는 국가별 직원들의 가치와 행동성향을 개인 주의/집단주의, 권련중심형, 불확실성회피정도, 남성중심성과 여성중심성, 유교적 역동성 등의 차원으로 설명하였다. 이 문화연구는 주로 국가간 문화연구의 범주에 해당되는 것이지만 한국과 일본, 중국 등 동양권의 문화가 미묘한 차이가 있음에도 불구하고 이를 부각시키지 못한 한계가 있다.

조직문화가 종업원들의 태도나 행위 등에 지대한 영향을 미치므로 조직문화를 형성하여 종업원들의 태도나 행위에 대한 영향을 가할 수 있다. 조직문화는 조직적 정체성을 구성원들에게 부여하고 의식과 행동에 긍정적인 영향을 줄 수 있다. 이 의미에서 조직문화는 구조적인 관리 비용을 절감하는 효과를 낼 수 있다. 그러나 강하고 일률적으로 형성된 조직 문화는 조직 관성을 강화하여 오히려 변화와 혁신에 대한 장벽으로 귀결될 수도 있다. 새로운 지식의 흡수와 새로운 것에 대한 개방성성이 조직 문화에서 갈수록 중요해지고 있다. 아울러 오늘날 기업 인수 합병이 갈수록 만연해지고 있는데 조직 문화가 인수합병시 반드시 고려되어야 하는 요소로 부각되고 있다.

최근 기술환경의 변화로 언급되고 있는 4차 산업혁명은 기업의 노동 및 인적자원관리에 지대한 변화를 초래할 것으로 예상된다. 인공지능, 사물인터넷 등으로 인해 로봇 생산 및 공장의 스마트화가 가속화되고 일상적인 노동이 자동화로 대체됨으로써 고용구조의 변화가 불가피할 것으로 보이며, 기업의 인적자원관리가 외부 노동시장에 의존하는 정도가 증가할 것으로 예상한다.

Chapter 03

전략적 인적자원관리

03

전략적 인적자원관리

1 경영전략

경영전략이란 기업의 성공을 위해 기업이 나아가야 할 방향을 정하는 것을 의미한다. 전략이 없는 조직은 방향타가 고장난 배와 같고 전략이 없는 조직은 갈 곳이 명확하지 않은 떠돌이가 될 것이다. 규모가 큰 기업이든 작은 기업이든 경영전략이 필요하고 향후 조직이 나아갈 방향을 최고경영자층이 정하게 될 것이다. 최고경영자층은 다른 것은 차지하더라도 기업이 나아갈 방향을 예측하고 설정하는 역할을 가장 중요한 것으로 간주해야 한다. 이것을 잘못할 때 아무리 뛰어난 직원을 보유하고 있어도, 아무리 충분한 재무적 자원을 보유하고 있어도 기업은 쇠퇴의 길을 가게 될 것이다. 경영전략은 기업전략과 경쟁전략(사업전략), 기능전략 등으로 구분된다.

1) 기업전략

기업전략이란 전사적 전략이라고 할 수 있으며 기업 전체가 향후 나아갈 시장의 영역과 방향을 결정짓는 것이다. 가령 IBM이란 회사가 90년대 초 중반 이후부터 경영난에 직면하여 그간 영위해왔던 컴퓨터 제조 사업 영역을 포기할 것인지 아니면 계속 진행할 것인지 등의 의사결정을 해야 했는데 이는 기업전략적인 결정이라 할 수 있다. 또한 삼성전관에서 이름을 바꾼 삼성

SDI가 기존 브라운관 사업에서 모은 충분한 자금을 가지고 새로운 비전을 정립하고 모바일 디스플레이와 2차 전지 사업에 투자하여 사업을 새로이 확장한 것 역시 기업전략적인 결정의 산물이다. 기업전략은 어떤 시장영역에 향후 기업 활동을 집중할 것인가를 결정함으로써 경쟁의 시장 영역을 확보하는 작용을 한다. 삼성이 방위산업분야를 한화그룹에 매각하여 삼성테크윈이 한화테크윈으로 이름을 바꾸게 된 것도 기업 전략적인 산물이다. 한화 그룹은 한국형 명품 자주포를 생산하는 삼성의 사업부문을 인수하여 방위 산업이란 큰 틀에서의 연관사업에 집중하겠다는 전략을 펴고 있다. 한편 삼성은 전자와 반도체 등 사업에 집중하고 카메라, 자주포를 생산하는 사업부를 매각하는 전략으로 나아갔다. 이런 전략이 과연 잘 예측된 판단이었는지는 향후 지켜봐야 할 것이지만 이 같은 방향성 설정은 매우 과감하고 모험적인 것이라 할 수 있다. 크게 기업전략을 세분하면 새로운 시장 영역에 진입할 것인가를 결정하는 것(성장 전략), 현재의 사업 영역을 포기하고 매각할 것인지를 결정하는 것(축소 및 매각 전략) 등으로 나타난다.

기업전략을 수립하고 수행하는 사람은 기업의 탑 경영층, 즉 최고경영층이다. 최고경영자는 자신의 전문성에 기초하여 향후 기업의 나아갈 방향을 결정하고 이를 조직에서 실행하는 역할을 한다. 올바른 방향 설정을 할 때 기업은 성장을 할 것이지만 방향 자체가 잘못 설정될 때 기업은 고난을 겪고 쇠퇴할 수 있다.

2) 사업전략, 경쟁전략

사업전략, 또는 경쟁 전략이란 기업전략에 의해 정해진 시장 영역에서 "향후 어떻게 경쟁할 것인가"를 결정하는 것을 의미한다. 특정 산업보다 다양한 경쟁자와 대면하게 되므로 회사 차원의 획일적인 전략이 다른 사업단위에서 적용되지가 않을 가능성이 크다. 결국 경쟁전략은 원가로 경쟁할 것인지, 아니면 품질적 차별화로 경쟁할 것인지, 또는 원가우위와 차별화를 동시에 추구할 것인지에 대한 위치를 확보하는 것이다. 또 다른 사업전략, 경쟁전략의 내용으로써 경쟁자보다 먼저 새로운 기술이나 시장영역에 선도적으로 진입하고 투자해 나갈 것인가(선도적 공격형 전략: Prospector), 아니면 선도자를 빠르게 추격하는 전략(Fast Follower 전략: Second Mover 전략), 현존하는 사업의 안정성을 추구하고 새로운 시장의 선도자를 관찰하면서 새로운 시장에 대해 방어적인 입장을 취하는 전략(방어자 전략; Defender) 등으로 나눌 수 있다. 서구에 비해 산업화가 늦었던 한국의 여러 대기업들은 대부분 Fast Follower전략을 수행하였다고 판단된다. 가령 1970년대 초반에 포니란 자동차를 만들어 국산화에 성공한 후 지속적으로 세계 시장의 자동차 제조 선진 기업을 빠르게 추격하여 세계 5위의 자동차 메이커로서의 위상을 달성한 현대자동차는 Fast Follower 전략을 성공적으로 수행한 대표적 기업이다. 1970년대와 80년대의 전자산업에서 한국의 삼성전자를 비롯한 LG전자, 이후 매각되어 사라진 현대전자 등의 전자 업체들은 일본의 소니와 파나소닉의 뒤를 추적하는 Fast Follower전략을 구사하였다고 판단된다.

3) 기능전략

기능전략이란 기업전략과 경쟁전략이 상위 계층에서 결정되고 난 뒤 이 상위 전략 등을 뒷받침하기 위해 부서의 기능 단위에서 수행되는 전략을 의미한다. 마케팅전략, 재무전략, 생산전략, 인적자원관리 및 노사 전략 등 기능 단위에서 수행되는 전략이 이에 해당된다. 기능전략의 가장 핵심적인 관심은 주어진 자원을 효과적으로 사용하는 것, 즉 효율성과 비용절감에 집중된다.

2 전략적 인적자원관리

1) 개념

전략적 인적자원관리는 기업조직을 구성하고 경영전략을 실행하는 사람들을 인적자산으로 규정하고 인적자산이 조직의 전략 실행에 기여하는 경쟁우위 확보가 기업의 성공에서 매우 중요하다는 입장을 견지한다. 전략적 인적자원관리는 몇 가지 특징에서 전통적 인적자원관리와는 차이가 있다. 첫째, 전통적 인적자원관리가 개인이나 팀에 초점을 두고 개인의 만족이나 태도, 행위 등에 긍정적 영향을 미치는 과정을 중시한 반면, 전략적 인적자원관리는 전략적 단위인 조직에 초점을 맞춰 조직단위의 인적자원정책의 방향과 체제가 미치는 영향을 중시한다. 즉 전략적 인적자원관리는 조직단위의 전략과 인적자원관리체제가 상호 결합하여 경영성과에 기여하는 지속적인 경쟁우위를 형성하는 과정에 논의와 분석의 중심을 둔다. 둘째, 전통적 인적자원관리가 선발, 교육훈련, 급여, 평가, 복리 등 직원들에 대한 개별 인사 관행 등에 연구의 초점을 두고 있는 반면 전략적 인적자원관리는 인적자원관리체제가 경영전략과 일관성을 갖도록 조정함으로써 조직의 전략 수행을 효과적으로 달성하는 과정에 주목한다. 전통적 인적자원관리가 미시적인 개별 관행의 분석과 해석에 주력한다면 전략적 인적자원관리는 조직수준의 인적자원관리 시스템이 경영전략과 일관성을 가지고 조화하고 있어 이것이 경쟁우위 형성에 기여하는 과정 등에 많은 관심을 둔다. 셋째, 전략적 인적자원관리는 인적자원의 핵심역량화에 초점을 두고 인적자원이 지속적 경쟁우위를 달성하는 것에 기여하는 주요 요소란 점을 중시한다. 조직의 지속적 경쟁우위는 물적 또는 재무적 자원 뿐 아니라 보이지 않는 무형의 자산인 인적자원으로부터 나올 수 있다는 자원준거관점을 전략적 인적자원관리 분야에서는 매우 중요한 전제로 삼고 있다. 핵심역량을 기업을 성공으로 이끄는 여러 제품이나 서비스 등의 바탕이 되는 핵심적인 노하우와 지식과 기술로 보면 이런 핵심 역량의 형성에는 인적자원이 형성하는 인적 자산, 사회적 자산, 그리고 조직 문화 등이 중요한 역할을 하게 된다. 즉 기업의 지속적 경쟁우위를 이끌어 가는 원천으로써 인적 자산의 중요성이 부각되는 것이다. 앞서 언급했던 Pfeffer 교수의 언급을 빌리자면 인적자원관리에 대한 매우 나쁜 소식은 사람을 중심으로 한 경쟁우위 형성은 매우 많은 시간과 노력이 투입되어야 한다는 것이다. 반면 인적자원관리에 대한 매우 좋은 소식은 사람을 중심으로 한 경쟁우위는 한번 만들어지면 매우 오래 지속된다는 것이다.

2) 전략적 인적자원관리의 과정

인적자원관리는 조직 경영의 과정으로써 조직을 둘러싼 환경과 내부적 자원, 경영이념과 경영구조 등과 밀접한 관계를 가지고 전개된다. 조직은 경영전략을 수립하기 위해 조직을 둘러싸고 있는 사회, 정치, 경제, 법규, 기술 변화 등의 외적 환경을 분석하고, 조직내적으론 자신이 보유하고 있는 내부 자원의 강점과 약점을 분석한다. 그리고 이 내외적 여건에 맞는 경영전략을 수립하고, 이의 수행을 위해 필요한 조직구조와 인적자원관리 체제를 설계하게 된다. 인적자원관리가 조직의 지속적 경쟁우위를 형성하는 데 기여하기 위해서는 경영 전략의 형성 과정에서 인적자원관리적 정책들이 고려되고 반영되어져야 하고, 전략의 수행단계에서도 전략 목적이 인적자원관리정책에 반영되어 전략과 인적자원관리가 하나의 통합된 과정으로 전개되어야 한다(Noe et al., 2010). 조직의 인적자원관리와 전략이 상호 일관되고 통합된 과정으로 전개되는 것을 전략적 정합성, 또는 전략적 일치성이라고 한다.

그림 3-1 전략적 인적자원관리의 수립과 실행 과정

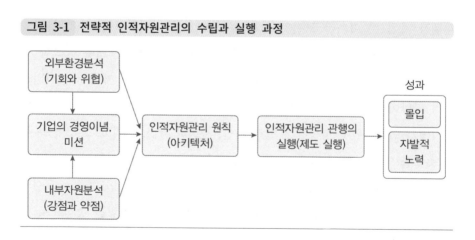

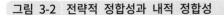

그림 3-2 전략적 정합성과 내적 정합성

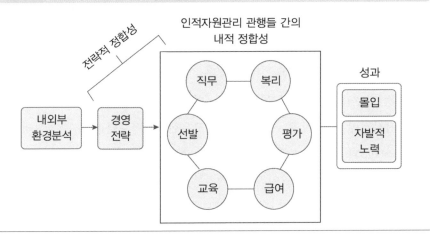

한편 경영전략과 인적자원관리체제의 통합성외에도 전략수행과정에서 직무설계, 직원선발, 교육훈련, 급여, 직원 평가, 복리 등 여러 인적자원관리 관행이나 제도간의 실행과 활동이 상호간에 균형과 조화를 이루어 일관성 있게 전개되어져야 한다. 이 같이 인적자원관리 관행들 간의 통합성과 일치성을 내적 정합성(Internal Fit), 또는 내적 일치성이라고 한다. 내적 정합성이란 인적자원관리 개별 관행들이 동시에 실행되고 전개될 때 시너지 효과를 통해 인적자원관리체제의 전체적 효과성을 최대화하는 것을 의미한다. 〈그림 3-2〉는 전략적 정합성과 내적인 정합성이 이루어질 때 종업원들의 몰입이나 자발적 노력 등을 자극하여 높은 성과에 이를 수 있다는 과정을 보여준다.

3) 전략적 인적자원관리와 조직 성과와의 관계

'조직의 비전과 미션 → 경영전략 → 조직구조와 인적자원관리 → 경영 성과'의 관계 모델에서 중요한 것은 인적자원관리가 전략의 실행과 경영 성과 창출을 위한 동력이 된다는 것이다. 인적자원관리와 경영성과와의 관계는 다음 세 가지의 중요한 주제로 접근할 수 있다. 먼저 경영 성과를 어떻게 규정하는 지에 대한 것이고 둘째, 인적자원관리체제를 어떻게 개념화 할 것인지,

마지막으로 이들 관계의 규정과 설명에 대한 것이다.

(1) 인적자원관리의 접근 방식

조직의 인적자원관리를 개념화 하는 방식에는 개별 제도 측면으로 접근하는 방식과 제도가 형성되고 시행되는 기능 별로 접근하는 방식, 마지막으로 가장 거시적인 관점으로 한 조직의 고유한 인적자원관리 구성형태(HRM Configuration)와 체제(시스템)를 파악하여 이를 경영 성과와 연관시키는 방법이 있다. 개별 제도 측면으로 인적자원관리를 접근하기 위해 팀제, 연봉제도, 성과 배분제도, 다면평가제도 등 개별제도와 경영성과의 관련성을 연계시키고 분석할 수 있다. 또한 이보다 약간 수준을 높여 개별 기능별 접근을 하는 방식으로 사람의 선발(채용에 대한 개별 제도가 합쳐진 개념의 기능), 급여(급여 수준, 지급 방법 등이 포함된 기능적 단위) 등으로 나눠 이들 기능과 경영성과의 관계를 추적하고 분석할 수 있다. 마지막으로 개별 인적자원관리 제도나 기능이 모여 형성하고 있는 번들이나 시스템의 성격을 규명하고 이를 경영성과와 연결하여 그 관계를 분석하는 방식이 존재할 수 있다.

(2) 인적자원관리와 조직성과의 관계를 규정하는 세 가지 관점

관계를 설명하는 관점은 인적자원관리가 조직성과에 미치는 영향과 방식이 어떠한지에 대한 것이다. 이에 대해 다음의 세 가지 관점이 존재한다.

① 보편적 관점(Universal Approach)

보편적 관점이란 특정 HR 관행이나 제도가 실행됨으로써 최고의 성과 효율성을 달성할 수 있다는 관점을 의미하며 전략적 인적자원관리 체제가 어떤 상황에서도 동일하게 성과 효율성을 달성할 수 있다는 전제 아래, 보편적인 구성과 내용으로 이루어질 수 있다고 간주한다. 즉 보편적 관점이란 최상의 관행이나 제도(Best Practice)가 존재하며 이 특정 관행 등을 통해 시공간을 초월해 항상 일정하고 동일한 성과를 가져올 수 있다는 관점을 말한다. 이 관점은 개별 관행이나 제도가 조직성과를 향상한다는 관점을 말하기도 하고 더나아가 관행과 제도의 번들이 형성하는 시스템이 이와 같은 좋은 성과를 달성할 수도 있다는 점을 강조할 수도 있다. 최선의 관행으로 인정되는 HRM의 공통적 관행은 고용안정, 학습문화달성, 육성 및 교육, 급여, 평가 등 다양한 측면에서 나타날 수 있을 뿐 아니라 이런 관행 등이 번들로 작용하여 만들어 낸 시스템이 조직성과에 미치는 영향에서도 나타날 수 있다고 보는 것이다.

예를 들면 만성적인 노사분규에 시달려왔던 유한킴벌리란 회사가 턴 어라운드하여 국내 1위의 시장점유율을 회복하고 잘 나가고 있을 때 종업원 1,000명 정도 규모의 이 회사의 교대제도를 벤치마킹하기 위해 한국 타이어, 포스코, 현대 자동차 등 굴지의 대기업 임직원들이 유한킴벌리를 방문하고 유한킴벌리로부터 교대제 운영에 대한 노하우 등을 배웠다. 유한킴벌리는 이들 기업에 자신들의 노하우와 제도운영에 대한 매뉴얼 등을 별 거리낌 없이 제공하였다. 한국타이어와 포스코 등 대기업의 임직원들은 유한킴벌리가 운영한 교대제도가 최선의 제도와 관행으로써 벤치대상의 대상으로 보고 있는 것이다. 이와 같이 유한킴벌리의 교대제는 시공을 초월해 교대제 시행을 통해 좋은 성과를 이룰 수 있다는 보편적인 기대감을 형성하고 있는데 이 같은 관점을 보편적 관점이라고 할 수 있다.

② 상황적 관점(Contingency Approach)

상황적 관점이란 인적자원관리 제도나 관행 등이 경영전략과 일치성이나 정합성이 있을 때에만 조직에게 높은 성과를 가져다준다는 가정을 하고 있는 것을 말한다. 즉 시공을 초월하여 보편적으로 우수한 인적자원관리 제도나 관행은 있을 수 없고 특정제도나 제도가 모인 번들이 형성하는 인적자원관리체제가 시장 상황 또는 조직적 문화나 전략 등과 더불어 정합성이 있을 때가 그렇지 않을 때보다 성과가 우수할 수 있다고 보는 것이다. 가령 정보통신이나 소프트웨어 같이 기술환경이 급변하는 산업에 속한 기업의 경우 최선의 인적자원관리체제의 특징은 조선이나 자동차 등 전통 제조산업에 속한 기업의 최선의 인적자원관리체제의 특징과 매우 다르게 나타날 것이다. 이와 같이 기업이 처한 산업, 기술, 추구하는 전략 등 다양한 조직적 특징과 인적자원관리가 정합성이 있을 때 최선의 성과를 가져올 수 있다는 관점을 상황적 관점이라고 한다.

③ 구성 형태적 관점(Configurational Approach)

구성형태적 관점은 기업의 개별 인적자원관리제도나 관행들이 상호 조합하여 특정한 패턴을 다양하게 형성할 수 있는데 이 특정한 패턴이 형성하는 구성체가 경영 성과에 좋은 영향을 줄 수 있다는 주장을 말한다. 즉 좋은 성과에 이르는 조직의 경로는 다양한데 이 경로는 개별 인적자원관리나 관행 등이 상호 조합하여 만들어 내는 다양한 패턴에 의해 결정된다는 것이다. 이 관점은 우수한 조직의 성과에 이르는 경로는 한 가지 패턴이 아니라 복수의 패턴이 존재할 수 있다는 것을 전제하고 있다.

(3) 경영 성과의 개념화와 범주

경영 성과 또는 조직성과를 분석 수준이란 측면에서 검토하면 인적자원관리(HR 성과), 조직성과, 재무적 성과, 금융시장 성과 등 다양하게 제시할 수 있을 것이다. 인적자원관리 성과는 종업원에 대한 인적자원관리 정책 실행의 결과로 나타나는 종업원의 태도와 행위의 변화를 의미하는 결과로써 직무 만족, 종업원 이직률, 조직 헌신, 조직시민행동 등과 같은 구체적 결과로 나타난다. 조직 성과란 조직적 차원에서 파악할 수 있는 생산성, 제품의 품질, 서비스의 질, 혁신 등을 의미한다. 재무적 성과는 투자수익률이나 매출액 이익률, 자산투자 수익률(ROA) 등을 포함한다. 마지막으로 금융시장 성과는 주식가격이나 주식의 총가액 등으로 나타나는 회사의 가치를 의미한다. 이와 같이 경

표 3-1　경영성과의 범주화

경영 성과의 종류	내용	비고
인적자원관리성과	이직률, 조직 몰입, 조직시민행위, 직무 만족 등	종업원 태도와 행위
조직 성과	생산성, 품질, 서비스의 질, 혁신, 학습 문화 등	조직 단위의 성과
재무적 성과	ROI, ROA, 영업이익률, 경상이익률, 매출액이익률 등	회계상의 성과
금융시장 성과	주식가격, 주식 총액 등	주식 시장에서의 가치

영성과 또는 조직성과를 다차원적인 구조로 해석하고 파악할 수 있다. 이 중 인적자원관리와 가장 밀접하고 가까운 성과는 인적자원관리 성과이고 가장 거리가 먼 것은 금융시장성과일 것이다.

(4) 전략- 인적자원관리- 성과의 전이 과정

전략적 인적자원관리는 조직 내 인적자원관리의 역할을 전략의 실행적 측면에서 찾고 있다. 즉 기업의 경영전략을 성공적으로 실행하는 일련의 매개 과정으로 인적자원관리의 역할을 간주하고 있으며 인적자원관리와 성과의 연관성을 설명하는 조절적인 요소로 정합성이나 일치성, 또는 구성형태성이 만드는 패턴 등을 고려하고 있는 것이다.

(5) 인적자원관리의 추상화 수준

인적자원관리의 구조를 추상화 수준을 통해 단계적으로 고찰해 볼 수 있다. 추상화수준이 가장 높은 것이 인적자원관리 원리와 원칙(Principle), 그 다음이 인적자원관리 정책(Policy)과 기능(Function), 추상화 수준이 가장 낮은 것이 인적자원관리 제도나 관행(Practice)이다.[1]

---

[1] Becker, B. and Gerhart, B. 1996, The Impact of Human Resource Management on Organizational Performance: Progress and Prospects, *Academy of Management Journal,* 39(4), pp.779−801.

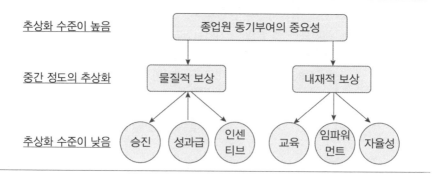

그림 3-3 인적자원관리의 추상화 수순의 예시

예를 들면 기업은 "종업원 동기부여의 중요성이 기업의 성공에 절대적 기여를 함"이란 원칙이나 지침원리를 정할 수 있다. 이런 종업원 동기부여의 중요성원리가 이정표 역할을 하여 낮은 추상화 수준인 물질적 보상 정책과 내재적 보상 정책의 시행을 장려하고 그 결과 구체적으로 승진, 성과급, 인센티브, 교육, 임파워먼트, 자율성 개선 등 개별 인적자원기능과 관행으로 구체화되어 실행되는 구조를 가진다. 결국 기업의 인적자원관리 체제는 이 세 가지 추상화 수준으로 구상화하여 관찰할 수 있으며 이 세 가지 수준을 다 검토하는 것이 총체적이고 통합적인 시각이 되는 것이다. 이 같이 추상화 수준이 가장 높은 단계의 원칙적 서술을 System Architecture라고 하며 이 원칙은 대체로 보편적이고 일반적인 효과를 내는 것으로 간주된다. 조직의 성과를 향상하기 위해 종업원 동기부여가 중요하다는 원칙, 또는 종업원의 기술적 숙련이 중요하다는 선언적 원칙을 우리는 System Architecture라 할 수 있다. 다음 이 같이 시스템 아키텍처를 구현하기 위해 조직은 다양한 인적자원관리 정책을 취할 터인데 예를 들어 종업원 동기부여를 위해 평가와 인센티브, 승진 등의 제도 등을 조직적 상황에 맞게 혼합하여 실행할 것이다. 그런데 이 같은 혼합과 배합은 각 조직이 처한 상황에 따라 달라진다. 이것을 조직적 상황에 맞게 더 구체적인 관행 등으로 표현할 수 있는데 예를 들어 360도 평가관행과 팀을 기반으로 한 인센티브, 종업원 인정프로그램 실시 등 다양한 관행들의 조합 등을 예상하여 볼 수 있다.

(6) 고성과 작업 시스템에 대한 이해

고성과 작업체제(High Performance Work System: 이하 HPWS)는 전략적 인적자원론의 보편적 관점을 고용과 노사관계적 관점으로 재해석한 것이다. 고성과 작업시스템(High Performance Work Systems, 이하 HPWS)은 노사 간의 협력 및 신뢰를 바탕으로 근로자들에게 지식축적, 동기유발 및 열린 경영(또는 경영참가)의 원칙에 입각한 고용 및 인적자원관리를 통하여 근로자의 자발적 노력을 극대화함으로써 노사 관계와 조직성과의 향상을 도모하는 작업시스템을 의미 한다.[2] 이 개념은 각각 노사관계와 인적자원관리 분야에서 상호 영향을 주면서 발전해온 개념으로 Kochan과 Osterman(1994)은 이를 상호 이익 모델(Mutual Gains Enterprise)이라고 지칭하였다.[3] 과거 고용관계 분야에서는 고용관계의 부정적 측면인 갈등관리에 주안점을 두었던 것에 비하여 노사 협력 및 노사파트너십의 긍정적 측면을 향상하는 것을 중요시하는 생산적 노사관계의 실현 수단으로 고성과작업체제가 주목을 받아왔다. 따라서 HPWS는 노사간 대립과 경쟁이 아니라 상호이익의 철학을 바탕으로, 근로자나 노동조합(혹은 노동자 대표)을 기업의 의사결정과정에 참가시킴으로써 수직적 의사소통 구조를 가진 전통적 조직에서 간과해 왔던 현장 근로자들의 창의성과 잠재력을 활용하여 의사결정에의 참가기회를 제공함으로써 일에 대하여 자발적인 동기와 노력을 유발하는 것을 주요 목표로 한다. 즉 근로자들의 작업장 참여활동을 중심으로 한 자발성과 이를 촉진하기 위한 열린 경영에 강조점을 둔다. 이러한 흐름은 노사관계 분야에서 HPWS가 전통적인 테일러리즘에 기반

---

2 김동원·이규용·권순식·손동희·진숙경·김윤호·유병홍·김동주·김영두·김승호·김주희·이원희, 2008, 한국 우량 기업의 노사 관계 DNA, 박영사.

3 Kochan, T. and Osterman, P. 1994, *Mutual Gains Enterprise*, Harvard Business School Press

을 둔 명령과 통제의 구조에서 근로자들에게 권한과 자율성을 부여하고 이들의 조직적 몰입과 헌신을 유도하는 작업장으로의 전환을 지칭하는 개념으로 활용되어온 것에서 확인할 수 있다. 따라서 HPWS는 전통적 작업장에 대비되는 측면을 강조하여 "새로운 패러다임(New Paradigm)",4 "혁신적 작업장 관행(innovative workplace practices)"5 등으로 지칭되기도 한다. 또한, HPWS가 보유하고 있는 다양한 형태의 근로자들의 의견개진 또는 의견 및 제안(voice)반영 체계(예, 직접적으로는 열린경영원칙과 다양한 경영참가를 통한 근로자들의 영향력 증대 및 요구사항 반영, 간접적으로는 상대적으로 높은 임금수준과 성과배분을 통한 선제적 보상체계의 확립, 높은 고용안정 수준 제공 등)를 통해 전통적으로 노동조합을 통해 이루어졌던 근로자들의 불만해소기능을 대체할 수 있는지에 대한 논의도 이루어진 바가 있다.6,7 HPWS가 조직 성과를 향상하는 메커니즘으로 인정되는 측면은 학계에서 강조되었지만 과연 근로자들에게 어떤 영향을 미치는지에 대해서는 논란이 되는 부문이 있었다. 고성과 작업체제의 참여적 요소들이 근로자들의 내재적 만족을 진작하여 이직 등을 감소하게 한다든지, 또는 생산성 향상으로 인한 이익분배에 참여하여 근로자들의 임금 수준을 향상시키는지 등에 대한 다양한 논의와 연구가 있었지만 이에 대한 결론은 매우 혼재되어 있는 양상을 보이고 있다.

반면 인적자원관리 분야에서는 최근의 일반적 환경특성에 보편적으로 높은 조직성과를 달성할 수 있는 이상적 인적자원관리 시스템으로 HPWS를 정

---

4 Godard, J., & Delaney, J. T. 2000. Reflections on the "high performance" paradigm's implications for industrial relations as a field, *Industrial and Labor Relations Review*, 482-502.

5 Ichniowski, C., T.A. Kochan, D. Levine, C. Olson, G. Strauss. 1996. What Works at Work: Overview and Assessment. *Industrial Relations* 35 299-333.

6 Fiorito, J. 2001. Human resource management practices and worker desires for union representation. *Journal of Labor Research*, 22(2), 335-354.

7 권순식·박현미, 2006, 근로자의사대표기제로서의 노동조합, 근로자참여에 대한 비교연구: 근로자의 자발적 이직률을 중심으로, 노동정책연구, 6(4), pp.87-131.

의하고 있다. 연구자들 마다 다양한 인적자원관리 관행들을 HPWS의 구성요소로 설정하고 있지만, 주로 고용보장, 신중한 선발관리, 자율관리팀과 의사결정의 분권화, 조직성과에 연계된 비교적 높은 수준의 보상, 광범위한 교육훈련, 평등주의적 의사소통구조, 회사의 재무 및 성과정보에 대한 조직 전체내의 광범위한 공유라는 관행들이 대표적인 고성과 작업체제를 구성하는 것으로 알려져 왔다. 이를 전략적 인적자원관리는 크게 보편적 관점, 상황적 관점 및 구성 형태적 관점으로 구분하여 접근할 수 있는데,8 HPWS는 특정 상황에 구애받지 않고 적용할 수 있는 원칙을 가진다는 점에서 보편적 관점에 해당되어, 개별 인사관행에 초점을 두기보다는 채용, 교육훈련, 경력관리, 평가보상 직무관리 등 다양한 인사기능간의 내적인 적합성 확보를 통한 시스템 구축이 성과향상의 핵심 논리를 구성한다는 점을 강조한다. 이 내용은 구성형태적 관점에도 공유되며 나름 기반을 두고 있다고 보아야 할 것이다. 이러한 측면에서, 전략적 인적자원관리에서 HPWS은 작업장 참여활동뿐만 아니라 근로자들의 지식축적과 동기유발을 위한 다양한 인사 관행들 간의 상호작용이 산출하는 융합적인 효율성에 중점을 두고 있다. 이러한 측면에서, 인적자원관리 분야에서는 HPWS를 고몰입 인적자원관리, 또는 헌신형 인적자원관리 시스템(High involvement or commitment human resource systems) 등 다양한 용어로 회자된다. 인적자원관리의 구성형태 관점은 사람관리를 통한 최적의 인적자원관리관행들의 조합이 유일하게 존재하는 것이라기보다는 다양한 조합을 통해 가능하다는 점을 주장하며, 고성과 작업체제를 구성하는 인적자원관리 관행들의 조합은 다양하게 구성될 수 있으며 다만 고성과 작업체제에서 지향하는 원칙이 이런 다양한 조합들을 통해 구현될 수 있다는 점을 강조한다.

이 같이, 고용관계와 인적자원관리 분야에서 HPWS에 대한 강조점이 약

---

8 Delery, J. E., & Doty, D. H. 1996, Modes of theorizing in strategic human resource management: tests of universalistic, contingency, and configurational performance predictions, *Academy of management Journal,* 39(4), 802−835.

그림 3-4 고성과 작업시스템 통합모형

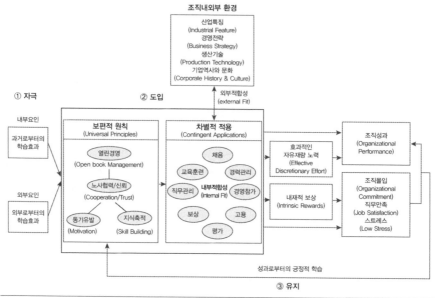

자료: 김동원 외(2016)

간 다르기는 하지만, 근로자들을 인건비의 지출의 대상이 아니라 조직의 경쟁
우위 창출을 위한 중요한 자산으로 바라보고, 이들을 대상으로 하여 인적자본
에 대한 투자와 활용을 적극적으로 시도하고자 하는 노력이라는 기본정신이
두 분야에 동일하게 나타난다.

　인적자원관리 분야에서 고성과 작업 시스템 또는 고성과 작업조직의 고
성과가 나타나기 위해서는 종업원의 능력 향상(Ability), 동기부여(Motivation),
참여기회부여(Opportunity) 등 세 가지 요소로 접근하는 경향(AMO 모델)이 높
다. 고성과 작업체제에 대한 접근은 학자별로 미세한 차이가 나지만 본 서에
서는 김동원교수의 고용관계론(박영사)에서 정리된 고성과 작업체제의 모델을
채택하여 내용을 전개하고자 한다.

　즉 이에 의하면 HPWS가 내용적 측면에서는 노사협력/신뢰, 열린경영,
동기유발 및 지식축적의 보편적 원칙을 구성요소로 하며, 이 보편적 원칙을

달성할 수 있는 다양한 고용관계 관행들을 설계하고 실행하는 데 있어 조직이 처한 대내외적 산업 환경과 조직 내부 고용 및 인적자원관리 관행들 간의 적합성을 고려하여 다양한 기능들을 차별적으로 적용함으로써 구축된 고용 및 인적자원관리 시스템으로 정의되고 있다(〈그림 3-4〉 참조).

이 모델에서는 고성과 작업체제의 원칙은 열린 경영, 노사협력과 신뢰, 종업원 동기유발, 지식 축적 등으로 제시되었으며 이를 조직에 실행하기 위한 채용, 교육훈련, 경영관리, 경영참가, 평가, 보상 등 인적자원관리 제도와 관행 등은 기업별 특성에 맞게 차별적으로 적용될 수 있다고 보고 있다. 다만 고성과 작업체제의 보편적 원칙을 실현하기 위해 각 인적자원관리의 관행들 간에서는 내부적인 적합성이 확보되어야 하며 기업외적인 경영환경과 인적자원관리와의 차별적 적용 간에는 외부적인 적합성이 확보되어야 한다는 전제조건을 달고 있다.

(7) 고성과 작업시스템의 내적 적합성과 외적 적합성

내적 적합성(Internal fit)은 일관성 있는 고용관계전략을 형성하기 위하여 다양한 고용관계 정책과 인적자원관리 관행들이 충분히 통합되어 시너지 효과를 내는 상태를 의미한다. 내적 적합성의 중요성은 특히 인사기능관행이나 제도들의 묶음(bundle) 또는 시스템을 강조하는 접근방식에서 중요하게 여겨지는데,[9] 이 접근방식에 의하면 고용관계 및 인적자원관리 시스템을 구성하는 정책과 관행들 간의 긍정적 시너지의 극대화가 전반적인 조직성과의 향상을 주도하는 핵심 작동원리임을 지적하고 있다.[10] HPWS에서의 내적 적합성은 노사 신뢰를 바탕으로 한 열린 경영, 동기유발 및 지식축적의 보편적 원칙

---

9 MacDuffie, J. P., 1995, Human resource bundles and manufacturing performance: organisational logic and flexible production systems in the world auto industry. *Industrial and Labor Relations Review*, 48, 197-221.

10 Arthur, J. B. 1994, Effects of human resource systems on manufacturing performance and turnover. *Academy of Management Journal*, 37, 670-687.

을 달성하는 데 있어 채용, 교육훈련, 직무, 보상, 평가, 고용, 경영참가, 경력관리의 제반 기능이나 관행들이 얼마나 시너지 효과를 발휘하고 있는지를 의미한다. 이 같이 고성과작업체제의 구성요소에 대한 논의는 다양하지만 기본적으로 다음과 같이 기본적 원칙을 정리할 수 있다. 첫째, 근로자들의 역량강화를 위한 지식과 기술개발의 기회를 제공하여 직무능력을 향상시킬 뿐 아니라 직무 외의 문제해결에 적극적으로 참여할 수 있도록 숙련시킨다(지식축적). 둘째, 근로자가 작업과정에서 자발적으로 몰입하고 헌신하도록 자발적인 동기부여를 촉진하기 위하여 금전적 또는 비금전적 보상을 제공한다(동기유발). 셋째, 근로자들이 자신의 직무에서부터 경영계획에 이르기까지 다양한 주제에 관해 자신의 의견을 스스로 개진할 수 있는 기회를 제공한다(열린경영). 이러한 3대 보편적 원칙이 실질적으로 작동하기 위해서는 기본적으로 노사신뢰가 기초가 되어야 가능하다(노사협력/신뢰). 노사상호신뢰가 전제가 되지 않으면, 각자에 대한 투자와 정보의 교환이 원만히 이루어지기 어렵기 때문이다. 또한, 3대 원칙의 작동은 다시 노사 신뢰를 강화시키는 역할을 하게 된다. 이러한 의미에서, HPWS는 기존의 갈등적 노사관계를 생산적 노사관계로 전환시키는 새로운 패러다임으로 주목을 받아왔으며 노사의 이해대립을 노사의 공동의 선을 추구하는 상호이익의 모델로 전환하여 제시하고 있는 것이다. 이때, 유노조 조직의 경우에는 노동조합과 사용자간의 노사 신뢰와 협력이 전제되어야 할 것이며, 무노조 조직의 경우에는 주로 개별근로자들과 경영진간의 개별적 신뢰가 형성되어야 할 것이다.

위에서 논의한 내적적합성이 고용관계를 형성하는 제도나 규칙 및 인적자원관리 관행들 간 상호작용의 효율적 융합을 의미하는 것이라면, 외적 적합성은 시스템이 작동하는 데 고려되어야 할 고용관계와 인적자원관리 기능 이외의 경영환경과 이를 반영하여 수립된 경쟁전략, 조직구조, 조직문화 등 다양한 내 외부 환경요소와의 상호관계로부터 파생되는 효율적인 융합을 의미한다. 따라서 내적 적합성은 기업 내의 고용관계제도나 관행, 인적자원관리의 제도나 관행 등이 서로 융합하여 발휘되는 HRM 내부 시스템적 효과성을 의미하고 외적적합성은 고용관계 및 인적자원관리 시스템이 궁극적으로 조직이 처한 내외부 환경요소와의 상호작용과정을 통해 얼마나 바람직한 영향을 미치고 있는지를 의미하는 개념으로 사용된다.

고성과 작업체제의 4대 보편적 원칙은 조직이 전략적으로 선택한 고용관계와 인적자원관리 제도나 관행들의 묶음 또는 시스템에 의해서 달성될 수 있다. 즉, 원칙은 보편적으로 어느 조직에게나 적용될 수 있는 개념이지만, 실제 적용은 조직이 처한 다양한 상황들을 고려하여 차별적으로 가시화될 수밖에 없다는 것이다. 예를 들어, 동기유발이라는 보편적 원칙을 달성하기 위해서는 높은 임금과 같은 금전적 보상을 통해서도 가능하지만, 어느 정도의 금전적 보상이 전제된다면 다양한 형태의 복지와 개인성과에 대한 인정과 축하(recognition and Celebration)와 같은 비금전적 보상에 중점을 둔 보상시스템도 동기유발이라는 원칙을 달성할 수 있다. 또한, 개인별 보상의 차등성도 이 같은 맥락에서 조직별 동기유발 효과가 다르게 나타날 수 있다. 어떤 조직은 상대적으로 개인성과에 따른 차등적 보상을 통해 동기유발을 자극할 수도 있지만, 평등 및 형평을 추구하는 문화를 가진 조직에서는 집단성과배분제와 같은 관행을 통해 형평성이 높은 보상시스템을 유지하면서도 직원들의 동기유발을 자극할 수 있기 때문이다. 여기서 또 한 가지 유념해야 할 것은 반드시 평가보상시스템만으로 동기유발의 보편적 원칙을 달성할 수 있는 것은 아니라는 점이다. 예를 들어, 광범위한 교육훈련 시스템의 수혜가능성과 보다 역동적이고 책임이 따르는 도전적 직무 역시 근로자 자신의 인적자본과 고용가능성을 향상시키는 주요한 원천이 되기 때문에 근로자들의 동기유발에 직간접적으로 영향을 줄 수 있다. 동기유발이란 보편적 원칙을 실행하기 위해 조직에 응용되는 제도나 관행은 조직의 상황과 최고경영층의 경영방침이나 철학에 따라 다양하게 구성되고 실행될 수 있다. 이런 의미에서 조직에서 고성과작업의 4대 원칙을 실행하는 인적자원관리적 운용방식과 형태는 매우 다양하게 나타날 수 있는 것이다.

(8) 고성과 작업 조직과 혁신

고성과 작업 조직 구성요소에 대해서는 연구하는 학자들마다 일관되고 통일된 견해는 없다. 고성과 작업조직의 내부 원칙에 대해서도 대체로 학자마다 다양한 경향을 보인다. 본 서에서 소개하는 고성과 작업 조직의 4대원칙은 "열린 경영", "노사신뢰(종업원신뢰)", "동기부여", "지식 축적"으로 간주하였다. 이런 4대 원칙은 기업의 인적자원관리 제도의 실행과정에 반영되어 조직에 대한 종업원들의 바람직한 태도와 행위를 유인하는 것에 반영된다. Dyer와 Reeves가 제시한 성과[11] 중에서 이 같은 인적자원관리적 체제가 직접적으로 영향을 주는 것은 종업원들의 태도와 행위인 것이다. 이와 같은 성과를 한 수준 더 나아가 고려한다면 고성과작업체제가 생산성, 품질, 혁신 등에 미치는 긍정적 영향에 대한 관심일 것이다. 사실 고성과작업체제가 HR 성과에 미치는 영향 못지않게 생산성이나 품질, 혁신 등 조직성과에 미치는 영향을 분석하는 연구가 많이 진행되어왔다. 비교적 최근의 연구에 의하면 조직의 양면적 혁신 성과에 긍정적 영향을 미친다는 내용이 있으며 이를 간단히 소개하고자 한다.

조직의 양면적 혁신성과(Organizational Ambidexterity)란 조직이 현재 향유하는 역량에 기초한 우위를 효율적으로 활용하는 혁신과 이를 벗어나서 지금까지의 역량과 상관이 없는 새로운 시장이나 역량에 투자함으로써 도모하는 혁신 등 두 가지 혁신 모두를 효과적으로 수행하는 것을 의미한다. 전자를 활용(Exploitation), 후자를 탐험(Exploration)이라고 지칭한다.[12] 활용이란 현존하

---

11 Dyer, L., and Reeves, T., 1995, Human resource strategies and firm performance: What do we know and where do we need to go? *International Journal of Human Resource Management*, 6(3), pp.656−670.

12 March, J. G. 1991. Explotion and Exploitation in Organizational Learning, *Organization Science*, 2(1), pp.71−85.

는 조직의 경쟁적 우위가 있는 역량에 좀 더 많은 자원을 투입하여 현존하는 역량의 기초에서 개발되거나 변화하는 기술적인 변화를 의미하는 것이고 탐험이란 조직이 현재 잘하고 있는 역량 범위를 벗어나 새로운 분야의 역량에 자원을 투입하여 혁신적 변화를 추구하는 것을 의미한다. 대부분의 많은 기업들이 탐험보다는 활용에 치중한 투자를 하는 경향이 있는데 그 이유는 활용에 투자하는 자원은 성공 가능성이 높아 향후 회수의 가능성이 큰 반면, 탐험에 투입되는 자원이나 노력은 실패의 가능성이 높아 향후 회수의 가능성이 매우 낮기 때문이다. 탐험에 노력을 기울이지만 계속 실패만 거듭한다면 기업의 현금 흐름이 나빠져서 결국 기업활동을 접어야 하는 결과를 초래할 수도 있다. 반면 활용에 대부분의 노력과 자원을 투입하지만 상대적으로 탐험에 노력을 하지 않는다면 기업은 현재의 역량범위 내에 갇혀 새로운 기술동향을 쫓아가지 못하여 시장에서 도태되는 상황이 올 수 있다. 따라서 기업이 지속적으로 성장하려면 활용과 탐험을 동시에 추구하여야 하며 기업의 환경에 실정을 반영하여 활용과 탐험의 균형적인 활동이 필요해진다. 혁신의 양면적 성과(Ambidexterity)란 이 같이 조직이 활용과 탐험을 동시에 추구하여 그에 합당한 성과를 도출하는 것을 의미한다.

급변하는 환경에 직면하고 있는 최근의 기업들은 장기적인 성장과 성공을 위해 현재의 능력과 역량을 활용하는 한편, 미래의 새로운 역량을 개발해야하는 역설적이고 양면적인 도전에 직면해있다. 단기적인 성과나 현금흐름을 확보하기 위해서는 현재의 역량을 충분히 활용하여 현존하는 시장에서 경쟁함과 동시에 미래의 새로운 시장에 진출하고 성공하기 위해 지속적으로 새로운 지식을 탐색하고 개척하는 탐험이 요구된다. 이처럼 활용과 탐험이라는 상호 상위적 관계에 있는 활동을 동시에 수행할 수 있는 동적인 조직 역량을 양면성(Ambidexterity)이라고 한다.[13]

---

13 허문구, 2015, 지식탐색과 조직양면성, 지식경영연구, 3월호, pp.95-114.

최근 고성과 작업 체제의 원칙이 이같이 활용과 탐험의 동시적인 추구 또는 균형적인 추구를 가능하게 한다는 주장을 한 연구들이 등장하고 있다.14 그 근거로서는 고성과 작업조직의 원칙은 근로자들과 경영자간의 정보를 공유하게 하고 소통을 원활히 할 뿐 아니라 근로자들을 다양한 루트로 동기부여함으로써 자신의 직무와 조직에서의 역할에서 최선의 노력을 하게 한다는 것이다. 그럼으로써 조직이 그간 잘 개발해온 현재의 역량을 보다 발전시키고 새로운 제품이나 서비스의 변화를 야기하는 활용적 측면의 성과를 진작할 수 있다. 한편 고성과 작업체제의 노사신뢰(종업원 신뢰), 고용 보장 등의 원칙 등은 종업원들에게 실패를 두려워하지 않는 모험 정신과 개척 정신을 진전시키고 조직에게는 실패를 인내하는 문화를 조장하여 조직의 현존하는 역량을 벗어난 새로운 역량과 기술의 개발, 즉 탐험적 활동에 많은 노력을 기울이게 한다고 본다. 따라서 고성과 작업체제의 원칙들은 탐험과 활용의 동시 추구, 즉 조직양면성의 추구에 기여할 수 있다고 보고 있다.

고성과 작업체제가 활용과 탐험 등 양면적인 성과를 향상한다는 것의 근거는 고성과 작업체제를 구성하는 인적자원관리 제도나 관행이 활용을 위한 조건과 탐험적 활동을 위한 조건 등을 지원한다는 의미이다. 조직은 빠르게 변화하는 자신의 역량을 벗어난 새로운 기술적 동향에 적응하고 이에 맞춰 진화하려는 성향과 기존의 기술적 역량을 유지하고 집중함으로써 조직 내적 효율성을 달성하려는 성향 두 가지를 모두 가지고 있어야 하고 이 두 가지 역량이 지속적인 경쟁력을 유지하기 위해 필요하다.

먼저 새로운 기술 동향에 적응하기 위해서는 근로자는 실패를 능가하는 도전과 모험적 정신이 필요하고 조직은 구성원의 실패를 용인하는 기업적 인내심이 필요하다. 이는 고성과 작업조직에서 중시하고 있는 조직과 구성원간

14 Patel, P. C., 2013, Walking the Tightrope: an Assessment of the Relationship between High Performance Work Systems and Organizational Ambidexterity, *Academy of Management Journal,* 36(5), pp.1420－1442.

의 신뢰, 실패를 용인할 수 있는 조직적인 역량이 반영된 구성원에 대한 고
용 안정 및 보장 등에 의해 지원된다. 또한 현존하는 기술적 역량을 유지하
고 집중하여 조직 내적 효율성을 달성하기 위해서는 조직의 목표와 일치하는
조직 내 기능과 부서 간 조응, 보다 향상된 성과 목표 달성을 위한 자발적 노
력 등이 요구되는데 이를 지지하는 것이 열린 경영을 통한 정보적 공유와 소
통, 그리고 기존 기술과 역량의 발전을 도모하는 요소인 종업원 지식 축적
등이 있다.

따라서 본 글에서 제시하고 있는 고성과 작업조직의 원칙들, 즉 "열린 경
영", "노사신뢰(종업원신뢰)", "동기부여", "지식 축적" 등은 활용과 탐험활동의
동시적인 추구를 촉진하고 지원하는 기제를 형성하게 될 것이다.

(9) 고성과 작업조직에 대한 비판적 시각

본 글에서는 고성과 작업 조직의 원칙을 네 가지로 제시하고 있으나 고성
과 작업 조직의 원칙과 구성에 대해 학자들 간의 통일된 견해는 아직도 부족
하고 그 구성요소에 대해서도 학자 간 의견의 일치를 보지 못하고 있다. 고성
과 작업조직에 대해 긍정적인 평가를 하는 학자들은 고성과 작업조직이 종업
원의 교육과 숙련 향상, 그리고 자율적 팀 중심의 작업조직 변화, 장기적 고용
등을 기초로 우수한 성과를 만들어내는 시스템으로 지칭하고 있다. 그러나 이
같은 고성과 작업 조직의 구성이 반드시 종업원들에게는 긍정적인 결과만을
가져다주는 것은 아니라고 보는 학자들이 있다. 이들은 고성과 작업조직에 대
한 연구자들이 작업과정에서의 노사 간 갈등적 요소를 과소평가하는 경향이
있으며 외부 정부의 역할과 노동조합 등 제도의 역할을 과소평가하는 경향이
있어 이 같은 요소들에 대해 더욱 높은 관심을 가져야 함을 주장한다.[15]

---

15 Delary, J. T. and Godard, J., 2001, An industrial relations perspective on the high performance paradigm, *Human Resource Management Review*, 11, pp.395-429.

오히려 고성과 작업조직에 대해 비판적인 시각을 가진 학자들은 고성과 작업 조직이 종업원들의 생산성을 진전시켜 조직에게 높은 성과를 달성할 수 있는 시스템을 제공하지만 결국 이런 구조로 인한 성과 향상이 종업원들의 긴장도와 작업강화를 통해 이루어질 뿐이라는 주장을 한다.16 그렇다면 고성과 작업조직이 제공하는 종업원 자율성이란 것은 또 다른 노동 통제를 실현한 것으로, 동료들이나 다른 사업장과의 새로운 경쟁에 기초한 것일 뿐 아니라 종업원간 동료 감시 내지는 동료 감독의 또 다른 형태일 뿐이란 점을 강조한다. 자본주의 사회에서 기업의 이익은 고성과 작업조직 같이 노동 숙련에 의존하여 이뤄질 수 있지만 그 과정은 결국 직무 강화와 통제를 수반하여 이루어지고 있다는 것인데 실제로 이에 대한 논쟁을 감안하여 몇 가지 실증적 연구들이 진행된 바 있다. 이 연구들에서는 고성과 관행이 퍼질수록 생산성이 향상되지만 이것들이 종업원들의 임금과 복리를 직접적으로 향상시킨다는 실증적 증거는 거의 나타나지 않았다고 주장한다.17 결국 고성과 작업체제는 원래의 주장대로 종업원 만족과 자율성에 기초한 노력을 이끌어 내는 것이란 것과 이것 역시 타율적 압력에 의해 강제되고 있는 것이라는 두 가지 논리가 서로 대치하고 있는 것이다. 고성과 작업체제가 노사의 필요와 합의에 의해 도입된 것이 아니라 경영층에 의해 주도되고 있다는 점 역시 이런 대치 관계를 강화하는 요인이 된다. 아울러 고성과 작업체제가 단체 교섭을 중심으로 한 전통적이고 대립적인 노사관계에서는 노동조합의 기능과 역할을 대체하게 되므로 노동조합에 대해 부정적인 영향을 미친다는 주장이 일반적으로 제기되고 있다.18 이 같은 주장들은 고성과 작업체제가 전제하고 있는 노사 원원

---

16 Ramsay, H., Scholarios, D., Harley, B., 2000, Employees and High Performance Work Systems: testing inside Black Box, *British Journal of Industrial Relations*, 38(4), pp.501−531.

17 Handel, M. J. and Gittleman, M. 2004. Is there wage payoff to innovative work practices? *Industrial Relations,* 43(1), pp.67−97.

18 Galang, M.C. 1999, Stakeholders in high−performance work systems, The International

의 균형 자체를 부정하고 있다. 고성과 작업체제의 어두운 면을 강조하는 학자들의 관점의 공통점은 비록 고성과작업조직을 구성하는 관행들이 근로자의 긍정적인 헌신과 몰입을 유인하지만 현실적으로는 비즈니스에서의 성과가 우선시되어 결국 근로자들로 하여금 이용당하고 착취당한다는 느낌을 줄 수밖에 없다는 주장을 하고 있다는 점이다.[19] 즉 고성과작업체제는 노동자들에게는 양의 얼굴은 한 늑대 그 이상도 이하도 아니라는 것이다. 이 주제에 대해서는 향후에도 상당히 많은 논쟁이 있을 것으로 보인다.

3 장의 요약

전략적 인적자원관리는 기업 조직을 구성하고 경영전략을 실행하는 사람들을 인적자산으로 규정하고 인적 자산이 전략 실행에 기여하게 함으로써 경쟁우위를 확보하는 것이 기업의 성공에서 매우 중요한 요인이란 입장을 견지한다. 따라서 인적자원의 핵심 역량화에 초점을 두고 인적자원이 지속적 경쟁우위의 원천이란 관점에서 인적자원관리의 제도와 관행들이 이를 지원하도록 고안되고 실행되어야 함을 강조한다. 전략적 정합성과 내적 정합성이란 개념을 통하여 전략의 단위인 조직을 분석수준으로 하며, 조직이 성과에 미치는 영향을 위 적합성의 개념으로 접근한다.

인적자원관리와 조직성과의 관계를 규정하는 관점은 보편적 관점, 상황적 관점, 구성형태론적 관점 등 세 가지가 제시되고 있지만 이 관점들은 서로 독립적으로 존재하는 것이 아니라 서로 보완적인 작용을 하고 있다. 보편적 관점이란 조직에서 고성과를 성취하기 위한 보편적인 원칙을 기술하는 것으로 이 보편적인 원칙을 기업의 인적자원관리 관행들과 제도들이 정합성 있게

Journal of Human Resource Management, 10(2), pp.287-305.

19 Jensen, J. M. and Patel, P.C., Messersmith, J. G., 2013, High Performance Work System and Job Control, Consequences for Anxiety, Role Overload, and Turnover Intentions, *Journal of Management*, pp.1699-1724.

구현할 때 바람직한 조직성과가 달성된다는 관점을 가진다. 최선의 인적자원관리 관행 등은 고용안정, 학습문화 달성, 조직내부 인재의 육성 및 교육, 성과에 연동되는 보상 등 다양한 측면에서 나타날 수 있고 이런 관행들을 번들로 작용하여 만들어낸 시스템이 조직성과에 미치는 영향에 긍정적으로 나타날 수 있다고 간주한다.

상황적 관점이란 인적자원관리 제도나 관행 등이 경영전략과 일치성이나 정합성이 있을 때에만 조직에게 높은 성과를 가져다준다는 가정을 전제로 하는 관점이다. 특히 시장상황이나 조직적 특징에 맞는 인적자원관리관행들의 번들이 실행될 때 그렇지 않은 경우보다 성과가 우수할 수 있다고 간주한다. 기업이 처한 산업적 환경, 추구하는 전략, 사용하는 기술 등 다양한 조직적 특징과 인적자원관리가 상호 정합성이 있어야만 최선의 성과를 가져올 수 있다는 관점을 상황적 관점이라고 한다.

구성형태론적 관점은 기업의 개별 인적자원관리나 관행 등이 상호 조합하여 특정한 구성체를 형성할 수 있고 이 구성체는 다양한 조합으로 구성될 수 있어 경영성과에 좋은 영향을 줄 수 있다고 본다. 이 관점은 우수한 조직의 성과에 이르는 경로는 한 가지 구성체만 가능한 것이 아니라 다른 패턴의 구성체도 존재할 수 있다는 것을 전제하고 있다.

위에서 언급한 보편적 관점, 상황적 관점, 구성 형태론적 관점 등은 사실상 고성과 작업체제를 설명하기 위해 분리 독립되어 있는 이론적 관점이 아니며 이들 이론적 관점들은 상호보완적으로 고성과 작업체제의 작동원리를 설명하는 것으로 간주된다. 보편적 관점은 추상화 수준이 높은 고성과를 성취하고자 시행되는 인적자원관리 관행과 체제의 원칙을 지원하고, 상황적 관점은 경영환경, 전략과의 정합성, 인적자원관리 관행들간의 내적 정합성 등에 대한 이론적 보완을 지원하며, 구성형태론적 관점은 고성과를 지향하는 인적자원관리 관행들과의 조합인 구성체 자체가 다양하게 나타날 수 있다는 내용의 개방성을 지원한다. 원래 고성과 작업체제의 이론적 관점은 보편적 관점에서 시작되었다고 주장되지만 현재 고성과 작업체제를 설명하기 위해서는 위 세 가지 이론적 관점 등이 모두 동원되어 상호보완성을 가지고 지원되어야 한다.

고성과 작업체제, 고성과 작업 조직 등에 대한 학문적이고 실천적인 정의와 구성요소는 학자별로 다양하게 나타나고 있지만 핵심적 내용은 열린경영, 노사협력과 신뢰, 종업원동기유발, 지식축적 등의 원칙을 지원하는 다양한 인적자원관리 관행들 간의 번들과 체제가 산출하는 조직적 성과에 중심을 두고 있다.

조직성과의 범주에는 구성원의 태도나 행위적 결과를 보고하는 인적자원관리 성과 이외에도 생산성, 품질, 혁신 등에 미치는 다양한 성과가 포함된다. 고성과 작업체제에 대한 최근의 흐름은 양면적 혁신성과(Organizational ambidexterity)와의 관계를 규명하는 방향으로 흘러가고 있다. 조직적 양면성이란 활용적 성과와 탐험적 성과를 양면적으로 추구하고 달성하는 것을 의미하는 것으로 고성과 작업체제의 원칙이 활용과 탐험의 양면적인 추구를 가능하게 한다는 주장 들이 등장하고 있다.

지금까지의 고성과 작업체제의 연구 흐름을 보면 주로 조직에 미치는 긍정적 성과에 많은 논의가 집중되어왔지만 또 다른 축인 종업원들에게 미치는 영향에 대해서는 상대적으로 연구가 간과되어온 측면이 있다. 고성과 작업체제의 구성이 그 근본적인 원칙인 조직과 종업원간의 상호 이익을 추구하는 것이라기보다는 오히려 작업과정에서의 갈등적 요소를 과소평가하고 있다는 비판을 하기도 한다. 이 비판적인 학자들은 고성과 작업조직의 구성이 반드시 종업원에게 긍정적인 결과를 가져다주진 않으며 종업원들의 긴장도나 작업강화를 통해 관철되는 측면이 있다는 주장을 하고 있다.

Chapter 04

고용 및 노사관계관리

04

고용 및 노사관계관리

1 노동시장이란

노동시장은 노동의 수요자와 노동의 공급자가 만나 노동의 가격을 거래하는 사회적인 시스템이라고 할 수 있다. 주로 노동의 수요자는 개별 기업이나 조직이고 노동의 공급자는 노동을 제공하는 개인들이다. 노동시장에서 노동의 수요자는 노동의 공급자에게 노동의 가격을 제시하고 그 가격에 동의하는 노동의 공급자를 고용하여 기업 생산활동을 진행한다. 노동시장에서 노동의 가격이 바로 임금이며, 임금은 노동의 수요와 공급이 서로 일치하는 지점에서 생성되는데 이를 노동경제학에서는 균형임금이라고 지칭한다. 경제학에서는 시장에서의 균형임금이 결정되는 지점에서 노동의 최적 공급량이 결정될 뿐 아니라 효율적 임금수준이 결정된다고 본다.

2 단체협약, 취업규칙, 근로계약

기업 내에서 노사 간의 권리와 의무를 규율하는 근거로 단체협약, 취업규칙, 개별근로계약, 기업의 노동관행 등이 있다. 단체협약은 노동조합과 사용자 사이의 계약으로 효력을 가지며 협약에 의해 정한 근로조건이나 직장규율을 무효화하는 규범적인 효력을 가진다. 취업규칙은 사용자가 다수의 근로자에게 근로조건이나 직장규율을 통일적으로 적용하기 위해 설정한 것으로

10인 이상의 상시 근로자를 고용하고 있는 사용자는 취업규칙을 작성하여 고용노동부에 신고해야 하는 의무를 가지고 있다. 개별 근로계약은 근로자가 사용자에게 근로를 제공하고 사용자는 이에 대해 임금을 지불하는 것을 목적으로 체결된 개별 근로자와 회사와의 계약 관계에 관한 것이다. 마지막으로 기업의 노동관행이란 단체협약, 취업규칙, 근로계약 등에 명시되지 않은 채 산업현장에서 장기간 관행적으로 당연한 것으로 간주되어 온 것을 말하며 이에 대해 당사자들의 이의 없이 지속된 관행은 협약이나 계약과 같은 효력을 인정받기도 한다.

조직 내의 규율에서 집단적인 계약관계를 형성하고 있는 단체협약은 대표적 노동조합이 중심이 되어 체결하며 대부분 체결된 단체협약은 취업규칙이나 조합원이 개별적으로 체결한 근로계약보다 상위의 효력을 가지는 것으로 인정되고 있다. 단 노동조합이 없는 사업장의 경우에는 단체협약이 없으므로 취업규칙과 근로계약 등이 작업장내 당사자간의 권리와 의무를 규율하는 중요한 근거로 등장할 수 있다.

3 노동조합이란

노동조합은 노동자의 근로조건을 유지 향상시키기 위하여 노동자가 자발적으로 결성한 단체이다. 이를 한국의 노동법상에서 검토하면 노동조합은 "근로자가 주체가 되어 자주적으로 단결하여 근로 조건의 유지·개선 기타 근로자의 경제적·사회적 지위의 향상을 도모함을 목적으로 조직하는 단체 또는 연합단체"이다. Freeman and Medoff(1984)는 그들의 공저인 "What do unions do?"에서 노동조합의 기능과 역할에 대해 논의하고 있다.[1] 이들은 노동조합이 경제학적으로는 노동시장의 공급독점을 형성하여 노동시장의 자유로운 작동을 저해할 뿐 아니라 임금을 시장균형임금 이상으로 올리고 고용을

---

1 Freeman, R. B. and Medoff, J. L. 1984, What do unions do? New York: Basic Books.

표 4-1 노동조합의 두 가지 얼굴

	경제효율성에 대한 노조의 효과	소득 분배에 대한 노조의 효과	노조조직의 사회적 성격
노동 공급독점 (Monopoly)	• 노조는 시장균형임금 이상으로 임금을 인상하여 고용량을 저하시킴 • 노조의 경직적 경영규직 강요는 생산성과 효율을 저해함	• 노동조합은 소수의 조직화된(기득적인) 노동자들의 임금을 올림으로써 소득 불균등성을 촉진함	• 노조는 관료적 조직이므로 관료직 지위에서 차별성이 존재함 • 노조는 그들 자신만의 이익을 위해 정치적인 영향력을 행사 • 노조의 독점기능은 부패를 양산함
집단적 대표기제 (Collective Voice)	• 노조는 종업원의 사기, 장기근속과 숙련, 종업원간 협력을 촉진함으로써 생산성을 향상함 • 노조는 전체 종업원 선호에 대한 정보를 수집하여 이를 회사의 인사나 급여 정책에 반영함으로써 효율에 기여함	• 노동조합의 표준 추구 정책은 한 회사 내 또는 산업 내에 속한 노동자들의 불균등성을 완화함 • 만약 저소득, 저학력 노동자들의 조직률이 높다면 노조는 숙련, 학력 등으로 인한 임금 격차를 줄이는 영향을 줌	• 노조는 조합원들의 사회적 정치적 의지를 대변하는 기구 • 노조는 저소득자와 사회적 약자의 정치적 이익을 대변함

축소하는 효과를 미친다고 지적했다. 그러나 이런 시장론적 관점이외 노동조합은 종업원의 의사대표기제로 기능하여 종업원들로 하여금 불만을 해소시키고 장기 복무를 가능하게 하는 긍정적인 기능도 있다는 점을 강조하였다. 이같이 노동조합의 역할과 기능은 시장론적으로는 역기능을, 의사대표기제적 측면에서는 순기능을 보고하고 있는데 이것을 노조의 두 얼굴(Two Face Model)이라고 지칭하였다.

노동조합의 기능과 역할에 대해서는 국가별, 시대별로 다르게 인지될 수 있다. 위 두 얼굴 모델에서 나타나듯이 노동 독점적 기능이 도드라지는 경우 노동조합에 대한 사회적 인식이 나쁘게 나타나지만 반면 종업원의 의사대변기제가 도드라지는 경우엔 노동조합에 대한 사회적 필요성이 오히려 인정되어지는 측면이 있다. 어디까지나 노동조합 조합원이나 종업원이 사용자에 비해 사회적 약자란 입장이 견지된다면 종업원의 의사대변기제의 기능이 중요시되어 노동조합의 필요성이 사회적 정당성을 얻게 될 가능성이 크다. 그러나 노동조합 조합원이 기득권자의 입장이고 자신만의 이기적 이익을 추구하는 것으로 인정된다면 노동조합에 대한 기득적인 권리와 형태에 대해 부정적으로 인식하는 기조가 퍼져 나갈 것이다. 〈표 4－1〉은 이 두 얼굴의 내용을 잘 정리하고 있다. 이 모델을 통해 노조의 두 가지 상반된 기능 중 역기능을 축소하고 순기능을 육성하는 방안이 노조에 대한 기존 인식을 긍정적으로 변화시키는 데 기여할 것이란 것을 알 수 있다.

4 노동조합 조직형태별 특징

노동조합의 조직형태별 유형과 특징을 다음과 같이 정리할 수 있다.

1) 직업별 노조(Craft Unions)

직업별 노조란 동일한 직능을 갖는 숙련 노동자들이 자신들의 경제적 이익을 확보하기 위해 만든 조직체로서 가장 일찍 발달한 노조 형태이다. 예를 들면 인쇄공노조, 제화공 노조, 목공노조 등이 해당된다. 직업별 노조는 이미 직업을 통해 숙련을 획득한 노동자들로 구성되어 추가적인 미숙련자들이 시장에 진입하는 것을 막아 시장으로부터의 신규노동력 진입을 막고 자신들의 직업을 독점함으로써 자신들의 경제적 이익을 확보하는 경향을 보인다. 즉 직업별 노조는 "신규 노동력의 진입 제한"과 "직업의 독점"을 핵심적 성격으로 가지므로 여러 노조 형태 중 가장 독점적 성격이 강하다. 즉 직업별 노조는 일정한 자격을 가진 노동자들만이 특정한 직업을 가지게 하고 그 직업에 대한 노동시장에 대한 공급을 엄격하게 제한하는 독점적 성격이 도드라진다.

직업별 노조는 같은 직종에 있는 사람들에 의해 조직되기 때문에 집단적

응집력이 강하고, 직장단위가 조직의 단위가 아니므로 실업자라도 가입할 수 있지만 노동공급 독점적 성격이 강하고 배타성이 높아 미숙련 노동자들의 경우 소외되어 반발할 수 있는 성격을 가진다. 대체로 산업화 초기의 노조는 이 직업별 노조 형태를 띠고 있었다. 최근 직업별 노조는 공무원, 교원 등 공공성을 가진 기관에 근무하는 화이트칼라 중심으로 새롭게 등장하고 있다. 현재 우리나라의 직업별 노조는 초등학교와 중고등학교 교원들로 구성된 전국교직원노조, 6급 이하 공무원들로 구성된 전국공무원노조 등이 존재한다.

2) 일반노조(General Unions)

일반노동조합이란 숙련, 직업과 상관없이 모든 노동자들이 가입할 수 있으며 지역이나 전국단위로 조직하는 단일 노동조합이다. 산업화초기에 직업노조로부터 소외당한 미숙련 노동자들이 중심이 되어 단일조직으로 결성되었으나, 최근에는 특정 대상 집단을 지정하지 않고 누구나 가입할 수 있는 일반노동조합이 나타나고 있다. 일반노동조합은 주로 미숙련 노동자들이 결성한 조합으로 지켜야할 기득권이 없으며 노동력의 만성적 과잉으로 노동력의 공급을 제한하는 독점 기능이 거의 없다고 봐야 한다.

일반노동조합은 지역단위나 전국단위로 결성되므로 특정 조직을 강제하거나 압박하는 활동보다는 최저 노동 조건의 향상을 꾀하는 입법 활동을 중시하는 경향을 가진다. 즉 일반노동조합은 최저 노동기준의 향상, 안정된 고용의 확보, 임금의 최저한도 설정 등에 관심을 가지고 이것을 입법활동 등을 촉진하는 활동 등에 주력하는 경향을 보인다. 일반노동조합은 광범위한 노동자들을 대상으로 조직하므로 노동시장을 통제하는 힘이 약할 뿐 아니라 미숙련되고 다양한 인구통계적 특징을 가진 조합원들을 결속할 수 있는 수단이 없으므로 이를 극복하기 위해서 집행부 자체가 중앙집권적 관료체제로 운영되는 경향이 많다. 이해관계가 다양하고 이질적인 노동자들을 대상으로 조직되기 때문에 조합원간 이견의 조정과 통합이 어려우며 단체교섭기능이 발달되어 있지 않다. 미국의 경우 종전의 노동기사단(Knights of Labor), 우리나라의 경우 한국노총 산하의 연합노동조합이나 여성 비정규직을 대상으로 조직화된 전국여성노동조합 등이 이에 해당된다.

3) 산업별 노조(Industrial Unions)

산업별 노조란 동일 산업에 종사하는 노동자가 하나의 노동조합을 구성하는 조직형태이다. 역사적으로는 산업별 노조가 직업별 노조나 일반노조보다 늦게 발달했으며 사회적 분업이나 자동화가 진전됨에 따라 철강, 자동차 산업 등에서 많은 노동자들이 일하게 되면서 결성되기 시작하였다.

산별노조는 기업이나 작업장의 범위를 넘어 산업 단위에서 결성하고 다수 노동자들의 단결력을 기초로 산별 단체협상을 통해 산업단위의 노동조건을 확립하고자 노력하였다. 산업별 노조는 동일 산업내에서는 노동조건의 동질화를 이루어 한 산업 내에서 사용자간의 노동조건 악화를 향한 경쟁을 막는 효과를 가진다. 또한 산별노조는 '1산업 1노조'의 원칙을 고수하므로 산업의 정책 이슈를 다루는 정부의 정책과도 밀접한 관련성이 있어 정부에 대한 압력 및 로비 단체로서의 활동을 하는 정치적인 성향을 가진다. 산별노조는 주로 미국과 영국, 독일 등 외국에서는 흔히 볼 수 있는 형태로서 그 운영방식이나 구조는 국가별로 다소 차이가 나는 것이 현실이다. 대표적인 산별노조로 미국의 UAW(United Auto Workers), 독일의 금속노조(Metal Union) 등이 있으며 한국의 경우에도 전국금융산업노조, 전국금속노조, 전국보건의료노조 등이 있다. 그러나 한국의 노조는 겉 모양은 산별노조이지만 교섭 등 운영방식이나 내부 의사결정체제는 대체로 기업별 노조에 더 가깝다는 비판을 받고 있다.

4) 기업별 노조(Enterprise Union)

기업별 노조는 동일한 기업에 종사하는 노동자들이 가입하는 조직이다.

기업별 노조는 조합원들의 연대의식이 뚜렷하지 않은 조직에서 형성되거나 단일 기업의 시설 규모 등 기업별 격차가 심한 곳에서 형성되는 경향이 높다. 기업별 노조는 개별 기업을 대상으로 존재하므로 노동시장에 대한 지배력은 거의 없고 조직으로서의 역량 역시 기업과 조합원의 규모에 비례하는 현상을 보인다. 또한 현재 동일 기업내 복수노조를 허용하고 있어 동일 기업내에서조차 직종별, 기능별로 노조가 분화될 수 있다. 특히 중소기업의 경우 노조의 힘이 약해 그 기능이 유명무실해질 가능성이 농후하다. 원래 기업별 노조는 일본에서 발달되었는데 이는 가족 중심의 근대화를 이룬 역사적 맥락에서 비롯된 것이다. 일본의 경우 메이지 유신 이후 평생고용, 가부장적이고 온정적인 고용관계, 연공서열 등 세 가지 축에 의해 기업들이 성장하고 유지되었다.

5 한국 고용관계의 동향

한국에서는 1970년대부터 1979년까지는 국가 주도로 산업화가 주도되었고 국가안보와 외자 유치, 경제개발을 위해 노사관계로 인한 문제는 철저히 은폐되고 억압되었다. 근로자의 노동조건은 개선되지 못했으며 산업간·학력간·남녀간의 임금격차가 심화되는 등 근로자의 불만이 표면화되기 시작하였다. 1979년 박정희 대통령이 시해되고 국가적 통제가 느슨해지자 YH여공 사건이 일어나고 곧이어 사북탄광소요사태, 동국제강 노동쟁의 등이 발생하는 등 극한적인 노사문제가 표면화되기 시작했다.

이 같은 노사문제는 이후 등장한 신군부 정권에 의해 억압되었지만 1980년대부터 대학 출신 지식인들이 노동현장에 대거 투신하면서 여러 갈래의 노동조직 등이 출현하고 이들이 재야 세력을 형성하여 사회 변혁을 주도하게 된다. 노동운동은 사회변혁 운동, 즉 민주화 운동과 합체되어 1987년 6·29선언 이후 비로소 제도권 내에서 인정받고 사회의 표면으로 나오게 된다. 이후 1987년에서 89년까지 한국노동운동은 절정을 이루고 이 당시 노조조직률은 약 19%에 이르렀다. 그러나 1990년대 이후에는 노조로 인한 거의 두 자리 수 임금인상, 두 차례의 경제위기를 겪으면서 노조조직률은 지속적으로 침체의 길을 가게 된다. 즉 1997년에는 IMF 금융위기를 겪게 됨으로써 노동운동은 지속적으로 침체하게 되었고 2008년에는 미국발 금융위기로 인해 우리 경제 역시 큰 타격을 받았으며 노동조합 조직률은 지속적으로 감소하였다.

1990년대 중반 이후부터 국내외 경제여건이 나빠지자 이를 극복하고자 김대중 행정부는 당시의 외환부족사태와 경제위기를 타개하는 방안 중의 하나로 경제주체의 협력과 참여, 협력을 기반으로 하는 사회적 협의 기구인 노사정위원회를 설치하고 운영하는 동시에 IMF의 요구 사항이었던 신자유주의적 개혁을 확대하고 시행하는 정책을 펼쳤다. 노사정위원회는 1998년 2월에 '경제위기 극복을 위한 노사정 대타협'을 도출하여, 노동자의 집단적 권리의 강화와 정리해고의 법제화를 노사가 맞교환하는 방식으로 타협을 이루었다. 이 대타협은 당시의 경제위기 극복에 많은 도움을 주었으나 이 여파로 인해 민주노총이 노사정위원회에서 탈퇴하고 난 뒤 아직까지 노사정위원회에 참여를 하고 있지 않다. 이후 노사정위원회는 더 이상 의미 있는 사회적 합의와 협의를 도출하는 것에 기여하지 못했고 노동계의 두 축 중 민주노총이 빠진 한국노총만이 참여하는 협의기구로만 기능하고 있다.

2000년대 들어 기업의 상시적 구조조정이 일반화되었고 이로 인해 고용이 불안정해졌고 비정규직이 양산되어 사회적 빈부의 격차와 소득의 양극화 현상이 더 심화되었다. 2007년부터 비정규직을 보호하자는 취지로 비정규직 보호법이 시행되었으나 이를 둘러싼 평가는 노사간 아직도 많은 이견이 존재하고 있다. 2008년 미국발 금융위기는 기업 구조 조정, 노동시장 유연화 등 사회적 압력으로 강화되어 나타났으며 전반적으로 인수합병이나 구조조정으로 인한 고용 불안, 고용 승계의 불확실성 등으로 나타난 노사 갈등이 증가하지만 비교적 안정적인 대기업의 노사관계는 안정되는 현상이 나타나 노사 분규가 양극화되는 양상을 보였다.

최근에는 빈부 격차의 심화, 청년 실업, 대기업과 중소기업의 갑을관계, 고령화로 인한 연금개혁. 임금피크제를 비롯한 임금체계개혁, 근로시간 단축 등 많은 노사관계관련 이슈들이 등장하고 있다.

6 노조화 이론

무엇이 종업원들로 하여금 노조를 결성하게 하는가? 기존의 연구들은 노조화에 대해 다음의 이론을 제시한다. 노조화는 종업원의 직무 불만족과 노조 수단성의 함수로 나타난다.

$$노조화 = f(직무불만족, 노조의 수단성)$$

종업원이 기업으로부터 느끼는 불만 정도가 높을수록 노조화 가능성은 높아지게 된다. 예를 들어, 임금, 승진, 상급자와 작업환경, 고용안정 등에 대한 불만이 많아지면 종업원들은 이직의 가능성과 노조 결성의 두 가지 선택에 직면하게 될 것이다. 불만이 많은 직원들이 이직보다는 노조결성을 택하는 원인은 직원들이 노조를 통해 자신들의 불만을 해소할 수 있다는 믿음(노조 수단성, Union Instrumentality) 때문이다. 즉 종업원들이 불만이 많고 노동조합의 활동을 통해 이를 해소할 수 있다고 믿으면 노조화가 진행되고 노조가 활성화될 가능성이 높다는 것이다.

노조가 없었던 기업에서 종업원들이 노조를 결성한 사유에 대한 실증연구[2]에서 나타난 사례를 정리해보면 다음과 같다.

• 공정하지 않고 일관성 없는 종업원 처벌로 인사문제를 원칙 없이 진행

---

2 John P., Bucalo, Jr., 1986, Successful Employee Relations, Personnel Administration, pp.63−84.

하는 경우
- 경영층과 종업원간의 의사소통기제의 부재
- 중요 인사정책을 실행할 때 종업원 의사를 반영하지 않고 일방적으로 결정하는 경우
- 일부 특정 종업원(사장의 아들이나 친인척 등)을 편애하거나 우대하는 경우
- 회사의 경영 실적에 대해 종업원들에게 알리지 않고 소통하지 않는 경우
- 종업원들의 불만을 호소할 마땅한 제도나 채널이 없는 경우
- 직원들의 불만이 전달되었는데도 별로 진전이 없는 경우
- 종업원들에 대한 훈련이 제대로 되지 않아 직무 수행에 어려움이 생길 경우
- 능력위주의 승진 원칙을 천명하고 이를 지키지 않는 경우
- 사고나 질병 등 산재의 위험이 높을 경우
- 대량생산과 대량해고를 반복하는 경우,
- M & A 등을 통해 해당 종업원들이 고용 불안을 느낄 경우
- 경영층, 사무직, 생산직 등 직원간의 차별적인 처우: 식당, 주차장, 화장실 등
- 급여 수준이 경쟁회사보다 현저히 낮을 경우

7 노동조합 조직률의 동향

지금까지 학계에서는 노사관계의 당사자로 노동과 자본, 정부를 고려해 왔다. 이 세 주체는 각자의 입장에서 서로의 이익을 관철시키고자 상호작용하고, 그 결과로서 노사관계를 규율하는 제도 망이 형성된다는 것이 노사관계 시스템 론의 기본적 개념이다. 그런데 최근 노동과 자본의 중간에서 정책 조율을 담당하는 정부의 역할이 갈수록 사용자의 입장을 대변하는 것으로 대체되고 있다. 정부는 100만이 넘는 공무원들과 공공부문 종사자들의 사용자로

그림 4-1 노동조합 조직률 및 조합원 수 추이

자료: 고용노동부. 전국노동조합현황[3]

서의 역할이 부각되고 있다.

한국의 노동조합 조직률은 87년부터 89년까지의 정점을 찍은 후로 지속적으로 하락하였다. 이런 지속적인 하락은 2010년 9.8%를 찍은 후 2016년까지 10%대에 정체되었다. 2017년 이후 문재인 행정부가 등장하면서 공공부문의 친 노동정책 등이 시행되었고, 조직률이 다시 반등하여 2018년 11.8%, 2019년 12.5%, 2020년과 2021년엔 각 14.2%를 찍었다. 그러나 이런 최근 조직률의 반등이 노조의 노동자 대변 기능을 획기적으로 향상하는 것을 보장한다는 의미는 아니다. 향후 노동조합이 노동의제의 정책적 참여를 적극적으로 하여 충분한 목소리를 낼 수 있을지, 갈수록 정치사회적인 영향력이 증가하고 있는 기업에 대해 대항력으로의 역할을 할 수 있을지는 지켜봐야 할 일이다. 오늘날의 노동문제 등은 현 조합원에게 직접적인 영향을 줄 수 있는 의제들도 있지만 최근 파생되는 대부분의 의제들은 노조가 단독으로 대변할 수 없는 사회적 차원의 의제가 많아지고 있다. 예를 들어 비정규직문제, 청년실업 등의 의제가 여기에 해당되는데 비정규직 노조 조직률은 부문별로 2~3% 수준이고 청년실업 문제와 관련하여 이를 대변할 청년유니온 등 세대별 노조가

---

3 고용노동부, 2022, 전국노동조합현황.

최초로 태동하였지만 거의 걸음마 단계로 이들 노동을 대변하는 대표성 있는 제도나 기구가 거의 전무한 상태이다.

또한 최근 3년간의 조직률 반등의 내부를 보면 대부분 공무원과 공공부문에서의 조직률 증가가 두드러지며 민간부문의 조직률은 미미하다는 점을 발견할 수 있다. 2021년 기준 부문별 노조조직률을 보면 민간 11.2%, 공공 70.0%, 공무원 75.3%를 기록하고 있다. 아울러 영세 중소기업에는 노조 조직률이 더욱 취약하여 중소기업에서 일하는 노동자들의 이익을 대변하는 노조나 대안적 기구 설립 자체가 쉽지 않은 실정이다.

2018년 이후 노조조직률이 친 노동정책에 의해 일시적으로 반등하긴 하였지만 이런 반등이 지속적으로 진행될 것 같지는 않다. 왜냐하면 노조조직률 하락은 세계화 등 전 세계적인 흐름과 대세 속에서 나타난 것이므로 이런 대세를 돌이키는 근본적인 변화가 없다면 노조조직률 반등은 쉽지 않을 것이다.

과거 전세계적인 노조조조직률 쇠퇴의 원인으로 다음의 요소들이 지적되었다.

첫째, 산업구조개편으로 인해 노조조직률이 낮은 서비스업의 비중이 늘어난 점, 둘째, 비정규직 등 노조 설립 및 가입이 쉽지 않은 고용형태의 출현, 셋째, 개인인권 등에 대한 권리보호법률의 제정으로 집단적 관계에 대한 규율 필요성이 감소, 넷째, 반노조적인 사회정치적 정서, 다섯째, 노조에 대한 욕구를 대체할 수 있는 각종 대안적 제도인 합리적 인적자원관리, 고충처리절차, 노사협의회, 노동자경영참가 등의 발전 등이 지적된다.[4] 2011년 이후 사업장 복수노조제도 시행 등으로 노동조합수, 조합원수 및 조직률이 약간 증가하긴 했지만 이것이 지금까지의 노동조합 조직률 하락 현상을 역전시킬 동력이 되질 않고 있다.

---

4 김동원 외 13인, 2022, 고용관계론, 서울: 박영사.

8 대기업 중심의 노조와 중소기업의 대변기제 부족

2022년도 기업규모별 보도자료를 보면 300인 이상 종업원 규모를 가지는 대조직의 경우 임금근로자수는 전체에서 13.8%이지만 조직률은 전체에서 46.3%에 달한다. 반면 종업원 30명미만 소규모 사업체의 경우 임금근로자수는 전체에서 57.4%를 차지하지만 조직률은 전체에서 0.2%로 매우 미약함을 볼 수 있다.

이는 우리나라 노조의 편재가 대기업 중심으로 이루어져 있으며 상대적으로 노조의 필요성이 높은 중소기업에는 노조가 없거나 조직률이 취약하다는 의미로 노동조합 내부에서조차 대조직과 소조직간 대변기제의 양극화 현상을 보여주고 있다. 노동조합의 긍정적인 기능이 노동자들의 집단 의사대변기제라 본다면 대조직일수록 충분한 자원이 있는 반면 소조직일수록 의사대변에 대한 요청 수준은 높지만 이에 뒷받침해줄 자원이 부족하다는 것이다. 또한 대조직의 경우 충분한 힘의 행사로 인해 이미 높은 수준의 급여 인상을 해오고 있지만 소조직의 경우 노조가 없거나 아예 그 힘이 미약하거나 또는 기업 자체의 지불 능력이 좋지 않아 충분한 급여 인상을 할 수 없는 상황으로, 노동운동의 양극화 현상을 보여주는 것이다.

최신 고용노동부 자료에 의하면 2021년 기준으로 볼 때 초기업단위 노조 소속의 조합원이 1,771명(60.4%), 기업별 노조 소속이 1,162명(39.6%)로 나타

표 4-2   기업규모별 조합원수, 조직률

기업 규모	30명 미만	30~99명	100~299명	300명 이상
임금근로자수(명)	11,978,000 (57.4%)	3,968,000 (19.0%)	2,046,000 (9.8%)	2,879,000 (13.8%)
조합원수(명)	25,170	63,207	212,586	1,333,530
규모별 조직률	0.2%	1.6%	10.4%	46.3%

주: 위 숫자는 기업 규모를 파악할 수 있는 단위노조 및 지부 지회를 반영하여 산정한 것임.
자료: 고용노동부, 보도자료(2022).

나고 있다. 이는 2014년 기준 산별노조 등 초기업단위 노조원 비율이 56.5% 에서 다소 유의미하게 상승한 것으로 보인다.

그러나 우리나라의 경우 비록 산별 노조라 할지라도 기업별 교섭이 중심 이고 산별 교섭의 중요도는 여전히 주변에 머물고 있는 실정이다. 현대자동차 를 비롯한 대공장 노동조합 등은 대부분 산별 전환을 위한 규약 개정을 하고 간신히 산별 노조의 구조를 갖추었지만 아직까지 산별로 연대된 행동을 보여 주지 못하고 있고(조성재, 2012), 보건 의료 노조와 금융노조 역시 사측의 산별 노조 기피로 인해 교섭구조가 안정적이지 못하다.

여러 정황들을 두고 판단할 때 한국의 노동계는 산별노조의 영향이 제한 적일 것이며 실제적으론 작업장단위의 이해관계에 몰입하는 경향이 높아 향 후에도 기업별 노조 운용 성격과 양태를 벗어나기가 어려울 것으로 예상된다. 더구나 2010년 이후 허용된 사업장별 복주노조 제도와 이로 파생되는 기업별 교섭창구단일화 제도는 산업별 노조 전환과 산별 교섭에 더 많은 불확실성을 야기하고 있다. 결국 여전히 기업별로 파편화된 노사관계 구도 속에서 지불 능력이 양호한 대기업과 공공 부문 위주로 노동조합의 교섭력이 발휘될 것이 나 중소기업과 비정규 노동자, 특수고용 종사자 등의 이해 대변은 미비할 것 으로 예상된다. 이와 같이 조직률 하락에 따른 대표성 문제, 노동의 양극화, 기업별 노조의 고착화 현상 등이 오늘날 우리 노동의 현 위치이고 민낯이라 판단된다.

9 단체교섭과 노사갈등

단체교섭이란 노동자들의 집단적 이익 단체인 노동조합과 사용자 또는 사용자단체가 임금, 노동시간과 기타의 근로 조건에 관한 사항 등을 단체 협 약으로 체결하고자 집단적 협상을 하는 것을 지칭한다. 단체 교섭기능은 노동 조합의 핵심적 기능으로 자리잡아왔다. 노동자는 개별적으로는 사용자와 대등하게 협상을 할 수 없는 약자이므로 단결권의 보장이란 법적 보호 아래 노동조합을 만들어 단체교섭권을 행사하여 단체 협약을 체결한다. 그럼으로써 노동자들에게 유리한 임금과 근로 조건 등을 확보하고 이를 집단적인 이해 대변 기능을 수행한다. 그러나 때로는 협상이 결렬되어 파업과 같은 단체 행동을 할 수도 있다. 이런 분규가 발생하면 마지막 파업 등 쟁의행위에 이르기 전 이 갈등을 해소할 수 있도록 노사 양 당사자에게 행정당국은 조정이란 형태로 개입하여 갈등을 봉합하는 시도를 하게 된다. 노사 분쟁시 이를 조정하는 제도는 노동조합 및 노동관계 조정법에 의해 규정되고 있다. 이에 의하면 분쟁 발생시 최종적인 파업에 이르기 전에 이루어지는 조정이나 중재 등의 기능을 담당하는 정부 기관이 노동위원회이며 조정(Mediation)은 노동위원회 내의 조정위원회가 노사 당사자의 의견을 들어 조정안을 작성하여 노사의 수락을 권고하는 것을 의미하지만 노사가 조정안을 거부할 수 있으며, 이럴 때 파업을 진행될 수 있다. 우리나라에서는 조정전치의 원칙에 의해 파업을 진행하기 전에 반드시 노동위원회의 조정 과정을 선행하도록 강제하고 있다.

노사가 갈등에 이르러 합의에 이르지 못할 경우 노사 중 어느 일방이 노동위원회에 조정을 신청하면 노사간 조정기간이 설정되고 이 기간 동안에는 노동조합이 파업을 벌일 수 없다. 만약 조정이 노사에게 수락이 되지 않고 결렬된다면 파업 등 쟁의행위에 들어갈 수 있다. 중재란 조정보다 더 강력한 법적 제제인데 중재재정서가 노사 당사자에게 송달되면 이것은 조정과는 달리 단체협약과 같은 효력을 지니게 된다.

10 노사관계와 인적자원관리

최근 노사관계는 갈수록 개별화되어 가고 있는 경향을 보인다. 전통제조업의 비중이 작아지고 서비스업이 증가해 서비스업 종사자가 전체 산업종사자의 70%이상을 차지하고 있어 노동조합 조직률이 갈수록 낮아지고 있다. 전통 제조업종의 경우 남성 노동자, 대립적 노사관계로 대표되었지만 서비스업종의 경우에는 많은 사업장이 무노조인 상태일 뿐 아니라 노동자들이 계급의식으로 연계되기가 쉽지 않다. 서비스업의 특징 상 많은 부가가치가 노동 비용과 노동자의 서비스 품질에 의존하는 경우가 많아 고객 위주의 감정노동, 개별적 서비스 마인드 등이 중시되는 경향을 보인다. 이런 특징은 서비스업 종사자의 경우 경영자의 직접적 통제와 상호작용 등이 전통 제조업종 종사자보다는 빈번하고 높다는 것인데 이런 특징이 서비스업에서의 노조 조직률을 높이기 어렵게 하는 조건이 된다.

전 세계적으로 볼 때 선진국이나 중진 개발도상국의 경우라 할지라도 노조 조직률은 거의 정체되거나 하락하고 있다. 노조조직률의 하락 현상은 기업 경영에서 집단적 노사관계가 가지는 중요도가 떨어지고 갈수록 개별적 고용관계가 가지는 중요도가 증가하고 있다는 의미를 가진다. 개별적 고용관계란 회사 경영자가 개별 노동자를 대상으로 행사하는 인적자원관리적인 영향력을 의미한다. 인적자원관리는 노동자들의 집단적인 대변기구인 노동조합을 통하지 않고 개별 노동자들에게 직접적으로 접촉하고 상호작용함으로써 노동자들의 불평을 중재하고 심지어 노동자들의 직무 만족이나 동기부여 등에 관여한다. 이 점에서는 인적자원관리의 중요도가 갈수록 부각되어 가고 있다고 판단된다. 그러나 인적자원관리가 탑 경영층의 일방적인 노무 전략을 전달하는 벨트로만 작용한다면 인적자원관리를 통한 종업원 불평 중재나 직무 만족의 효과성이 노조보다 오히려 떨어질 수도 있다. 인적자원관리가 제 기능을 하기 위해서는 일관되고 장기적인 차원의 정책이 이루어져야 하고 그러기 위해서는 기업 윤리 및 전략적 측면과의 연계성이 보다 더 강화될 필요성이 있다.

개별적 고용관계가 중요시 되는 풍토는 비노조 경영(Union Free Management)의 대두와 확산을 촉진한다. 비노조 경영이란 단순히 노조를 반대하는 경영이라든지, 또는 노조가 없는 사업장을 의미하는 경영을 의미하는 것이 아니다. 노조가 있든 없든 개별 종업원들과의 관계설정을 통하여 종업원들의 만족도와 직업 생활의 질을 높이는 경영을 하는 것을 목표로 한다. 이는 스타벅스의 종업원 인간 존중과 파트너십 경영, HP의 HP Way라 불리는 종업원 참여, 유한 킴벌리의 가족친화경영, 현장 능력 개발 및 학습 등 다양한 형태로 나타난다. 고용 보장, 높은 임금 등 과거 노동조합의 투쟁에 의해 달성할 수 있었던 것들을 비노조 경영이 대변해 줌으로써 종업원의 마음을 얻고 종업원들이 회사에 만족하도록 유도하는 것이다. 비노조 경영은 노조가 있고 없음 등의 문제보다 기업과 노동조합 중 누가 노동자가 바라는 바를 더 잘 채워줄 수 있는지를 핵심적 문제로 봐야한다. 설사 노동조합이 있더라도 노동자가 노동조합보다 더 기업의 인적자원관리 정책을 더 신뢰하고 지지한다면 이는 넓은 의미에서 비노조 경영의 범위에 포함할 수 있을 것이다. 노동조합이 관료화되고 경직화되어 현장 노동자들의 의견과 이익을 대변하지 못할 경우 노동자들은 노동조합을 불신하고 회사의 정책에 더욱 의존할 수 있을 것이다. 반면 회사가 노동자들의 복리와 이익에 무관심하고 오로지 회사의 이익만을 위하여 노동자들을 희생시킨다면 노동자들은 자신들의 집단적 이해 대변을 위해 노동조합에 더욱 의존하려는 성향을 가질 것이다. 회사생활에서의 불평과 노조를 이용하여 이 불평을 해결할 수 있다는 믿음이 있다면 기꺼이 노동자는 노조를 조직하고 이에 의존하려는 성향을 보일 것이다.

11 종업원 경영참여

일반적으로 종업원은 세 가지 방법으로 경영에 참가할 수 있다. 성과 참여, 자본 참여, 그리고 의사결정 참여가 그것이다. 성과 참여란 기업의 생산 및 경영활동의 결과 나타나는 수익의 배분에 참여하는 것이고 자본 참여란 종업원이 자기 회사의 주식을 소유함으로서 주주로서의 지분에 참여하는 것이다. 그리고 의사결정 참여란 종업원이 수행하는 작업과 과업상 자율적으로 의사결정하고 판단하게 하는 것을 말한다.

이야기

일본의 노사관계[5]

오일쇼크로 전 세계적인 불황을 겪고 있을 70년대 중반 즈음, 일본의 경제는 타국과는 달리 비교적 어려움에도 불구하고 약진을 한 시기였다. 일본의 완성자동차 업체인 도요타 자동차는 이 석유위기를 잘 극복하면서 세계적인 업체로 성장한 대표적인 회사이다. 도요타는 품질 경영을 필두로 하여 고장 없는 자동차를 만든다는 신념으로 소비자들에게 어필하였고 이 전략이 비교적 맞아떨어졌다. 석유위기 중에 개발된 도요타의 소형차 '코로나'는 연비가 우수할 뿐 아니라 소음과 고장률이 낮아 대중적인 인기를 끌었다. 이어 석유위기가 잦아들 즈음에는 중형차인 캠리가 개발되어 고장 없는 차로서의 명성을 이어갔고 캠리는 도요타가 만든 차종 중 가장 장수하고 있는 패밀리카로 인정받고 있다. 도요타 자동차가 과거부터 지금까지 성공신화를 이어오고 있는 이유는 무엇인가?

1980년대 이후 일본의 자동차 회사가 미국 시장을 석권하고 난 후 전 세계적으로 '일본 경영을 알자'는 움직임이 일기 시작하였다. 일본 기업의 경영을 구성하는 세 가지 주춧돌(Three pillars)을 발견하고 관심을 가지기 시작하였는데 이는 평생고용, 연공임금, 기업별 고용관계를 지칭한다. 평생고용은 종업원이 한 번 취업하면 회사의 발전이 곧 자신의 발전이란 생각으로 회사와 자신을 동일시하는 기반을 형성한다. 해고의 자유가 광범위하게 보장되어 있는 영미권의 고용관행과는 본질적으로 다른 개념이다. 영미권에서는 노동자가 기업에 취업한 후 여러 번 직장을 옮기는 것이 일반적인 현상이고 또 그렇게 자주 옮기는 사람이 유능한 사람으로 인식되기도 하지만 일본에서는 이렇게 직장을 여러 번 옮기는 사람은 오히려 사회적 적응을 하지 못하는 무능한 사람으로 인식되는 경향이 짙다. 대부분의 노동자는 한 번 취업하면 그 직장이 평생의 일터이므로 그 안에서 적응하고 자기를 실현하기 위해 노력한다. 최근 전략적 인적자원관리의 핵심적 사안인 "노동자들의 조직몰입과 회사 충성도를 어떻게 높일까"에 대한 해답을 일본 경영이 제시하였다고 볼 수 있다. 노동자들의 몰입과 참여에 대해 경영자는 책임으로 이에 답한다. 1950년 4월 패전 후 시작된 일본 자동차 업계의 불황은 자금압박으로 시달리던 도요타마저도 급기야 해고를 단행하게 했다. 당시 경영자는 극심한 자금압박으로 인해 임금 삭감만으로는 도저히 회사를 살릴 도리가 없다고 판단했던 것이다. 그러나 해고와 함께 최고경영자도 노동자에 대한 도리를 지키지 못한 책임을 통감하며 물러났다. "경영자가 종업원을 해고하는 것은 도리에 맞지 않다" 1,760명의 노동자를 희망퇴직이란 형식으로 해고한 후 도요타 최고경영자가 스스로 물러나면서 남긴 말이다.

연공임금은 테일러주의의 성과 임금과 반대되는 개념이다. 임금을 결정하는 기준은 '성과'가 아닌 '연공'이다. 어느 정도 회사에 공헌했는지를 '공헌의 양'이 아니라 '공헌의 시간'으로 판단한다. 더 오랫동안 근무하는 사람일수록 더 많은 공헌을 한다는 믿음에 기초하여 만들어진 것이 연공주의 임금체계이다. 연공임금으로 인해 근로자는 장기근속과 생활의 안정에 대한 유인을 가지게 되며, 자신의 미래를 회사의 미래에 연동시켜 나간다.

기업별 노동조합주의는 기업별로 노동조합이 설립되어 운영되는 방식으로 일본의 기업은 각 회사의 특수한 상황에 대해 노사가 서로 잘 이해할 수 있다는 장점을 최대한 잘 활용하고 있다. 또한 기업의 경영자는 노동자들의 상황과 사정 역시 잘 이해할 수 있어 호혜적이고 온정적인 고용 관계의 성격을 유지한다.

일본 경영의 기초를 형성하는 위 세 가지 주춧돌은 결국 노동자들의 회사 몰입과 참여를 진작하여 품질을 향상하는 것에 기여하였다. 미국에서 주목받지 못했던 에드워드 데밍은 전후 일본으로 건너가 일본기업의 품질관리를 위한 일대 혁신을 단행하였고 품질 경영을 위해 노동자들의 참여 방식을 적극적으로 활용하였다. 품질관리팀을 생산라인에서 일하는 노동자들을 중심으로 구성하고 이들을 중심으로 현장에서 불량이 발생할 가능성을 타진하고 그 원인을 찾아 해결책을 모색하였다. 이런 과정을 통해 탄생한 것이 일본의 린 생산방식이다. 결국 위기의 시대에 위험을 기회로 전환시킨 것은 현장 노동자들의 몰입과 헌신을 유도하는 노동자들의 참여였다.

흔히들 우리나라와 일본의 경제 구조를 비교하곤 하는데 정말로 한국과 일본의 경제 구조는 산업화의 역사와 함께 다른 점이 많다. 우선 한국 경제의 경우, 대기업과 재벌 중심의 경제구조가 특징으로 부각되는데, 우리 한국 국민 총생산의 약 70~80% 정도가 소위 대기업이라 지칭되는 재벌에서 산출하는 매출액과 비슷하며, 나머지 20~30% 정도가 중소기업을 포함한 중견기업 이하에서 산출하는 매출액과 비슷한 규모이다. 이 현상은 한국 경제가 대부분 대기업 재벌 위주의 경제이고 대기업과 재벌이 중심이 되어 경제를 이끌고 있다는 의미이다. 반면 일본의 경우 완전히 이와 반대 구조인데, 소니, 도요타, 파나소닉, 캐논 등 대기업 등이 일본 경제에서 산출하는 매출액이 전체 GDP의 20~30% 정도이고 나머지 70~80% 이상이 중소기업을 포함한 중견기업 이하에서 산출하고 있다고 한다. 이 같은 양국 경제 구조의 차이는 산업화 역사의 차이에서 원인을 찾을 수 있다. 일본은 18세기 후반 메이지 유신을 통해 약 100년간 자생적으로 산업화를 추진하여 상당한 시간 동안 산업화를 진행하였지만 한국은 1970년대부터 80년대까지 약 10년 이상의 기간 동안 급속한 산업화를 이루어 내었다. 일본은 가 중심의 소상공인들이 일본의 상업과 경제, 작은 규모의 중소기업을 형성하여 경제를 발전시킬 수 있는 시간이 있었지만 한국의 경우 급속한 산업화로 인해 될 법한 기업에게 자금과 자본을 몰아서 지원할 수밖에 없는 사정이 있었다. 당연히 한국보다 일본에는 경쟁력 있는 중소기업이 내부 기술을 축적하여 성장할 수 있었으므로 기초소재 분야를 비롯해 다양한 산업 분야에 우수한 중소기업이 포진해 있는 국가가 되었다. 반면 한국은 기초소재 등 중소기업 특정분야에까지 대기업이 진입하여 모든 영역에서 대기업의 기술력과 역량에 의존해야 되는 체제가 되었으며 중소기업은 대기업에 종속되어 생존 자체가 대기업과의 갑을 관계에 달려있는 처지가 된 것이다. 일본 중소기업이 특유의 기술경쟁력을 가지게 한 기초적 요인으로 연공서열, 기업별 노사관계 또는 가부장적 고용관계, 그리고 평생고용 등을 지적할 수 있다. 오늘날 한국에서는 과거의 적폐로 인식되는 이 같은 원칙들이 일본의 전통적 고용관계 속에서는 나름대로의 장점을 발휘하고 있다고 해석된다. 소니, 파나소닉 등 일본의 전자업계 대기업들이 영미식의 성과주의를 도입하고 전통적 일본식 경영방식을 버리고 있다는 보고가 있긴 하지만 적어도 경쟁력이 있는 중견기업과 중소기업에서는 위 세 가지 원칙을 기초로 기업이 운영되고 있다. 일본식 경영의 세 가지 원칙은 중소기업의 특유의 기술 경쟁력을 개발하고 유지하는 것에 도움을 주고 있다는 것에 이의를 달 사람은 없을 것이다. 예를 들어 일본의 중소기업으로 주켄 공업[6]은 2002년 100만분의 1그램의 극소형 톱니바퀴를 개발하는 등 극정밀 부품 개발에 있어 최고의 기술력을 자랑한다. 사원은 100명 내외이고 학력과 스펙 등 인재 선발에서 일반적으로 중시되는 관행을 따르지 않고 무시험 선착순으로 사원들을 선발하며 철저히 셀 생산 방식을 고집하는 것으로 유명하다. "사원은 교육으로 양성되기보다는 선배를 보면서 성장한다" 등의 구호에서 보듯이 철저히 연공서열 방식의 교육과 기술 축적을 중시한다.

---

5 신은종, 2010, 일본을 주목하라, 노사관계역사 200년, 북넷, pp.180-184.

1) 성과 참여

성과 참여란 기업의 경영활동 결과 나타나는 이익에 대해 이해관계자인 노동자가 그 배분에 참여하는 것을 의미한다. 경영활동의 결과로 나타나는 기업의 이익은 사내에 유보되거나 주주에게 배당으로 배분되는 것이 일반적인 현상이었다. 그런데 이 중 일정 부분을 생산 활동과 각종 경영활동에 참여한 노동자들에게 추가로 배분하여 피고용인으로 하여금 공동체 의식을 배양하고 기업 발전을 위한 자발적 노력을 유인하고자 하는 목적으로 성과 참여가 실행될 수 있다. 성과 참여제도는 성과 배분의 기준에 따라 이익배분과 성과배분으로 다시 나뉜다.

이익 배분(Profit–sharing)은 정기적인 급여에 더하여 회계기간말에 형성되는 기업의 이익을 기초로 모든 피고용인에게 이익의 일부분을 현금이나 자사 주식의 형태로 배분함으로써 피고용인의 사기 진작을 도모하는 제도이다. 이익배분은 분배대상 성과를 기업의 이익으로 간주하지만 종업원 경영참가의 요소가 적극적으로 포함되지 않는다. 반면 성과 배분(Gain–sharing)은 기업의 성과를 생산성의 향상으로 간주하고 피고용인의 노력에 의해 나타나는 생산성 향상분의 일부를 현금으로 환산하여 피고용인들에게 배분하는 제도이다. 이는 피고용인의 의사결정 참여와 기업 성과의 배분을 결합한 것으로 종업원 경영참가의 요소가 이익배분보다는 보다 적극적으로 포함된다는 특징을 가진다. 종업원 참여의 요소를 중요하게 포함한다는 점에서 성과배분을 참가형 성과배분이라고 지칭하기도 한다.

참가형 성과배분은 종업원 경영참여의 요소를 포함한다는 점에서 조직의 생산성 향상에 종업원의 적극적인 기여를 유도하고 이를 기저로 집단적으로 성과 향상분을 종업원에게 배분하는 방식이 주로 시행되는 방식이다. 1930년

---

6 염동호, 2009. 괴짜 경영학, Human & Books.

대 불황에 허덕이던 미국 철강업체에서 처음으로 Scalon plan이 고안되어 파산의 위기에 놓인 철강회사를 재건하는 것에 기여하였다. Scalon plan은 조직의 생산성 기준을 노동비용을 생산액으로 나눈 비율로 사용하였으며 과거의 실적에 따라 기준 생산성을 정해 이것을 초과하는 향상분, 즉 노동비용 절감 부분을 종업원들에게 집단적으로 배분하는 방식으로 운영되었다.

1940년대에는 스캘런 플랜이 가지는 단점을 다소 보완하여 럭커 플랜 (Rucker plan)이 고안되었는데 이는 생산성 기준으로 노동비용을 부가가치로 나눈 비율로 정해 생산성 초과분을 계산하는 방식으로 배분하였다. 1970년대 초에는 대량 흐름 생산이 일반화됨에 따라 이에 적합한 방식이 고안되었는데 이른바 임프로쉐어(Improshare)이다. 이것은 실제생산시간을 표준생산시간으로 나눈 비율로 생산성 기준을 산출하였다.

보통 이같은 참가형 성과배분제는 주로 현장자율경영팀과 함께 운영되었을 때 종업원의 적극적인 참여와 몰입을 유도하고 좋은 결과를 얻는 것으로 알려져 있다. 참가형 성과배분은 종업원의 금전적 욕구뿐 아니라 의사결정 및 경영에서의 참여 욕구도 동시에 충족시킬 수 있는 것으로 일에 대한 동기부여 효과가 크다는 점이 두드러진 장점이 될 것이다.

2) 자본 참여

종업원 자본 참여는 피고용인으로 하여금 자사 주식의 소유자가 되게 함으로써 주주로서의 자격을 부여하여 기업 경영에 참여시키는 방식으로 일종의 지분 참가, 소유 참가형태이다. 주로 알려진 자본 참여의 형태로 종업원 지주제도나 스탁옵션 제도가 있다.

(1) 종업원지주제도

종업원지주제도(ESOP: Employee Stock Ownership Program)는 회사 정책의 일환으로 직원들에게 자사주를 보유하게 함으로써 애사심을 높이고 안정적인 주주를 확보하려는 시도로 시행된다. 이 제도는 피고용인의 재산 형성 촉진의 방안으로 뿐 아니라 기업 경영 성과를 향상하려는 피고용인의 노력을 촉구하는 것으로 이용되고 있다. 그러나 종업원이 자신의 의사에 의해 자사주를 구입한 경우는 이에 해당되지 않는다. 종업원이 자사주를 보유하도록 회사는 구입 자금을 보조하거나 공로에 대한 포상으로 주식을 공여하거나 할 수 있다. 이런 자사주의 취득은 단기적 시세 차익이나 배당을 노리는 것이 아니라 장기보유를 통해 종업원의 재산 형성과 회사의 안정적인 주주확보란 목적을 충족하여야 한다.

종업원지주제도는 종업원에게 주주의 지위를 부여함으로써 종업원을 경영 이익의 분배과정에 참여시킬 뿐 아니라 노사간 협력 관계를 증진시키는 것에 기여할 수 있다. 또한 주주의 안정적 확보를 통해 적대적 인수합병으로부터 회사의 경영권을 방어할 수 있는 점도 부각된다.

(2) 스탁옵션

스탁옵션은 주식매입선택권이라고도 하며 회사가 임직원에게 일정기간에 자사 주식을 지정된 가격으로 매입할 수 있는 권리를 부여하는 것을 말한다. 이 제도는 반드시 전체 직원을 대상으로 하는 것은 아니며 종업원 대상을 선별하여 진행할 수 있다. 주로 이 제도는 최고경영자나 정보통신 관련 기술자들을 조직으로 유치하여 경영 성과를 향상하려는 의도로 자주 시행되었다. 그러나 때로는 스타트 업이나 벤처 회사 등 직원의 규모가 크지 않은 회사들에서는 전체 직원들을 대상으로 스탁옵션을 부여하기도 한다. 주식매입선택원은 옵션의 보유자가 주식가격이 충분히 오르지 않으면 이를 행사하지 않을 수 있기 때문에 옵션의 보유자가 이로 인해 손해볼 일은 거의 없다. 따라서 기업에서는 인재유치나 최고경영자 유치 등 기업의 경영에서 필요로 하는 목적을 달성할 수 있는 방향으로 제도를 시행하고자 노력할 것이다. 스탁옵션은 성과지향적 보상 수단이고 보상액과 수준이 사전에 확정되어 있지 않은 매우 유연한 인센티브 제도로 변동성이 매우 큰 보상수단이다. 이 제도는 옵션 보유자의 재직기간 중에 자사 주식 가격을 뛰는 것을 유도한다.

3) 의사결정 참여의 주요 제도

종업원 의사결정제도로 품질 관리 분임조(QC, Quality Circle), 자율적 경영팀(Autonomous Team), 근로자 이사제, 노사협의회 등이 있다.

(1) 품질관리 분임조(QC)

품질관리 분임조는 소규모의 현장 종업원 집단이 생산활동 이외에 정기적으로 회의를 해서 생산현장에서 발생하는 불량이나 품질의 문제 등 현장의 문제 해결을 도모하는 제도이다. 품질관리 분임조는 생산에서의 불량이나 제품 품질의 개선을 위해 필요한 문제해결을 하지만 문제를 해결하기 위한 방안을 강구하는 것까지만 다루고 그 방안을 실행하는 권한과 책임은 상부 경영자에게 주어진다는 점에서 기존 권한구조나 조직구조에 영향을 주지는 않는다. 다만 품질관리 분임조는 현장 종업원들이 정기적인 모임을 통해 당면한 문제를 제기하고 자치적으로 실천 방안을 논의하는 장으로써 기능한다.

(2) 자율적 관리팀(Autonomous Team)

소규모의 종업원들이 팀을 구성하여 생산에 관한 다양한 의사결정을 스스로 진행하는 경영참가제도의 형태이다. 자율적 관리팀의 운영목적은 현장 종업원들의 사회적 욕구를 충족시키고 각 종업원이 가지고 있는 능력과 재능을 현장에서 발휘하게 함이다. 즉 개인의 성장 욕구를 만족시켜 직무 만족이나 몰입, 기업의 성과를 제고하는 것이다. 현장 자율경영팀을 실행하면 많은 권한과 책임이 현장에 이양되므로 기존의 조직구조와 권한 구조가 수평화되며 의사소통구조 역시 수평화된다.

(3) 근로자 이사제도(Employee Board representation)

근로자 이사제도란 노동조합의의 대표나 종업원의 대표가 기업의 최고 의사결정 기구인 이사회에 참석하여 공식적으로 최고 의사결정과정에 참여하는 제도를 말한다.

① 유럽의 근로자 이사제도

근로자 이사제도는 독일에서 처음 시작되었지만 최근 유럽의 통합의회에서도 근로자이사제도를 통합된 유럽에서 실시하는 것을 규정하고 있다. 이렇게 유럽에서 근로자이사제도가 법률로 강제된 것은 이제도의 실시로 인해 경영성과를 향상하겠다는 의도보다는 피고용인들의 의견이 기업의 경영의사결정에 반영되게 하겠다는 의도가 실현된 것이다. 기업내에서 피고용인, 즉 종업원들의 의견이 기업의 최고의사결정기제에 반영되어 산업민주주의를 실현한다는 이념적 동기가 강하게 작용하고 있는 것이다.

단 영국의 경우 근로자 이사제도는 법에 의하지 않고 실시되고 있지만 대륙의 이사제도는 법률 등에 의해 실시대상, 실시과정 등을 세밀하게 정해놓고 있다. 근로자 이사제도의 형태는 각국에 따라 다르게 나타나는데 독일과 네덜란드는 감독이사와 실행이사로 된 이원적 이사제를 실시하고 아일랜드, 스웨덴, 룩셈부르크 등은 단일 이사회 제도를 실시하고 있다.

② 미국의 근로자이사제도

미국은 노사자율주의적 전통이 강한 사회적 분위기이므로 근로자 이사제도를 법률로 강제하지 않고 노사 자율에 기초하여 시행하고 있다. 즉 노사간의 자율적 합의에 의해서 노동자대표를 이사회에 참여하는 형태라 할 수 있다. 1980년대 기업의 위기 상황에서 구조조정을 진행하고자 노조로부터 일종의 양보협상을 얻어내기 위한 반대 급부로서 노동조합에게 이사회의 의석을 할당하게 되면서 이 제도가 시행되었다. 1980년 미국자동차노조의 위원장인 Douglas Fraser가 Chrysler자동차의 이사로 임명된 것이 가장 대표적인 사례라 할 수 있다, 이 외에도 East Airlines, Pan American Aielines 등도 근로자이사제도를 실시하였다. 미국의 근로자 이사는 전체 이사의 극소수로 배정되어 있어 이사회의 의사결정에 미치는 영향이 유럽의 경우에 비해 매우 제한적이다.

(4) 노사협의회(labor-management committee)

노사협의회는 작업장에서 사용자와 노동자가 작업장에서의 경영관련 관심사와 문제해결을 협의하는 제도로 한국의 경우 법률로 그 시행이 강제되고 있다. 구체적으로 근로자참여 및 협력 증진에 관한 법률에 기초하여 근로자

표 4-3   노사협의회와 단체교섭의 비교[7]

분류기준	노사협의회	단체교섭
법적 근거	근로자참여 및 협력 증진에 관한 법률	노동조합 및 노동관계조정법
목적	노사공동의 이익증진	근로자의 지위향상과 근로조건의 개선
사업장	30인 이상의 사업장	노동조합이 있는 사업장
배경	노동조합의 설립여부나 쟁의행위라는 위협의 배경 없음	자력구제로서의 파업(쟁의)을 배경
구성	노사협의회 근로자위원과 사용자위원으로 구성, 근로자위원은 노조가입유무와 상관없이 선출됨	노동조합 대표자와 사용자대표
활동	사용자의 기업경영정보 공유, 경영사안에 대한 노사간 협의	노사간 대등한 교섭 및 협약
대상사항	생산성 향상 같이 노사공동이익의 의제를 다룸	임금, 근로시간, 기타 근로시간 등 노동자의 처우에 대한 사항
결과	법적 구속력이 있는 계약체결이 아님	단체협약은 법적 구속력이 있음
기타	쟁의행위를 수반 안 함	교섭결렬시 쟁의행위 가능

7 김동원 외 13인, 2022, 고용관계론, 박영사.

30인 이상 사업체에서 반드시 실시하는 것으로 되어 있다. 이 제도는 원래 독일 등에서 경영공동결정을 위해 근로자만으로 구성된 작업장 평의회(Work Council) 제도를 벤치마킹한 것으로 볼 수 있으나 일종의 협의란 점에서는 독일의 작업장 평의회의 기능보다는 다소 약하다고 볼 수 있다. 노동조합이 노조원만을 대표함에 비하여 노사협의회는 노조가입과 상관없이 모든 노동자들을 대표한다. 다만 노동조합과 같이 사용자에 대항하는 파업과 같은 무기가 없고 협의 기능에 국한하고 있다는 점에서 차이가 있다.

경영의사결정과정에 종업원들이 직접 참여하게 함으로써 전통적 노사대립구조를 없애고 노사가 공동의 목적과 이익을 향해 함께 협력할 수 있고 상호 생산적인 고용관계를 형성할 수 있다. 종업원들의 의사결정참여는 노사 간의 벽을 허물고 상호 신뢰를 형성하는 것에도 기여한다.

12 노동법령의 종류

노동법은 규율하는 대상에 따라 집단적 노동관계법과 개별적 노동관계법으로 분류된다. 집단적 노동관계법은 근로자 집단의 사회적 위치, 사용자와의 관계에서 나오는 내용을 규율하는 것이며 개별적 노동관계법은 개별 근로자의 근로조건과 사용자와의 관계를 규율하는 것이다.

1) 근로기준법

근로기준법은 개별 근로조건의 기준을 정함으로써 기본적인 근로 조건 등을 보장하고 향상하는 것을 목적으로 한다. 이 법에 의해 규율되는 근로조건은 최저 기준이므로 이 기준을 위반하는 조건의 계약은 원천적으로 해당 부문이 무효가 된다. 이 법은 상시 5인 이상의 사업장에 적용된다.

2) 고용보험법

고용보험의 시행을 통해 실업의 예방, 전직 지원, 고용 촉진, 직업능력의 개발 등을 지원하고 실직할 경우 생활에 필요한 급여를 지급함으로써 근로자의 생활안정과 구직활동을 촉진하는 것을 도모한다. 근로자는 표준 소득월액의 0.65%를 실업급여로 부담하며 사용자는 실업급여로 0.65%, 그리고 고용안정사업과 직업능력개발사업에 대해서는 업종이나 규모에 따라 0.25%에서 0.85%까지의 보험료를 부담하게 된다.

3) 임금채권법

경기의 불황이나 산업 구조조정 등으로 사업의 계속이 불가능하여 임금 등을 지급받지 못한 상태로 퇴직한 근로자에게 임금 지급을 보장하는 제도이다. 고용노동부 장관은 사업주가 파산 등으로 인해 지불하지 못한 임금을 사업주를 대신하여 임금채권보장 기금에서 근로자에게 지불하고 이를 대위할 수 있다. 구조조정, 파산 등으로 인해 임금을 받지 못하고 퇴직한 근로자들의 생활안정을 일정 보장하기 위한 제도이다.

4) 산업재해보상 보험법

업무상 발생하는 재해와 질병에 대해 신속하고 공정하게 보상할 뿐 아니라 재해를 당한 근로자의 재활 및 근로회복을 위해 필요한 재활시설의 운영하고 복지 증진을 위한 사업을 시행함으로써 근로자 보호에 기여함을 목적으로 하는 법률이다. 보험 사업은 고용노동부 장관이 관장하고 그 산하 기구인 근로복지공단은 보험에 관한 기록의 관리와 유지, 보험시설의 설치와 운영, 근로자의 복지증진사업 등을 수행한다. 사업주가 보험의 가입자가 되어 보험 기여금을 납부한다.

5) 남녀 고용 평등과 일과 가정 양립 지원에 관한 법률

고용에서 남녀의 평등한 기회와 처우를 보장하고 모성 보호와 여성 고용을 촉진하여 남녀고용평등을 실현하고 근로자의 일과 가정의 양립과 균형을 지원함으로써 국민들의 삶의 질 향상에 기여하는 것을 목적으로 하는 법이다. 근로기준법 제6조는 이미 고용되어 있는 근로자에 대해 근로 조건을 적용함에 있어 차별적 처우를 하지 못하도록 하고 있으나 그 내용이 포괄적이고 추상적이다. 이에 반해 이 법은 구체적으로 기업이 사람을 모집하고 채용할 경우에서의 차별을 금지하고 있다. 남녀고용평등법의 이름으로 1987년 제정된 후 여러 차례의 개정이 진행되었으며 2007년 개정에 의하여 배우자의 출산휴가가 도입되었다.

6) 장애인고용촉진법 및 직업재활법

이 법은 장애인의 고용촉진과 직업재활을 도모하기 위해 1990년에 제정되었으며 공공기관, 정부 및 지방자치단체는 상시 근로자 총수의 3.2%를 자애인을, 그리고 상시근로자 50인 이상을 고용하는 사업주는 2.9%의 장애인을 고용할 것을 의무화하고 있다. 의무 고용률을 초과한 경우에는 고용장려금이 지불될 수 있고 미달한 경우에는 국가 및 지방자치단체를 제외한 100인 이상 고용사업주에 한해 부담금을 납부해야 하는 의무가 부과된다. 이 부담금을 기초로하여 장애인 고용촉진기금이 형성되며 기금을 통해 다양한 장애인 고용촉진사업이 진행되어진다. 사업실행은 이 법률에 의해 설립된 한국장애인고용촉진공단이 담당한다.

7) 고용상 연령차별금지 및 고령자 고용촉진에 관한 법률

고령화의 진전에 따라 노동시장에서 연령을 이유로 취업이나 해고 등에서 차별을 금지하고 고령자가 능력에 맞는 직업을 가질 수 있도록 지원하고 촉진함으로써 고령자의 고용안정과 국민 경제에 기여할 수 있도록 한 법이다. 고령자는 55세 이상인 자이며 사업주는 근로자의 모집 채용 임금 외의 금품지 급 및 복리후생, 교육 훈련 및 배치 승진 해고 등 고용의 모든 단계에서 합리 적인 이유 없이 연령을 이유로 차별해서는 안 된다는 내용을 담고 있다.

8) 노동조합 및 노동관계조정법

헌법에 보장된 근로자의 단결권, 단체교섭권, 단체행동권을 기초로 하여 근로조건의 유지와 개선, 근로자의 경제적이고 사회적인 지위의 향상, 노동관 계를 공정하게 조정하여 쟁의를 해소함으로써 산업평화의 유지와 국민경제의 발전을 도모하는 법이다. 근로조건의 유지와 개선에서 근로자의 대표기구인 노동조합을 인정하고 노동조합과 사용자에 의한 단체협약을 통해 적어도 근 로기준법상의 최저기준 이상의 근로조건을 확보하거나 근로기준법에 규정되 어 있지 않은 근로조건 등을 개선할 수 있도록 여지를 제공하고 있다. 동법은 노조의 설립과 운영에 대한 내용을 포함하여 단체협약의 체결 조건과 효력을 다루고 있다. 또한 동법은 노동쟁의조정 등 노사간의 갈등이 합리적으로 조정 될 수 있는 규칙을 규정하고 있으며 부당 노동행위에 대한 규정 역시 포함하 고 있다.

9) 근로자 참여 및 협력 증진에 관한 법률

상시 근로자 30인 이상을 고용하는 사업장에서는 노사협의회의 설치가 의무화되며 노사협의회는 생산성 향상과 성과배분, 근로자채용 배치 및 교육 훈련, 고충처리, 인사관리 등 제도 개선, 경영상 사정으로 인한 인력의 배치전 환, 재훈련, 해고 등 고용조정의 일반 원칙, 작업 및 휴게시간의 운용 등에 관 한 사항을 협의하도록 하고 있다.

10) 노동위원회법

노사간의 갈등이나 분쟁이 발생할 경우 이를 조정하거나 중재하는 일은 산업평화를 구축하는 것에 중요하며 이를 전담하기 위한 정부 조직이 노동위원회인데 이의 조직, 구성과 운영, 권한 등을 동법에서 규정하고 있다.

11) 중대재해처벌법

2016년 이후 젊은 노동자들이 근무 중 산재로 숨지는 사고가 발생하자 위험의 외주화로 인한 산재가 사회적 문제로 대두되었다. 이에 국회에서는 중대 산업 재해에 대해서는 사용자, 특히 원청의 책임을 강화하는 차원의 새로운 법안을 통과시켰는데 이것이 중대재해처벌법이다. 중대채해처벌법은 산업재해에 대해 원청 경영자에게까지 처벌조항을 강화한 법안으로 한국경총은 징벌적인 면이 강조되어 경영활동에 제약을 가할 수 있다는 이유로 이 법안에 반대하여 왔다. 그럼에도 불구하고 결국 2021년부터 이 법안은 300인 이상 기업부터 점차적으로 시행되게 되었으나 사업장에서의 산업재해건수나 비율은 아직도 줄지 않고 있다.

13 노사관계의 관리적 이슈

1) 노조전임자 급여 지급 금지와 근로기간 면제

노조전임자는 회사 소속의 종업원이지만 노조의 간부로서 회사일을 하지 않으면서 전적으로 노조의 직무만 담당하는 사람들을 지칭한다. 과거에는 단체 협약으로 정하거나 사용자의 동의가 있는 경우에 회사 측에 근로계약상의 근로를 제공하지 않더라도 회사로부터의 급여를 받으면서 노동조합의 업무에만 종사할 수 있었다. 소위 노조의 집행 간부급인 위원장, 부위원장, 사무국장 등이 이에 해당된다.

노조전임자가 회사에 노무를 제공하지 않으면서 회사급여를 받고 노조업무에 전념하는 것에 대해 문제가 제기되어 1997년 전임자 급여 지급 금지가 노동법에 명시되었으나 군소 노조의 열악한 재정 등을 감안하여 시행이 잠정적으로 유예되어왔다. 그러나 정부는 2010년 1월 개정된 노조법에 의해 2010년 7월부터 유예조항을 삭제하고 이를 전면금지하였다. 이에 따라 노조전임자의 급여는 노조의 조합비에서 충당하게 되었다.

그러나 갑자기 전임자에 대한 임금을 회사가 지급하지 않으면 열악한 노조의 재정상 정상적인 노조 활동이 위축될 우려가 있어 노사공통의 이해가 걸린 활동을 한 시간은 근로시간으로 인정하여 이에 대한 급여를 지급하는 제도를 마련하였다. 이를 근로시간면제제도, 또는 타임오프(Time Off)제도라고 한다. 근로시간면제제도는 노조전임자가 노사공동의 이해가 걸린 활동을 한 시간을 근로시간으로부터 면제하고 이를 단체교섭활동, 산업안전 등의 활동 등에 사용하게 한 제도이다.

근로시간면제제도는 ILO를 비롯하여 미국, 일본, 영국, 프랑스, 독일, 캐나다 등 국제적으로 일반화되어 있다. 단체협약으로 정하거나 사용자가 동의하는 경우에는 '사업 또는 사업장별로 조합원수 등을 고려하여 결정된 근로시간면제한도'를 초과하지 않는 범위에서 근로자는 임금의 손실 없이 사용자와의 협의·교섭, 고충처리, 산업안전활동 등 이 법 또는 다른 법률에서 정하는 업무와 건전한 노사관계발전을 위한 노동조합의 유지·관리업무를 할 수 있다. 이와 관련하여 근로시간면제한도를 정하기 위해 근로시간면제심의위원회 규정을 두고 있다. 예컨대 조합원규모 500명에서 999명 내의 기업에서는 연간 6,000시간 이내의 근로시간면제한도가 정해져 있다.

근로시간 면제제도에 대한 노동계의 입장은 전임자의 임금 지급건에 대해서는 노사자율의 원칙에 의거하여야 하는 것이지 이것을 법으로 제한하거나 금지하는 것에 대해 반대한다는 것이다. 그러나 13년간의 유예기간을 두었음에도 불구하고 우리나라에서는 입법에 의하지 않고는 개선을 기대하기 어려울 정도로 전임자급여지급의 관행이 일반화되어 왔다.

2) 복수노조와 교섭창구 단일화

2010년 노동조합 및 노동관계 조정법 개정안이 국회 본회의를 통과함에 따라 2011년 7월부터 사업장내 복수노조 설립이 허용되었다. 이로써 근로간면제제도와 함께 13년 동안 유예되어온 복수노조가 사업장내에 허용된 것이다. 종업원들은 기존 노조와는 별개로 새로운 노조를 설립하거나 새로이 가입할 수 있어 '결사의 자유'란 권리를 더욱 확대하는 조처가 시행된 것이다.

사업장내 복수노조가 허용됨에 따라 사용자의 입장에서는 기존의 한 개 조합이 아닌 여러 개의 복수 조합을 대상으로 단체교섭을 해야 하는 상황이 되었다. 그런데 사용자가 여러 개의 복수 노조를 따로따로 개별적으로 여러 번 교섭하는 것은 교섭비용을 낭비하게 하는 것이므로 노동법상 교섭창구 단일화의 의무를 규정하고 그 절차를 명시하였다.

단체교섭시 참여노동조합의 결정과 교섭대표노조결정은 다음의 순서를 따른다.
노동조합의 단체교섭요구 → 사용자는 7일간 단체교섭요구에 대한 사실을 공고 → 공고기간 중에 다른 노조들은 조합원수를 적은 서면으로 교섭에 참여를 요구함 → 사용자는 참여 노동조합을 확정하여 그 명칭과 조합원 수 등을 5일간 공고 → 참여노동조합이 확정된 날로부터 14일의 기간 내에 자율적으로 교섭대표노조를 결정하고 이를 연명으로 사용자에게 통지함. 이 과정은 자율적 과정임.

만약 자율적으로 교섭대표노조의 결정을 하지 못하면 조합원수를 기준으로 한 교섭단체단일화가 자동적으로 결정된다. 과반수 노조가 존재하면 과반수 노조 대표가 대표교섭단체의 지위를 가지며, 과반수노조가 존재하지 않으면 공동교섭대표단을 구성할 수 있지만 이 대표단에는 조합원 수 10% 이상의 노조가 참여할 수 있고 공동교섭대표단을 구성하여 연명으로 사용자에게 통지하여야 한다.

교섭창구 단일화 제도는 그간 우리나라에서 오랜 기간 동안 정착되어온 기업별 단일 노동조합을 기초로 한 기업별 노사교섭의 관행 아래에서 기업별 복수노동조합을 설립할 경우 발생할 수 있는 노사교섭상의 혼란, 협약 적용상의 혼란 등을 최소화하고 같은 기업내에서는 가급적 동일하거나 통일적인 근로조건 적용 등을 가능하도록 하는 것에 제도적인 목적이 있다고 할 수 있다.

인적자원관리활동은 노동법과 매우 깊은 관련을 가진다. 기업이 근로자에 대해 내리는 인사관리의 다양한 의사결정 등은 차별적이지 않고 공정해야 하며 그러한 결정이 공정한 것인지를 판단하는 기준이 바로 노동법이 된다. 인력의 채용, 평가, 보상, 처벌 등 인사관리의 모든 활동이 노동법과 직접적인 관련이 있으므로 인사관리에서 노동법의 내용을 충분히 숙지하고 이해하는 것이 필수적으로 요청된다 하겠다.

14 장의 요약

시장 경제학에서는 균형임금이 결정되는 지점에서 노동의 최적 공급량이 결정되어 효율적인 임금수준이 결정된다고 보지만 현실적으로는 많은 임금 수준 등이 노사 간의 단체적 규율과정을 통해, 즉 교섭에 의해 결정되는 구조를 가지는 경우가 많다. 조직내의 규율에서 집단적인 계약관계를 형성하는 단체협약은 조직의 대표적 노동조합이 중심이 되어 사측과 체결하며 대부분의 체결된 단체협약은 취업규칙이나 조합원이 개별적으로 체결한 근로계약보다 상위의 효력을 가진다. 단 노동조합이 없는 사업장의 경우 취업규칙과 개별 근로계약 등이 작업장내 노사 당사자간의 권리와 의무를 규율하는 중요한 근거로 작용할 수 있다.

노동조합의 효과와 기능에 대하여서는 프리만과 메도프가 제안한 두 얼굴 모델이 가장 일반적으로 받아들여지고 있다. 두 얼굴이란 노조의 노동공급 독점기능과 집단적 의사대변기능 등 두 가지 측면을 지칭하는 것인데, 가능하면 독점적 기능은 최소화하고 의사대변 기능 등을 활성화하여 순기능을 육성하자는 의미를 담고 있다.

노동조합은 직업별 노조, 기업별 노조, 산업별 노조 등으로 구분되는데 이 중 가장 배타적인 성격이 강한 노조는 직업별 노조이고 가장 강력한 영향력을 행사할 수 있는 노조는 산업별 노조이다. 우리나라는 1987년 6.29선언이후 노동조합 조직운동이 합법화되고 난 뒤 주로 기업별 노조 방식으로 운영되다가 2000년대 이후 노동계 자체의 산별노조운동 등의 영향 등으로 기업별 구조가 산별노조로 전환되는 모습을 보여주었다. 그리고 엄밀하게는 이런 노조들이 산별노조의 운영방식을 따르지는 않고 있어 '무늬만 산별노조'란 자조 섞인 평가를 받기도 한다.

노조화 이론에 따르면 노조는 '회사나 직무에 불만이 생길 경우'거나 이런 '불만이 노조 활동을 통해 해소되거나 해결할 수 있다는 수단적 믿음'이 생기면 결성된다고 본다.

그러나 한국뿐 아니라 선진 개발국을 포함하는 노동조합의 조직률은 갈수록 낮아지고 있다. 이는 노사관계가 갈수록 개별화되고 있다는 것을 의미한다. 갈수록 노조의 기반이 되었던 전통 제조업이 전체 산업에서 차지하는 비율이 감소하고 무노조 상태의 서비스 업종이 확대되는 추세를 보이고 있다. 전 세계적으로 볼 때 선진국이나 중진 개발도상국의 경우라 할지라도 노조조직률은 정체되거나 하락하고 있다. 노사관계의 개별화는 기업이 구사하는 인적자원관리의 역할이 갈수록 증대하고 있다는 의미이기도 하다. 또한 개별적 노사관계가 중요시되는 풍토는 비노조 경영의 대두와 확산을 촉진한다. 노조가 있든 없든 회사는 종업원들에 대한 관계 설정을 통해 종업원들의 직무 만족도와 직업 생활의 질을 높이는 경영을 목표로 할 수 있다. 고용보장, 높은 임금, 경영참여등 과거 노조가 해야 했던 역할을 인적자원관리로 대변해 줌으로써 종업원의 마음을 얻고 종업원들이 회사에 만족하도록 유도하는 것이다.

종업원 경영참여는 크게 성과 참여, 자본 참여, 의사결정참여 등으로 구분된다. 집단적 성과 참여로는 이익배분(Profit sharing)과 성과배분(Gain sharing)이 있다. 자본 참여방식으로는 피고용인이 자사 주식의 소유자가 됨으로써 기업 경영에 관심을 가지고 참여토록 하는 것이다. 이에는 종업원 지주제도와 스탁옵션 등이 있다. 의사결정참여의 형태로는 자율적 경영팀과 같은 직접 참여, 근로자 이사제나 노사협의회 등을 이용한 간접참여 형태가 있다.

인적자원관리는 노동법령과 밀접한 관련을 가지고 시행된다. 인력의 채용, 평가, 보상, 처벌 등 인사관리의 모든 활동이 노동법과 직접적인 관련이 있으므로 인사관리에서 노동법의 내용을 충분히 숙지하고 이해하는 것이 필수적으로 요청된다.

노동관련 법령으로, 근로기준법, 임금채권법, 산업재해보상보험법, 남녀고용평등과 일과 가정 양립 지원에 관한 법률, 장애인 고용촉진법 및 직업재활법, 연령차별금지 및 고령자 고용촉진에 관한 법률, 노동조합 및 노동관계 조정법, 근로자 참여 및 협력증진에 관한 법률, 노동위원회 법, 중대재해처벌법 등이 있다. 또한 현재 우리나라에서는 노조 전임자 급여 지급을 금지하는 제도로 근로시간면제제도를 시행하고 있고 사업장내 복수노조설립을 허용함에 따라 이에 따른 교섭창구단일화에 대한 의무를 노동자 측에 부여하고 있다.

Chapter 05

조직관리

05

조직관리

    조직이 환경을 분석하여 이에 적절한 전략을 구성하여 실행하기 위해서는 이에 적합한 조직 구조가 뒷받침되어야 할 것이다. 환경 → 전략 수립 → 전략 실행의 단계적 실행에서 인적자원관리체제와 맞물러 전략 실행을 용이하게 하는 조직구조의 형성이나 변화가 수반된다.

    조직 구조란 업무를 어떻게 할당할 것인지, 그리고 업무 수행의 권한과 책임, 범위를 어떻게 구성할 것인지, 업무 수행에 필요한 규칙과 절차를 어떻게 구성할 것인지 등을 정하는 것이며 크게 업무 구성의 부서화(Departmentation-Outsorcing), 권한관계(집권화-분권화), 업무 수행 절차의 규칙성과 표준화 정도(공식화-유연화) 등으로 조직구조의 내용을 설명될 수 있다.

1 조직구조의 내용

1) 업무 구성의 부서화

    조직을 둘러싼 경영환경의 복잡성이 증가할수록 조직이 의사결정을 할 시 고려해야 하는 요소가 많아진다. 창업초기 조직의 경우 대부분의 의사결정 사안들을 창업자 1인이 총괄하여 결정하는 방식에서 성장기나 성숙기의 조직으로 들어서면 대부분의 의사결정 사안 등을 창업자나 CEO 1인이 총괄하여 결정할 수 없을 정도로 환경적인 복잡성이 증가하게 된다. 이에 따라 각 사안마다 전문 대리인이나 대리 조직을 만들어 각 사안별로 대응하는 방식으로 발전하게 되는데 이 과정을 부서화라고 볼 수 있다. 즉 회사가 성장할수록 기업환경에서 고려하여야 하는 복잡성이 증가하는데 각 개별 사안들, 예를 들면, 마케팅과 영업환경, 인사 노무 등 노동시장 환경, 구매환경, 생산환경 등 다양한 개별 요소들에 대해 대응을 하는 전문 부서가 필요해지므로 조직내 부서화가 진행된다는 것이다. 조직내 부서화는 조직의 고용규모를 늘리며 총체적인 조직구조를 증대시킨다. 한편 최근에는, 환경의 복잡성 증가에 대응하는 방안으로 조직내 부서화, 즉 내부화를 활용하기보다는 각 기능별 외부 전문 조직과의 연계관계를 통해 해결하는 방식(아웃소싱)을 활용하는 기업이 많아지고 있다. 이들은 그럼으로써 내부화로 인해 발생하는 관리 비용과 거래적 비용을 절감하고 기업이 접하는 환경자체를 축소하여 보다 효율적이고 유연한 환경 대응을 할 수 있다고 본다.

2) 의사결정과정의 집권화와 분권화

집권화란 의사결정의 권한이 상위경영층에 집중되어 있는 형태이며 분권화는 조직의 여러 계층과 부분에 대폭 위양되어 있는 형태이다. 우리는 이를 집권적 조직과 분권적 조직으로 명명하고자 한다. 그러할 때 집권적 조직은 경영사안에 대한 의사결정권한이 대부분 최고경영층에 집중되어 있어 하위 그룹에 있는 직원들은 내부 규정이나 지시에 의해 직무를 수행하는 구조를 가진다. 반면 분권적 조직이란 현장위주의 문제 해결을 장려하기 위해 현장 구성원들의 창의성과 자율성에 의존한 문제해결 방식을 중시하고 이를 위해 의사결정 과정상의 권한과 책임 등을 대폭적으로 현장으로 이양한 조직을 의미한다. 집권적 조직의 경우 창업 초기나 작은 조직의 경우에는 창업자나 CEO의 개인적 능력을 발휘하게 하는 장점이 있을 수 있으나 일정 정도 규모의 조직에서는 현장의 문제해결 속도를 저해되는 단점이 부각될 수 있다. 분권화된 조직의 경우 현장에서 발생하는 문제를 현장의 종업원이나 직원이 즉

각적으로 대응하고 처리할 수 있는 자율성과 책임이 부여되어 있어 현장 중심의 문제해결 등이 신속히 이루어지는 장점이 있다.

3) 업무 과정의 공식화·표준화

업무 과정의 공식화란 직원들의 직무 과정이 규정이나 지침에 의해 어느 정도 엄격하게 규정되어 있는지를 의미한다. 업무과정의 공식화 정도가 높으면 개인의 재량이나 능력, 창의성에 의존하는 정도를 줄이고 아울러 업무 진행의 임의성을 줄임으로써 조직을 안정적으로 운영할 수 있다. 그러나 공식화로 인해 개인적 역량이 발휘되지 못함으로써 조직이 새로운 기술 동향을 좇아가지 못하거나 새로운 소비 동향을 제때에 반영하지 못하는 단점이 부각될 수 있다. 업무 과정의 공식화와 표준화 정도가 높은 대표적인 조직이 공무원 조직이다. 공무원 조직의 경우 업무 범위와 과정이 공식화되어 있어 모든 활동에 대해 문서로 된 근거를 남기게 하고 있다. 따라서 공무원 조직의 경우 개인적 역량을 발휘하여 일을 확대하여 나가는 등 돌출적인 활동을 하기가 어렵고 개인적 임의성을 제어하고 조직의 위계적이고 안정적 운용을 가장 우선적으로 도모하는 조직 유형이라 할 수 있을 것이다. 오히려 하위직에서 일을 적극적으로 확장함으로써 규정이나 지침에 없는 임의적 행위를 하게 되어 감사의 대상이 되거나 감사에서 처벌을 받게 되는 경우가 허다하게 벌어지기도 한다. 이를 피하기 위해 공무원들이 규정과 지침에 규정된 복무만 하는 소극적인 태도, 즉 복지부동(배를 땅에 붙이고 움직이지 않는다란 의미)이란 사자성어가 회자되기도 하는 것이다.

2 경영환경과 조직구조

경영환경과 조직구조의 관계에 초점을 둔 다양한 연구들이 등장했는데 이들 연구들의 관점은 경영환경에 따라 조직구조의 형태가 변화하며 적응해

나간다는 조직유기체론 입장을 취한다.

1) T. Burns & G. M. Stalker(1961)[1]의 구조론

Burns and Stalker(1961)은 기업을 둘러싼 경영환경이 안정적인 조직인 경우 내적 효율성을 중시하는 기계적 구조(Mechanic Management Process)가, 그리고 동태적인 조직환경에서는 환경 적응성이 중시되는 유기적 구조 (Organic Management Process)가 형성되는 경향이 있다고 했다.

능률과 효율이 중시되는 기계적 구조란 직무 내용이 세분화 되어 명확히 구분되고, 권한과 책임이 주로 탑경영층에 집중되고, 의사결정속도는 관료화 과정을 거치므로 다소 느린 특징을 가진다. 의사소통 방식은 탑-다운의 수직적 방식이고 문제해결방식은 주로 공식적 지위나 권위, 또는 관료적 규정에 의한다. 직무 과정에서의 공식화 수준은 높은 편이고 환경적 변화에 대해 둔감한 특징을 가진다.

표 5-1 기계적 구조와 유기적 구조

	기계적 구조(능률 중시)	유기적 구조(적응성 중시)
직무설계	직무내용이 세분화내고 명확히 구분됨	직무내용과 구조가 상황에 따라 신축적으로 변화함
권한과 책임	주로 최고경영층에 집중됨	현장 중심으로 분권화됨
의사결정속도	관료화 과정을 따르므로 다소 느림	현장에서 즉각적인 의사결정이 가능함
의사소통	수직적 의사소통	수평적 의사소통
문제해결방식	공식적 권위와 지위, 관료적 규정과 절차	직원간의 상호작용, 팀회의, 개인의 창의성을 중시해 문제해결
인적자원관리	행정전문가 기능이 중시됨	리더십과 직원들의 참여 중시
환경변화	환경변화에 둔감	환경변화에 민감하게 반응
직무과정의 공식화수준	높음	낮음

---

1 Burns, T. and Stalker, G. M., 1961., The Management of Innovation, London: Tavistock.

반면 환경적 적응성이 강조되는 유기적 구조는 직무 내용과 구조가 상황에 따라 신축적으로 변화하고 권한과 책임이 현장 중심으로 분권화되고 현장에서 즉각적인 의사소통이 이루어지므로 의사결정속도가 대체로 빠르게 진행되는 특징을 가진다. 직원들간의 수평적 의사소통 방식이 장려되고 문제해결은 주로 직원들간의 상호작용, 팀회의 등 개인적 창의성을 중시하는 방향으로 이루어진다. 인적자원관리 기능 중에는 리더십과 직원들의 참여 역할이 강조되고 환경의 동태성이 높은 경우 환경변화에 즉각적으로 대응하는 기민성을 보인다. 직무과정의 공식화수준이 낮아 개인별 역량에 의존하는 정도가 높고 개인별 창의성이나 능력이 발휘되기가 쉽다(〈표 5-1〉 참조)

2) A. Chandler의 전략과 조직구조

A. Chandler는 그의 저서 '전략과 조직구조'에서 미국 70개 기업을 대상으로 연구한 결과 '구조는 전략을 따른다'는 유명한 명제를 남겼다. 기업의 전략이 경영환경을 분석한 결과 수립되고 수행된다는 점을 고려하면 결국 챈들러의 주장도 경영환경에 조직이 적응한다는 조직유기체적 입장을 반영하고 있다.

기업이 창업되어 초창기 시절에는 경쟁시장에서의 지속적 생존이 중요해지므로 대부분의 의사결정이 창업자 위주로 이루어지는 집권화된 구조를 형성하여 기업이 출발하는 경향이 크다. 그러다가 제품시장에서 일정정도의 점유를 확보하고 생존에 성공하면 본격적으로 제품시장의 점유를 확대하기 위해 효율성을 중시하는 기능적 구조로 성장하게 된다. 그러나 여전히 제품의 원료 공급자나 영업망 등에 대해선 대외 의존적이라 불확실성이 존재하게 되는데 이와 같은 공급업체와 영업망에 대한 불확실성을 줄이기 위해 이들 기업을 내부화하는 전략, 즉 수직적 통합을 추진하게 된다. 이같이 한 가지 제품군에 대해 성공적인 수직적 통합을 이루면 제품군을 다양화하여 보다 능률적으로 생산하고 판매하기 위한 조직구조로 변신하게 되는데 제품군 다양화를 위해 다

표 5-2 전략에 따른 구조의 변화

	초기	성장기	성숙기	
전략	시장에서의 생존	효율성	수직적 통합	다각화
구조	집권적 구조	집권적 기능조직	기능조직 또는 제품조직	자율적 사업부조직

각화전략을, 그리고 다각화 전략을 실행하기 위한 구조로 자율적 제품조직이 나 자율적 사업부 조직으로 구조를 변화한다. 챈들러는 이같이 조직환경 → 전 략적 대응 → 조직구조의 변화 등의 순서로 기업의 성장단계에 따라 환경에 적 응하는 구조적인 조정과정이 필연적이라는 입장을 취하게 되는데 이것이 '구 조는 전략을 따른다'는 명제의 의미라 할 수 있다(〈표 5-2〉 참조).

3) P. R. Lawrence & J. W. Lorsch(1967)[2]의 차별화와 통합

Lawrence와 Lorsch는 기업이 접하고 있는 환경이 복잡하고 다양할수록 조직을 구성하는 하부 구조가 그 개별환경에 적응하는 구조를 가져야 한다고 주장하면서 차별화와 통합의 개념을 소개하였다. 차별화란 기능적으로 상이 한 부서에 속한 구성원들은 목표 성향, 시간 성향, 종업원간 성향, 그리고 구 조의 공식성 등에서 차이가 벌어짐을 의미한다. 가령 기업의 내부 조직구조를 형성하는 연구개발부서와 생산부서, 영업부서 등을 구성하는 직원들은 부서 의 목표성향, 시간성향, 종업원간 과업수행, 구조의 공식성 등에서 부서별로 차이가 벌어지게 되는데 이를 부서간의 차별화라 할 수 있다(〈표 5-3〉 참조).

한편 조직의 통합이란 차별화된 부서간의 행동이 조직 전체의 목적과 일 치하는 방향으로 움직여 나가도록 하는 공동의 노력을 의미한다. 상이한 부서 에서 나타나는 이질성을 조직전체의 목표에 통합하는 다양한 노력 등으로 위 원회, 테스크포스팀 등이 이에 해당된다.

---

2 Lawrence, P. R. and Lorsch, J. W. 1967. Organization and Environment: managing differentiation and integration, Boston: Harvard Business School.

표 5-3 부서간의 차별화

	연구개발부서	생산부서	영업부서
목표성향	신제품개발	효율적생산	소비자만족
시간성향	장기적	단기적	단기적
종업원간 성향	과업 지향적	과업지향적	관계지향적
구조의 공식성	낮음, 개인 자율성과 창의성 중시	높음, 직원내 화합과 단합 중시	높음

이들은 환경의 복잡성이 다른 플라스틱, 식품, 컨테이너 등의 산업분야에서 성공적인 기업과 그렇지 않은 기업을 분류하여 현장 연구를 실시한 결과 불확실한 환경에 속한 기업이 그렇지 않은 기업보다 내부 부서간의 차별화 수준이 높고 성공적인 기업일수록 이 같은 내부 차별화에 대한 통합 기능이 발달되어 있음을 발견하였다. 즉 환경이 복잡한 플라스틱 산업에 소속한 기업이 환경이 단순한 컨테이너 산업에 속한 기업보다 연구개발부서, 생산부서, 영업부서간에 목표성향, 시간성향, 구조적 공식성 등에서 많은 차이가 났지만 컨테이너 산업에 속한 기업들의 경우에는 기능부서간에 이 같은 차이가 별로 나타나지 않았다. 환경의 불확실성이 높은 플라스틱 산업의 경우 사전에 설정된 규율, 방침, 계획과 같은 기계적인 통합방법뿐 아니라 임시응변적 연락담당자, 테스크포스, 위원회 등 다양하고 유기적인 통합방법 등이 발달되어 있었다.

4) J. D. Thompson의 기술핵심조직과 변경조직

Thompson은 환경의 복잡성에 대응하기 위해 기업은 부서의 수를 증가시켜간다고 하면서 조직의 부문별 역할 특성에 따라 구조유형을 조직의 중요한 가치생산활동이 이루어지는 기술핵심조직과 이를 보호하기 위한 변경조직(Boundary spanning unit)으로 개념화하였다. 변경조직은 기술핵심조직의 환경을 서로 연결하거나 환경적 변화로부터 기술핵심조직이 충격을 받지 않도록 완충하는 역할을 하는 것으로 보았다. 가령 마케팅부서는 소비자의 욕구와 기

호변화 등을 감지하고 연구개발부는 새로운 기술적 동향을 파악하며, 해외영
업부는 타 해외 시장의 특성과 조류를 파악한다. 구매부서는 원재료의 수급동
향과 가격, 인사노무부서는 노동시장 환경 등에 대한 정보를 파악하고 동향을
체크한다. 이런 기능들은 기업의 중요한 가치생산활동이 효과적으로 이루어
질 수 있도록 각자의 환경적 변화가 가치생산활동에 주는 충격을 완화한다고
보았다.

3 조직 부서화의 원리

　　Thompson에 의하면 조직의 부서화는 부서간 의사소통이나 상호작용의
빈도 등 업무진행시 나타나는 다양한 조정비용을 최소화하는 방식으로 진행
되는 것으로 의사소통과 직원간 상호작용이 가장 빈번한 업무와 과업 등을
먼저 같은 부서로 묶어내어 조정비용을 최소화하는 방향으로 진행된다고 했
다.3 그는 기업내 내부 업무간 상호의존성이란 개념을 제시했는데 업무간 상
호의존성이 가장 높은 상태를 교호적 상호의존성, 중간정도의 상태를 연속적
상호의존성, 그리고 가장 낮거나 상호 독립적인 상태를 집합적 상호의존성이
라 지칭했다. 그는 상호의존성을 업무 기술의 특징으로 파악하였으며 조직구
성원 개인이나 부서에서 과업을 수행하기 위해 다른 부서나 동료 등 개인과
얼마나 의존적인 관계를 형성하는지를 나타내는 개념으로 사용하였다. 가령
어떤 부서의 상호의존성이 낮다는 것은 그 부서가 담당하고 있는 과업을 수
행하는 데 있어 다른 부서의 도움이나 직원의 도움, 기타 여러 가지 상호작용
이 없이 독자적으로 과업을 수행할 수 있다는 의미이다. 반면에 어떤 부서의
상호의존성이 높다는 것은 부서의 과업을 수행하기 위해서는 필요한 자원이
나 정보를 다른 부서나 개인들과 지속적으로 교환해야한다는 의미이다. 이 상
호의존성은 집합적 상호의존성(Pooled interdependence), 순차적 상호의존성

3　Thompson, J. D., 1967, *Organizations in Action,* New York: McGraw-Hill.

(Sequential Interdependence), 교호적 상호의존성(Reciprocal Interdependence)으로 분류된다.

집합적 상호의존성이란 업무과정이 부서간 상호작용이 없이 독립적으로 진행될 수 있는 성격을 지칭한다. 예를 들면 각 지역별 롯데리아나 맥도널도 햄버거 지점 등은 각자 지점별로 표준화된 제품을 만들어 판매하고 독립적으로 운영되는 양태를 보이는데 이럴 경우 집합적 상호의존성에 가깝다고 볼 수 있다. 업무 진행을 위해서는 표준화된 규정과 절차를 구비하여 이에 의한 작업방식과 과정을 통제한다.

순차적 상호의존성이란 한 부서의 활동이 다른 부서 활동의 근거가 되는 의존성이며 이전 부서의 활동이 이루어져야 그 다음 부서의 활동이 이루어지는 순차성 측면에서의 의존성을 의미하고 집합적 상호의존성보다 업무의 의존성이 높은 상태이다. 자동차 등의 대량조립 라인이 취하는 방식이며 이를 조정하기 위해 계획과 예정표 등이 사용된다.

교호적 상호의존성은 하나의 과업이 완성되기 위해서는 여러 부서의 활동이 동시에 상호관련되어 활동이 이루어져야 하는 의존성을 의미하는 것으로 예를 들자면 병원에서의 복잡한 수술과정, 기능횡단적 팀내에서의 작업방식 등을 들 수 있다. 이 상호의존성에서는 하나의 과업이 수행되기 위해서는 직접적 대면에 의한 의사소통이 빈번하게 이루어지고 많은 상호작용이 이루어져야 한다. 주로 업무간 협조가 이루어져야 하므로 상호조정을 위한 회의가 빈번하다.

부서화는 조정비용이 최소화하는 방향으로 일어나므로 업무간 상호 의존성이 가장 높은 직무 즉 교호적 상호의존성이 높은 직무를 가깝게 묶어 부서화하고 그 다음 상호의존성 순서대로 순차적상호의존성, 그리고 집합적상호의존성이 높은 직무를 순차적으로 묶어 부서화하는 방식으로 진행될 때 조정비용이 최소화될 수 있다.

4 조직의 종류

1) 기능 조직

기능 조직이란 유사한 과업과 상호작용이 빈번한 과업들을 진행하는 구성원들을 한 부서로 묶음으로써 자원이 낭비와 업무 능률의 효율성을 꾀한 조직 형태이다. 가령 인사부서를 구성하는 멤버 등을 살펴보면, 직원의 선발을 담당하는 과업, 교육훈련을 담당하는 과업, 승진과 급여를 담당하는 과업, 평가를 담당하는 과업 등을 맡은 구성원들이 한 부서를 형성하고 있다. 이들 과업은 평상시부터 상호 의존성이 있으며 업무 진행상 많은 상호작용과 정보 공유를 요하므로 한 부서로 묶을 경우 업무 능률이 올라가고 시너지 효과가 최대화될 수 있는 이점이 있다. 이 같이 기능 조직은 같은 부서에서 유사한 과업을 수행하는 개인들로 구성되어 개인간 정보공유나 협조가 매우 긴밀하게 이루어지기 때문에 부서내에서의 협조와 연대의식 등이 높게 나타나고 각 부서의 목표 달성에 대해 몰입하는 경향을 보인다. 그러나 이같이 같은 부서에서 일하는 직원들간의 협조와 정보 공유는 잘되지만 타 기능부서와는 상이한 목표를 가지고 있기 때문에 오히려 부서간 협조나 조정이 쉽지 않다는 지적을 받는다.

기능조직을 근간으로 해 전체 조직 구조를 형성한다면 기능부서내에서의 효율성을 달성할 수는 있지만 이와 상이한 목표를 가진 다른 부서와의 협조가 잘 이루어지지 않아 조직 전체의 목표를 달성하는 것에 어려움이 있을 수 있다.

그림 5-1 기능조직구조

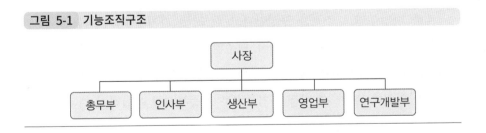

표 5-4 기능별 조직의 장단점

장점	약점
기능 부서내 직원간의 연대 및 소통 원활	기능부서간 소통이 어렵고 조정이 쉽지 않음
각 기능별 직무의 전문성이 발전	타 기능부서 직무와의 이질성이 높아짐
기능부서내 규모의 경제 달성	새로운 변화와 혁신에 대한 저항
내적인 효율과 안정성을 추구	외부 환경변화에 대한 적응성이 낮음

기능별 조직의 장단점을 〈표 5-4〉와 같이 정리하였다.

2) 제품조직

제품조직이란 제품을 생산하고 판매하는 기능까지를 망라하여 각 제품별로 기능을 수행하는 개인들을 묶어 하나의 사업부로 구성하는 것이다. 즉 어떤 회사가 산출하는 제품이 여러 가지가 있을 때 각 제품군별로 나타나는 기능부서 등을 묶어 하나의 사업부로 형성함으로써 각 사업부 위주의 독립 채산 경영을 가능하게 할 수 있다. 따라서 사업부 형태로 조직구조를 형성하면 각 사업부들은 대체로 독립채산제로 운영되며 경영의사결정에 따른 권한과 책임은 각 사업부의 관리자에게 주어진다. 가령 모회사의 경우 생활용품 사업부, 화장품 사업부, 전지 사업부 등 다양한 사업부를 두고 있어 각 사업부별로 독립적 채산 경영이 이루어지고 있으며 각 사업부내에 생산, 인사, 마케팅 등의 개별적 기능 부서를 가지고 있다. 이렇게 제품 사업부별로 조직이 구성되면 이전 기능조직에서 가졌던 폐단인 기능부서간의 조정 문제가 해소될 뿐 아니라 각 사업부별 독립적 경영체제가 형성될 수 있어 경영책임을 명확히 규정할 수 있다.

제품 사업부별로 조직을 구성한다고 해도 몇 가지 단점이 지적될 수 있다. 예를 들면 80년대 의류산업에서 캐주얼 패션 사업을 주도했던 이랜드의 경우 각 제품 사업부별로 제품과 시장 영역이 뚜렷이 구분되지 않아 당했던 어려움이 있었다. 또한 각 제품 사업부별로 기능부서를 통합하기 때문에 사업

그림 5-2 제품조직의 구조

표 5-5 사업부 조직의 장단점

장점	약점
기능부서간 조정이 용이함	제품 조직간, 사업부 조직 간의 통합 문제 발생
각 제품별 독립적 책임경영이 가능함 제품별 수요환경에 적응 가능	사업부간 과도한 경쟁이 발생할 수 있음. 특히 사업영역이 서로 겹칠 경우 이런 현상이 심함
제품별 환경 적응이 이루어지므로 환경 적응이 보다 용이함	사업부별로 기능의 중복 발생, 비효율적 자원운 영의 가능성이 있음
구성원들로 하여금 다양한 기능 전문성 을 익히게 함으로써 미래의 경영인재 양성에 적합함	
제품 조직별 권한 이양(분권화)	

부별 기능의 중복으로 인한 비효율성 역시 부각될 수 있다. 즉 자원활용 측면 에서 중복성이 있어 비효율적일 수 있다는 지적이다.

사업부 조직, 제품 조직의 장단점을 〈표 5-5〉에 정리하였다.

3) 혼합형 조직

대부분의 조직들이 완전하게 기능조직의 형태를 가진다거나 제품조직 형 태를 가진다거나 하진 않는다. 현실적으로는 두 조직의 특성을 적당히 혼합하 여 운영하는 경우가 많다. 이럴 경우 기능조직과 제품조직이 혼합되어 구성되 는 형태가 되어 이를 혼합형 조직구조라 지칭한다.

대체로 보면 총무, 영업, 인사, 연구개발 등의 스탭 지원 부서들을 기능

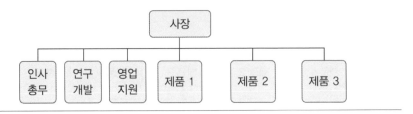

그림 5-3 혼합형 조직구조

사장

인사
총무 / 연구
개발 / 영업
지원 / 제품 1 / 제품 2 / 제품 3

부서로 구성하고 나머지 생산과 판매 및 마케팅을 묶어 사업부나 제품 구조로 운영하는 경우가 많다. 즉 직접적 제품의 생산과 판매기능 등을 제품 조직구조에 편입하고 이를 지원하는 기능 들을 통합적 기능부서로 만들어 기능의 효율성과 제품 조직의 시장 적응성 등의 장점을 동시에 살리려는 의도로 운영되는 구조가 혼합형 조직구조이다. 〈그림 5-3〉에서 보면 인사총무, 연구개발, 영업지원 등 몇 개의 기능들을 집중화하여 각 제품 사업부와 별도로 본사의 지원 기구로 두어 이 기능들의 규모의 경제와 전문화를 추구하고 있다.

4) 매트릭스 조직 구조

기술환경이 불확실해지면서 기술변화속도가 빨라지고 환경의 복장성이 증가하게 됨으로써 기업은 갈수록 기술환경의 변화에 기민하게 대응할 필요성이 증가한다. 매트릭스 조직구조는 이렇게 불확실성이 높은 환경에서 기업이 이에 적절하게 대응하기 위한 기민성을 제공할 수 있다. 즉 환경의 불확실성이 높을 때 기능조직과 제품라인을 동일한 비중을 두고 관리해야 하며 이를 실현하기 위해 각 종업원이 기능조직과 제품라인 조직에 동시에 소속함으로써 기능적 효율과 제품의 변화와 혁신을 동시에 추구하는 것이 가능해진다. 각 종업원들은 부서내에서 수행하는 업무에 대해 제품관리자와 기능관리자에게 동시에 보고하고 두 사람의 통제를 받는다.

매트릭스 조직은 일정한 조직 규모를 유지하면서도 환경변화속도에 대응하는 유연성과 기민성을 제공하는 조직으로 알려져 있다. 미국 GE의 조직구

그림 5-4 매트릭스 조직의 이중 보고 및 권한 구조

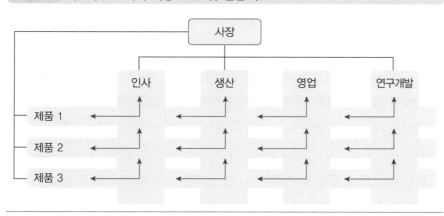

조가 매트릭스구조에 근거하여 구성되었으며 LG전자의 경우에도 이 같은 구조를 받아들인 것으로 알고 있다.

매트릭스 조직은 기본적으로 2중 보고 체제와 2중 권한 구조를 근간으로 하므로 두 부문 간의 협력과 원활한 의사소통이 중요하다. 두 부문 간 갈등이 생긴다거나 또는 두 부문 간 의사소통이 되지 않거나 할 경우 매트릭스 구조는 실패할 가능성이 높다. 기능관리자와 제품관리자간의 유기적 소통 역시 매우 매트릭스 구조의 성공에 매우 중요한 요소가 된다.

매트릭스 구조의 장단점을 〈표 5−6〉에 정리하였다. 매트릭스 구조가 제대로 기능하면 아래의 표에서 제시하고 있는 장점이 발휘되는 것이나 그렇게

표 5-6 매트릭스 구조의 장단점

장점	약점
기능조직의 전문성과 제품조직의 적응성 동시에 달성이 가능	이중 권한구조/이중 보고체제로 인해 혼란이 가중될 수 있음
시장 고객이 요구하는 변화에 민감하게 대응	수평적 소통 문화가 정립되어 있지 않으면 실패할 수 있음. 교육훈련의 필요성
중소 조직 규모에서도 적용 가능	빈번한 회의와 조정 필요
	이중 권한 구조의 균형 달성의 어려움

되기 위해서는 다소의 조정 비용이 들게 된다.

5) 팀조직

상호보완적인 기능을 가진 소수의 사람들이 공동의 목표를 달성하기 위해 공동의 접근 방법을 가지고 신축성 있게 상호작용하며, 결과에 대해 공동의 책임을 지는 조직단위를 팀이라고 한다. 팀이 형성되어 잘 수행되려면 시너지를 가져올 수 있는 상호보완적인 기능과 능력을 가진 사람들이 소수(약 5 − 10명 이내)로 구성될 필요가 있다. 팀 조직은 공동의 목표가 뚜렷해야 하며, 이를 해결하기 위해 업무의 배분, 작업 방법, 통제 등에 대해서도 스스로 정하고 집행하는 단위여야 하고 결과에 대해서도 구성원 공동의 책임을 진다.

소수인원의 유기적 모임인 팀조직은 외부적으로 환경변화를 민감하게 감지하고 이를 조직의 의사결정으로 연결시키는 데 효과적이므로 현장밀착형 경영을 가능하게 한다. 팀조직은 전통적으로 거대 조직이 안고 있는 구성원들의 소극성을 해결해줄 수 있는 제도이기 때문에 거대조직에 유연성과 순발력, 기민성을 불어넣기 위한 조처로 자주 도입되었다.

그러나 한국기업의 경우 팀조직은 이런 취지를 살려 도입되었다기보다는 구조조정의 과정상 파생되었다고 보는 것이 옳을 듯하다. 한국 기업의 팀 조직은 하부에 충분한 권한과 책임이 이양된 형태의 수평구조라기보다는 과거의 부서나 과 조직을 구조조정하면서 관리자급의 직위를 통합한 형태의 팀장에 의해 수행되는 형식성이 더 부각되고 있다. 이런 형태의 팀조직을 대부대과형 팀이라고 부른다. 대부대과형 팀은 기존의 부서 조직을 슬림화하여 구조적인 모방을 하였으나 실제적으로 하위로의 자율성 이양과 권한 이양 수준은 낮아 팀제가 의도하는 실제적인 효과를 내기가 쉽지 않다. 즉 이전 조직이 가지고 있던 관료적인 관행 등을 그대로 답습하는 경우가 많다.

반면 전사적으로 온전한 내용을 가진 팀으로써 팀에 경영의사결정의 자율성과 권한, 책임을 획기적으로 이양한 형태의 팀을 자기 완결적 팀(자율적

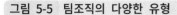

그림 5-5 팀조직의 다양한 유형

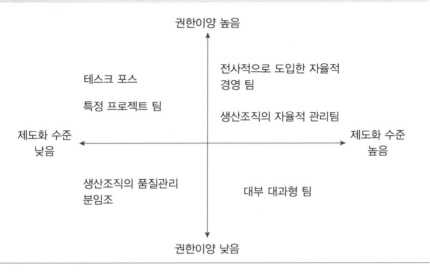

경영팀, 자율적 관리팀)이라고 한다. 자기 완결적 팀에서의 팀장은 리더로써 참여적 리더십을 발휘하며 부하들에 대하여 지시나 통제가 아닌 코치나 조정자의 역할을 수행한다. 자율적 팀조직을 조직 구조의 근간이 되게 하면 조직 구조와 의사소통의 구조가 수평화되는 경향이 크다.

6) 조직 간의 연계관계(네트워크)

최근에는 기업들이 핵심적 역량이나 기능에만 집중하고 다른 여러 활동 등을 상호의존적인 조직간의 연계관계를 형성하여 해결하는 경향이 높아지고 있다. 이 같이 조직간 상호협력적인 연계관계를 네크워크구조라 한다. 즉 서로 독립성을 유지하는 조직들이 상대방이 보유하고 있는 자원을 마치 자신의 자원인 것처럼 활용하기 위해 연결된 구조이다. 이를 조직 관계론적 측면에서 보면 네트워크구조는 자본적 연결이 낮지만 업무적 연결이 높은 기업 간의 관계이다.4

---

4 김인수, 1999, 거시조직이론: 조직설계를 중심으로, 무역경영사.

표 5-7 조직관계론적 측면에서 본 네트워크의 위치

		자본적 연결성(재무적 연결성)	
		낮음	높음
업무적 연결성	높음	네트워크	위계조직 수직적 통합
	낮음	시상의 개별 주체간 관계	지주회사체제

네트워크형 조직은 경쟁기업, 원료 및 소재 공급업체, 고객 등이 서로 긴밀하게 연결되어 마치 기업들이 복잡한 형태의 전략적 제휴를 하고 있는 것처럼 보인다. 기업들은 그 기업의 핵심적 역량이 있는 활동에만 주력하고 각각 다른 핵심역량을 가진 기업들과 제휴를 통해 연결되어 있다. 예를 들어 과거 회사가 구매, 생산, 디자인과 기획, 판매를 모두를 담당하다가 가장 핵심적 역량이라고 할 수 있는 제품 기획과 디자인만 담당하고 나머지는 생산전문업체나, 유통전문업체에 일임한다면 이는 수직적 통합과 반대되는 개념으로 기업의 경제적 활동이 조직의 경계를 넘어 분산되게 된다. 이와 비슷한 비즈니스 모델을 가지고 지향하는 업체들의 예로써 나이키, 리복 등 스포츠 브랜드 업체와 애플 등 정보 통신 업체 등을 들 수 있다.

네트워크형 조직은 제품의 기획이나 디자인 등 자신의 핵심적 역량만을 활용하고 나머지 제품 생산, 판매 및 유통 등 나머지 기능들을 다른 기업들과의 연계관계를 형성해 해결함으로써 종래 대조직이 영위하였던 경영활동 등을 대등하게 수행하게 한다. 또한 조직 내부적으로는 수평적으로 연계된 소통구조를 중시하고 사람간의 네트워크, 즉 사회적 자산을 통한 통제 방식 등을 주요 관리 수단으로 간주하는 경향이 있다.

네트워크 형태의 비즈니스 모델을 가진 조직의 장점을 다음과 같이 정리해볼 수 있다. 첫째, 네트워크는 조직을 개방화함으로써 외부 변화로 부터의 적응성을 향상시킨다. 확실히 네트워크는 기술과 역량을 가진 기업들과의 협력적 상호작용이 증가함에 따라 과업 환경에 민감하게 반응할 수 있는 열린 조직으로서의 관리 능력의 중요성을 부각하는 경향이 있으며 조직내외, 조직 경계관리 등에서 수평적이고 개방적인 의사소통 구조를 중시하는 경향이 있다. 둘째, 네트워크 비즈니스모델을 지향하는 조직은 핵심적 역량 이외의 기능 등을 축소하는 경향을 가지므로 조직 구조를 슬림화하고 경량화하여 환경 대응 능력을 향상시킬 수 있다. 따라서 기업 환경의 불확실성이 클수록 네트워크 형태의 비즈니스 모델이 더 각광을 받을 것으로 예상할 수 있다. 셋째, 네트워크를 지향하는 조직의 경우 외부 선진 기업들과의 전략적 제휴 등을 통해 보다 광범위한 최신 기술과 동향을 다양하게 접할 수 있어 제품과 서비스 등의 혁신과 변화를 촉진하기가 용이하다.

네트워크 비즈니스 모델을 지향하는 기업은 반드시 장점만 부각되는 것은 아니다. 오히려 다양한 단점 역시 다음과 같은 내용으로 부각되고 있다. 첫째, 네트워크를 구성하는 개체 자체가 서로 평등하지 못하거나 힘의 균형이 이루어지지 못할 경우 갑을관계, 지배－종속 관계가 형성되거나 폐쇄적인 네트워크가 형성될 수 있다. 이로 인해 네트워크를 구성하는 객체가 고정화되고 네트워크 전체가 폐쇄화되면 초기의 느슨한 관계에서 발휘되는 다양한 장점 등을 잃어버리게 된다. 만약 네트워크에서 지배적인 모 기업이 있다면 이 모 기업을 중심으로 하여 다른 구성원들이 통제되거나 지배당하게 될 뿐 아니라 네트워크 내 구성 기업들이 기술 개발과 혁신 등을 할 수 있는 경로 자체가 심하게 제한되는 사태가 발생한다.

5 시장과 조직, 왜 조직을 만드는가

1) 시장과 조직의 선택

윌리엄슨의 거래비용 경제학[5]에 따르면 조직이 필요로 하는 자원이나 서

5 Williamson, O., 1975, *Market and Hierarchies: analysis and antitrust implications*, New York: Free Press.

비스를 시장에서 별 거래비용 없이 용이하게 구할 수 있을 때에는 시장 거래를 통해 이를 효율적으로 확보하지만 만약 자원이나 서비스를 제공하는 기업이 시장에서 기회주의적 행동을 하여 거래비용을 상당히 높이는 경우(즉 시장 실패 상황)에는 기업은 그 불확실성을 줄이기 위해 그 자원을 스스로 생산하거나 서비스를 제공하는 기능을 조직 내부에 위계화 할 것이다. 그러나 내부 조직화가 환경의 불확실성을 최소화할 수는 있지만 조직비대화를 초래하여 오히려 경직성으로 인한 비용 증가가 이루어질 수 있다, 이럴 경우 조직 실패라 한다.

기회주의적 행동으로 인한 시장 실패와 조직의 비대화에서 오는 조직 실패를 동시에 해결하려는 시도가 연계관계, 즉 기업 간 신뢰의 구축에 의해 기업 활동을 전개하는 네트워크조직이라 할 수 있을 것이다.[6]

6 조직내 Make(내부적 활동)과 Buy(외부적 계약)의 선택

최근 조직관리의 핵심적인 의제는 어떤 기능과 활동을 조직내부에서 수행하고 어떤 기능과 활동을 조직외부의 타 조직과 계약이나 협력관계를 통해 수행하는가를 결정하는 것이다. 거래비용경제학 이론에 따르면 조직의 이런 관리는 회사간 경계를 명확히 하기 위한 내부적 활동(Make)과 외부적 계약(Buy)의 적절한 균형과 일치성(Alignment)을 확보하는 것이라고 본다. 즉 조직 내 내부적 활동과 외부적 계약의 적절한 균형과 일치성을 확보하면 이것이 조직내 거래비용을 절감할 뿐 아니라 재무적 성과 역시 향상할 것으로 기대하는 것이다. 정도의 차이는 있지만 많은 기업들이 make or buy의 의사결정에서 매우 다양한 위치를 점하고 있다. 예를 들어 나이키, 아디다스, 리복, 애플 등 미국의 스포츠 업계 기업이나 정보 통신 기업들은 Make보다는 Buy에 더 많은 무게를 두고 기업 활동을 진행해왔다. 이에 비해 한국의 현대자동차,

---

6 김인수, 거시조직론, 무역경영사.

삼성전자 등은 Buy보다는 make를 더 중요하게 보고 핵심적 가치사슬내 활동 등을 수직적으로 계열화하는 전략을 수행해왔다고 판단된다.

7 현대기업의 조직관리 추세

제 4차 산업 혁명 등 기술변화가 급속히 이루어짐에 따라 기업환경 자체도 매우 불확실성이 증가하고 있다. 이 변화에 적응하기 위해 현대 기업에게는 갈수록 유연성과 기민성이 중요해지고 있는 추세이다. 과거 조직들이 안정된 환경에서의 효율성을 추구하는 방향으로 운영되었다면 향후 조직에게는 조직관리의 방향이 불확실한 환경 속에서의 유연성과 기민성을 추구하는 방향으로 이동하고 있다. 갈수록 현장 중심의 경영구도를 높여가고 있고 현장에 많은 자율성과 책임성을 부여하고 있다. 대조직의 경우에는 유연성과 기민성을 높이는 매트릭스구조로 전환하는 사례가 많아지면서 프로젝트팀과 기능조직을 혼합하여 이중 권한 구조를 형성하는 경우가 많아지고 있다.

1) 애플과 삼성전자의 조직관리 비교
-글로벌 아웃소싱 대 수직적 계열화

미국을 대표하는 기업인 애플과 한국 재벌 구조를 대표하는 삼성의 조직 관리의 차이가 무엇일까? 두 회사는 포천지 100대 기업에 항시 이름을 올려온 초우량 기업으로 제조업에서 우수한 업적을 달성하고 있다는 점에서 서로 비교할 만하다. 미국 제조업의 경쟁 구도아래에서 애플은 어떻게 성공할 수 있었을까? 특히 자동차, 제철 등 20세기 미국의 전통 제조업이 쇠락하는 배경에서 제조업으로의 애플의 성공 요인은 무엇인가? 제품에 대한 기술력인가? 아니면 조직 관리 능력인가? 답은 애플 콤플렉스라고 한다. 제조 기술력 등의 기준으로 볼 때 딱히 애플의 성공요인이 아무것도 없다는 것이 바로 애플의 성공요인이란 것이다. 다만 제조 기술력이 아닌 가치사슬의 재구성, 즉 조직

관리 측면에서의 애플의 독창성을 지적할 수 있다.

전자 산업의 속성상 기술 투자와 연구 개발은 향후 성공의 가장 중요한 요소이다. 그러나 애플을 이 개념에 대해 과감히 탈피하였다. 이유는 제조 분야에 제대로 된 연구 개발자가 부족하기 때문이었다.[7] 미국 명문대학의 이공학 박사과정의 약 70%는 외국 국적을 가진 자들이고, 또 나머지의 대부분은 MBA나 월 스트리트로 진출한다. 외국 국적을 가진 사람들은 졸업과 동시에 대부분 자국으로 돌아가 경쟁자가 되어 돌아오고 미국인 중 뛰어난 재능을 가진 사람들은 더 많은 연봉이 보장되는 MBA나 월가로 진출한다는 것이다. 2012년 이후 전체 매출액 대비 연구 개발 투자 비율을 보면 삼성전자가 매출액의 약 6.0~6.5%를 연구 개발비에 사용하였으나 애플은 매출액의 2.0~2.5%를 연구 개발비에 사용하였다. 삼성과 애플의 실적치를 보면 2016년 삼성전자의 매출액은 약 201조원이었고 애플의 매출액은 246조원 정도였지만 영업이익을 보면 삼성이 29조원 정도이고 애플이 52조원 정도로 나타났다. 즉 매출액 대비 영업이익률은 삼성이 14.4%, 애플은 21.1%로 영업이익률측면에서 애플이 압도적으로 높았다. 이러한 이익률의 추세는 현재까지도 진행형이다. 애플의 영업이익률이 높은 이유를 아마도 연구개발비 투자비용 차이에서도 찾을 수 있을 것이다. 그런데 애플이 자체적인 연구개발비를 잘 사용하지 않는 이유는 바로 적과의 동침 전략, 즉 전 세계적인 아웃소싱 전략으로 제품 생산과 판매를 주도한다는 점에 있다. 즉 애플은 부품 개발을 자체적으로 하지 않기 때문에 별도의 연구개발비 비용이 크게 요구되지 않을 뿐 아니라 있는 연구 개발비는 기술개발보다는 대부분 제품의 디자인 개발에 집중해 사용되고 있다. 이런 전략이 영업이익을 증가시키고 현재 제조분야의 개발 인력이 부족한 미국적 노동시장 상황에서는 비교적 적합하여 좋은 실적을 내고 있다고 보아진다. 애플의 핵심적 기능은 소프트웨어와 제품의 기획 능력이며 제조

---

7 이것이 포스트 삼성(윤덕균, 매일경제신문사)에서 주장하는 핵심 내용이다.

분야가 아니다. 애플 아이폰의 구성 부품이 제조비용에서 차지하는 비율에서 보면 일본 부품이 약 30%, 독일이 약 16%, 한국이 약 15%, 미국은 약 6%, 중국산이 약 4% 정도, 기타가 약 20%로 전세계적인 아웃소싱을 활용하고 있다. 반면 삼성전자의 경우 스마트폰을 구성하는 반도체, 액정, 베터리 등 핵심적 부품과 기술의 대부분을 삼성 계열사에서 조달하고 부족한 물량이나 주변적인 부품 등을 해외나 국내 제조사에 아웃소싱을 주는 전략을 취하고 있으며 이에 따라 핵심 부품 제조나 기술에 관련되는 연구 개발 비중을 해마다 늘리고 있는 실정이다.[8]

2) 애플 공급망 관리의 명암

애플의 공급망 관리에 기초한 글로벌 아웃소싱 전략은 제품의 최상위에 있는 애플에게는 막대한 이익을 가져다주었지만 애플 제품의 제조 공장 역할을 담당했던 팍스콘(Foxconn) 같은 업체에서는 박한 이익률과 강도 높은 현장 노동 등의 결과를 초래하였다, 애플의 아이폰과 아이패드 2를 조립 생산한 팍스콘 중국 선전 공장의 경우 2010년과 2011년 사이에 최소 13명이 연쇄자살하는 비극이 발생하였는데 이는 하루 12시간의 장시간 노동, 쉴 틈 없이 이어지는 수천 번의 반복 작업, 5분 이내로 허용된 화장실 이용 시간 등 긴장과 스트레스에 의한 것으로 추정하고 있다.[9] 2010년 이후 전세계에 흩어져있던 팍스콘 사업장에서의 자살 및 산재 사건 등이 부각되어 사회적 논쟁을 야기하자 애플은 자체 조사와 감사 등을 진행하였으며 그 결과에 근거하여 공급망에서의 사회적 책임을 강화하는 Supplier Responsibility Progress Report를 발간하고 더 나아가 ESG 경영원칙을 천명하였다. 애플은 공급망내 애플 생태계를 형성하며 활동하는 각 업체들에게 현지의 노동법 준수와 최저 근로조건

8 포스트 삼성(윤덕균, 매일경제신문사)와 삼성전자의 공시자료를 참조하여 다시 재정리하여 서술함.
9 매일노동뉴스, 대만 팍스콘 노동자 투신자살 잇달아, 2010년 5월 24일.

준수 등을 권장하였다.

이에 따라 팍스콘은 현지 최저 임금 수준을 상회하는 수준으로 임금 인상, 그리고 초과 노동시간 준수 등 노무관리에 많은 노력을 기울이면서 동시에 공정 라인의 자동화수준을 늘려 노동인력에 의존하는 정도를 현격하게 줄여나가는 전략을 취하게 된다.10 이는 팍스콘이 2010년 이후 지속적으로 성장해오고 있지만 가용노동인력(총 직원의 수)의 수는 갈수록 조금씩 줄고 있는 이유이기도 하다. 전 세계적으로 한때 1백 30~50만에 육박했던 팍스콘의 노동인력의 수는 2022년 약 90만명 정도 수준으로 유지되고 있다. 그러면서 애플 생태계에서 요구하고 있는 근로조건의 요구를 표면적으로 충족하고 한때 문제시되었던 산업재해 관련 우려를 일부 불식하고 있는 흐름을 보이고 있다.

애플 공급망에서 애플은 마치 공급망에 참여하는 기업들의 노동과 노사관계를 바람직하게 권면하는 역할을 하는 것으로 보이지만 공급망에서의 가치사슬의 구조상 2010년 팍스콘의 노동자 자살 사태나 산재 등의 책임에서 애플 역시 자유롭지 못하다는 비판이 있다. 애플 공급망관리의 목표는 "Nobody wants to buy sour milk" 등 CEO 팀쿡의 어록에서 나타나듯이 '시간을 향한 경쟁(Competition against time),' 즉 소비자가 필요로 하는 제품을 적시에 생산하여 적시에 공급하는 방식에 있는데, 이런 시간적 민첩성 압력은 곧바로 팍스콘에게 전달되어 거대한 노동강화 등 압박으로 작용하였다는 것이다. 새로운 제품에 대한 적시 공급이 노동자들의 건강과 안전, 그리고 권리 보호보다 우선시되어 이를 무시한 사태를 초래하였고 이것이 비극적인 자살이나 산업재해 등으로 연결되었다라고 본다.11

---

10 팍스콘의 궈타이밍 회장이 공장을 무인 자동화하겠다는 구상은 2011년에는 '로봇 100만대 도입', 2015년에서 2020년까지 '생산설비 30% 자동화 계획' 등을 언급하면서 구체화되고 있다. 궈타이밍 회장은 2019년 주주총회를 비롯해 여러 행사 등에서 스마트제조업을 전략으로 추진해 중국 인터넷, 빅데이터, 인공지능 분야의 선두가 되겠다는 포부를 밝히기도 했다.

11 Ngai, P., Yuan, S., Yuhua, G., Huilin, L., Chan, J., and Selden, M., 2016, Apple,

3) 애플 생태계 중심으로 크라우드 소싱을 활용하는 애플

이상에서 우리는 애플의 제조 공급망 중심으로 애플 가치 사슬 관리의 특징을 서술하였다. 그런데 애플을 단순히 제조 중심의 관점으로 보기엔 애플 전체를 이해하기가 어렵다. 오히려 소프트웨어적인 측면에서의 위상도 무시할 수 없을 만큼 거대하다는 점이 고려되어야 한다. 이 점은 미국의 우량기업인 IBM, 애플, 구글 등에 모두 해당되는 비즈니스 모델이기도 하다. 애플은 애플 가치 생태계 시스템을 사실상 통제하고 운영하면서 이 시스템에 가입한 소프트웨어 엔지니어들에게 애플의 하드웨어를 이용해 구동하는 다양한 어플 등을 개발하여 이를 생태계를 통해 시판시킨다. 애플은 이 과정을 통해서도 많은 수입을 올리고 있다. 한때 애플 스토어에 등록된 개발자들이 낸 소프트웨어 수입의 약 30% 정도를 애플이 가져갔던 것으로 보고되고 있다.[12] 애플은 글로벌 기저에서 소프트웨어 개발자들로 하여금 애플 하드웨어에 탑재되는 다양한 어플 등을 개발하게 함으로써 시장 시판에서의 리스크와 직접 개발함으로써 발생하는 다양한 비용 등을 절감한다. 이 과정은 곧 애플의 이익으로 연결되는 구조이다.

4) 애플의 전략은 삼성에게 어부지리를 제공하는가?

애플의 전략 제품인 아이폰이나 아이패드 등에는 항상 빠짐없이 삼성이나 LG 등 국내 전자회사의 반도체나 디스플레이 등이 탑재되었다. 그러다 보니 애플이 최대의 기업 성과를 내면 더불어 애플에 부품을 공급하는 삼성이나 LG 등도 이익을 보는 구조였다. 이는 최종품인 노트북, 태블릿 시장 등에

Foxconn, and Chinese Workers' struggles from a Global Labor Perspective, *Inter-Asia Cultural Studies*, 17(2), 166-185.

12 Bergvall-Kareborn, B. and Howcroft, D., 2013, The Apple business model: Crowdsourcing mobile applications. *Accounting Forum*, 37, 280-289.

서는 위 3사가 치열하게 경쟁하고 있다는 사실을 볼 때 매우 아이러니컬한 것이다.

2017년 가을에 출시 예정인 애플 유기발광다이오드(OLED) 아이폰에 국산 부품이 대거 채택되었다는 소식은 애플의 글로벌 아웃소싱이 한국에 미치고 있는 대표적인 사례라 할 수 있다. 재미있는 것은 OLED이진 버전에서는 LG 디스플레이가 애플의 액정을 공급했는데 OLED 버전에서는 애플의 핵심 경쟁자인 삼성 전자의 시스템 사업부가 OLED 아이폰용 디스플레이 IC를 공급하고 이로 인해 삼성 디스플레이가 OLED 디스플레이를 대량 공급하게 된다. 이와 관련해 국내 부품 업체들이 대거 애플 아이폰의 생산에 참가하게 되는데, 디스플레이에 입히는 필름은 스템코와 LG 이노텍이, 연성인쇄회로기판은 인터플렉스, 비에이치, 삼성전기 등이 수주하였다.13 이 같은 업체들은 삼성디스플레이 중심의 공급 사슬망에 들어와 있는 회사들이다. 공급 사슬망 관리의 귀재인 애플이 자체적으로 OLED 공급처의 다변화를 추진하기에는 당시 양산 능력을 갖춘 업체가 없고 삼성 디스플레이가 시장의 90% 정도를 장악하고 있었기 때문에 SCM의 중심이 당분간 삼성 디스플레이 중심으로 형성될 수밖에 없었다.

5) 파운드리 반도체 생산 회사인 TSMC의 전략

삼성전자의 반도체 부문과 가장 강력한 경쟁구조를 형성하고 있는 회사로 대만의 TSMC를 뽑을 수 있다. 반도체 부문에서 파운드리 전문 회사인 TSMC는 "절대 고객과는 경쟁하지 않는다"는 원칙으로 유명하다. 반도체 위탁 생산만을 전문으로 함으로써 주문회사(펩리스업체)의 주문을 받아 나노 단위의 고품질의 반도체를 생산한다. 이는 반도체의 설계, 생산, 유통까지의 전 과정을 담당하는 종합반도체 업체인 삼성전자나 미국의 인텔과는 구분되는

---

13 전자신문, 한국부품 'OLED 아이폰 8'을 채우다, 2017년 4월 16일.

전략이다.

삼성전자의 이재용 회장은 파운드리에서의 1위 업체인 TSMC를 수년내 따라잡겠다고 공언하고 대단위 투자를 약속한 바 있지만 삼성이 따라갈수록 TSMC는 더 많은 투자를 진행함으로써 그 격차의 축소를 허용하지 않는 분위기이다.

삼성전자가 애플의 액정이나 반도체 등을 공급하면서 최종재시장에서는 애플과 경쟁하는 구도라면 TSMC는 철저히 주문 생산에만 집중함으로써 최종재시장에서의 고객과 절대로 경쟁을 하지 않는다. 이 원칙은 애플과 같이 공급망관리 중심의 기업에게는 삼성전자보다 TSMC를 더 선호하게 하는 요인이 된다. 실제로 애플이 차세대 컴퓨터와 전자기기에 들어가는 애플 반도체를 설계하여 이를 TSMC에 발주하며 해마다 그 할당량이 늘어나고 있다. 이는 종합반도체 회사로서 애플에 부품을 공급하고 최종재에서는 경쟁하는 삼성전자의 현 전략에 상당한 도전을 가하고 있다. 이에 대항하기 위해 삼성전자 내부에서는 반도체 부문을 삼성전자로부터 분리해 독립된 회사로 운영하자는 주장들이 나타나고 있다.

토론

애플과 삼성전자의 경쟁

1. 향후 애플과 삼성전자의 경쟁이 어떻게 흘러갈지에 대해 예상하고 설명해 보시오. 양사의 비즈니스 모델 차이와 그 장단점에 대해 설명해 보시오.
2. 애플, 삼성전자와 TSMC의 전략의 내용을 더 자세히 조사하고 각 장단점에 대해 논하시오. 향후 삼성전자가 TSMC와 효과적으로 경쟁하기 위해 필요한 방안에 대해 토론해 보시오.

8 관료주의와 조직 변화

조직이 성장하고 규모가 커지고 그 내부 구조가 복잡해지면서 조직의 관료적인 특징과 지배구조는 강화되기 마련이다. 조직을 둘러싼 환경변화의 불확실성이 증가하면서 이런 관료주의적 경향을 극복하기 위한 필요성이 갈수록 대두되고 있다. 원래 관료주의는 Max Weber가 유럽의 정치 상황에서 정부 조직과 민간 기업이 효율적일 수 있는 방식으로 제시된 이론으로 연고주의, 가족주의, 친분 등으로 조직의 지위를 배분하거나 개인적 임의성으로 조직이 운영되는 것보다는 엄격한 원칙과 개관적 합리성에 기초하여 조직을 운영하여 효율성을 진작하도록 한 아이디어였고 당시에서는 새로운 형태의 혁신이었다.[14]

조직 활동에 규칙과 표준화된 절차를 규정함으로써 조직 활동의 원칙이 정해지고 향후 예측가능해지며 일상적인 방식으로 직무가 수행되게 할 수 있다. 세분화되고 전문화된 직무는 각 종업원에게 자신이 담당해야 할 과업을 명확하게 인식하여 이에 집중하게 할 수 있다. 수직적 권한 계층을 마련함으로써 감독과 통제를 단순하고 명확하게 할 수 있다. 직위를 가지고 있는 사람과 직위를 분리함으로써 개인이 직위에 의한 권한을 영구적으로 소유하거나 가질 수 없도록 했다. 권한행사의 범위와 방식을 규정함으로써 지위를 가진 개인이 임의적으로 조직을 경영하거나 연고주의 등 사적으로 조직을 이용하거나 경영하는 것을 금지하였다. 각 조직 활동에 대한 문서적 기록을 오랜 기간 동안 남기게 하여 조직의 지속성을 유지하고 직무활동에 대한 사후 고찰과 개선을 가능하게 했다. 오늘날 비록 극단적인 관료주의가 많은 비난을 받고 있지만 초기 관료주의의 의도는 부정부패, 연고주의, 부정 이득 등이 만연한 조직을 효율적이고 합리적으로 관리하기 위한 변화의 시도였다고 할 수 있다.

---

14 Daft, R. L. 2004. *Organization Theory and Design(8th ed.)*, Thompson. pp.331-337.

실제적으로 조직이 성장하고 규모가 커지게 되면 조직내 안정적인 규칙과 규정, 표준화된 절차, 위계질서 등을 발전시켜 조직내 안정적인 활동을 도모하는 것이 매우 중요해진다. 소규모 조직에서 만연한 연고, 혈연 중심의 네포티즘이나 경영자 한 사람이 모든 것을 판단하고 결정하는 권한의 집중과 임의성 등은 대규모 조직에서는 비합리적인 것으로 인식되며 오히려 관료적인 절차와 규정, 원칙 등을 지정하여 조직 운영의 안정성과 효율성을 도모할 수 있다.

그러나 이런 장점은 기업을 둘러싼 환경자체가 큰 변동성이 없고 안정적이고 예측가능할 수 있을 정도의 수준이라면 부각될 수 있지만 환경변화가 극심하고 앞일을 예측할 수 없는 불확실성이 만연할 때의 상황에서는 오히려 조직이 형성하고 있는 관료성은 이런 환경의 변화에 신속하게 대응하는 것에 실패하는 요인으로 작용할 수 있다. 특히 관료성의 강화는 조직의 핵심적인 가치 생산 활동을 하는 인력보다 이를 지원하는 인력의 비율을 증가시켜 간접적인 행정비용을 증가시키는 것으로 알려져 있다. 이는 오늘날 충분히 알려져 있는 많은 대기업들이 조직 내 만연해 있는 관료적 비용, 특히 간접지원비(Overhead Cost)를 줄이기 위해 노력을 하는 이유이기도 하다. 오늘날의 우수 글로벌 기업들은 관료주의가 초래하는 비용을 줄이기 위해 여러 가지 변화를 시도하고 있다.

먼저 조직의 수직적인 계층을 제거하고 조직을 자율적 관리팀 위주로 구성하여 수평적 구조로 만들고, 본사의 스탭 수와 조직을 줄이고 직책이 낮은 직원들에게 규칙과 절차를 강제하여 부담을 주기보다는 자유로운 의사결정을 할 수 있는 재량권을 위임하여 과업에서의 유연한 환경 대처를 가능하게 한다. 이렇게 되면 그만큼 직원 개개인의 역량과 능력을 발휘할 수 있도록 조직 구조를 변화시키고 인적자원관리가 이를 지원하도록 구성하는 것이 중요해진다. 직원 개개인이 각자 전문가가 되어 맡은 과업 분야의 활동을 창의적으로 수행할 수 있는 시스템을 만들어 당면한 조직적 문제를 해결하고 조직의 역량을 함양함으로써 직원들의 창의성을 제한하는 관료적인 규칙과 절차 등을 대체하는 방식이 된다. 즉 조직의 운영이 관료적 통제보다는 개인의 역량을 중시하는 문화적 통제에 의존하는 방식으로 대체하는 것이 된다.

9 사회적 자본의 관리

제1장에서 인적자원관리의 연구 대상/관점에 따른 연구 내용 분류에 대한 것을 설명하면서 사회적 자본에 대한 개념을 간단히 소개하였다. 인적자원관리의 분석 내용을 사람과 제도, 미시와 거시적 관점 등으로 볼 때 사회적 자본은 복수의 사람들이 형성하고 있는 관계망의 가치를 의미하는 용어로 인적자원관리의 분석 영역에 포함되어있다. 과거 인적자원관리 영역에서 사회적 자본이 가지는 중요도는 다소 미약했지만 최근에 네트워크 형태의 비즈니스 모델이 각광을 받으면서 사회적 자본에 대한 논의가 활발해지고 있다. 전통적 인적자원관리를 사람의 역량을 통해 조직성과의 향상을 도모하는 것에 목적을 둔다면 네트워크 구조에서의 인적자원관리는 조직의 경계 내외를 넘나드는 관계망의 가치를 통해 조직적 변화와 혁신, 성장 등을 도모하는 것에 목적을 둔다. 따라서 사회적 자본에 대한 논의를 인적자원관리 영역에 포함하는 것은 매우 자연스럽고 발전적인 현상이며 네트워크 개념의 조직활동이 대두되면서 사회적 자본에 대한 연구관심이 증대하였다. 사회적 자본은 조직의 내외부의 자원의 교환이나 지식의 교환 등에 활용되어 새로운 지적인 자산을 창출하는 것에 매우 중요한 역할을 수행하고, 오늘날 많은 기업들은 조인트벤처 등 기업 간의 협력관계를 형성하여 신기술 개발이나 새로운 사업을 개척하는 경향이 많아지고 있기 때문에 사회적 자본에 대한 연구 필요성은 갈수록 증가하고 있는 추세이다.

사회적 자본에 대한 개념적 접근은 학자별로 차이가 있지만 사람이 형성하는 인간관계의 가치를 의미한다는 점에서는 다소 공통점이 있다고 판단되며, 이 추상적 개념을 구성하면 구조적 차원, 관계적 차원 및 인지적 차원으로 구분하여 설명할 수 있다[15] 구조적 차원이란 행위자 간에 연결된 연결 형태와 방식을 의미하는 것으로 관계망의 밀도(density)와 유대정도 등을 지칭한다. 관계적 차원이란 행위자간의 상호작용으로 형성되는 인간적 관계의 질을 의미하는 것으로 상호간의 신뢰, 규범, 의무와 기대 등의 성격 등을 지칭한다. 인지적 차원이란 행위자간 공유되는 언어와 코드, 해석상의 공유 언어, 해석과 의미부여 등을 지칭한다. 구조적 차원의 밀도는 행위자들의 강한 유대관계 및 동질성 정도를 의미하는 것으로 밀도가 강할수록 내부적인 의미공유나 지식공유나 축적이 가능해지지만 외부적 지식의 유입이나 새로운 변화를 야기하는 혁신 등에 대한 수용성은 떨어지는 것으로 간주되어 왔다. 관계적 차원에서의 행위자들이 공유하는 신뢰와 상호 정체성 등은 같은 조직을 구성하는 동질적 의식에서 기초한 일반적 신뢰관계와 개인간 상호작용의 질에 의해 의존하는 탄성적인 신뢰관계로 구분할 때 일반적 신뢰관계를 형성하고 있는 행위자간에는 내부적인 의미 공유나 지식 공유가 촉진되기 쉽지만 외부적 지식의 유입이나 새로운 변화를 야기하는 혁신 등에 대한 수용성은 다소 낮게 나타날 것이다. 인지적 차원에서의 행위자간 공유하는 공유 언어나 공유되는 인지적 프레임 등은 조직 전체의 지식공유의 촉진과 일부의 구성적인 지식의 공유의 촉진으로 나눌 수 있는데 주로 공유언어나 인지적 프레임의 공유는 조직전체의 지식(Architectural Knowledge)의 구축에 기여하지만 구성 지식의 축적과 공유에는 많은 기여를 하지 못하는 것으로 설명되고 있다.[16]

　　사회적 자본, 인적자원관리, 그리고 조직성과의 삼자 관계를 추구하는 연

---

15 Nahapiet, J. and Ghoshal, S., 1998, Social capital, intellectual capital, and the organizational advantage, *Academy of Management Review*, 24(3), pp.242−266.

16 Kang, S. C., Morris, S. S., and Snell, S. A., 2007, Relational Archetypes, Organizational Learning, and Value Creation: extending The Human Resource Architecture, *Academy of Management Review,* 32(1), pp.236−256.

구들의 형태는 사회적 자본 → 인적자원관리 → 조직성과, 인적자원관리 → 사회적 자본 → 조직성과 등과 같이 독립변인과 종속변인 사이에 인적자원관리나 사회적 자본이 매개적 역할을 하는 것으로 가정하거나, 사회적 자본 → 조직성과에서 인적자원관리가 조절 역할을 담당하거나, 아니면 인적자원관리 → 조직성과의 관계에서 사회적 자본이 조절 역할을 담당하는 것으로 가정한다. 이 같이 사회적 자산과 인적자원관리의 긍정적 상호작용 및 관계는 서로 밀접할 뿐 아니라 그 순서를 다양하게 설정할 수 있다.[17]

10 장의 요약

조직구조의 내용으로 업무 구성의 부서화, 의사결정과정의 집권화와 분권화, 업무 과정의 공식화와 표준화 등이 언급될 수 있다. 업무구성의 부서화란 경영환경의 복잡성을 대응하기 위해 마케팅, 인사노무, 구매, 생산 등 각 사안별로 대응하기 위해 전문 부서를 형성하는 것을 지칭한다. 조직내 부서화의 증가는 조직의 고용규모를 증가시키고 총체적으로 조직구조를 증대시킴으로써 경영에서의 경직성을 높이는 효과가 있다. 그래서 최근에는 환경적인 복잡성에 대응하는 방식으로 내부화보다는 기능별 외부 전문조직간의 연계관계를 통해 해결하는 방식(즉 아웃소싱)을 활용하는 기업이 많아지고 있다.

의사결정의 집권화란 의사결정의 권한이 상위 경영층에 집중되어 있는 것을 지칭하며 분권화는 조직의 여러 계층과 부문에 권한이 대폭 위양되어 있는 것을 지칭한다. 집권적 조직은 경영사안에 대한 의사결정권이 대부분 최고경영층에 집중되어 있어 하위계층에 속한 직원들은 내부 규정이나 지시에 의해 직무를 수행하는 구조가 된다. 반면 분권적 조직은 현장위주의 문제해결을 조장하기 위해 현장 구성원들에게 의사결정 과정상의 권한과 책임을 대폭 이양한 형태를 지칭한다.

---

17 배종석, 2009, 사람기반경쟁우위를 위한 인적자원론, 홍문사.

업무과정의 공식화란 직원들의 직무 과정이 규정이나 지침에 의해 어느 정도 엄격하게 규정되어 실행되는지를 지칭한다. 업무 과정의 공식화 정도가 높으면 개인의 재량이나 능력, 창의성에 의존하는 정도를 줄이고 업무 진행의 임의성을 줄임으로써 조직을 안정적으로 운영할 수 있다. 그러나 공식화로 인해 새로운 소비동향이나 기술 동향을 쫓아가지 못하거나 제때 반영하지 못하는 단점이 부각될 수 있다.

이 같은 조직구조는 경영환경의 영향을 받고 경영환경의 변화에 의해 적절하게 변화할 수 있다. 번즈와 스토커는 경영환경의 동태성이 증가하면 적응성과 유연성이 중시되는 유기적 의사결정 구조가 적절하고 경영환경이 안정적이면 내적인 능률과 효율을 중시하는 기계적 의사결정 구조가 적합하다고 주장하였다. 이 같은 경영환경과 조직구조의 주제는 환경을 예측하여 경영전략을 설정한다는 점에서, 전략과 구조란 주제로 설명되기도 하는데 챈들러는 미국 70개 기업의 연구를 통해 '구조는 전략을 따른다'는 유명한 명제를 남겼다. 아울러 로렌스와 로쉬는 차별화와 통합이란 개념을 소개하면서 환경의 복잡성이 증가할수록 조직내부 구성원의 차별화 성향이 높게 나타나지만 성공적인 조직일수록 차별화된 내부 과정을 통합하는 방법과 절차가 발전되어 있음을 주장하였다.

조직의 부서화를 효과적으로 수행하기 위해선 업무간 상호의존성이란 개념을 이용하여 집합적 상호의존성이 높은 직무를 우선적으로 묶어 배치하고 다음 순차적 상호의존성이 높은 직무들을 묶어 배치한 다음 마지막으로 교호적 상호의존성이 높은 직무들을 대상으로 부서화 작업을 진행하여야 한다.

조직구조의 종류는 기능조직, 제품조직, 혼합형조직, 매트릭스 조직, 팀조직 등으로 분류되는데 각 구조별 장점과 단점이 차별적으로 나타난다. 최근에는 일정정도의 규모를 유지하면서 경영환경이나 기술환경의 변화에 민감하게 대응할 수 있는 매트릭스 구조나 자율적 관리 팀 위주의 조직구조를 선호하는 경향이 있다. 한편 조직간의 연계관계를 구축하여 이를 통해 경영활동을 진행하는 경향이 많아져 연계관계에 대한 관심이 많이 고조되고 있다. 이를 네트워크라 하고 조직관계론적 측면에서 네트워크는 자본적 연결성은 낮고 업무적 연결성은 높은 상태이다.

경영활동을 하기 위해 왜 조직을 만드는지에 대하여 윌리엄슨은 거래비용경제학으로 이를 설명하였다. 이에 따르면 조직이 필요로 하는 자원과 서비스를 시장에서 별 거래비용 없이 용이하게 구할 수 있을 때에는 시장거래를 통해 이를 효과적으로 확보하지만 만약 자원이나 서비스를 제공하는 기업이 시장에서 기회주의적 행동을 하여 거래비용을 상당히 높일 경우 기업은 그 불확실성을 줄이기 위해 그 자원을 스스로 생산하거나 조직내부에 위계화하게 된다. 이같이 Make or Buy의 선택 문제를 결정하는 것이 오늘날 매우 중요한 경영의사결정사안으로 대두되었다. 회사의 내부적 활동(make)과 외부적 계약(Buy)의 선택에 대한 사안이 오늘날 중요한 경영의사결정의 내용으로 부각되고 있다.

MEMO

Chapter 06

직무분석과 직무설계

06

직무분석과 직무설계

    직무분석이란 조직내에 존재하는 다양한 직무를 대상으로 그 안에서 수행되는 직무와 과업의 내용 그리고 직무 수행자가 그 직무를 수행하기 위해 갖춰야 할 자격과 요건 등에 대한 정보 자료를 분석하여 정리하는 과정을 말한다. 조직은 직무분석을 통하여 한 직무를 수행하는 데 필요한 의무와 기술적 요건 등을 확정하고 직무를 위해 고용되어 일할 수 있는 사람들의 조건을 체계적으로 결정한다. 직무분석은 모집과 선발, 인사고과, 보상, 교육, 사회화 등 인적자원관리에 기본적으로 필요한 정보를 제공하여 개별 인적자원관리 기능들이 제대로 발휘될 수 있도록 한다. 직무분석의 결과 직무기술서와 직무명세서가 만들어진다. 직무기술서란 직무에 포함되는 과업의 내용, 책임과 권한, 의무 사항 등을 기술한 문서이고 직무명세서란 각종 직무 수행에 필요한 인적인 조건, 즉 개인의 역량, 지식, 숙련 등을 정해둔 문서이다.

1 직무분석의 목적

    직무분석은 다양한 인적자원관리 기능을 효과적으로 수행하기 위한 기초적인 자료를 형성해 이를 제공하는 것을 목적으로 한다. 조직내 존재하는 다양한 직무의 내용과 범위, 그리고 그 직무를 수행하기 위해 필요한 요구조건 등에 대한 정보를 일목요연하게 정리하여 향후 인적자원관리 기능 수행을 위한 기초자료를 형성해주는 것이다. 조직에서 직무 분석이 잘되어 있으면 취업 희망자에게 직무 내용에 대한 상세한 정보를 제공해줄 수 있을 뿐 아니라 인적자원관리 정책 수행에 필요한 근거를 얻을 수 있고 향후 직무구조의 변화를 초래하는 급여체제의 변경 등에 요긴하게 사용될 수 있다. 특히 직무 가치평가를 하기 위해서는 면밀한 직무 분석이 필요하다. 최근 한국의 기업들에서는 임금체계변경에 대한 논의가 비교적 활발하게 일어나고 있는데 주로 다양한 직무에 걸맞은 가치를 급여에 반영하자는 주장 등이 힘을 얻고 있다. 즉 그간 연공급 급여체제로 인한 폐단 등이 지적됨에 따라 이를 직무 가치에 근거한 급여체제로 전환하거나 개인적 업적평가에 기초한 개인성과급여체제로 전환하고자 하는 기업들이 늘어나고 있다. 이 같은 변화를 위해서는 현존하는 직무에 대한 분석이 먼저 선행되어질 필요가 있다.

2 직무기술서, 직무명세서

직무기술서란 직무의 목적과 주요 작업내용, 책임소재, 표준적 성과 자료 등을 명시한 공식적 문서이고 직무명세서란 직무를 만족스럽게 수행하는 데 필요한 지식, 기술, 능력 등 필요 역량 혹은 자격 요건을 명시한 문서이다. 이 두 가지 문서는 직무분석이 진행된 결과물로 만들어지는 것이며 이를 기초로 해 조직내 직무들 간의 상대적 평가가 진행될 수 있다.

직무기술서는 직무의 목적과 직무에 포함된 과업의 내용, 책임과 조직관계, 표준성과 등을 제시하기 때문에 구성원으로부터 기대되는 업무 수행을 명시하는 공식적 문서로 기능한다. 직무기술서를 통해 종업원의 입사교육이나 기타 교육훈련, 업적평가 등의 기본적 자료 등을 만들 수 있으며 조직 구조분석과 사례 등에도 이용된다.

직무명세서는 직무를 만족하게 수행하는 데 필요한 기술과 지식, 그리고 능력 및 자질을 구체적으로 명시한 문서로 주로 직원의 모집과 선발에 이용된다. 조직이 해당 직무에서 근무할 직원을 선발할 때 해당직무를 수행하기 위해 필요한 인적인 요소, 기술, 숙련, 경력 등에 대한 요건 등을 명시해 놓는다. 직무명세서는 직무기술서와 함께 종업원의 직무 개선이나 직무 재설계, 전환 배치, 경력 상담 등에 사용된다.

3 직무분석의 활용

1) 모집과 선발, 배치

직무분석의 결과를 통해 조직은 각 직무를 수행하기 위해 어떤 종류의 사람을 선발하여야 하는지에 대한 기초적 자료를 얻고 기준을 정할 수 있다. 그래서 각종 직무에 대해 적절한 역량과 기술을 가진 인재를 선발하고 이를 적재적소에 배치하거나 운영하는 것이 가능해진다.

그림 6-1 직무분석의 활용

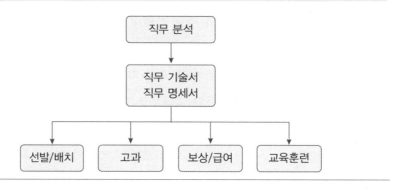

2) 직무평가(고과)와 보상

직무분석은 조직내 직무 평가를 위하여 필요한 기초적 자료를 제공하여 주므로 직무 가치 평가를 통한 급여제도 등의 결정과 운영의 기초가 된다. 직무분석 결과에 근거하여 조직내 직무의 상대적인 가치가 결정되고 이 가치에 의해 급여 수준이 결정되는 방식인 직무급의 시행에 기여할 수 있다.

3) 종업원의 교육훈련

직무기술서가 마련되면 그 해당 직무를 하기 위해 현 종업원들이 필요로 하는 기술이나 지식, 숙련 등이 명확해지므로 이에 필요한 교육과 훈련을 제공할 수 있다.

4 직무분석의 관련 용어

직무분석을 정확히 이해하기 위해서 이에 관련된 용어들의 정의를 명확히 알아야 할 것이다. 직무분석의 직무단위에서 사용되는 용어는 근로자가 담당하는 일의 범위와 크기를 기준으로 하여 행위 요소, 과업, 직무, 기능직종 등으로 구분할 수 있다.

1) 행위 요소

직무단위의 행위 요소란 종업원이 과업을 수행할 때 정신적 과정과 행위적 과정 등을 구분할 수 있는 가장 작은 단위의 요소로, 예를 들면, 전화를 건다, 장부를 작성한다. 일정표를 검토한다, 팀회의 준비자료를 검토한다 등과 같이 구체적인 행위 내용으로 나타난다.

2) 과업

가장 작은 단위의 행위 요소들을 유사성에 따라 모아 분류한 것으로 종업원이 수행하는 직무의 가장 작은 단위이다. 예를 들면 영업직 직원의 경우 영업점 방문, 전표 작성, 전화 응대, 영업팀 회의, 실적 검토 등과 같이 행위 요소들보다는 좀 더 거시적 범위의 일로 구성하여 그 범위별로 개별적인 행위 요소 등을 분류할 수 있다. 즉 과업은 행위요소들이 모여 형성된다.

3) 직무

과업들이 모여 형성한 기능별 단위를 의미한다. 채용 및 선발, 교육훈련, 평가, 복리후생 등 개별 기능별 단위로써 이는 과업보다는 좀 더 거시적 범위로서의 기능 단위라 할 수 있다. 의무와 책임이 유사한 과업들의 집합으로 한 사람이 수행하는 과업, 의무, 책임의 총제이다.

4) 직종(직군)

기능별 유사성이 있는 직무들을 군집으로 형성한 것을 의미한다. 예를 들면 인사기획직군, 생산관리직군, 영업관리직군, 광고직군, 마케팅직군, 재무관리직군 등으로 나타날 수 있다.

직무관련 용어는 회사별로, 또는 이를 자문해주는 컨설팅 회사별로 다소의 차이가 나기 마련이다. 확실한 것은 일의 범위를 기준으로 하여 각 기능을 분류하고 세분하여 구분한다는 점은 동일하다. 직종＞직무＞과업＞행위요소 등으로 그 범위가 정해지고 기능별 유사성에 따라 각 요소들이 모아지고 분류된다.

5 직무분석의 절차

직무분석의 절차를 계획, 분석, 산출, 활용 등의 네 가지 단계로 설명할 수 있다.

1) 계획단계

① 먼저 직무분석의 목적과 범위, 대상 직무, 실시 기간과 방법, 예산, 주관부서 등을 결정한다. 직무 분석의 성공적 수행을 위해서는 종업원들로부터 최고경영층에 이르기까지 조직 구성원들의 철저한 이해와

협조를 사전적으로 확보할 필요가 있다. 직무 분석이 합리적 인적자원관리를 하기 위한 기초적 자료가 됨을 설명하고 필요성에 대한 공감대를 형성하는 것이 중요하다. 직무분석이 고용조정이나 구조조정의 전조로 인지되는 것은 향후 진행에 큰 장애가 될 수 있다.

② 조직 내에서 해당 직무에 대해 전문적인 지식과 경력이 있는 내부 전문가를 정하고 면접 등을 통해 직무에 대한 정보를 얻어내고 다양한 정보 원천을 탐색하고 분류한다.

③ 해당 직무에 대한 정보를 수집하기 위한 방법을 선정한다. 정보수집을 위한 방법을 결정한다. 정보수집 방법으로는 관찰법, 면접법, 질문지법, 작업기록, 주요사건기법 등 다양하게 존재한다. 적용 적합 직무를 고려하여 2~3개 정도의 방법을 병행하여 직무 정보를 수집하는 것이 바람직하다.

관찰법은 직무수행과정을 직접적으로 관찰함으로써 직무에 대한 정보를 수집하는 방식으로 직무수행자가 각자 자기가 담당하는 직무를 수행하면 이를 직무 분석자가 관찰하고 기록하게 된다. 이 방법은 주로 육체적인 노동을 하는 직무에 적합하지만 정신적인 노동을 하는 직무에는 직무수행을 관찰함으로써 직무의 내용을 파악하기가 쉽지 않으므로 적절한 방법이 되지 못한다. 관찰법은 주로 산업화시기에는 많이 활용되었으나 최근에는 활용도가 높지 않다.

면접법은 직무 분석전문가가 직무수행자를 사전에 구조화된 면접 내용을 만들어 직접적으로 대면 조사하는 방식이다. 면접 방법은 직무 분석자와 직무수행자간에 1:1, 또는 다수의 직무수행자를 조사할 수도 있다. 필요시 워크숍을 진행하여 여러 명의 직무 수행자를 모아 정보를 수집하기도 한다. 면접법은 모든 직무 종사자를 대상으로 수행하기는 어려우며 해당직무에서 대표할 수 있는 자를 선별하여 진행하는 것이 일반적이다. 집단 면접을 수행할 시에는 그룹 편이가 발생할 수 있다.

표 6-1 직무 정보 수집 방법

종류	내용 설명
관찰법 (Observation Method)	• 직무를 수행하는 사람을 현장에서 직접 관찰하고 기록하는 방법임 • 정보의 수집이 쉽고 육체적 노동이 많은 직무나 과업에 적당 • 정신적 노동에 대한 관찰과 판단이 어려움 • 직무 수행 시간이 긴 경우 수집이 어려울 수 있음
면접법 (Interview)	• 해당 직무 수행자와의 면접을 통해 직무 관련 정보를 얻는 것임 • 개인면접, 집단 면접 등으로 할 수 있으며 짧은 시간내 집약적으로 정보를 수집하는 것임 • 면접내용의 신뢰도가 일관성 있게 유지되어야 하고 집단 면접을 사용할 때에는 Group Shift 등 집단적 편이가 발생할 수 있음
설문지법 (Questionnaire Method)	• 구조화되고 표준화된 설문지를 만들어 직무 내용과 수행에 대한 정보를 취득하는 방법 • 정보 수집 시간과 노력이 절약되고 정신적 노동에 대한 내용 역시 파악할 수 있는 장점이 있음 • 응답결과에 대한 신뢰도를 일관성 있게 유지하기 위한 노력이 지속적으로 필요하고 설문지 작성에 많은 노력이 투입됨
결과 분석법 (Output Method)	• 해당직무 수행자가 산출한 결과물인 보고서나 계약서 등의 서류 등을 통해 직무정보를 수집하는 것임 • 결과 분석에 분석자의 주관성이 개입될 수 있고 결과 분석 자체의 오류 가능성이 높아질 수 있음
작업 기록법 (Recording Method)	• 해당직무 수행자의 작업일지를 기준으로 정보를 수집함 • 직무를 직접 관찰하여 파악하기 어려운 전문엔지니어, 과학자, 법률가, 고급관리자 등에 적합함 • 수집정보의 신뢰도가 높지만 어느 정도의 질적인 정보를 만들어낼 수 있을지 등 기록상의 한계가 존재함
중요 사건 기록법 (Critical Incident Method)	• 해당직무 수행에서 중요한 계기가 될 수 있는 사건을 중심으로 해 직무 수행 과정과 절차 등을 기록하고 분석하는 방법임 • 직무 수행의 성공과 실패 등의 요인 등을 판단하고 직무 행동과 성과와의 관계 등을 파악할 수 있음 • 수집된 정보를 수집하고 분석하는 데 많은 시간과 노력이 소요됨

　　설문지 방법은 사전에 표준화된 설문양식을 활용하여 직무담당자나 혹은 직무 전문가에게 직무의 내용과 정보를 수집하는 방식이다. 설문지 방법은 정보 수집 시간과 노력이 절약되고 정신적 노동에 대한 내용 역시 파악할 수 있는 장점이 있지만 응답결과에 대한 신뢰도를 일관성 있게 유지하기 위한 노력

이 지속적으로 필요하고 설문지 작성에 많은 노력이 투입되는 어려움이 있다.

결과분석법은 해당직무 수행자가 산출한 결과물인 보고서나 계약서 등의 서류 등을 통해 직무정보를 수집하는 것이다. 이 방법에 의하면 결과 분석에 분석자의 주관성이 개입될 수 있고 결과 분석 자체의 오류 가능성이 높아질 수 있다.

작업기록법은 해당직무 수행자의 작업일지를 기준으로 정보를 수집하는 방식이다. 이 방법은 직무를 직접 관찰하여 파악하기 어려운 전문엔지니어, 과학자, 법률가, 고급관리자 등에 적합하고 수집정보의 신뢰도가 높다. 그러나 어느 정도의 질적인 정보를 만들어 낼 수 있을지 등 기록상의 한계가 존재한다.

중요사건기록법은 직무의 모든 내용을 분석대상으로 삼기보다는 직무수행과 관련된 중요한 사건을 중심으로 정보를 수집하는 방법이다. 중요사건기록법은 직무수행자의 행위에 주목하는 방법으로 주로 고객이나 민원을 상대하는 백화점, 관공서, 서비스 기관 등에서 주로 활용된다.

중요사건기록법은 해당직무 수행에서 중요한 계기가 될 수 있는 사건을 중심으로 해 직무 수행 과정과 절차 등을 기록하고 분석한다. 그럼으로써 직무 수행의 성공과 실패 등의 요인 등을 판단하고 직무 행동과 성과와의 관계 등을 파악할 수 있다. 단점으로는 수집된 정보를 수집하고 분석하는 데 많은 시간과 노력이 소요된다는 점이다.

2) 분석단계

직무내용의 분석은 다음과 같이 진행된다.

① 현재 조직구조, 팀별이나 부서별 업무구조내용, 직뮈별 과업 분담 내용 등에 대한 정보를 수집한다.

② 현 정보에 기초하여 직무과 과업, 행위 등에 대한 분류 기준과 관련되는 매뉴얼을 작성한다. 직무나 과업의 중요 특징, 직무나 과업 수행

에 요구되는 행동, 정신적 과정 등을 상세히 분류한다.

③ 해당 직무의 내부 전문가들을 대상으로 해 면접조사와 함께 직무 분류 조사 양식을 정해 이를 조직의 구성원들에게 배포하여 작성하게 함. 직무 분류 조사 양식에는 직무, 과업, 행위 등 거시단위에서 미세 단위까지의 정보 등을 수집할 수 있도록 작성해야 한다.

④ 취합한 직무 정보 내용을 중심으로 이를 분류하여 대표 직무를 선정한다. 대표직무란 직무내용이 안정적이고 직무 수행자가 많아 조직의 정체성을 대표할 수 있는 성격의 직무로 직무가치평가를 위한 기준점이 되는 직무이다.

대표직무의 요건

직무의 내용이 조직구성원들에게 잘 알려져 있고 잘 변하지 않으며, 대부분이 그 가치에 있어 동일하게 인정하는 직무를 의미한다. 어느 특정 기업에만 국한되지 않고 동종 산업내의 여러 기업에 보편적으로 나타나는 직무이다. 어떤 조직에서 직무를 분석할 시 다양한 직무를 수행하는 직원들의 직무를 전수 조사하여 분석하는 것이 쉽지 않을 것이다. 이럴 때 직무간 비교의 기준이 되는 대표적인 직무를 선택하여 분석하고 나머지 직무에 대해 분석해나갈 수 있을 것이다.

3) 산출

직무내용을 분석한 후 직무기술서와 직무명세서를 산출한다. 직무기술서는 직무 정보수집단계의 정보 및 기준 직무를 대상으로 하여 직무의 내용과 특징 등을 상세히 기술하며, 거시적 직무단위에서 세부적인 행위 단위까지의 내용을 포함한다.

직무기술서상의 내용을 인적 요건으로 전환하여 직무명세서를 작성한다.

직무명세서에는 직무나 과업을 수행하기 위해 필요한 인적 요건, 즉 난이도와 자격, 학력, 직무나 과업이 조직이나 구성원에 미치는 영향력 중요도 등 다양한 내용을 포함한다.

직무기술서와 직무명세서를 기초로 해 새롭게 직종, 직무, 과업, 행위 등을 재구성한다.

4) 활용

직무분석 이후 나타난 직무기술서와 직무명세서를 기초로 하여 조직구성원들의 선발, 직무의 설계와 재구성, 평가와 승진, 보상 등에 활용한다.

6 직무평가의 배경

직무평가란 조직내의 직무들간 상대적 가치를 평가하는 것이다. 직무의 상대적 가치는 직무분석의 결과 나온 직무기술서와 직무명세서에 기초한다. 직무평가는 특정 직무 자체의 상대적 가치를 평가하는 것이지 이를 수행하는 사람을 평가하는 것이 아니다.

직무평가의 순서는 먼저 직무 간 비교를 할 수 있는 기준 직무를 정하고 둘째, 직무 가치를 평가할 기준을 정하고 셋째, 직무의 내용과 역할, 난이도, 조직기여도 등을 평가하고 넷째, 이에 근거하여 직무 가치를 내어 조직 전체에서의 상대적 순위를 결정하며, 다섯째, 이를 임금수준과 구조를 결정하거나 고안하는 것에 사용한다는 것이다.

오늘날 한국 기업에서는 과거부터 누적되어 온 연공급 임금체계를 "동일 가치 노동에 대한 동일 임금 원칙"을 중시하는 직무급 임금체제로의 전환에 대해 논쟁이 지속적으로 일어나고 있다. 연공급 임금체제가 임금수준을 해당 직무 수행자의 경력, 근속일수, 학력 등 속인적인 요소를 반영하고 있다면 직무급 임금체제는 임금 수준의 결정에서 이런 속인적 요소와 상관없이 동일가치 노동에 대해서는 동일한 수준의 임금을 지급하는 점이 강조된다. 직무급 임금체제로의 전환을 하려면 그간 축적되어온 연공형 직무 구조를 해체하여 직무 가치에 따른 구조와 분류에 의한 임금체제로 전환해야 하며 그러기 위해서는 직무 분석이 필수적으로 선행되어야 한다.

미국의 경우 많은 기업들이 직무급 임금을 지향하고 있다. 미국은 제1차 세계대전과 제2차 세계대전을 거치면서 이후 여성들의 사회 진출이 두드러졌는데 성별 격차에 의한 급여 수준이 자주 문제가 되었다. 1963년 동등 임금법(Equal Pay Act)가 제정되어 동일노동, 동일 임금 원칙이 천명되었다. 그리고 연이은 시민운동의 결과로 1964년 시민권리법(Civil Rights Act)에 의해 동일 임금 원칙을 동등 가치의 노동으로 확대 적용하는 계기가 되었다.

한국의 경우 1987년 남녀 고용평등법이 제정된 후 노동가치에 의한 동일 임금에 대한 내용이 동법 제6조 제2항 제3호에 명시되었다. 여기서 "동일 가치 노동"을 업무 수행에서 요구되는 기술과 노력, 책임, 작업조건, 기타의 기준에서 볼 때 비교되는 남녀의 노동의 가치가 동일하거나 같은 성질의 노동, 또는 업무가 다르더라도 직무 평가 등에 의해 동일한 가치가 인정되는 노동 등으로 간주하고 있다. 이에 의하면 무엇이 동등성 또는 공정성(Equity)을 보장하는 가에 대하여서는 해석을 하는 사람에 따라 다소 다르게 나타날 수 있는 소지가 있다. 기업들이 직무 분석을 통해 직무의 상대적 가치를 결정하고 직무 가치에 따라 임금 수준을 결정하면 이것이 직무급 임금체제의 핵심이 되는 것이다. 즉 직무급 체제는 성별, 연공, 서열 등과 같은 속인적 요소 등을 많이 배제함으로써 동등한 임금 분배 원칙을 추구한다는 것이 핵심이다. 그러나 공정성의 기준에 대해서는 언제든지 충분히 다툼의 여지가 있는 것이 현실이다. 따라서 직무 분석을 진행할 때 이 내용에 대해 조직내외 구성원들의 합의를 얻어 내는 것이 매우 중요하다.

7 직무평가의 요소

직무평가의 요소에 대해서 매우 다양한 의견들이 제시되어 왔다. 일반적으로 직무평가요소로서 숙련(Skill), 노력(Effort), 책임(Responsibility), 작업 조건과 환경(Job Condition) 등을 지적할 수 있다.

숙련이란 직무 수행자가 직무를 수행하기 위해 필요한 전문 지식, 정신적 판단능력, 육체적 숙련 등을 모두 포함한다. 노력은 정신적 노력과 육체적 노력을 포함하며 책임은 생산수단과 제품의 품질, 타인의 안전과 건강, 생산공정 등을 포함한다. 작업환경은 온도, 습도, 산도, 눈부심, 소음, 진동, 추위. 화재 위험 등 등 작업장의 위험도와 불쾌도를 포함한다. 각 직무를 평가할 때 위 네 가지 차원의 내용 요소를 각각 비교하여 수치적으로 표현되는데 각 직무에 대한 평가는 사람의 관계에서 관찰되는 것이 아니라 조직 전체의 직무 구성이란 관점에서 관찰되고 분석이 이루어진다.

직무가치의 상대적 서열은 직무평가위원회를 설치하거나 조직 도표를 활용하여 진행할 수 있다.

표 6-2 직무 평가의 요소

요소	내용 설명
숙련	전문 지식, 정신적 판단능력, 육체적 숙련 등
노력	정신적 노력과 육체적 노력을 포함
책임	생산수단과 제품의 품질, 타인의 안전과 건강, 생산 공정
작업조건	온도, 습도, 산도, 눈부심, 소음, 진동, 추위. 화재 위험 등 등 작업장의 위험도와 불쾌도를 포함

8 직무평가의 방법

직무평가의 방법으로 서열법(Ranking), 분류법(Classification), 점수법(Point),

표 6-3   직무평가 방법의 비교

	비계량적 방법	계량적 방법
직무간 비교	서열법	요소비교법
직무간 제시된 표준과의 비교	분류법	점수법

요소비교법(Factor Comparison) 등이 있다.[1] 직무평가를 통해서 조직내 직무들의 상대적 가치를 체계적으로 결정할 수 있다. 직무 평가를 통해 직무 수행에 필요한 기술, 능력, 역량, 그리고 직무의 조직내 상대적인 중요도, 직무 수행의 난이도 등이 평가되어 이에 대한 상대적 가치가 매겨진다. 직무 평가의 방법을 계량적 접근 여부와 비교 방식이라는 두 가지 차원으로 분류하면 〈표 6-3〉과 같다.

1) 서열법

서열법이란 직무 가치를 판단하는 특정한 기준을 설정하여 각 직무의 중요도와 난이도 등에 따라 상대적인 서열을 정하는 방법을 말한다. 서열을 판단하는 기준은 직무의 난이도, 책임정도, 통제를 받는 정도, 교육훈련이 필요한 정도, 작업환경 및 조건 등을 고려한다. 서열법은 일괄서열법과 상대비교 서열법으로 나뉜다. 일괄서열법은 모든 직무를 놓고 시장가치나 기여도가 가장 높은 직무와 시장가치나 기여도가 가장 낮은 직무를 먼저 선정하고 그 다음 남은 직무 들을 동일한 과정을 통해 직무적 서열을 결정하는 방식이다. 이 방법은 직무간의 차이가 명확하거나 평가자들이 대부분의 직무들을 잘 알고 있을 때 적합하다. 그러나 상대적으로 직무의 수가 많고 복잡한 대기업의 경우에는 적합하지 않은 방법이다. 상대비교 서열법은 모든 직무들을 2개씩 쌍으로 만들어 서로 가치를 비교한 후 상대적인 가치가 높은 직무를 선정하는

---

[1] Mathis, R. L. and Jackson, J. H., 2003, *Human Resource Management(10th ed.)*, Thompson.

방법이다. 이 방법은 직무의 수가 많을 경우 이에 대한 상대적 가치를 판단할
수 있기에 대기업에서도 활용할 수 있다.

2) 분류법

분류법은 여러 가지 기준으로 직무를 분류하는 등급(Grading)의 조건을
만들어 높고 조직의 직무들을 검토하여 각 등급에 적합한 성격을 찾아 직무
가치 서열을 나누는 방법이다. 즉 사전에 등급표를 만들어 각 직무를 적절하
게 판단해 맞는 등급으로 분류하는 것이다. 분류법은 비교적 수행하기가 쉽고
수행비용이 저렴하다는 것이 장점이지만 사전에 직무 등급의 조건을 정하는
일이 쉽지 않고 특정직무가 해당 등급에 적정하지 않음에도 전체적인 직무
가치 판정을 위해 강제적으로 끼워 맞춰지기도 하는 등의 부작용도 있을 수
있다.

3) 점수법

점수법은 직무를 평가하는 요소를 사전에 정하고 각 요소별로 중요도에
따라 숫자에 의한 점수를 부여한 후, 총 점수를 계산하여 각 직무별 가치를
평가하는 방식을 취한다.

평가의 대상이 되는 직무 상호간의 여러 가지 요소들을 선택하여 각 요
소의 척도에 따라 직무 가치 점수를 내어 평가하는 방법으로 직무 평가 방법
중 대체로 선호하고 있는 방법이다. 직무의 내용을 기술수준, 책임정도, 노력
정도, 작업 조건 등 평가 요소별로 척도로 측정하여 점수를 합산하면 각 직무
간에서 높은 점수를 받는 직무가 낮은 점수를 받는 직무보다 상위 서열로 인
정되는 것이다.

이 방법은 평가요소를 정하는 방식에 내부 인력들의 합의가 필요하고 비
교적 수행하기가 어렵지 않고 결과를 가지고 쉽게 의사소통할 수 있어 객관
적인 수용성이 좋다. 그러나 평가요소를 정하는 것이 쉽지 않고 요소별 가중

치를 결정하는 것이 어렵다.

4) 요소비교법

요소비교법은 조직내 가장 중심이 되는 직무, 즉 대표직무(key Job)를 선정하여 보상요인별로 직무 평가를 하고 그 다음 평가하고자 하는 개별 직무를 대표 직무의 보상 요인에 결부시켜 이들을 상호비교함으로써 조직내에서 개별직무가 차지하는 상대적 가치를 분석하고 평가하는 방식이다.

기업내에서 가장 중심이 되는 몇 개의 대표 직무를 선정하여 이들 직무를 요소별로 분해하여 점수가 아닌 임률 금액으로 평가하고, 다른 직무들은 이 대표 직무와 비교하여 각각의 임률을 정하는 방식으로 한다.

조직내에서 가장 중심이 되는 직무를 선정하여 각 기준 직무가 만들어지면 각 평가요소들(다섯 개나 일곱 개 정도 등)에 결부시켜 상호 비교함으로써 직무의 상대적 가치를 판단한다.

직무의 상대적 가치는 금액적 척도에 의하여 양적으로 표시되며 기준 직무는 보통 10종 전후로 산정되는 경향이 있다. 이 방법은 지식, 숙련, 책임 및 작업 조건 등 다섯 가지 조건으로 점수 대신 임률의 금액으로 평가하고 이것을 기준 직무와 비교함으로써 직무 서열을 결정한다. 요소비교법은 기존 방법들에 비하면 직무평가 방식이 절대평가에 가깝고 수학적 측면, 통계적 측면에서 진보하였다는 평가를 받고 있다. 요소비교법은 보상요인이라는 기준 요소를 사용하여 직무의 가치를 평가한다는 점에서 결과에 대한 높은 신뢰도를 확보할 수 있고 특정 회사의 실정을 반영할 수 있다는 장점이 있다. 그러나 요소비교법은 기존의 방법들에 비해 상당히 난해하여 경험이 없는 평가자나 훈련을 받지 않은 평가자가 수행하기 어려운 측면이 있다.

요소비교법은 다음의 단계로 진행한다.

① 평가 요소의 결정
② 기준 직무의 선정

③ 기준 직무의 적정임률 선정

④ 각 평가요소아래에서 기준 직무의 서열 결정

⑤ 여러 요소 중에서 각 기준 직무의 올바른 임률을 할당

⑥ 이런 다양한 요소 척도들에 비추어 여타의 직무를 평가

⑦ 임금체계의 설계와 조정 수행

〈그림 6-2〉는 모 사립 대학교에서 실제로 시행된 직무 분석에서 사용된 직무조사용 템플릿을 보여주고 있다. 대학교의 행정직을 대상으로 한 직무분석에서 사용된 템플릿은 직무대상 리스트, 직무조사서(팀장이나 부서장용), 그리고 직무조사서(개인 작성용) 등 세 가지이다. 팀장이나 부서장용 직무조사서는 담당하고 있는 부서(팀)의 전체적인 직무와 과업의 구조와 내용을 파악할

그림 6-2 모 대학교 직무 조사 용 템플릿 양식의 예시

직무 조사 템플릿은 크게 3 Section으로 1) 직무 조사 대상 List 2) 직무 조사 종합 팀장용 템플릿 3) 직무 조사 개별

직무 조사 대상	직무 조사서 · 종합 팀장용	직무 조사서 · 개인 작성용

- 직무조사 대상을 확인하고 조직 Level을 확인하여 뒤 템플릿 조 직정보에 기입
- 팀(부)장은 해당 부서의 조직 미션/조 직원 현황 작성
- 조직원들과 충분한 협의를 거쳐 종합 템플릿을 완성
- 완성된 종합 팀장용 템플릿은 처장의 검수를 받아 제출
- 팀(부) 간사는 팀원들을 대상으로 템플릿에 대한 설명 및 가이드 제공
- 팀(부)원들은 간사에게 개인 작성용 템플릿 제출
- 간사가 1차 개인 템플릿 검토/취합 후 부장에 제출

수 있도록 구성된다. 개인 작성용 직무조사서는 각 부서의 구성원(개인)이 담당하고 있는 직무와 과업의 구성과 내용을 파악할 수 있도록 구성된다. 이렇게 이중적으로 조사된 직무 조사서는 각각 취합되어 직무기술서와 직무명세서를 작성하는 기초자료로 사용된다.

9 직무설계의 개념과 목적

1) 직무설계의 개념

조직에서 직무는 개인과 조직을 연결하는 기본 단위로서, 직무를 개인의 특성과 자질, 그리고 숙련 등에 맞게 설계하는 것은 개인과 조직을 연결하는 중요한 활동이 된다. 직무설계란 생산조직이 그 목표를 달성하도록 개인과 직무상 활동을 구조적으로 연결하기 위해 다양한 작업군과 직무 내용 및 작업 방법 등을 설계하는 활동을 의미한다. 그러므로 직무 분석 중에 이에 영향을 미치는 인간적이고 조직적, 그리고 기계적 요소 등을 참작하여야 하며 직무를 수행하는 구성원들에게는 직무 만족을 부여하고 생산성을 향상시킬 수 있는 작업 방법 등을 모색해야 한다.

〈그림 6-3〉은 직무설계의 네 가지 원칙을 나타내고 있다.[2] 우선 종업원들이 수행하는 과업은 효율적이어야 하는데 그러기 위해서는 효율성을 최대화하기 위하여 과업에서의 구조적인 복잡성을 제거하는 등 산업공학적인 접근이 필요해진다. 누구라도 조금만 훈련받으면 쉽게 일을 할 수 있도록 구조를 단순화, 전문화 하는 것이 중요해진다. 둘째, 종업원들이 직무수행상 정신적인 스트레스와 혼란을 겪지 않도록 명령체제를 명확히 하고 일의 과정 자체를 명확히 해, 직무를 수행하는 종업원이 혼란을 겪지 않고 조직이 원하는 수준의 실적이 될 수 있도록 설계해야 한다. 셋째, 갈수록 일의 내부적 효율

---

2 Noe, R. A., Hollenbeck, J. R., Gerhart, B., and Wright, P. M., 2004, *Fundamentals of Human Resource Management(international ed.)*, McGraw-Hill.

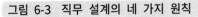
그림 6-3 직무 설계의 네 가지 원칙

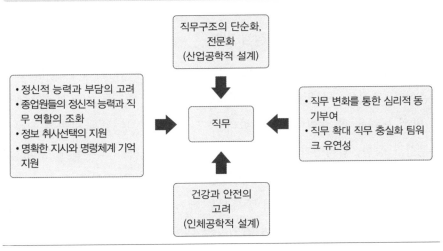

성 못지않게 고객과의 접촉과 서비스 등이 중요해 짐에 따라 종업원이 직무 자체에서 흥미를 가지고 발전하고 성취할 수 있도록 내적 동기부여가 중요해지고 있다. 이를 직무설계에 반영하여야 할 것이다. 넷째, 직무와 과업을 인체공학적인 구조에 의해 쉽게 행할 수 있도록 설계하여야 하고 이는 불완전한 자세나 규칙에 의해 종업원의 건강과 작업상의 사고를 예방하는 것에 기여한다.

2) 직무설계의 방향과 목적[3]

직무설계는 직무를 수행하는 개인이 수행 과정이나 결과 등에서 만족과 성취감의 의미를 부여받도록 하여 개인의 자발적 동기부여나 생산성을 향상시키는 것을 목적으로 한다. 구체적인 목적으론 조직 구성원의 동기부여, 생산성 향상, 원가 절감, 이직과 훈련비용의 축소, 신기술에 대한 적응 등 다양하게 제시될 수 있다. 직무 설계의 목적이 비용절감에 있는지 종업원의 기술 향상과 직무 만족에 있는지 등 어디에 강조점이 있는지에 따라 설계의 방향

---

3 Noe, R. A., Hollenbeck, J. R., Gerhart, B., and Wright, P. M., 2004, *Fundamentals of Human Resource Management(international ed.)*, McGraw-Hill.

이 많이 달라질 수 있다.

(1) 합리 구조 중심적 직무설계 방향

조직성과는 조직 구성원이 어떤 직무를 어떻게 수행하는지에 절대적으로 의존한다. 조직은 구성원들이 직무 성과를 향상할 수 있도록 직무설계와 개선에 많은 노력을 할 수밖에 없다. 합리 구조 중심적 직무 설계 방법은 직무의 전문성과 능률, 합리성과 효율성을 우선적으로 강조하는 직무설계 방식으로 테일러의 과학적 관리법의 원칙에 기초한 구조적 접근을 중시한다. 합리 구조 중심적 직무설계 방법은 과업의 중복성을 제거하고 구사 기술을 단순화할 뿐 아니라 작업 조건을 표준화하여 작업자의 대체성을 높일수록 직무의 능률이 향상된다는 관점을 가지고 있다. 시간연구와 동작연구 등 인간공학적 관점을 직무에 적용하여 이상적인 직무 내용과 수행 방법 등을 설계함으로써 작업자로 하여금 이를 그대로 수행하도록 하는 하향식의 접근 방식이다.

합리 구조 중심적 직무설계 방식은 직무의 전문성과 상호 연결, 그리고 예측성과 통제성을 강화하여 조직의 경제적 성과를 향상할 수 있다고 보며, 개인적 경제적 동기를 유발할 수 있는 개인성과에 기초한 보상을 결합함으로써 개인과 직무 그리고 조직 간의 통합적인 관계를 달성할 수 있다고 본다.

합리구조적 직무설계는 고전적인 인체공학적 측면의 효율성을 확보하고자 직무 수행에서의 복잡성을 없애고 직무를 보다 단순하게 구조화해 누구라도 단시간 교육만으로 그 직무를 수행할 수 있도록 하는 방식이다. 테일러의 과학적 관리법은 이 원칙을 잘 응용하고 있는 방식으로 시간과 동작 등 인체공학적 접근을 통해 직무를 수행하는 가장 효과적인 한 가지 방식을 고안하여 이를 수행하게 하며 급여를 직무 수행에 대한 개인적 노력과 성취에 따라 차등화하여 지급하였다.

그러나 이 직무 설계 방식은 과도한 직무의 전문화, 표준화 그리고 단순화가 인간에게 만족보다는 소외감을 갖게 하는 요인이 됨을 지적하는 학자들에 의해 그 역기능이 우려되기 시작하였다. 조직 구성원의 욕구 구조 자체가 반드시 합리적으로 구조화된 직무에서만 최적의 만족도를 보이는 것은 아니며, 오히려 구성원의 인간적이고 감정적인 측면을 직무 설계에 반영하여 사회심리적 측면의 동기 부여가 더 중요하게 여겨질 수 있다는 사실에 직면하게 되었다.

(2) 동기부여적 직무설계 방향

직무의 합리적이고 기술적인 요소뿐 아니라 직무를 수행하는 인간의 사회심리적 요소들을 통합하여 구성원들에게 보람 있는 직무내용을 설계하여 구성원들의 동기부여를 진작하려는 것이 사회 심리적 직무설계의 방향이다.

이 접근 방향은 개인과 집단 그리고 작업환경 등 직무와 밀접한 관계를 가지고 있는 모든 요소들을 고려하여 이를 직무내용과 직무환경의 설계에 고려한다. 따라서 사회 심리적 직무설계는 합리 구조 중심적 설계에 비해 직무성과는 직무 수행에 따른 경제적 보상보다 구성원들의 심리적 상태와 만족감에 달려 있다는 것을 더 강조한다. 즉 직무 수행 과정에서 직무 수행자가 일의 의미성을 발견하고 자아실현의 기회를 부여하는 것이 중요하므로 이를 직무설계에 반영하고자 노력한다. 직무 특성 이론은 이 같은 관점을 잘 대변하는 동기부여이론이다.

과거 종업원에 대한 대부분의 동기부여 이론 등이 물질적 보상에 초점을 두고 있었다면 Hackman과 Oldham의 직무 특성 이론은 종업원 동기부여의 원천으로 종업원이 수행하는 직무 내용과 특징을 부각시킨다는 점이 특징이다. 즉 직무 특성이론은 직무의 내용과 특징이 종업원의 동기부여 등 심리에 영향을 주어 직무만족이나 조직몰입 등 긍정적인 직무태도나 행위를 유발할 수 있다고 본다.[4]

---

4 Hackman, J. R. and Oldham, G., R. 1976, Motivation through the design of work: test

직무를 구성하는 핵심적 요소를 기술다양성(Skill variety), 과업정체성(Task identity), 과업중요도(Task significance), 자율성(Autonomy), 피드백(Feedback) 등으로 구성하였다. 기술 다양성이란 개인이 담당하는 과업이 얼마나 다양한 기술을 구사하는지를 의미하는 것으로 기술 다양성이 높을수록 개인은 과업에 흥미를 가지고 되고 더 열심히 몰입하는 성향을 보인다고 간주했다. 과업중요도는 개인이 맡고 있는 과업이 얼마나 다른 사람에게 중요한 영향을 미치는지에 관한 것이다. 가령 조직에서 지위가 높을수록 그 사람이 맡은 과업은 다른 사람에게 매우 중요한 영향력을 행사하는 경향을 보인다. 과업 정체성이란 과업의 처음과 마지막까지 개인이 통제하는 정도를 의미하는 것이고 조직을 어느 정도 그 과업이 대표하는지를 나타낸다. 가령 교수와 직원 중 대학교의 정체성을 대표하는 과업을 맡은 직종은 어디인지를 판단하는 것 등이 과업 정체성에 관련된다. 자율성이란 과업을 수행하는 데 얼마나 개인이 자율적 의사결정을 할 수 있는지에 관한 것이다. 마지막으로 피드백이란 과업 수행과정상 실제적 결과에 대한 점검과 과정에 대한 점검이 이루어지는지에 관한 내용이다.

직무특성론은 위에 언급한 직무의 핵심적 특징 등이 과업을 수행하는 개인의 심리적 상태에 영향을 준다고 보고 있다. 즉 기술 다양성, 과업 정체성, 과업 중요도는 개인이 과업을 수행할 때 느끼는 의미성(Meaningfuless)에 영향을 주고 직무 자율성은 작업 산출에 대한 책임감을 높이고 피드백은 실제적 결과에 대한 상호작용과 점검 등에 영향을 준다. 직무의 핵심적 특징이 개인의 심리적 상태인 유의미성(Meaningfulness), 책임감(Responsibility), 결과에 대한 점검 대비 등에 영향을 주고 이것들이 결국 개인의 내적 동기부여를 유발하고 직무만족, 이직 등 인적자원관리결과물에 영향을 준다고 본다.

직무 특성론에서는 직무 특성이 미치는 동기부여 효과를 보다 구체적으

---

of a theory, *Organizational Behavior and Human Performance*, 16(2), pp.250 − 279.

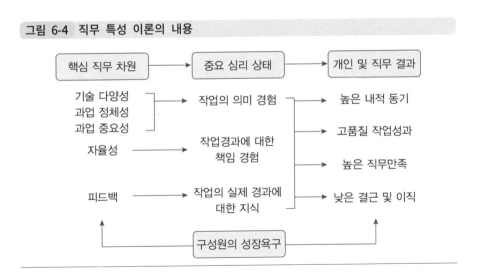 로 제시하고 있는데 MPS(Motivational Potential Score)를 통해 직무 자체가 주는 동기부여 잠재효과에 대한 예측 지수를 산출할 수 있다고 보고 있다.

MPS(Motivational Potential Score) = (기술 다양성 + 과업정체성 + 과업 중요도)/3 × 자율성 × 피드백

종업원 동기 유발을 위한 직무 재설계 방향은 직무의 수평적 측면과 수직적 측면으로 나눠 제시할 수 있다.

① 수평적 측면

직무의 수평적 측면이란 직무를 구성하는 과업이나 작업의 수와 종류 등과 관계되는 것으로 작업이나 과업의 수와 종류를 확대함으로써 종업원이 수행하는 직무 자체의 유의미성을 높이고 직무 수행 이후의 성취감과 만족도를 높이는 것을 의미한다. 과거 테일러식의 작업 구성에서는 작업을 매우 세분화아여 직무 수행에서의 단순화와 표준화를 지향하였다. 이런 방식의 구성에서는 작업을 수행하는 종업원이 일에 대한 단조로움과 근태로움, 반복성에 의한

그림 6-4 직무 특성 이론의 내용

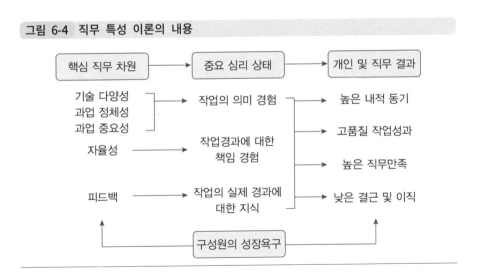

흥미의 상실 등이 문제가 되었다. 그런데 테일러식의 작업 구성과는 반대로 종업원의 직무 범위를 다소 확대하고 다양한 기술을 구사하도록 한다면 이로 인해 직무 자체를 수행함으로써 느껴지는 성취감과 의미성이 증가할 수 있다. 이런 방향의 진행을 직무 확대(Job Enlargement)라고 지칭한다.

② 수직적 측면

직무의 수직적 측면이란 직무 내용이 얼마나 고도의 지식과 기술, 창의력과 분석능력, 그리고 작업자의 자율성을 작업내용으로 하여 구성되어 있는지를 의미한다. 직무의 수직적 측면을 대표하는 개념으로 직무충실화(Job Enrichment)가 있다. 직무충실화란 종업원이 담당하는 직무가 얼마나 기술수준이 높고 자율적 권한이 본인에게 부여되어 있는지 등의 개념이라 할 수 있다.

(3) 개인 수준의 직무 재설계

위에서 직무성격의 변화를 통해 종업원을 심리적으로 동기부여하는 이론들에 대해 살펴봤는데 개인수준에서 이 이론들이 어떻게 적용되는지를 살펴볼 필요가 있다. 실제적 적용으론 직무순환, 직무확대, 직무충실화 등 세 가지로 설명된다.

① 직무순환(Job Rotation)

기존 직무의 내용을 변경하지 않고 구성원을 직무 별로 이동시켜 담당하는 직무의 변화를 야기함으로써 업무에서의 지루함과 반복됨으로 인해 발생하는 단점을 극복하는 관행을 직무순환이라고 한다. 직무순환은 한 사람의 구성원을 주기적으로 여러 직무로 순환시켜 다양한 기술과 지식을 익히게 하고 도전과 성취감을 고양시키는 효과를 일으킨다.

② 직무확대(Job Enlargement)

직무확대란 직무 내용의 수평적 측면에 해당하는 작업과 과업의 다양성을 증가시켜 작업 내용과 방식을 다양화함으로써 해당 근로자로 하여금 직무에서의 성취감과 도전정신을 가지게 하여 이전의 단조로움을 극복하게 함을 의미한다.

③ 직무충실화(Job Enrichment)

직무충실화란 직무 자체의 기술적 수준을 증가시키고 작업자의 자율적 권한과 책임을 확대함으로써 작업 과정을 통제하는 정도를 증가시키는 것을 의미한다.

(4) 집단 수준의 직무재설계

집단 수준의 직무재설계란 그룹이나 팀 수준에서의 직무내용과 구조의 변환을 의미한다. 크게 자율적 관리팀, 품질관리 분임조(QC) 등이 이에 포함된다.

① 자율적 관리팀

자율적 관리팀이란 기존의 부서를 전격적으로 변환한 것으로 팀 구성원의 선발, 작업계획, 실행, 능률 및 동기부여 등 인적자원관리 전반에 걸쳐 전적인 책임과 자율성을 가지고 특정한 작업을 수행하는 팀을 의미한다. 조직을 자율적 관리팀을 중심으로 해 운영하면 팀 위계나 구조가 수평화되는 경향을 보인다.

과거 자동차 제조사인 GM의 자회사로 일본의 린 생산방식을 접목해 발전시킨 NUMMI(New United Motor Manufacturing Inc.)는 자율적 관리팀 제도를 도입 시행하고 종업원 제안제도를 활성화하여 종업원들의 직무 만족도와 생산성을 향상시켰다. 또한 노사파트너십 사업장으로의 실험적인 시도로 유명해진 SATURN 자동차 회사 역시 노사 합의의 파트너십을 근간으로 하여 자율적 관리팀을 운영하여 품질 및 생산성 등을 향상시킨 사례가 되고 있다.[5]

② 품질관리 분임조(QC)

품질관리 분임조란 소수의 생산현장 직원들이 주기적으로 만나서 생산라인상의 문제나 제품 품질 문제를 개선하기 위해 토론하고 해결책을 강구하는 모임을 의미한다. 품질관리 분임조는 자율적 관리팀에 비해 직무의 수직적 측면이나 수평적 측면이 다소 덜 강화된 형태라 할 수 있다. 따라서 품질관리 분임조에서 품질 문제 개선을 위한 해결책이 강구되더라도 이의 실행의 책임은 결국 경영자에게 맡겨진다는 점에서 제한적인 면을 가진다. QC는 원래 1900년대 초 미국에서 도입되었지만 크게 관심을 끌지 못하다가 이후 일본 기업들이 이 제도를 도입하여 생산에 응용함으로써 꽃을 피우게 된다. 린 생산 방식과 더불어 생산과정과 공정상의 문제를 개선하고 고품질의 제조품을 산출하는 것에 QC가 기여하게 됨으로써 다시 주목을 받게 되었다.

3) 현대 조직의 직무설계 방향

조직 환경 변화와 조직 구성원의 욕구 구조가 갈수록 다양화 등 현대 조직의 일반적인 상황을 배려할 때 조직구성원과 조직을 통합하고 구성원들의 외재적 만족과 내재적 만족 등을 균형적으로 높이는 노력이 갈수록 필요해지고 있다. 특히 물질적 보상에 못지않게 직무 성격의 변화를 통해 나타나는 내재적 만족의 중요도가 갈수록 증가하고 있다. 우리는 앞서 직무설계 방향으로 합리구조 지향적 방향과 사회심리적 방향 등 두 가지 내용을 검토한 바 있다. 향후 조직의 직무 설계에서는 이 두 가지 방향의 적절한 균형을 이루는 것이

---

5 김훈 편, 2003, 세계초우량기업의 작업장 혁신 사례 연구, 한국노동연구원.

중요해지는데 이 균형점은 각 조직의 구성원이 가진 특징이나 환경에 의해 다르게 나타날 소지가 많다. 최근 갈수록 현장에서의 자율성과 자치, 책임성을 높이는 방식의 직무 설계 방식은 사회 심리적 방향을 더 강조하는 흐름으로 가고 있다는 것을 보여주는 현상이다. 최근에는 정보기술의 발전이 이루어져 직무 설계상에서 정보 기술이 직무재설계의 전략적 도구로 활용되는 경향이 있다.

정보기술의 발전, 현장 자율성과 권한의 위임, 피드백의 효율화 등 외에도 직무 내용의 유연성과 신축성 등이 현대 조직의 직무설계에서 강조되는 경향을 보인다. 이는 생활스타일이 다양해지고 여성인력이 증가하며 조직의 구성원들의 근무 형태가 다양해지면서 더욱 필요로 하고 있다, 유연시간근무, 직무 공유, 교대 근무 등이 더욱 많이 활용되고 있고 정보통신의 발달은 원거리 회의, 채택 근무 등을 촉진하고 있다.

10 장의 요약

직무분석은 직원의 선발과 배치, 인사고과, 보상, 교육, 사회화 등 다양한 인적자원관리 정책의 실행을 위한 기초적인 정보를 제공하고 개별 인적자원관리 기능 등이 제대로 활성화될 수 있도록 도와준다. 직무분석의 결과 직무기술서와 직무명세서가 만들어지는데 직무기술서의 내용은 직무의 목적과 작업 내용, 책임 소재, 표준적 성과 자료 등을 포함하고 직무명세서의 내용은 직무 수행에 필요한 지식과 역량, 자격 등을 규정하고 있다.

직무분석의 절차는 계획, 분석, 산출, 활용 등의 네 가지 단계로 설명된다. 계획단계에서 중요한 직무 정보의 수집방법으로는 관찰법, 면접법, 설문지법, 결과 분석법, 작업기록법, 중요사건 기록법 등이 있다. 분석단계에서는 직무 정보의 수집 방법으로 다양한 직무 정보를 수집하여 이를 중심으로 대표 직무를 선정함으로써 직무들을 비교하는 기준점을 마련한다. 대표직무란 직무 내용이 안정적이고 직무 수행자가 많아 조직이나 부서의 정체성을 대표할 수 있는 성격의 직무로 직무가치 평가의 기준이 될 수 있는 성격을 가진다. 이를 중심으로 나머지 직무에 대해 비교하여 분석해 나갈 수 있다. 산출단계에서는 직무 내용의 분석결과 직무기술서와 직무명세서가 만들어진다. 직무기술서와 직무명세서를 기초로 해 새로이 직종, 직무, 과업, 행위 등이 구성된다. 활용단계에서는 직무분석 이후 나타난 직무기술서와 명세서를 기준으로 해 조직구성원의 선발, 직무의 설계, 급여구조의 개선, 평가와 승진제도 등 다양한 분야에서 분석 내용이 활용된다.

직무분석은 직무 가치의 상대적 평가란 것을 전제로 진행된다. 직무 평가의 요소로서 직무가 요구하는 역량과 숙련 수준, 노력수준, 책임수준, 작업조건과 환경 등이 고려될 수 있다. 직무가치의 상대적 평가 방법에는 계량적 방법으로 요소비교법과 점수법이 있고 비계량적 방법으로는 서열법과 분류법이 있다.

직무설계란 조직이 목표를 달성하기 위해 조직구성원과 직무상 활동을 구조적으로 연결하기 위해 다양한 작업군과 직무와 과업 내용 등을 설계하는 활동을 지칭한다. 직무설계의 방향은 직무의 전문성과 효율에 근거하여 과업의 중복성을 제거하고 작업조건을 표준화하고 합리화하는 방향(합리구조 중심적 방향)과 직무를 수행하는 인간의 사회심리적 동기부여요소를 구조적 요소보다 중시하는 방향(사회심리적 동기부여 방향) 등으로 구분할 수 있다. 사회심리적 동기부여 방향에서 중요한 이론적 근거를 제시하는 것이 핵만과 올드햄의 직무 특성이론이다. 이 이론은 직무를 구성하는 핵심적인 요소인 기술다양성, 과업정체성, 과업 중요도, 자율성, 피드백 등이 직무 수행자의 사회심리적 상태에 영향을 주어 개인 및 직무 성과에 영향을 준다는 과정을 설명한다. 이를 반영한 개인수준의 직무 재설계 방안으로 직무순환, 직무확대, 직무충실화 등의 개념이 등장한다. 반면 집단 수준의 직무 재설계 방안으로 품질관리분임조, 자율적 관리 팀 등이 있다.

조직 환경변화와 조직구성원들의 욕구구조의 변화가 가속화되고 있어 조직 구성원과 조직을 통합하고 조직 구성원들의 외재적 만족과 내재적 만족 등을 균형적으로 높이려는 노력이 갈수록 필요해지고 있다.

Chapter 07

모집과 채용, 사회화

07

모집과 채용, 사회화

　기업의 핵심역량을 구성하는 기저가 사람이 가진 지식, 능력, 기술 등으로 인정되므로 갈수록 기업의 성공에 인적요소가 기여하는 정도는 강조되고 있다. 조직을 구성하고 이끌어갈 인재를 모집하고 선발하는 것은 인적자원관리 및 조직성과에 대단히 중요한 문제로 대두된다.

1 모집

　모집은 조직체가 필요로 하는 인재를 조직체에 관심을 갖도록 유도하고 이끄는 과정을 말한다. 모집은 조직의 목표달성에 기여할 수 있는 인재들로 하여금 조직에 관심을 갖고 조직을 위해 일할 기회를 제공하기 위한 과정이다.

　최근 기업에서의 모집은 온라인과 오프라인 등 다양한 경로를 통해 이루어진다. 모집은 인력의 수요와 인력의 공급을 연결시켜주는 인적자원관리의 기능으로 조직체에서 일할 인력을 확보하는 것에 도움을 준다.

　인력을 외부 노동 시장에서 모집하는 방법으로 공개 모집, 현장 모집, 광고, 학교, 내부 인력의 추천 등 다양한 방법이 사용되고 있다. 고급기술인력의 경우에는 헤드헌트 등 전문 모집기관의 도움을 받기도 한다. 또한 최근에는 온라인을 통한 모집을 활용하는 기업들이 많이 늘어나고 있고 점차로 많은 기업들이 온라인으로 지원자의 이력서 등을 접수받고 있다. 연령별로 보면 신입 공채에 해당하는 연령들의 경우 온라인으로 지원서를 접수하는 경우가 늘어나고 있다. 한편 이외 온라인 구인 구직 사이트 등을 이용해 구직자와 구인업체를 연결시켜주는 경우도 많아지고 있다. 아래는 다양한 모집 방법에 대해 정리하고 있다.

1) 내부 공모제(Internal Job Posting)

모집은 외부 노동시장의 인력을 대상으로 이루어지는 것이 보통이지만 기업 내부에서 일하고 있는 종업원을 대상으로 모집이 이루어지는 경우도 많다. 내부 공모제는 조직 내에 공석이 발생하거나 새로운 인력이 필요한 경우 구성원들을 대상으로 해 이를 공지하고 내부 구성원들이 지원할 수 있도록 하는 것이다. 내부 공모의 장점은 지원자들의 태도와 역량, 평판 등의 정보를 비교적 정확하게 조직이 파악할 수 있고 내부 우수 인력에게는 경력개발이나 승진 등의 기회를 제공할 수 있다는 점에서 중요한 의미를 가질 수 있다.

2) 사내 추천

조직내부 구성원들이 추천을 하여 필요한 인력을 모집하는 방식을 말한다. 이 방식은 주로 중소기업의 경우 인력을 외부에서 모집할 경우 소요되는 비용이나 필요한 인력을 확보하는 것에 드는 어려움이 있어 큰 모집 비용을 들이지 않고 인력을 확보하는 편의적 방식으로 활용되어온 측면이 있다. 그러나 최근에는 시장에서 능력이 검증된 인력을 내부 구성원들의 사회적 자본(네트워크)을 통해 모집함으로써 우수한 역량을 가진 인재를 정확하게 파악해 채용할 수 있다는 점에서 대기업에서도 활용되는 경향이 증가하고 있다.

3) 신문과 잡지 등 공고

과거 우리나라 대부분의 기업들이 가장 친숙하게 활용한 모집 방식이 주요 일간지에 모집 공고를 내는 것이었다. 매년 10월이나 11월 취업 시즌이 되면 신문에 주요 대기업들의 모집 공고가 났고 이를 파악하여 많은 대학 졸업 예정자들과 경력자들이 자신에게 합당한 기업이나 직업에 지원하는 관행이 있었다. 최근에는 기업들이 인터넷을 활용하여 모집 공고를 내고 동시에 인쇄된 지면을 통해 모집 공고를 내는 이중적으로 활용하는 모습을 보이고 있다.

4) 취업 포털 사이트를 통한 구인 구직

최근에는 시간이 흐를수록 인터넷 등 온라인을 활용한 모집이 자리를 잡아가고 있다. 사람인, 잡코리아, 인크루트 등 취업 중심 포털 사이트가 활성화되면서 이를 이용해 구인 구직이 매칭되어 이루어지며 이들 포털 사이트의 활용도가 점점 증가하고 있는 추세이다. 고용노동부가 주관하여 운영하는 워크넷이란 포털도 있으나 사람인이나 잡코리아 등 민간 포털에 비하면 활용도가 다소 낮은 편이다.

표 7-1 국내 주요 취업 포털 사이트

사이트 명	인터넷 홈주소	기타
사람인	www.saramin.co.kr	
리쿠르트	www.recruit.co.kr	
인쿠르트	www.incruit.co.kr	
잡코리아	www.jobkorea.co.kr	
워크넷	www.work.go.kr	고용노동부가 운영

5) 기업 홈페이지를 통한 모집

유명한 대기업의 경우 취업에 관심을 가진 지원자들이 해당 기업의 홈페이지를 자주 방문하면서 모집에 대한 정보를 탐색하기 때문에 해당 기업 자체에서 구인 공고를 자신의 홈페이지에 하는 것을 말한다. 자체 홈페이지를 통해 구인 정보를 내어 모집을 할 경우 홈페이지를 방문하는 사람들만을 대상으로 해 모집하므로 지원자들이 대부분 회사에 오랫동안 관심을 가지고 있고 회사에 대한 이해도가 높은 사람들이란 점에서 좋은 점이 부각되기도 하지만 폭넓은 인재 선택의 폭이란 점에서는 다소 필요한 사람을 채용하는 것에 한계가 있을 수밖에 없다.

6) 인력중개 전문기관을 통한 모집

인력중개전문업체는 헤드헌터라고도 불리며 이 업체를 이용하여 모집을 하는 것이 가능하다. 회사가 필요로 하는 전문인력을 외부에 알리지 않고 신속하게 확보하려고 할 때 적합한 모집방식이 된다. 이 같이 중개회사를 이용할 경우 많은 지원자를 직접 받아 일일이 서류를 검토하는 비용과 시간을 절약할 수 있으나 그 대신 중개회사에 높은 수수료를 지불하여야 한다. 중개회사는 의뢰인에게 일반적으로 적합하다고 판단되는 후보를 복수로 추천하고 회사는 이들을 면접하여 최종 적격자를 선발하게 된다. 이 방식은 주로 변호사, 회계사 등 전문직이나 다른 회사에 근무하고 있는 핵심적 인재들을 스카우트하기 위해 활용되는 경우가 많다.

2 선발

선발을 위해 기업에서 가장 먼저 명확하게 해야 하는 것은 기업의 인재상이다. 인재상은 해당 기업이 채용하고자 하는 인력이 어떤 역량을 가지고 있어야 하는지에 대한 큰 방향성을 제시한다. 인재상이 없다면 회사가 필요로 하는 사람이 어떤 역량을 갖추어야 하는지에 대한 명확한 방향과 지침이 없다는 것이다. 따라서 회사가 필요로 하는 인재를 일관성 있게 모집하고 채용할 수 없고 선발과정에 참여하는 관리자들 역시 선발의 기준이나 준거 등에 대한 기준을 마련하기가 어렵게 된다. 인재상은 회사의 경영이념이나 전략, 철학, 비전과 미션 등과도 관련되어 만들어지므로 단순히 모집과 채용에만 중요하게 고려되는 것이 아니라 향후 인력의 평가, 보상, 역량개발, 승진 등에서도 중요하게 고려되어 반영되어야 한다.

선발은 조직에서 가장 적합한 지원자를 선별하는 과정으로서 이를 위한 합리적 결정을 돕는 여러 도구와 절차로 구성된다. 보편적으로 선발도구에는 입사 지원서나 추천서, 선발 시험, 면접시험 등이 포함된다.

모집을 통해 지원서가 접수되면 이 지원서를 중심으로 조직에 적합한 인재를 선발하는 과정이 진행된다. 선발은 지원자 중에서 가장 조직의 문화와 가치에 적합하다고 생각되는 인물을 선정하는 과정으로 다양한 능력에 대한 평가, 경력이나 학력에 대한 평가 등을 통해 이루어지는 경향을 보인다. 선발을 통해 기업은 지원자 중 능력과 자질이 뛰어난 직원을 선택하고자 노력한다. 이 과정은 입사 지원서의 접수 → 서류 심사 → 선발 및 구술 시험 → 면접 → 신원조회 등의 순서로 이루어지는 경향을 보인다. 대졸 지원자의 경우 선발 시험은 주로 적성 검사나 성격 검사, 외국어와 전문 지식 시험 등으로 구성되고 있다.

많은 기업들은 자신이 원하는 인재를 선발하기 위해 다양한 방법과 도구들을 활용하여 선발 절차를 진행하므로 단 하나의 바람직한 선발 방법은 존재하지 않는다.

1) 입사 지원서

지원서는 이력사항과 자기소개를 포함하며, 지원자의 주민번호, 학력과 경력, 지원 분야, 성격, 강점과 약점 등 주로 기본적 인적사항 중심의 정보를 제시한다. 지원서를 통해 조직은 지원자에 대한 일반적인 정보를 취득하지만 무엇보다 관심은 지원서의 정보 자료가 향후 지원자가 입사할 경우 성과를 예측하는 예측 기능치로 활용가능한지에 대한 것이다. 조직은 지원서를 통해 지원자가 향후 회사에 입사한 후 어느 정도 회사의 문화에 잘 적응하고 회사의 성과에 기여할 잠재성이 있는지를 판단할 것이다. 지원서에 제공된 학력(학교, 전공, 성적, 동아리 활동 등), 경력(직무와 관련한 경험, 연수, 기간 등), 사회

봉사 활동, 취미 등의 정보 자료 등에 예측기준치로서의 가중치를 부여하여 그 한도 내에서 점수를 부여함으로써 지원자별 상호비교점수를 비교할 수 있다. 이 같이 지원서상 나타나는 정보가 성과 예측치로서의 기능을 제대로 하려면 자료 자체의 정확성과 신빙성을 검증하기 위한 사전적인 노력이 많이 투입되어야 할 것이다. 특히 지원서상 정보 등이 사실보다 많이 과장되어 있을 가능성이 높으므로 정확한 판단을 위해 지원서 자료의 확인 등이 요구될 것이다.

한국의 경우 지원서에 제공된 지원자의 정보 자료 중 학력과 경력, 그리고 연령 등은 조직의 선발에 지배적인 요소로 간주되어 왔다. 특히 학력과 연령은 직원의 선발 결정에 매우 주요한 요소로 인정되어왔다. 이 중에서 학력은 전통적으로 선발과정에서 가장 중요시되어온 항목이다. 그러나 우리나라 기업에서 학력과 개인 성과와의 연관관계가 있는지를 연구한 체계적인 연구는 아직 나타나지 않고 있다. 정확하게는 학력이란 것보다는 학벌이란 용어가 맞다. 소위 명문대학출신이나 비명문대학 출신자, 그리고 인서울과 지방대학 등의 구분과 개인의 직무 성과와의 관계를 체계적으로 연구한 사례는 존재하지 않지만 이미 기업의 채용 관행에서 좋은 학벌을 가진 사람을 우수인재라 하여 우선 채용하는 경향이 높은 것이 우리나라 기업이었다.

이같은 학력, 학벌의 타당도 문제는 향후 많은 연구를 통해 규명되어져야 하지만 점차로 우리 기업들이 학력과 학벌보다는 성격과 행동경향, 향후의 가능성 등에 더 선발의 비중을 두는 방향으로 옮겨가고 있다. 과거 연령도 우리나라 기업에서 연공서열의 전통과 조직원들간의 화합과 질서를 유지하기 위해 엄격히 제한되어 왔지만 최근에는 연공서열의 전통이 완화되면서 연령 제한마저 완화되는 추세를 보이고 있다.

지원서는 공식적이고 객관적인 정보를 주로 요구하는 것이 원칙이다. 요즈음 스펙이라 불리는 객관적으로 파악될 수 있는 내용들을 주로 포함하기 때문에 지원자에 대한 깊이 있는 이해를 하기가 쉽지 않다. 스펙은 주로 학력과 경력, 자격증, 직무와 연관된 경험 등 다양하게 구성되는데 지원자들은 한 두 줄 스펙을 추가하기 위해 1~2년 정도의 시간을 투입하는 것을 예사롭게 여기는 세상이 되었다. 지금까지 지원자들이 채용과정에서 느끼는 가장 큰 고충은 기업들이 서류심사과정에서 실력보다는 출신학교와 같은 스펙을 중심으로 하여 지원자를 걸러낸다는 것이었다. 또한 입사지원서에 성별, 나이, 종교, 키, 몸무게, 학력, 부모의 학력과 재산 등과 같이 과도한 개인 인적 정보를 요구하기도 했다. 이와 관련하여 고용노동부는 2013년 출신학교, 키, 몸무게 등을 삭제한 표준 이력서 양식을 공개하고 기업들의 개선 노력을 촉구하고 있다.

2) 추천서

지원자 서류 중에서 추천서는 많은 기업에서 지원과정에서 요구하는 일반적인 구비 서류이지만, 일반화된 만큼 너무 형식화되어 그 정확성이나 신빙성에 대한 신뢰가 떨어지고 있다. 그러나 추천서의 신빙성이 어느 정도 확보된다면 직무 성과를 예측하는 예측치로서 타당성이 높을 것으로 본다. 특히 대졸 사원이나 대학원 졸 사원을 선발할 때 신빙성 있는 교수의 추천서는 매우 유효한 역할을 할 수 있다.

이야기

C 대학교 기업 추천 사례

C대학교는 경남 창원에 소재해 있는 국립대학교이다. 이 대학 주위에는 기계 금속 재료 가공 위주의 기업들이 밀집해 있는 산업단지가 있어 이들 기업으로부터 가끔 졸업 대상자에 대한 추천 의뢰가 들어온다. 2016년도 상반기 졸업 예정자에 대해 K 제조업체가 1명의 졸업대상자를 추천해 줄 것을 C 대학교 경영학과 A교수에 의뢰했다. K 제조업체는 중견 업체이고 3,000만원 정도의 연봉 수준을 제시했으며 회사는 지원자

를 사장 면접 후 바로 발령을 내 근무할 수 있도록 하겠다는 의지를 보였다. 이에 A교수는 비교적 성적이 우수한 여학생 한 사람을 선발해 추천서를 적어 주고 지원하게 하였다. 지원 학생도 비교적 적극적인 자세를 보였으므로 별다른 무리 없이 채용이 성사 될 것으로 예상했다. 그런데 출근일 하루를 앞두고 지원자가 갑자기 마음을 바꾸어 A교수에게 입사를 포기한다는 통보를 했다. 자신의 집이 김해 장유라 창원 인근에 있는 공장까지 대중교통으로 출근하기가 쉽지 않다는 석연찮은 이유를 들었다. 이 사건으로 그 이후 K 제조업체로부터 C대학교로의 구인 추천의뢰는 더 이상 들어오지 않게 되었다. 그 여학생은 이후 은행권에 취업한 것으로 알려졌다. 이후 A교수 역시 학생들의 취업 추천에 있어 매우 보수적으로 접근하게 되었다.

3) 선발시험

조직에서 직원들을 선발하기 위하여 구술 시험을 실시하는 경우가 많다. 최근에는 일반 기업의 경우 구술시험이란 것이 대체로 인적성 검사의 성격을 가지는 것으로 활용되고 있다. 이렇게 시험을 실시하는 경우 시험의 내용으로 주로 지적능력, 성격, 취미, 직무 지식, 심리 동작, 정직성, 체력 등 다양한 영역을 포함한다. 지적능력검사는 언어능력과 수리능력, 논리력 등을 측정하고 성격 검사는 내외향성, 성실성, 친화성, 정서적 안정성, 탐구성과 도전성 등 개인의 내적 성향을 중시해 평가하는 경향을 보인다. 취미검사는 지원자가 어떤 직무에 적합한지를 판단하기 위해 주로 개인의 취미와 장기 중심으로 측정한다. 심리동작검사는 뇌와 반응동작기관 사이의 연관성과 기민성을 검사하는 것으로 동작의 기민성, 균형감각 등을 측정한다.

교육현장에서의 인적성검사가 주로 진로를 파악하기 위해 이루어지는 것이라면 기업이 실시하는 인적성검사는 주로 성과를 미리 예측하여 선발하기 위한 의도에 초점을 두고 있다. 그러나 우리나라 기업에서는 지적 능력 검사, 성격 검사, 외국어 능력, 일반상식, 직무와 관련된 전공지식 등을 선발시험에서 측정하는 성향을 보이지만 이들 시험이 지원자의 성과를 예측하는 기준치로써 타당하게 기능하는지에 대해서는 체계적인 분석이 이루어진 바가 없다.

4) 면접시험

면접시험도 지원서나 추천서, 선발 시험과 더불어 지원자의 향후 직무성과를 예측할 수 있는 타당성이 매우 중요한 문제로 대두된다. 그래서 구조적－비구조적 면접, 개인－집단 면접 등 다양한 방법 등이 연구되고 있다. 일반적으로 구조적 면접이 비구조적 면접보다는 선별의 타당성이 높은 것으로 알려져 있고 집단이나 패널 면접이 개인 한 사람의 면접보다는 정확한 것으로 알려져 있다. 그러나 집단이나 패널 면접의 경우 면접자들 간의 신뢰도(Inter－reliablity)가 문제가 되므로 이를 개선하기 위한 집단이나 패널 구성을 선행적으로 고민하여야 한다.

3 선발도구의 신뢰도와 타당도[12]

오늘날 우수한 인재를 채용하기 위하여 다양한 선발 도구들이 개발되고 사용되고 있다.

선발도구란 직원의 선발을 위해 시행되는 다양한 평가 과정과 방법 등을 의미하는 용어이다. 대체로 이런 선발도구들은 회사에 적합하고 우수한 역량을 가진 인재들을 선별하여내는 것을 목적으로 하고 있다. 선발도구에서 가장 중요시되어야 할 사항이 신뢰도와 타당도의 문제이다. 신뢰도는 측정결과의 일관성을 의미하는 개념이고 타당도는 측정도구나 선발도구 자체가 의도한 측정을 제대로 하고 있는지에 대한 개념이다. 이를 〈그림 7－1〉을 통해 구분해 보도록 하자.

---

1 이학종, 양혁승, 2004, 전략적 인적자원관리, 학현사.
2 이훈영, 2008, 연구조사방법론, 도서출판 청람.

그림 7-1 신뢰도와 타당도

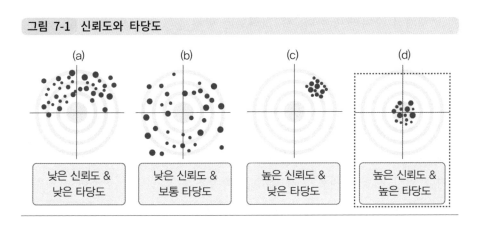

사격 훈련을 상상해 보자. 영점 조준으로 가늠자를 조정하여 과녁을 맞추는 사격 훈련을 실시하였다고 하자. 이때 위 (a)에서 (d)까지의 결과가 나타났다고 하면 (a)결과의 경우, 사격결과의 일관성이 낮고 사격도구가 제대로 과녁을 맞추기 못했기 때문에 타당도도 낮은 모습을 보여준다. (b) 결과의 경우 탄헌이 산재해 있는 영역이 넓게 나타나 사격결과의 일관성, 즉 신뢰도가 낮게 나타났고 사격도구가 제대로 과녁을 맞추지 못했지만 일부 과녁에 집중된 현상이 나타나고 있어 보통 정도의 타당도를 보여주고 있다. (c) 결과의 경우 결과의 일관성, 즉 신뢰도는 높으나 사격도구가 사격하고자 하는 위치를 제대로 잡지 못하고 있어 측정도구의 타당도가 낮은 상태라 할 수 있다. 이럴 경우 사격도구를 개선하는 조처가 필요하다. (d) 결과의 경우 탄흔이 일정하게 과녁의 중앙 중심으로 형성되어 있어 결과의 일관성인 신뢰도가 높으며 동시에 측정도구(사격도구)가 측정(사격)하고자 하는 바(타깃)를 정확히 측정(타겟을 정확히 타격)하는바, 타당도도 높다고 할 수 있다.

(c) 결과의 경우 탄흔이 일정하게 과녁에서 벗어나 있어 이렇게 나타난 오차를 체계적 오차라고 하고 체계적 오차는 낮은 타당도를 심화시킨다는 것을 알 수 있다. (a)나 (b)의 경우 사격결과 자체가 일관되지 않게 산재되어 나타나고 있는데 이 같은 결과의 불일관성은 신뢰도의 개념이며 이 같은 오류

를 비체계적 오차라고 한다. 즉 신뢰도는 비체계적 오차와 관련된다.

1) 선발도구의 신뢰도

우수한 인재를 채용하기 위해 개별 기업은 각자 상황에 맞는 선발 제도를 시행하고 있다. 이 선발 제도 등을 선발 도구라 할 수 있는데 선발 도구를 통해 회사가 원하는 인재를 채용하는 것이다. 가령 어떤 회사들은 지원자들로 하여금 입사 시험을 치르게 해 점수를 측정하고 그 결과를 참조하여 지원자를 선별한다. 그런데 동일한 지원자가 시험장소나 시간에 따라 동일한 시험을 치름에도 불구하고 시험결과가 일정하게 나타나지 않는다면 이를 어떻게 설명할 것인가? 또한 동일한 지원자를 여러 평가자들이 평가할 때 평가결과가 평가자별로 일관되게 나타나지 않으면 이를 어떻게 해석하고 처리할 것인가? 이같이 신뢰도란 평가결과가 시간, 평가자에 따라 일관되게 나타나는지에 대한 개념으로 시간차에 따른 일관성(Across time reliability)과 평가자가 누가 되었든지 그 결과가 일관되게 나타나는지에 대한 개념, 즉 평가자에 따른 일관성(Across raters reliability) 등 두 가지가 있다.

우선 시간 측면의 신뢰도란 동일한 지원자를 동일한 측정도구로 반복적으로 측정할 때 그 측정결과가 일관적으로 나타나야 한다는 개념을 말한다. 즉 시험결과의 일관성을 보장하는 개념이 바로 선발도구의 신뢰도라 할 수 있다. 선발도구의 높은 신뢰도는 지원자를 올바로 선별하는 것에 가장 기본적인 조건이 된다.

다음 평가자에 따른 신뢰도는 동일한 지원자를 다양한 평가자들이 평가할 때 나타나는 결과의 일관성을 의미한다. 평가지에 따른 신뢰도를 높이기 위해서는 평가 항목과 내용에 대한 충분한 교육이나 숙지 이후 평가자들이 비슷한 평가 모형을 형성한 후 평가하게 하면 나름대로 개선될 수 있다.

2) 신뢰도의 측정방법[3]

선발도구의 신뢰도, 즉 결과의 일관성을 측정하는 방식으로는 다음 세 가지가 제시된다.

(1) 시험-재시험(test-retest)

같은 대상에 대해 동일한 측정방법으로 일정한 시간 간격을 두고 반복하여 측정하여 그 측정값의 상관관계를 따져 신뢰도를 측정하고 판단하는 것을 말한다.

(2) 반분법(split-halves method)

측정도구의 항목을 두 그룹으로 적당히 나누어 각각의 측정항목으로 측정한 후 그 결과에 대한 상관관계를 따져 신뢰도를 측정하고 판단하는 것을 말한다.

(3) 내적 일관도(Internal consistency)

측정도구내의 측정 문항들이 동일한 내용을 측정하고 있는지를 의미하는 것으로 측정 문항들간의 상호 일치도를 의미한다. 일반적으로 크론바허 알파계수로 판단하며 크론바허알파계수가 0.6보다 높을 때, 받아들일 수 있는 신뢰도로 인지된다.

3) 선발도구의 타당도

조직에 적합한 우수 인재를 선발하려면 지원자들을 선별하고 평가하는 측정 수단이 필요한데 이를 선발도구라고 한다. 조직은 향후 입사하여 자사의

---

3 이군희, 2014, 연구방법론의 이해, 복넷.

가치에 잘 적응할 뿐 아니라 자사를 위해 우수한 성과를 올릴 수 있는 잠재적 지원자들을 선별하여 이들을 채용하고자 할 것이다. 이를 선별하기 위해 다양한 선발도구 등을 개발하고 발전시킬 필요가 있다. 이와 같이 선발과정에서 지원자들을 평가하고 선별하는 도구, 즉 선발도구가 진정 측정하고자 하는 바를 정확하게 측정하고 있는가의 개념을 선발도구의 타당도라 지칭한다. 즉 선발도구의 타당도란 선발을 위해 측정도구를 통한 측정이 연구 목적에 맞는 방식으로 정확하게 이루어지고 있는 지를 의미한다. 이 타당도의 종류로는 기준타당도, 내용타당도, 개념타당도 등이 있다.

(1) 기준타당도(criterion-related validity)

기준타당도란 만일 어떤 개념에 대한 기준을 나타내는 측정 B가 존재하는 경우, 측정 A가 이런 개념을 얼마나 잘 나타내고 있는지를 두 측정의 관계를 분석함으로써 검토하여 타당도를 판단하는 것을 의미한다. 예를 들어 운전면허 필기시험을 잘 치른 사람이 미래에 차를 사 운전을 하면 운전을 더 잘할까를 판단한다면 운전면허 필기시험이 측정 A가 되고 이후 자동차를 사서 운전하는 실제 능력이 측정 B가 되어 측정 A와 측정 B가 높은 상관성을 가진다면 운전면허 필기시험은 실제 운전 능력에 대해 높은 기준타당성을 가지고 있다고 본다.

비슷하게 신입사원을 채용하기 위한 기준이 되는 측정 A가 있고 이후 신입 사원들을 성과를 평가한다면 나타날 측정 B가 있다면 측정 A와 측정 B의 관계를 비교해 두 관계가 상관성이 높다면 신입사원의 채용 도구가 채용된 사원의 우수성이란 것에 대해 높은 기준 타당도를 가진다고 판단된다. 기준타당성은 기준이 되는 측정 B가 언제 발생하는지의 시점에 따라 예측타당성(Predictive validity), 과거 타당성(Postdictive validity), 동시 타당성(Concurrent validity) 등으로 분류된다.

예측타당성은 측정 A를 현재의 시점에서 관측할 때, 그 기준이 되는 측정

B가 미래시점에서 나타나는 경우이며, 이로써 측정 A를 이용하여 측정 B를 예측한다는 의미를 가지므로 예측타당도란 용어를 사용하는 것이다. 높은 예측타당성이라는 것은 측정 A와 측정 B가 높은 상관관계를 가진다는 것이다.

과거타당성은 측정 A를 현재의 시점에서 관측할 때, 그 기준이 되는 측정 B가 과거 시점에서 이미 나타난 경우를 말하며 이는 측정 A를 이용하여 측정 B를 확인하는 의미를 가진다. 높은 예측타당성은 측정 A와 측정 B가 높은 상관성을 가진다는 것이다.

동시타당성은 측정 A를 현재의 시점에서 관측할 때, 그 기준이 되는 측정 B가 동시에 같은 시점에서 나타나는 경우이며, 측정 A와 측정 B가 높은 상관관계를 가질 때 측정 A는 측정 B에 대해 높은 동시타당성을 가진다고 한다.

기준타당성을 검토하는 경우 가끔은 기준이 되는 측정 B의 선택이 명확하지 않은 경우가 발생할 수 있다. 이런 경우 연구자가 명확하게 구분할 수 있는 측정을 기준이 되는 측정 B로 설정하는 것이 일반적이다.

〈그림 7-2〉에서 보면 신입사원을 선발도구로 평가하여 선발할 때 조직은 향후 우수한 직무 성과를 낼 수 있는 지원자를 합격시킬 것이다. 즉 신입

그림 7-2 기준관련 타당도

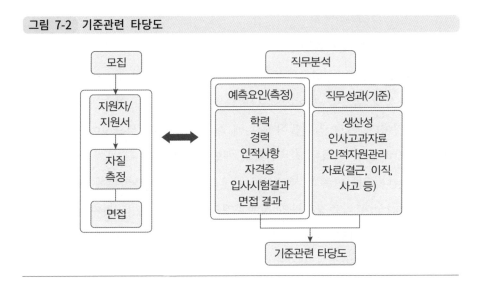

사원의 선발도구는 입사 후 일정한 시간이 흘러 나타나는 직무성과를 예측하는 의미에서의 타당도가 있어야 한다. 즉 선발도구의 측정은 향후 인사고과로 나타나는 직무 성과를 예측하는 의미를 가지며 이럴 경우 선발도구는 직무 성과에 대해 기준관련 타당도, 더 나아가 미래의 예측 타당도를 가진다고 할 수 있다.

(2) 내용타당성(Content validity)

내용타당성은 연구하고자 하는 개념을 측정하는 측정 구성의 내용상, 그 자체가 어느 정도 반영되고 있는지에 대한 것이다. 일반적으로 내용타당성은 면접타당성(face validity)이라고도 하는데 측정도구가 완성된 후, 그 측정도구가 연구자가 관심 있는 개념의 모든 내용을 포함하고 있는지를 검토하는 것으로 내용타당성을 판단한다. 예를 들면 신입사원의 영어실력을 평가하고자 한다면 영어 실력이란 개념은 어휘력, 독해력, 문법, 회화능력 등 매우 다양한 내용을 포함할 수 있다. 즉 신입사원의 영어 실력을 평가하는 측정내용에 이런 광범위한 내용들을 모두 포함하고 있다면 그 측정은 내용타당도가 높다고 인정되는 것이다.

(3) 개념타당성(Construct validity)

구성타당도 또는 개념타당성은 추상적인 개념들 사이에서 만들어진 이론적 관계와 실제 측정값 사이에서 나타나는 관계가 어느 정도 일치하는지를 파악하는 것이다. 가령 직원들이 직무에 대해 만족하면 생산성이 좋아진다는 이론을 생각해보자. 우리는 직무만족과 개인 생산성이란 두 가지 측정 개념을 생각하게 된다. 직무만족과 생산성의 이론적 관계를 직무만족에 대한 측정값과 개인 생산성이란 측정값과의 상관관계의 일치성 여부를 따져 상관관계의 일치성이 매우 높다면 우리는 이 측정도구가 매우 높은 개념 타당성을 가진다고 한다. 즉 직무만족과 생산성의 이론적 관계와 측정값들의 상관관계의 방

그림 7-3 개념타당도의 검토

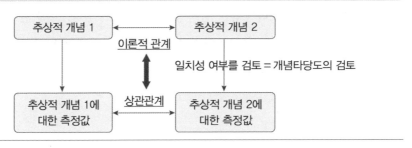

향성이 서로 일치한다면 우리는 측정도구의 개념타당도가 높다고 판단할 수 있다.

4) 선발비율

선발도구의 유효성을 높이는 요인으로 선발도구의 타당도 이외에도 선발비율이란 것이 있다. 선발비율이란 지원자수에 대한 선발인원의 수로 나타내며 선발비율이 낮을수록 경쟁률은 높고 선발비율이 높을수록 경쟁률은 낮아진다.

$$선발비율 = 선발인원수/지원자수$$

선발비율이 낮으면 비교적 우수한 지원자들이 선발되므로 보다 높은 성과를 기대할 수 있고 선발도구의 타당성이 다소 낮다 하더라도 이를 보안하여 좋은 결과를 가져올 수 있다.

5) 기초비율

선발도구의 유용성은 타당도와 선발비율 이외에도 기초비율로부터도 영향을 받는다. 기초비율은 지원자들이 임의로 회사에 입사할 경우 그들 중에서 만족스러운 성과를 거둘 수 있는 사람들의 비율을 가리킨다. 따라서 기초비율이 낮으면 만족스러운 성과를 낼 만한 사람을 선별해 내는 것이 중요해지기 때문에 선발도구자체의 타당성을 일정정도 보완할 수 있다. 그에 반해 기초비율이 높으면 선별의 필요성이 낮아지므로 선발도구 자체의 타당성을 높이더라도 전체적인 성과 향상에 기여하는 정도는 낮아지게 될 것이다.

6) 선발상의 오류

선발시험, 즉 선발도구를 통해 신입사원을 선발할 때 선발에 대한 의사결정은 선발도구에 의하여 측정한 결과, 시험의 결과에는 시험 점수에 따라 결정된다. 적정합격선을 정하여 그 선을 통과한 지원자를 선발하고 그 이하의 점수를 받은 지원자는 탈락시킬 것이다. 이같이 선발도구에 의해 지원자를 평가하여 선발할 경우 선발도구의 타당성이 1이 아닌 이상 다음의 두 가지 유형의 오류를 반드시 범하게 된다.

(1) 제1형 오류와 제2형 오류

제1형 오류란 입사시험점수는 낮았지만 만약 선발했더라면 좋은 성과를 달성할 수 있는 사람을 탈락시킨 것을 말하며 제2형 오류란 입사시험점수는

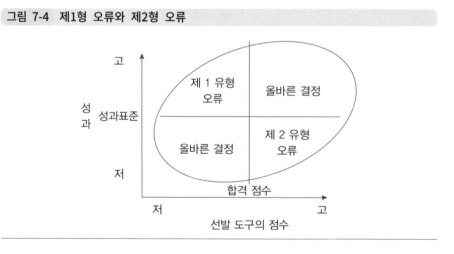

그림 7-4 제1형 오류와 제2형 오류

통과되었지만 실제적으로는 낮은 성과를 보이는 사람을 선발한 것을 말한다. 결과적으로 보면 제2형 오류로 합격된 사람들을 탈락시키고 제1형 오류로 탈락된 사람들을 합격시켰어야 한다. 이 두 가지 유형의 오류는 선발도구의 타당성이 낮을수록 그 비중이 커질 수 있으므로 경영자는 선발도구를 개선함으로써 그 타당성을 높이는 노력을 지속적으로 해야 할 것이다.

7) 선발도구 및 제도

선발은 조직에서 가장 적합한 지원자를 선별하는 과정으로, 합리적 결정에 필요한 모든 정보를 수집하고 분석하는 과정이다. 지원자의 자질에 대한 정보의 비대칭성을 줄이는 노력을 함으로써 합리적으로 인재를 선발하려는 과정이다. 이를 위한 선발도구에 대해 알아보자.

(1) 선발도구의 종류

선발도구는 크게 세 가지로 분류될 수 있다. 첫째, 지원자의 자질을 간접적으로 알 수 있는 이력서, 입사지원서, 추천서 등 지원자의 자질을 간접적으로 판단할 수 있는 서류가 있는데, 이를 이용해 지원자 자질에 대한 정보를 수집하고 판단할 수 있다. 둘째, 지원자의 자질을 조직이 주도하여 직접 측정하는 방식으로 각종 필기시험이나 구술시험, 면접 등이 있다. 이를 통해 조직은 원하는 인재상에 부합하는 지원자를 직접 선별할 수 있다. 셋째는 지원자의 자질보다는 업무 수행 능력에 대한 정보를 직접 수집하여 판단하는 것에 중점을 두는 방식으로 인턴사원제나 관리직 업무 수행과정상 지원자를 배치하여 장시간 적응하게 하고 동시에 평가를 진행하는 현장종합평가 등이 해당된다. 예를 들면 구글에 입사하는 지원자들은 인터넷을 통해 지원서류를 제출하고 높은 경쟁률을 통과하면 구글이 요구하는 프로젝트 팀을 형성하여 인턴사원으로 참여하게 된다. 이 프로젝트 팀을 수행하는 동안 수반되는 각종 비용은 회사가 부담하며 인턴사원의 직무수행기간 동안 회사는 이를 관찰하고 인턴사원들을 평가하게 된다.

8) 선발 면접

(1) 선발 면접의 타당성

선발 면접 자체의 정확성을 높이기 위해 지원자의 이후 실제 성과를 예측할 수 있는 타당성이 가장 중요한 문제로 부각되며 이를 높이기 위한 면접 방법과 절차에 대해 알아본다.

먼저 비구조적 면접보다 구조적 면접을 지향할 때 타당성이 높아지는 것으로 알려져 있다. 구조적 면접이란 모든 지원자들에 대해 미리 준비한 질의 내용과 응답 시간 등을 통일하여 적용하는 면접을 의미한다. 둘째, 개인 면접보다는 패널 면접의 타당성이 높은 것으로 나타나고 있는데 이는 패널 면접자의 다양한 시각으로부터의 평가가 한 사람 평가자의 평가보다 정확할 수 있다는 것에 근거한다.

(2) 면접자의 지각의 오류

선발 면접을 주관하는 면접자는 인사 분야의 전문가들이긴 하지만 이들 역시 사람이므로 지각과 판단에 있어서 오류가 발생할 수 있다. 그 중 우리는 후광효과, 대조효과, 엄격화-관대화 경향, 상동적 태도, 집중화 경향 등을 지적할 수 있다.

후광효과(Halo effect)란 지원자의 현저하게 눈에 띄는 부분적 특성으로 지원자 자체에 대한 일반화하는 판단의 오류를 범하는 것을 말한다. 예를 들어 지원자의 외모가 출중하여 외모가 좋으면 모든 것을 다 잘 할 것 같은 착각에 빠진다면 이는 이 오류에 해당된다. 비슷하게 지원자의 학벌로 지원자 전체의 가치를 판단하는 오류도 이에 해당된다.

대조효과(Contrasting effect)란 지원자에 대한 판단은 지원자 전후의 지원자의 평가결과에 의해서도 영향을 받을 수 있다는 것이다. 즉 지원자 A 이전에 아주 우수한 평가를 받은 지원자 B가 있었다면 그 다음 지원자 A는 면접에서 상대적으로 과소평가될 가능성이 있다. 반대로 지원자 A 이전에 아주 열등한 평가를 받은 지원자 B가 있다면 그 다음 지원자 A는 면접에서 상대적으로 과대평가될 가능성이 있다. 이 같은 효과를 대조효과라고 한다.

엄격화-관대화 경향이란 면접자 개인별 특징으로 지나치게 엄격하게 평가하는 경향이나 지나치게 관대하게 평가하는 경향을 지적하는 것이다. 상동적 태도(Stereotyping)란 지원자가 속한 그룹의 두드러진 특징에 근거하여 지원자를 판단하는 오류를 말한다. 예를 들어 지원자의 출신학교나 지원자의 출신 고장의 두드러진 특징으로 지원자를 판단한다면 이는 상동적 태도에 의한 지각오류가 될 것이다. 지원자가 전라도 출신이라 해서 공직(또는 취직)에서 배제한다든지, 아니면 전라도 출신이라서 그 사람을 채택한다든지 하는 지각적 오류가 여기에 해당된다. 또한 면접자가 지원자들에 대한 정보 불대칭성에 의해 정확한 판단을 하기 어려울 경우 대부분의 면접자의 평가는 중심화 성향을 보인다는 점 역시 주의하여야 한다.

　이 같은 면접자의 지각 오류를 방지하기 위해서는 면접자에 대해 사전적 교육을 실시한다든지, 면접자에게 채용 직무에 대한 분석 자료를 숙지하게 하여 이에 적합한 자질에 대한 인지를 미리 하게 할 필요가 있다.

이야기

과연 편견 없는 선발이 가능한가? 스펙에 집착하는 취업준비생들

한국의 청년 실업이 매우 높다. 대학을 졸업하고 취업을 원하지만 막상 취업하기는 쉽지 않으며 그나마 취업을 위해서는 대학 4년 동안 기본적 스펙을 잘 만들어야 하는 것이 오늘날 대한민국 청년들의 현실이다. 지금은 어엿하게 취직하여 회사를 다니고 있는 C 대학교 졸업생 A씨는 구직 당시에 가장 어려웠던 점이 무엇인지 묻는 질문에 "지방대 출신이란 편견과 이 편견에 기초해 응시기회조차 갖지 못할 때의 참담함"이라고 답하였다. 한국 사회에서 학벌은 전통적으로 중요한 평가 요소로 자리잡았으며 명문대를 졸업했는가 아닌가에 따라 취업, 승진 등 다양한 기회에서 차별이 존재해 왔다. 학벌에 관해서는 한국은 분명히 계급사회인 것 같다. 2017년 5월 한국 정부는 공공부문 채용에서의 '평등 기회, 공정한 과정을 위한 블라인드 채용 추진 방안'을 마련 발표하였다. 그 핵심은 공공기업과 지방 공기업의 채용에서 학력이나 지연, 혈연, 등 기입을 요구하지 않도록 의무화하여 유능한 인재가 출신학교나 출신지 등에 대한 편견으로 전형에서 탈락하는 것을 막고자 함이다.

그럼에도 불구하고 월간 리쿠르트사 조사에 의하면 취업 준비생들이 여전히 스펙을 준비하겠다는 생각이 많은 것으로 나타나고 있다. 이는 블라인드 채용이 도입되어도 취업준비생들은 어차피 기본 스펙은 갖춰야 한다는 생각을 버리지 않는다는 것을 의미한다. 스펙이란 영어의 Specification의 줄임말로 취준생들의 입장에서 취업을 하기 위해 필요한 요건을 의미하는 용어로서 학교, 학력, 학점, 토익, 실력, 경력, 자격증, 심지어 외모(성형) 등을 이르는 포괄적이고도 주관적인 의미를 가지고 있다. 스펙이 어떤 요소를 의미하는지는 개인별 주관적 판단의 영역이므로 현재까지 정확히 일치된 견해는 없다.

대학교에서 학생들을 살펴보면 최근 학생들은 4년제 대학을 8학기를 다니고 졸업하는 경우는 극히 회귀해졌다. 군대 입영기를 빼면 보통 9학기 10학기 심지어 11학기 12학기 까지 경과해야 학교를 졸업하는데 그 이유가 스펙 만들기에 있다면 믿어지는가? 학생들은 저마다의 스펙을 만들기 위해 정규학기를 짧게는 1학기, 길게는 2~3년 정도까지 휴학하는 경우가 많아졌다. 소위 향후 취업 시 자기소개서에 넣을 스펙을 만들기 위해서 말이다. 나는 스펙이란 가치가 인생의 1년 혹은 2~3년의 시간 투자와 비교해 그럴만한 가치가 있는 것인지에 대해 회의감을 가지고 있다.

스펙만 좋으면 취업에 반드시 성공한다는 강박 관념이나 스펙이 부족해서 스스로를 자책하는 현상, 다른 구직자보다 좋은 스펙을 쌓기 위해 밤낮으로 노력하는 취업준비생들을 보면 참으로 안타깝고 미안하기까지 하다. 우리 기성세대들은 세상을 왜 이렇게 만들었을까?

인사관리 수업 시간을 빌려 수강하는 학생들에게 무턱대고 스펙을 쌓는 것이 취업에 실질적인 도움이 되지 않으니 너무 스펙에 연연하지 말라고 조언했건만 대부분의 취업준비생들은 아직도 스펙을 무시하지 못하고 있다. 우리 사회가 스펙이 무의미하다고 말은 하지만 실질적으로 이 말에 신뢰를 얻지 못하고 있는 것이다. 나 역시 마찬가지다. 최근 정부 공무원과 공공부문에서의 블라인드 면접 방식 도입과 맞물려 블라인드 면접과 토론 평가 등 철강업계에서의 채용 방식이 주목을 받고 있다. 포스코는 2013년부터 대졸 공채의 경우 학력, 자격증 등의 스펙을 보지 않는 블라인드 면접을 시행하고 있다고 하며, 현대 제철은 2015년 채용부터 블라인드 면접을 전면적으로 실시하고 있다고 한다. 학력이나 자격증, 경력 등을 보지 아니하고 지원자의 역량과 직무 적합성, 그리고 향후 가능성 등을 중점적으로 살펴보는 것이다. 그렇다면 이번에는 한번 변화를 기대해 볼 수 있을까? 학벌과 스펙이란 것으로부터의 자유를 말이다.

4 채용과 사회화[4]

입사 이후 신입 사원은 오래되지 않아 곧 회사에 적응하지 못하고 나가

---

4 이진규, 2005, 전략적, 윤리적 인사관리, 박영사.

는 경우가 많다, 우리나라의 대기업들에 입사한 신입 사원들은 1년이나 2년이 넘어가기 전에 회사를 나가는 비율이 매우 높은 것으로 알고 있다. 이를 감안해 인사담당자들은 신입사원을 선발할 때 110%에서 120% 정도를 선발한다. 입사 후 1~2년 사이에 10%에서 20% 정도의 신입 사원들이 회사에 적응을 하지 못하고 이직하는 것을 대비하고자 함이다. 왜 이렇게 채용 후 어렵게 들어간 회사에 적응을 하지 못하고 이직하는 것일까? 여러 가지 이유가 있을 것이다. 입사 후 예측하지 못한 개인적 사정이 생길 수도 있고 새로운 회사의 문화에 적응하기가 쉽지 않아 이직하는 경우도 있을 것이다. 그러나 무엇보다 입사 후 이직률이 높은 현상을 조직 사회화의 관점으로 바라볼 필요가 있다, 조직 사회화란 새로운 회사에 입사한 개인이 조직의 가치와 문화, 규범, 철학 등을 이해하고 적응해나가는 과정을 통해 조직의 일원으로 자연스럽게 안착하는 과정을 의미한다. 이 사회화를 통해 개인은 조직이 자신에게 기대하고 요구하는 역할을 이해하고 조직내의 다양한 사람들과의 협력적인 관계와 신뢰를 구축할 수 있게 된다.

사람을 채용한 이후 자발적 이직 현상이 많아진다면 이는 조직 사회화 과정에 문제가 있음을 의심해봐야 한다. 조직 사회화 과정에 조직의 인사부서가 각 개인들에게 적절한 사회화 지원을 했는지를 검토해봐야 할 것이다. 아울러 조직 문화와 규범 등에서 개인과 갈등이 생길 수 있는 요소가 있는지를 점검해봐야 할 것이다. 직원의 조직 사회화를 지원하는 정책 등은 다음과 같다.

1) 현실적 직무 소개

먼저 현실적 직무 소개(realistic job preview)가 있는데 이것은 신입사원이 입사이전에 이미 일과 조직에 대한 사전적 정보를 알게 하여 현실적인 판단이나 적응에 도움을 주어 조직사회화를 지원한다. 회사가 일방적으로 사람을 뽑는 것이 아니라 지원자에게 직무와 일, 조직에 대한 정보를 미리 전달해 줌으로써 본인이 판단하고 스스로 입사를 결정할 수 있도록 배려하는 것이며 이 결과 입사 이후에 일과 직무에 대한 이해와 조직 적응도가 크게 촉진된다는 장점이 있다. 현실적 직무 소개는 입사전 조직 사회화를 지원하는 과정으로 지원자는 신문, 잡지, 각종 매스미디어, 그리고 구전 등을 통해 조직과 직무에 대한 다양한 정보를 입수하고 기대하게 된다. 기업들이 대학을 다니면서 여는 기업설명회가 현실적 직무소개의 예가 될 수 있는데, 과거 전통적 직무소개에서 조직과 직무의 긍정적인 면만을 강조하는 직무소개와는 다르게 조직과 직무의 현실, 요구 조건 등 구체적이고 현실적인 문제 중심으로 직무를 소개함으로써 신입지원자에게는 정확하고 현실적인 정보를 제공하고 스스로 선택의 여지를 줌으로써 입사 후 조기에 이직하는 사태를 막을 수 있다.

2) 인턴사원제도

인턴사원제도는 지원자가 회사에 정식으로 입사하기 전에 잠정적인 수습 기간을 가짐으로써 조직의 가치와 개인의 추구 목표 등의 적합성 등을 판단할 기회를 주고 조직 입정에서는 잠재적 직원들에 대한 스크린을 하는 시간을 가지게 하는 제도이다. 이 제도는 예비 지원자들이 대학 재학 중에 방학을 이용해 다양한 회사 근무 경험 등을 할 수도 있으며, 대학을 졸업한 이후 인턴 모집을 따로 하여 조직에서 일정기간 업무를 수행할 수도 있다.

3) 입사 후 오리엔테이션

다음으로는 입사 후 오리엔테이션의 제공여부이다. 오리엔테이션은 회사에 입사한 사람들에게 회사의 규범, 문화, 가치, 정책, 규칙 등을 이해시키고 익숙하게 만드는 과정으로 조직과 일에 대한 이해를 촉진하는 프로그램이다. 이를 통해 신입직원은 조직의 목표와 가치, 문화를 이해할 수 있고 신입사원이 향후 수행해야 할 역할과 직무의 내용 등에 대해 객관적인 정보를 전달받아 신입사원의 진입 충격을 줄여주고 조기 이직을 예방할 수 있다.

4) 온더 잡 교육(OJT)

마지막으로 입사 후 오리엔테이션을 마친 이후 직접 현업에 배치되어 실행되는 On the Job Training(OJT)이 있다. OJT는 신입 사원이 현업에 배치되어 선배 사원과 함께 작업현장에서 직무를 익히고 훈련하는 과정을 의미한다. 이를 통해 선배사원이나 동료사원과의 협력하는 관계가 형성되며 조직 내에서 자신이 해야 하는 역할 등을 자각하게 된다. 어떤 기업의 경우에는 OJT과정에서 선배사원과 맨토-맨티 관계를 형성해 직무 수행 과정에서 나타나는 어려움 등을 해결하는 것에 도움을 주기도 한다. 멘토링이란 조직생활의 경험이 풍부하고 유능한 사람이 그렇지 못한 신입사원에게 조직의 공식적, 비공식적 규범과 문화에 적응할 수 있도록 도와주는 관계를 지칭한다.

이야기

한국 기업 채용 문화의 변화[5]

한국 기업의 채용 관행이 급격하게 변화하고 있다. 채용에서의 차별을 금지하기 위해 성별, 학교, 지역 등 차별적 판단을 유발하는 내용을 채용 지원 서류에 기입하도록 요구할 수 없게 되었다. 이른바 블라인드 채용방식의 적용이다. 블라인드 채용 방식의 배경에는 우리사회에서 과거부터 고질화되어온 학벌 위주, 지연 위주의 불합리적인 채용 관행을 변화시키겠다는 의도가 배태되어 있다.

둘째, 정보통신의 발달로 소셜네트워크를 활용한 리크루팅이 확산하고, AI 면접을 활용하는 기업들이 나타나고 있다. AI 면접을 통해 직원 선발을 하는 회사로 가장 잘 알려진 회사가 마이다스아이티이다. 이 회사는 독자적인 토탈 채용 솔루션을 개발해 채용의 전 과정에 적용하고 있다. 생물학과 신경과학, 빅데이터와 인공지능을 탑재한 'inAIR(Artificial Intelligence Recruit)'가 그것이다. 기존 면접이 면접관의 경험과 선호에 따른 휴리스틱스 편향에서 벗어나기 힘들다고 판단하여 인공지능 기반의 면접

시스템을 만들어 채용과정에서 적용하고 있다.

셋째, 많은 기업들이 공채 중심의 정기채용에서 현장 중심의 수시 채용 방식으로 전환하고 있다. 공채 중심의 정기채용을 집단주의 문화를 반영하는 면이 있으며 날로 빠르게 변화하고 있는 기업 환경에 대한 민첩한 대응을 지원해 주지는 못하므로 현장 수요 중심의 수시 채용 방식이 중요해지고 있다. 향후 집단주의적 공채관행에서 유연한 수시채용방식으로 이행하기 위해서는 현장의 선발 및 채용 관리자에게 보다 많은 권한을 이양함과 동시에 인재에 대한 직무별 채용방식이 가능해져야 한다. 즉 사원의 선발시 전문적 직무 능력 등을 판단하여 적재적소에 인력을 배치하는 방식이 가능해야 할 것이다.

조직 사회화는 신입사원 개인의 노력만으로 달성되지 않으며 조직 구성원들의 지원과 상호작용에 의해 가능해진다. 신입사원 개인과 조직 구성원간의 상호작용을 통해 신입 사원이 조직의 현실과 문화를 이해하고 이의 가치를 공유할 수 있어야 할 것이다.

5 장의 요약

조직을 구성하는 직원들의 모집과 선발 그리고 사회화는 인적자산을 선택하고 조직적 문화에 적응하고 생성하는 과정이란 점에서 그 중요성이 부각된다. 모집은 조직체가 필요로 하는 적합한 인재를 조직에 관심을 갖게 하여 일할 기회를 제공하기 위한 과정이다. 인력을 외부 노동시장으로부터 모집하는 방법으로는 공개모집, 현장모집, 광고, 학교, 내부 인력의 추천 등 다양한 방식을 이용할 수 있다. 또한 외부 노동시장 외 기업내부에서 일하는 종업원들을 대상으로 해 내부 직위를 채우고자 하는 내부 공모제 등도 조직의 내부 우수인력에게 경력개발이나 승진 등의 기회를 제공하는 등 효과적인 동기부

---

5 천성현, 2021. HR 메가트렌드 패러다임의 전환, 서울: 가디언, pp.147−160.

여책으로 시행될 수 있다.

많은 기업들은 자신이 원하는 인재를 선발하기 위해 입사지원서나 추천서, 면접 등 다양한 선발도구를 활용한다. 이 선발도구 등에서 중요하게 봐야 할 것은 선발도구의 신뢰도와 타당도의 개념이다. 선발도구의 신뢰도란 같거나 유사한 대상에 대해 선발도구를 사용해 평가하였을 때 결과의 일관성이 나타나야 한다는 것인데 이는 평가자간 일관성을 반영하는 평가자간 신뢰도(Across raters reliability)와 시차에 따른 일관성을 반영하는 시차 신뢰도(cross time reliability)가 있다. 선발도구의 타당도는 선발도구가 진정 측정하고자 하는 바를 정확히 측정하고 있는지에 대한 개념으로 선발도구의 정확성을 의미한다. 이 타당도의 종류로는 기준타당도, 내용타당도, 개념타당도 등이 있다.

선발도구의 유효성을 높이는 요인으로 신뢰도와 타당도 외에 선발비율, 기초비율 등이 있다. 선발비율은 지원자수에 대한 선발인원수의 비율을 지칭하고 기초비율이란 지원자들이 임의로 회사를 입사할 경우 그들 중에서 만족스런 성과를 거둘 수 있는 사람들의 비율을 지칭한다. 선발도구의 유효성을 높이기 위해서는 제1형 오류와 제2형 오류를 감소시켜야 한다. 또한 대조효과, 후광효과, 엄격화와 관대화 등 평가자의 지각의 오류를 저하시켜야 한다.

선발도구와 절차를 통해 어렵게 입사한 사원들이 오래되지 않아 회사에 적응하지 못하고 나가는 경우가 많다. 특히 사원들의 자발적인 이직이 많다면 이는 조직에 바람직하지 않은 결과를 가져다 줄 것이다. 이직률이 높은 현상을 조직 사회화의 관점에서 보면 조직이 각 직원들이 조직의 문화에 적응하고 조직 정체성을 갖도록 지원하는 문제가 대두된다. 이 같은 조직 사회화를 지원하는 프로그램으로 현실적 직무 소개, 인턴사원제도, 오리엔테이션, OJT 등이 있다.

MEMO

Chapter 08

종업원 동기부여와 응용

08

종업원 동기부여와 응용

동기부여를 의미하는 Motivation이란 단어는 "movere"라는 라틴어에서 유래된 것으로 그 의미는 "움직이게 하는 것(to move)"이라고 한다. 즉 사람의 마음을 움직이게 한다는 것으로 이를 경영학적으로 해석하면 "조직 목표나 팀 목표를 향해 종업원들이 자발적으로 움직이게 하는 심리적 과정"으로 정의할 수 있을 것이다. 관리자는 종업원들의 마음을 움직여서 조직이 의도하고 있는 목표를 달성하도록 활동하는 사람이다. 이는 관리자가 종업원들의 마음을 반드시 이해할 수 있어야 동기부여를 할 수 있다는 이유이기도 하다.

1 초기 동기부여 이론

인적자원관리에서 어떻게 종업원을 동기부여하여, 그들로 하여금 최대의 능력을 발휘하게 할 수 있는가는 매우 주요한 주제로 자리매김하고 있다. 종업원은 동기부여 정책의 대상이지만 동시에 성정을 가진 인간이므로 경영자는 인간의 맘을 움직이기 위해 무엇을 해야 할지를 끝없이 고뇌하여야 할 것이다. 이 주제를 분석하기 위해 가장 기초적인 작업은 인간의 욕구가 어떻게 구성되어 있는지를 알아야 한다. 초기 동기부여 이론은 이 점에 분석의 초점이 맞추어져 있었다. 인간의 추상적인 욕구를 어떻게 학문적으로 구조화시키고 접근할 것인가? 이 주제에 대해 초기 동기부여 이론이 각가지 해법을 제시하고 있다.

1) 매슬로의 욕구 단계설

에이브러햄 매슬로(A. Maslow)는 인간의 욕구를 구체적인 구조로 표현한 최초의 학자이다. 그는 아래와 같이 다섯 가지의 욕구가 존재한다고 가정하였다.[1]

(1) 생리적 욕구

배고픔, 갈증, 성욕, 배설 등 신체적으로 요구되는 욕구를 의미한다.

(2) 안전 욕구

주거 및 신체적 보호에 대한 욕구로, 외부로부터의 물리적 위협으로부터 안전하게 보호받기를 원하는 욕구를 의미한다.

(3) 사회적 욕구

애정과 교재에 대한 욕구로서 이성과의 교감과 애정을 나누고자 하는 욕구, 동료들과 친교와 우정을 나누고자 하는 욕구 등을 포함한다.

(4) 존경의 욕구

타인들로부터 존중을 받고자 하는 욕구, 동료들로부터 인정받고 싶은 욕구, 타인으로부터 존경을 받고 싶은 욕구 등을 포함한다.

---

1 Maslow, A. H., 1954, Motivation and Personality. New York: Harper.

그림 8-1 매슬로의 욕구단계론

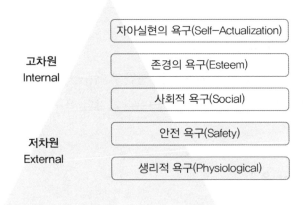

(5) 자아실현의 욕구

자신이 궁극적으로 되고자 하는 바를 성취하고자 하는 욕구이며 자신의 능력 발휘를 통한 가치의 실현, 자아 충족 등의 욕구를 의미한다.

매슬로는 인간이 욕구는 위 다섯 가지 차원을 가지고 있으며 각 차원은 서열(위계)적인 형태로 구성된다고 보았다. 그는 생리적 욕구와 안전에 대한 욕구를 저차원 욕구라 지칭했고 사회적 욕구와 존경의 욕구, 자아실현의 욕구를 고차원 욕구라 지칭했다. 매슬로는 저차원 욕구가 충족되어야 고차원 욕구가 생기거나 강화될 수 있다는 단계적 입장을 취하였다. 생리적 욕구가 어느 정도 충족되었을 때 안전에 대한 욕구가 생기고, 이어 요구 단계에 따라 하위 욕구가 충족되면 상위욕구가 나타난다고 보았다. 하위욕구의 충족에 따른 상위 욕구의 발현은 욕구 단계 구조상 최상위에 있는 자아실현욕구가 발현될 때까지 지속된다고 봤다.

2) ERG이론

클레이튼 알더퍼(C. Alderfer)의 ERG이론은 매슬로의 욕구구조에 기초하

여 좀 더 용이한 접근을 제공해주는 장점이 있다.[2] ERG이론에서의 욕구 구조
는 존재욕구(Existence), 관계욕구(Relatedness), 성장욕구(Growth)로 나누어진
다. 존재 욕구는 인간이 생존하기 위해 필요한 욕구로 식욕, 배설 등 생리적
욕구를 비롯해 안정적 주거 환경의 추구 등 안전에 대한 욕구까지 포함하는
개념이다. 관계욕구는 동료들과 우정을 나누고자 하는 욕구, 이성과의 교제를
갈망하는 욕구, 타인으로부터 존중과 존경을 받고자 하는 욕구 등을 포함하는
개념이다. 성장욕구는 직무와 관련해 개인적인 발전과 성장을 도모하는 욕구,
자신의 가치를 실현하는 성취욕구 등을 포함한다.

　　ERG이론은 하위 욕구가 충족되면 상위 욕구가 강화된다는 점에서는 매
슬로의 입장을 공유하고 있지만 다음의 내용에서 차이가 발생한다.

　　첫째, 매슬로가 만족－진행(Satisfaction－Progress) 접근방식을 지향하고 있
는데, 즉 한 개의 하위 욕구가 만족되어야 다음의 상위 욕구가 생긴다는 주장
을 하고 있지만 ERG이론에서는 기본적으로 저차원 욕구과 고차원 욕구의 구
별을 용인하지만 한 욕구가 만족되어야 다음의 상위 욕구가 활성화된다는 제
약적인 입장을 탈피하여 반대로 고차원 욕구가 충족되면 개인은 하위욕구에
의해서도 동기부여될 수도 있다는 입장을 취한다. 즉 저차원 욕구와 고차원
욕구의 활성화가 반드시 위계적 단계를 따르지 않을 수 있다는 유연한 입장
을 견지할 뿐 아니라 이들 욕구가 동시다발적으로 활성화될 수도 있다는 입
장을 취한다.

　　둘째, 매슬로와는 달리 ERG이론에서는 좌절－회귀(Frustration－Regression)
에 대한 가설이 가미된다. 좌절－회귀란 고차원 욕구가 충족되지 못하고 좌
절될 때 그보다 낮은 차원의 저차원 욕구가 활성화된다는 내용으로 예를 들
어 관계욕구가 조절될 때 존재욕구에 대한 바람이 활성화된다는 것이다. 또는

---

2 Alderfer, C. P., 1972, Existence, Relatedness, and Growth: Human Needs in
　Organizational Settings.

성장욕구가 좌절될 때 관계욕구가 활성화된다는 입장을 취할 수도 있다.

이와 같은 좌절-회귀에 대한 가설은 조직관리적 측면에서 시사점을 줄 수 있는데 관계 욕구의 좌절이 존재 욕구의 일부인 금전적 보상을 더 많이 요구할 수도 있다는 점을 강조한다. 예를 들어 조직구성원과 조직의 관계에서 서로간의 신뢰가 좌절되면 조직구성원은 조직에 대해 다양한 금전적인 요구를 할 수 있다는 것이다. 평소 조직에 대해 애사심이 투철한 직원의 경우엔 자신의 노동 서비스의 대가에 대해 철저하게 교환적인 입장이 되지 않을 수도 있지만 이런 신뢰관계가 깨어지면 심리적으로 계산적인 교환관계가 철저히 강화되어 조직 구성원은 조직에 대해 자신의 노동서비스와 대응하는 물질적 보상을 엄격하게 요구할 수 있다.

3) 2요인 이론

프레드릭 허즈버그(F. Hertzberg)[3]는 2요인 이론을 제안하였는데 이는 사람의 직무만족에 영향을 주는 요인과 직무불만에 영향을 주는 요인은 서로 구분된다는 것이 핵심이다. 그는 직무만족에 영향을 주는 요인을 동기요인(Motivator)이라고 하였고 직무불만족에 영향을 주는 요인을 위생요인(Hygiene Factor)이라고 지칭하였다. 동기요인은 승진, 회사로부터의 인정, 책임감과 도전의 성취 등 주로 내재적 요인을 포함하고 있으며 위생요인은 주로 감독의 질, 물질적 보상, 회사의 방침이나 작업 환경 등 외재적이고 환경적인 요소들을 포함하였다. 즉 자기 발전감을 고양할 수 있는 내재적 요인들이 직무의 만족도에 주요한 영향을 주는 것으로 간주하였고 내재적 요인을 둘러싼 다양한 외재적 요인들, 예를 들어 급여수준, 작업환경, 회사의 통제 방식과 분위기 등을 위생요인으로 간주해 이런 위생요인들은 직무불만족을 완화하는 것으로

---

3 Herzberg, F. I., Mausner, B., and Snyderman, B., 1959, *The Motivation to Work*, New York: Wiley.

그림 8-2 2요인 이론

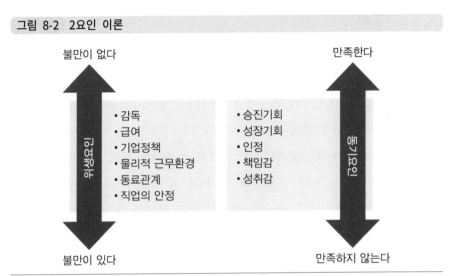

주장했다. 특히 2요인 이론은 물질적 보상이란 요소를 직무불만족을 완화하는 요인에 포함함으로써 물질적 보상이 야기하는 효과가 종업원 동기부여효과보다는 불만을 없애는 작용을 하는 것으로 제기함으로써 한계가 있음을 주장한다. 여러분이 취업하여 충분한 보상을 받고 이를 다른 회사에 다니는 친구들과 비교해 볼 때 자신이 충분히 많은 보상을 받는 것으로 자각한다면 이 것은 직장에 대한 만족도로 작용하기보다는 불만을 없애는 작용이 더 높게 나타난다는 의미이다. 즉 허즈버그는 직무만족과 직무불만족에 영향을 주는 요인을 서로 독립적으로 구분하여 설명함으로써 인간 심리에 내재된 복잡성을 풀고자 노력하였다.

불만에 영향을 주는 위생요인으로 급여, 감시와 감독, 회사의 정책과 행정, 상사와의 인간관계, 하급자와의 인간관계, 동료와의 인간관계, 작업조건, 직위, 직장의 안정성 등이 제시되었고 만족에 영향을 주는 동기요인들로 성취감, 칭찬과 인정, 직무 자체가 주는 흥미, 성장 가능성, 책임감과 중요도, 직무의 도전성과 발전성 등이 제시되었다.

4) 인지평가이론(Cognitive Evaluation Th.)[4]

인지평가이론은 물질 중심의 외재적 보상과 성취나 만족 중심의 내재적 보상은 상호 상위 관계가 있다는 것을 주장하고 있다. 즉 급여와 같은 외재적 보상이 직무의 내재적 즐거움을 줄일 것이라고 주장한다. 이 이론은 급여 등 외재적 보상 위주의 보상정책이 일방적으로 시행되는 것이 바람직하지 못하며, 내재적인 측면의 보상 정책과 함께 이루어질 필요가 있다는 것을 시사한다. 인지평가이론은 인간은 스스로 하고자 하는 행위나 과업을 결정할 때 행복감과 성취감을 느낀다는 것을 전제로 하므로 자기결정이론과 그 궤를 일치시키고 있다. 이같이 자기 결정이론은 직무를 선택하거나 동기부여 정책을 수행할 때 이 같은 내재적 보상의 중요성을 좀 더 강조하고 있다. 자신의 가치와 철학에 맞는 일을 하고 직무 수행에 있어 자신의 흥미와 관심, 가치 등을 스스로 실현할 때, 사람은 만족감과 성취감을 느끼며 비로소 그 직무를 수행할 동기와 의지를 가지게 된다는 것이다. 즉 이 이론들은 개인이 맡는 직무가 개인의 흥미와 가치관 등 내재적 동기에 의해 움직일 때 조직 구성원들이 더 행복하고 자신의 직무에 열심히 임할 수 있다는 것을 의미한다.

이 이론에 의하면 과거 내재적 동기부여에 의해 일이 진행되다가 환경이 변화되어 그 일이 다른 사람으로부터 보상을 받는 조건으로 변화한다면, 즉 내재적 보상에 의해 추진되는 일이 외재적 보상에 의한 일로 변질된다면 일을 함으로써 느끼는 행복감은 감소하게 된다고 주장한다. 이 같은 심리적 결과는 무엇으로 설명될 수 있는가? 이것은 인간 본성에 대한 가정에서 나온다고 볼 수 있다. 기본적으로 이 이론은 인간이 자기 자신의 행동에 대한 결정권을 자신이 가지고 싶어 하며 그러할 때 그 일을 자발적으로 열심히 하게 되

---

4 Deci, E. I., 2000, Intrinsic and extrinsic motivations: classic definitions and new directions, *Contemporary Educational Psychology*, pp.54-67.

고 일에 대한 만족과 행복감도 증가한다는 것을 주장한다. 내재적 보상에 의해 추동되는 일이 외재적 보상 방식으로 바뀌게 되면 그 일에 대한 통제권을 자신에서 타인으로 옮기게 됨으로써 타인의 지시와 제시되는 규칙에 의해 일을 진행하게 되어 자율적인 행복감과 성취감을 상실하게 된다는 것이다.

이 이론들의 현실적인 무게감은 어느 정도일까? 작업 현장에서 고용되어 있는 노동자들에게 과업에 대한 자율성과 결정권을 이양하여 스스로 자신이 맡고 있는 직무에 대하여 결정하고 실행하게 한다면 노동자들은 행복해지고 직무에 대한 만족도 역시 증가할까? 만약 노동자들의 다양한 인적 요소, 즉 급여수준, 성별, 나이 등 인구통계적 요소를 통제하였다고 가정할 때 과업에 대한 자율성의 허용 정도가 높은 종업원이 그렇지 않은 종업원에 비해 직무 만족도나 조직 몰입도 등 직무적 성과가 높게 나타난다는 연구 결과가 많이 보고되고 있다. 다만 논란이 되는 것은 과연 외재적 보상(물질적 보상)과 내재적 보상은 서로 상위적 관계에 있는 것인지에 대한 것이다. 현실적으로 볼 때 종업원에 대한 외재적 보상 수준이 높은 기업은 그렇지 않은 기업에 비해 오히려 내재적 만족 수준을 높일 수 있는 요소들을 더 많이 보유하고 있고 이를 종업원들에게도 제공하고 있다. 오늘날 많은 기업들이 종업원들의 직무 성과를 유인하기 위해 사용하고 있는 다양한 보상정책 등이 오히려 그 일을 함으로써 나오는 내재적 만족도를 감소시킨다면 이런 외재적 보상 정책 등을 사용하지 말아야 하는 것이 맞지 않을까? 그런데 오히려 많은 기업에서는 외재적 보상을 공식적인 보상으로 응용하고 있지 않은가? 이 현상을 어떻게 설명할까? 오히려 현실적으로는 외재적 보상과 내재적 보상이 상호 상위적 관계로 작용하기보다는 오히려 보완적 관계로 기능하고 있지 않은가? 이에 대한 해답은 예, 아니오 등으로 단순하게 나타나진 않을 것이다. 이 점에서 많은 논란이 야기될 수 있다.

5) 목표설정 이론(Goal Setting Th.)

에드윈 로크(E. Locke)는 목표를 향해 일하려는 의도가 작업 동기부여의 주요한 원천이라고 주장하였다.[5] 목표가 조직구성원에게 구체적이고 명시적인 성격을 가지고, 동시에 열심히 노력하였을 때 성취 가능한 수준의 도전적 성격을 가지며, 지속적으로 수행과정에서의 피드백이 가능하다면 이 목표가 제시하는 방향으로 충분히 동기부여되어 성과를 높일 수 있다는 논리이다. 종업원들에게 막연히 "최선을 다하라"라는 일반적인 목표를 정해 주는 것보다는 구체적이고 명시적인 목표, 일정 수준 달성하기 어려운 것으로 도전적인 목표 등을 정해 주는 것이 훨씬 높다는 것이다. 목표설정론에서의 세 가지 요소는 '구체적인 목표', '도전적인 노력을 요하는 적당히 어려운(Moderately difficult) 목표', '성과에 대한 지속적인 피드백'이다. 구체적인 목표와 도전적 목표를 세우되 그 실행과정에서 목표에 대한 전념(Goal Commitment)을 돕는 과정상의 피드백이 필요하며, 이 세 가지 요소가 갖추어질 때 목표 달성의 가능성이 높아진다고 본다.

목표설정 이론을 조직관리에 구체적으로 활용한 대표적인 프로그램이 MBO(Management By Objective, 목표에 의한 관리)이다. 이는 조직의 전체적이고 명시적인 목표를 구성원들에 맞는 개인 목표로 전환하는 것을 핵심적 내용으로 하며, 이런 개별 목표의 달성 여부가 각 구성원의 성과를 평가하는 기준이 된다. 목표는 기본적으로 구체성이 있는 유형의 것(Tangible)이어야 하고 증빙할 수 있을 정도의 명표성(Verifiable)이 있어야 하고 측정가능해야(Measurable) 한다. 먼저 회사 전체의 목표가 위와 같은 원칙으로 정해지면 그 다음 해당 부서의 목표와 소속된 팀의 목표, 마지막으로 팀을 구성하는 개인들의 개별적

---

5 Locke, E. A., 1968, Toward a theory of Task Motivation and Incentives, *Organizational Behavior and Human Performances*, pp.157 – 189.

목표가 설정되는 방식으로, 조직 전체의 목표를 달성하기 위해 각 조직하부단위들로 구체화되는 단계를 지향한다.

목표에 의한 관리에서 중요한 네 가지 요소는 목표의 구체성(Goal Specificity), 각 구성원들의 목표 달성을 위한 참여적 의사결정(Participative Decision Making of Each Goal), 목표달성까지의 명료한 시간제한(Explicit Time Period), 지속적인 성과 피드백(Performance Feedback) 등이다.

목표설정론과 목표에 의한 관리(MBO)는 기본적으로 많은 것을 공유하고 있으나 구성원들의 참여란 내용에서 다소 차이가 나타나고 있다. 즉 목표설정론에서는 개인 목표를 할당하는 주체를 상급자나 경영자가 한다는 것을 전제로 하고 있지만 목표에 의한 관리에서는 개인별 목표설정에 그 해당 개인이 참여할 뿐 아니라 실행과정에서의 의사결정에서도 주도적으로 참여하는 것을 강조한다는 점이 다른 것이다. 목표의 설정이 개인에게 할당되는지 아니면 자신이 참여하여 설정하는지 등의 차이라 할 수 있는데 할당되는 목표보다는 참여하는 방향이 목표의 수용성이나 적극적 실행의지 등에 긍정적인 영향을 줄 것으로 판단된다.

목표관리 프로그램의 시행은 많은 거래적 비용을 수반하므로 대체로 대기업 중심으로 운용되는 경향이 있으며 한국의 경우에는 삼성, 코오롱 등 많은 대기업에서 운용되고 있다.

기업에서 시행하고 있는 MBO의 사례를 조사해 발표해 보시오.

6) 자기 효능감(Self Efficacy)

자기 효능감이란 어떤 과업을 수행할 수 있다는 개인적인 자심감과 믿음을 의미한다. 자기 효능감이 높은 사람들은 과업 수행에서 웬만한 어려움에

봉착하더라도 그 어려움을 풀기 위해 더 열심히 노력하며, 포기할 줄 모르는 인내심이 있을 것이다. 앞서 설명한 목표설정이론과 자기효능감이론은 서로를 보완하는 성격을 가지고 있다.6 구체적이고 어려운 목표를 설정한 종업원은 더 높은 자기 효능감을 가지고 성취 가능한 목표를 향해 더욱 노력하게 될 것이다, 보상을 통해 성공경험을 축적한다면 종업원의 자기효능감은 갈수록 높아지게 될 것이다. 자기 효능감은 성취와 발전감을 고양하므로 순환적인 과정을 통해 종업원은 과업의 수행을 위해 최선을 다해 노력하게 된다. 엘버트 반두라(A. Bandura)7는 자기 효능감은 '성공경험(enactive mastery)', '대리모델링(vicarious modelling)' '구두적 설득(verval persuasion)'. '각성(arousal)' 등을 통해 증가할 수 있다고 했다.

(1) 성공경험(Enactive mastery)

직무에서의 경험을 통해 향후 과업에서의 성공에 대한 확신을 키워나가는 것을 의미한다. 과거 유사 직무와 과업에서의 많은 성공 체험을 통해 미래에 해내야 하는 직무와 과업의 성공 가능성에 대한 확신을 증가시킬 수 있다는 것이다.

(2) 대리모델링(Vicarious modelling)

비슷한 조건을 갖춘 타인이 유사 직무를 수행하여 성공하는 과정을 관찰함으로써 미래 과업 수행에 대한 자신감과 확신감을 증가시킬 수 있다는 것을 의미한다.

---

6 Locke, E. A. and Latham, G. P., 2002, Building a practically useful theory of goal setting and task motivation: a 35 year Odyssey, *American Psychologist*, pp.705-717.

7 Bandura, A., 1997, *Self-Efficacy: The Exercise of Control*, New York: Freeman.

(3) 구두적 설득(Verbal persuasion)

타인이 과업을 수행하는 당사자에게 그 과업을 수행할 수 있는 능력이 있다고 격려하고 북돋는 것을 지칭한다. "당신은 그 일을 충분히 해낼 수 있어"와 같이 언어로 격려하고 동기부여하는 사람이 있다면 이는 구두적 설득에 해당된다.

(4) 각성(Arousal)

과업을 수행하는 당사자가 스스로 "나는 이 일을 충분히 잘 해낼 수 있어" 등과 같이 되새기면서 자신을 응원하는 방식으로 과업 성공에 대한 확신을 증가시키는 것을 지칭한다. 예를 들면 축구팀이나 야구팀 등에서 경기 전 모여서 파이팅을 외치거나 해낼 수 있다는 구호 등을 외치면서 경기에 임하는 등이 해당될 수 있다.

7) 공정성

(1) 교환관계와 공정성이론

일반적인 공정성이론은 개인과 조직 간의 사회적 교환관계에서 종업원의 공정과 불공정의 인식을 형성하는 과정을 설명한다.[8]

개인과 조직(고용주)과의 교환관계란 개인이 조직 목표를 달성하기 위해 투입하는 노력과 기여정도와 이에 대응하는 조직이 개인에게 주는 보상과의 균형적 관계를 의미하는 것으로 일반 조직의 경우 구성원과 조직 간의 관계에서 이런 균형적 관계가 형성되는 과정을 교환관계를 통해 설명할 수 있다. 즉 자신의 노력에 대해 적절한 보상을 기대하는 종업원들은 조직으로부터 자

---

8 Adams, J. S. 1965. Inequity in Social Exchanges, in L. Berkowitz(ed.), Advances in Experimental Social Psychology(New York: Academic Press), pp.267-300.

신의 노력에 상응하는 적절한 수준의 보상, 복리, 직위 승진, 인정 등을 요구하고 이런 조직적 보상에 대해 공정이나 불공정에 대한 인식을 하게 된다. 만약 자신의 노력과 기여에 대해 조직으로부터 상응하는 보상을 받지 못한다고 인식하면 이를 부정적으로 받아들여 불공정성이라고 지칭한다. 즉 부정적 불공정성이란 종업원 자신의 가치와 인위적인 노력이 조직으로부터 인정을 받지 못해 상응하는 보상을 받지 못할 경우 느끼는 심리적인 부조화 현상이다. 반면 긍정적 불공정성이란 이와 반대로 종업원이 느끼는 자신의 가치와 인위적인 노력, 공헌 정도보다 과도하게 조직으로부터 인정과 보상을 받는 경우 느끼는 심리적인 부조화 현상이다.

공정성이론은 이 과정을 투입과 산출의 균형이란 용어로 설명하였다. 이에 따르면 직장에서 개별 종업원이 느끼는 공정성이나 불공정성에 대한 인식은 개인이 조직을 위해 투입한 노력(투입량)에 대해 적절한 보상이 이루어졌는지에 대한 개인적 평가에 의존한다고 간주한다. 이 비교 과정은 개인별로 상대적이나 각 개인들은 자신과 유사성이 없는 사람들보다는 자신과 밀접한 관계가 있어 비교대상이 될 수 있는 조건의 사람, 또는 유사한 직무를 수행하는 사람, 비슷한 학력이나 기술수준 등 인적자본 수준 등이 비슷한 사람들을 비교대상으로 삼는 경향이 있다.

공정성이론은 개인이 느끼는 공정성 정도나 비공정성 정도는 그 개인이 비교하는 대상에 따라 상대적으로 인지되며, 개인은 비교 대상을 자신과 비슷한 조건을 가진 타인으로 지정하는 경우가 많다는 것을 주장한다.

아울러 불공정성이나 공정성에 대한 인식은 사람의 내재적 특징에 따라 다르게 나타날 수 있는데 가령 사소한 불공정성을 참지 못하고 표출하는 사람이 있는 가하면 이에 크게 개의치 않는 사람도 있을 수 있다. 이 같은 개인별 차이를 공정성 민감도(Equity sensitivity)로 설명한다. '공정성 민감도'란 "동일한 상황에서 나타나는 공정성이나 불공정성 조건에 대해 인지하는 사람들의 반응과 신호의 차이"를 의미한다. 공정성 민감도가 높은 사람들은 철저히 교환관계에 충실하여 엄격한 기준을 고수하는 성향을 보이고 반면 공정성 민감도가 낮은 사람들은 교환관계의 동등한 균형보다는 타인이나 조직에 비해 다소 관대하거나 이타주의적인 성향을 보이는 경향이 있다.

개인이 불공정성을 지각할 때는 심리적 부조화가 야기되어 이를 균형상태로 돌리려는 반응을 하게 되는데 '노력을 저하시키거나', '결과물의 품질을 변화시키거나', '자신의 인지를 왜곡시키거나', '비교 대상을 변경하는' 등의 반응을 하거나 극단적인 경우에는 '조직을 떠나는 결정'을 할 수도 있다.

(2) 조직 공정성: 분배공정성, 절차공정성, 상호작용공정성

아담스의 공정성이론을 조직 차원으로 확장한 개념으로 분배공정성, 절차공정성, 상호작용 공정성 등이 제시되었다. 분배공정성(Distributive Justice)이란 종업원이 느끼는 물질적 보상의 할당과 분배에 대해 인지되는 공정성을 의미하고, 절차공정성(Procedural Justice)이란 종업원들에게 분배 결과에 이르게 되는 과정과 절차, 즉 제도적이고 시스템적인 측면에서 인지되는 공정성을 의미한다.[9] 상호작용공정성(Interactional Justice)이란 절차가 이행될 때 종업원 개인들이 상사나 동료들로부터 받는 처우의 질, 인격적인 상호작용의 질에 대해 인지하는 공정성을 의미한다.[10]

학자들은 분배공정성과 절차공정성, 상호작용공정성의 개념적 구분과 구조, 결정요인과 결과 등에 많은 관심을 보여왔으며 최근에는 이 세 가지 공정성의 상호적 작용과 결과 등에 많은 연구들이 나타나고 있다. 이 연구들에 의하면 분배공정성과 절차공정성을 조직구성원들에게 긍정적으로 수용하게 하기 위해서 종업원들에게 영향을 미치는 의사결정과정에 자신들의 발언권을

9 Folger, R. and Konovsky, M., 1989, Effects of Procedural and Distributional Justice on reactions tp pay raise decisions, *Academy of Management Journal*, 32(1), pp.115-130.
10 Roch, S. G. and Shanock, L. R., 2006, Organizational Justice in an exchange framework, clarifying Organizational Justice Dimensions, *Journal of Management*, 32(2), pp.299-322.

강화하여 참여하게 하는 것이 긍정적 영향을 주는 것으로 간주되고 있다. 또한 분배결과에 대한 수용성을 높이기 위해서는 관리자가 종업원을 존중과 공손으로 처우하는 것이 의사소통의 원활을 촉진하고 분배결과의 수용성에도 긍정적인 영향을 주는 것으로 나타난다. 즉 위 세 가지 공정성은 서로 보완적인 작용을 하는 것으로 이해된다. 분배공정성을 수용하거나 진작하기 위해서는 절차공정성이나 상호작용공정성 등이 보완적으로 기능하여 이를 진작하거나 저하하는 작용을 하며, 이런 작용은 세 가지 공정성 인지에서 보완적인 성격을 가진다는 것이다. 예를 들면 최근 한국 기업들의 구조조정 과정에서 노동자들에게 문자로 해고 메시지를 전달하는 등의 행위는 상호작용공정성이란 측면에서의 매우 부정적인 결과를 초래하는 것으로 해석된다. 해고나 구조조정에 있어서 노동자들에 대해 최소한의 인격적인 대우나 절차적인 합리성을 보장하여 이를 설득할 때 이를 받아들이고 수용하는 정도가 증가하게 될 것

그림 8-3 분배, 절차, 상호작용공정성

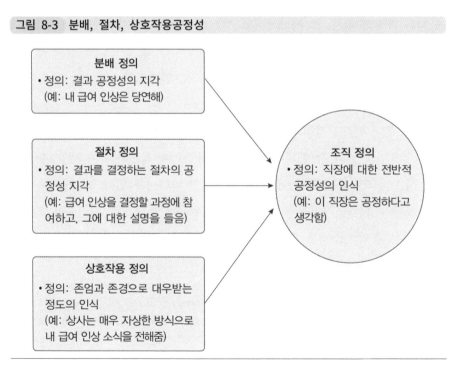

이다.

종업원들은 관리자나 조직으로부터 공정하게 대우받는다고 인식할 때 구성원간의 협력적 관계뿐 아니라 조직에 대한 신뢰와 믿음을 형성하게 된다. 종업원들을 불공정하게 대우하면 공정성을 거부당한 종업원들이 회사에 불만을 제기하거나 회사를 이직하는 경우가 많아진다. 또한 어떤 종업원들은 적극적으로 회사를 대상으로 해, 불공정한 결정에 대해 지속적으로 소송을 제기하는 등과 같은 부정적인 행위를 진작한다. 그러나 자신들이 공정하게 대우 받는다고 인식할 때 종업원들은 조직에 대한 애착과 몰입을 하게 되며, 동료들에게 시민행동을 진작하고, 고객들에게는 최상의 서비스를 제공하고자 노력하게 된다.

8) 기대이론(Expectancy Theory)

빅터 브룸(V. Broom)은 1964년에 출판된 저서(Work and Motivation)에서 종업원들의 동기부여에서 가장 주목하여야 할 것은 동기부여의 원인이기보다는 동기부여의 기대되는 결과라고 하였으며 동기부여에 의해 진행하는 행위에 대한 결정은 이 행위가 초래하는 결과에 의해 좌우된다고 주장 했다.[11] 즉 어떤 행위를 하고 안하고의 기준은 그 행위를 했을 때 나타나는 결과에 대한 기대에 의해 결정된다는 것이다. 여기서 기대란 특정수준의 노력이 일정한 성과로 이어지고 그 성과로 인해 받는 보상이 당사자에게 상당한 매력이 있을 것이란 개인적 믿음을 의미한다.

만약 당신에게 경영학을 열심히 공부하고자 하는 동기부여가 생긴다면 이 동기부여는 경영학을 열심히 공부하였을 때 나타나는 결과가 충분히 당신에게 매력적인 결과를 줄 것이라는 기대가 있을 때 가능하다는 것이다. 경영학을 공부할 때 당신이 희열을 느끼고 향후 사회생활에서 실질적 도움을 받

---

11 Vroom, V. H. 1964. *Work and Motivation,* New York: Wiley.

을 수 있다는 믿음이 있다면 경영학 공부를 열심히 하고자 하는 내적인 움직임이 생길 것이다. 브룸은 이 내적인 움직임을 노력하고자 하는 의지(Effort), 노력했을 때 성과를 달성하는 정도(Performance), 성과를 달성한 후 받는 보상(Reward), 보상이 개인에게 주는 매력도(Attractiveness) 등의 연계를 통해 파악했다. 개인이 어떤 행위를 하는 의지는 그 행위를 했을 때 기대되는 목표 달성 정도와 그 성과에 대한 보상, 그리고 그 보상이 어느 정도 매력도가 있는지 등에 의존하며 이 심리적 연계관계에 의해 행위를 하고자 하는 의지의 정도가 결정된다고 본다.

만약 종업원들이 일정한 능력이 있어 어떤 행위를 통해 조직의 목표를 이루었을 때 조직이 제공하는 보상이 종업원에게 매력적이어야 종업원은 행위를 하고자 할 것이다. 종업원이 돈이나 재산 등 외재적 보상보다는 만족감이나 성취감 등 내재적 보상을 더 매력적으로 여긴다면 조직이 제공하는 보상의 형태가 이에 맞추어 매력적으로 변화하여야 종업원은 조직이 원하는 행위를 할 것이다. 이와 같이 기대이론은 행위가 그 결과의 기대와 그 결과가 주는 매력도란 요인에 의해 결정되는 함수란 입장을 취하는 것이 주요 특징이다.

기대이론은 노력 – 성과, 성과 – 보상, 보상 – 개인목표와의 일치성 등 세 가지 밀접한 관계에 의해 설명될 수 있다.

그림 8-4 기대이론

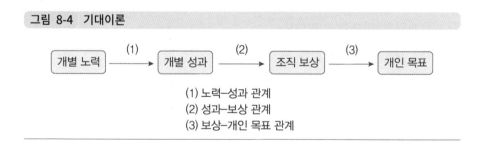

2 동기부여 이론의 응용

동기부여에 대한 응용은 종업원들의 내적 동기를 유발하는 직무 구조의 변화와 연결하는 접근을 하고 있다. 직무 구조를 종업원의 내적 동기를 유발하는 것으로 간주하고 직무 담당자의 동기 수준이 높아지도록 직무를 재설계하고 재구성하는 방식을 중요시하고 있다. 이에 대한 가장 기본적이고 전통적인 이론은 직무 특성 이론이다. 직무 특성 이론은 기본적으로 직무의 구조 변화를 통해 종업원들의 심리적 동기부여를 진작할 수 있다는 입장을 취하고 있다.[12]

1) 직무 특성 이론

직무 특성 이론은 직무의 구성과 내용이 종업원의 심리적 상태와 내적 동기에 매우 중요한 영향을 줄 수 있다는 것을 주장하고 있다. 직무의 구성과 내용을 약 다섯 가지의 핵심 내용으로 나눠 이들이 종업원의 심리적 동기부여에 영향을 줄 수 있다고 봤다.

(1) 기술다양성(Skill variety)

기술다양성이란 직무를 담당하는 직원이 다양한 기술과 재능을 사용할 수 있도록 여러 가지 다양한 활동을 필요로 하는 정도이다.

(2) 과업 정체성(Task identity)

과업 다양성이란 직원이 맡고 있는 직무가 어느 정도 전체적으로 구분가능하고 완결되어 있는지를 의미하는 것이며 과업 정체성이 높다는 것은 직원이 행하는 과업 자체에 대해 시작부터 실행, 완성까지의 대부분의 과정을 해

---

12 Hackman, J. R. and Oldham, G. R., 1976, Motivation through the design of work: test of a theory, *Organizational behavior and Human Performance*, 16(2), pp.250－279.

당 직원이 담당하고 있다는 의미이다.

(3) 과업 중요도(Task significance)

직원이 담당하는 직무가 타 직원이나 다른 사람에게 영향을 미치는 정도를 의미한다. 예를 들어 종합병원 의사가 담당하는 직무는 병원 복도를 청소하는 사람이 담당하는 직무에 비해 과업 중요도가 높다고 할 수 있을 것이다.

(4) 자율성(Autonomy)

자율성은 직무를 수행하는 과정에서 해당 직원이 가지는 자유 재량권을 의미한다. 자신의 직무를 수행하는 과정에서 스스로 계획하고 실행하며 완성하는 성격이라면 자율성이 높은 직무라고 할 수 있다.

(5) 피드백(Feedback)

직무 행위를 해 나갈 때 자신이 이루고 있는 실적과 성과에 대해 정확한 정보를 제공받고 상호작용하는 정도를 의미한다.

직무를 구성하는 핵심적 요소인 기술다양성, 과정 중요성, 과업 정체성, 자율성, 피드백 등이 종업원의 직무에 대한 의미성과 작업경과에 대한 책임성, 직무수행과정에서의 경과에 대한 정보 등을 정확하게 인식하게 함으로써 높은 내적 동기를 유발하고 직무 만족도를 향상한다.

직무 특성이론은 위에서 설명한 다섯 가지 핵심 직무 요인들이 개인의 내적 동기부여로 연결되는 과정을 설명하고 있다. 직무의 특성과 성과를 매개해주는 심리적 상태로 직무에 대해 느끼는 의미성, 책임감, 실제 경과에 대한 지식 등을 제시하였다. 직업의 의미성이란 개인이 자신이 수행하는 직무나 과업에 대해 해볼 만한 가치가 있다고 인정하는 정도를 말한다. 작업경과에 따른 책임감이란 자신이 수행하는 직무와 과업에 대해 자발적으로 느끼는 책임의식을 지칭한다. 작업의 실제 경과에 대한 지식이란 개인이 직무수행과정에

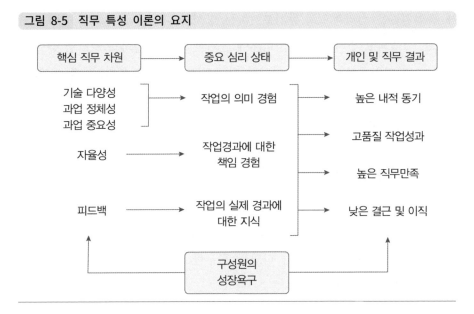

그림 8-5 직무 특성 이론의 요지

서 직무를 얼마나 효과적으로 수행하고 있는지를 이해하는 정도를 지칭한다.

직무 특성 이론에서는 직무 결과와 성과로서 주로 질적인 내용인 '높은 내적 동기', '높은 작업의 질', '높은 직무 만족', '낮은 결근과 이직' 등 질적인 성과를 언급하고 생산성이나 이익 등 양적인 성과에 대해서는 언급을 하지 않고 있다. 또한 이런 직무 요인들과 직무 결과의 관계를 조절하는 요인으로 구성원의 성장욕구 정도를 지적한다. 즉 성장욕구가 높은 개인이 그렇지 않은 개인보다 위 핵심 직무 차원의 변화로 인하여 직무결과에 미치는 영향이 더 크게 나타날 수 있다는 것이다. 성장욕구가 강한 사람은 직무 구조의 변화로 인해 증가하는 기술다양성과 자율성 등을 통해 더욱 많은 성취를 하고자 노력하므로 이로 인한 효과가 크게 나타날 수 있다.

직무특성이론은 동기부여요소로 사람의 특징이나 기질 등에 주목하기보다는 직무구조와 내용의 변화에 주목하고 있다는 점에서 기존의 전통적인 동기부여이론과는 다소 차이가 있다. 현실적으로 여러 기업이나 공공조직 등에서는 이같은 직무특성이론이 응용되고 있는데 직무구조와 내용의 변화를 통해 종업원들을 심리적으로 동기부여하는 방식의 다양한 프로그램 등이 실제적으로 실행되고 있다. 직무특성이론에 근거한 직무 충실화 프로그램 등은 많은 서구의 기업에서 개발하여 다양한 방식으로 실현되고 있다. 예를 들어, 직무순환, 직무충실화, 유연시간근로, 직무공유, 종업원의 의사결정 참가 등 다양하게 응용되고 있다.

2) 직무순환(Job Rotation)

직무순환(Job Rotation)은 일정한 주기로 개인이 수행하는 직무를 서로 바꾸어주는 것이다. 이렇게 함으로써 종업원들이 한 가지 직무만을 반복적으로 수행하는 단조로움에서 벗어나 다양한 직무를 경험하여 기능적 발전과 성취감 등을 경험하게 한다.

3) 직무충실화(Job Enrichment)

직무충실화란 직무의 계획, 실행 및 평가 등 시작에서 완성까지 통제할 수 있는 권한을 직무담당자에게 부여하는 것을 의미한다. 충실화된 직무는 직무담당자가 더 완결된 활동을 할 수 있도록 직무의 내용과 권한구조를 설정하여 자유재량권과 독립성을 높이고 책임감을 늘려줌으로써 일 자체에 대한 흥미와 도전의식을 진작한다.

4) 유연시간 근무제도(Flextime)

유연시간 근무제는 하루의 총 근무시간이 일정한 가운데 출퇴근 시간을 자율적으로 조정할 수 있도록 하여 종업원들의 시간적 활용성을 개선한 것이다. 그럼으로써 근로생활의 질을 향상하고 집중도 있는 근무를 유도하며 직무에서의 만족도를 향상하는 것을 목적으로 한다. 유연시간 근무제를 잘 활용하면 결근의 감소, 우수 여성인력의 이직 및 퇴사 감소, 가족 친화적 조직 문화 등을 진작하는 장점이 있다. 그러나 유연시간 근무제는 모든 직무에 적용할 수는 없으며 특히 대인적 서비스 직무에 해당하는 담당자의 경우 서비스의 요구시간에 맞춰 직장에 나와 있을 것을 요구하는 경우가 많아 유연시간 근무의 실행이 쉽지 않다. 아울러 조직 내 경쟁문화가 매우 심할 경우에도 유연시간 근무제는 그 장점과 의도된 효과를 발휘하기가 쉽지 않다고 알려져 있다.

5) 직무공유제(Job Sharing)

직무공유제는 두 사람 이상의 종업원이 주 40시간 등 총 근로시간의 직무를 나눠 수행하는 것을 의미한다. 유통업에서의 판매나 캐시어, 매점, 식당 혹은 커피숍에서의 아르바이트는 대부분 직무 공유에 속하며 이는 파트타임제와 비슷하다. 직무 공유제는 학생이나 육아 부담이 있는 여성들이 많이 이용하고 학업이나 가사를 직장생활과 병행할 수 있도록 한 제도라 할 수 있다.

6) 경영참가

경영참가는 자본 참가와 의사결정 참가, 성과 참가 등으로 나눌 수 있다. 자본 참가란 종업원들이 회사의 주식을 소유함으로써 지분 참가를 통해 회사에 주인의식을 가지게 하며 회사의 시장가치 향상을 위해 노력하게 하는 효과를 유도하고 있는 제도로 대표적으로 종업원 지주제도(ESOP: Employee Stock Ownership Program) 등이 해당된다. 의사결정참여란 종업원이 과업을 수행할 때 상당한 의사결정권을 부여 받아 자율적으로 자신의 과업을 수행하도록 하여 일에 대한 성취감과 만족도를 제고하는 것을 유도하는 것을 지칭한다. 가령 종업원들을 자율적 관리팀으로 구성하여 팀원의 선발, 예산의 집행과 실행, 팀원들에 대한 교육훈련 등 다양한 의사결정영역에서 팀 자체적으로 결정하게 하여 일에 대한 만족도를 제고할 수 있다. 성과 참가란 회사의 경영활동의 결과로 나타나는 이익이나 성과의 분배에 종업원들이 참가하는 것으로 이익분배제(Profit Sharing)와 성과배분제(Gain Sharing) 등이 해당된다. 이 같은 경영참가프로그램 등은 자본이나 성과에 종업원이 직접 참가함으로써 조직에서의 주인의식을 심을 수 있을 뿐 아니라 의사결정에서의 참가를 통해 과업의 성격을 도전적으로 변화시킴으로써 일 자체에 대한 만족감을 증대시키는 효과를 발휘한다.

3 동기부여이론과 고성과 작업시스템

동기부여이론은 주로 개인 심리와 행위의 측면에서 접근한다. 이런 개인 수준에서의 이론적 논의가 조직수준에서 어떻게 응용되는지를 살펴볼 필요가 있다. 이전 장에서 언급했던 '고성과 작업시스템'은 그 응용의 내용과 과정을 비교적 잘 보여준다. 고성과 작업시스템의 핵심적 요소로서 언급된바, AMO 모델이 있다. A는 Ability, M은 Motivation, O는 Opportunity를 의미한다. 즉 이 요소들은 종업원 역량강화(A), 동기부여(M), 참여기회의 부여(O) 등을 의미하는데, 역량강화를 위해서는 '엄격한 직원선발', '구조적인 면접', '높은 급여', '교육훈련' 등의 관행 등이 시행되어야 하고, 동기부여를 위해서는 '성과에 연동된 급여', '성과평가시스템', '성과중심승진' 등이 요구된다. 참여기회의 부여를 위해서는 '의사결정참여보장', '원활한 소통채널', '작업과 관련한 자율성의 부여' 등이 요구된다.[13]

4 직무 특성의 변화가 초래하는 어두운 면

직무 특성의 변화가 종업원들에게 반드시 긍정적인 심리적 변화를 유인하는 것만은 아니다. 그 나름대로의 어두운 구석이 있다는 의미이다. 많은 연구들이 직무 특성의 변화가 초래하는 긍정적인 측면을 부각하고 있지만 각

---

13 Kehoe, R. R. and Wright, P. M., 2013, The impact of High Performance Human Resource practices on employees' attitudes and behavior, *Journal of Management*, 39(2), 366–391.

조직이나 근로자들은 직무 특성의 변화에 대해 일치된 의견을 가지고 있지는 않다. 사실 대립적인 노선을 가고 있는 노동조합의 경우 직무특성의 변화를 초래하는 다양한 프로그램 등에 대해 우호적인 생각을 가지고 있지 않다. 이들은 이론상 주장되는 내용보다는 이 이론들이 최종적으로는 근로자의 직무의 양과 범위를 증가시켜 근로자에게 더 많은 업무 부담을 지게 하고 더 많은 직무 스트레스를 야기할 것이라고 봄으로써 부정적인 견해를 가지고 있는 경우가 많다. 한국의 대표 자동차 제조 회사인 H 자동차에서도 작업현장에 이같이 작업내용의 변화를 초래하는 전환배치나 자율적 작업 팀 등을 도입하지 못하고 있는 가장 주요 요인이 강력한 노동조합의 저항이 만만치 않기 때문이다. 작업조직변화에 따른 노조의 입장은 단연 이런 변화가 생산성을 향상할 수 있지만 근로자들에 있어서는 작업강도가 높아지고 업무량과 부담이 증가하는 등 작업조직의 변화가 초래하는 부정적 결과를 많이 우려하고 있다는 것을 알 수 있다. 가령 배치전환이나 자율적 작업 팀 형태의 편재를 하면 종업원들의 기술 다양성이나 과업 정체성 등이 증가하지만 이것이 긍정적 영향을 주기보다는 작업부담과 스트레스의 증가 등 부정적인 결과로 더 부각될 수 있다고 간주하는 것이다. 이런 대치적 견해는 향후에도 상당한 찬반 논쟁이 이루어질 수 있을 것이다.

5 장의 요약

초기 동기부여 이론 등은 인간의 욕구구조와 심리적인 동기부여 과정 등에 많은 관심을 가지고 있었다. 매슬로의 욕구단계설은 인간의 욕구구조를 생리적 욕구, 안전 욕구, 사회적 욕구, 존경의 욕구. 자아실현의 욕구 등으로 나누고 이런 욕구의 차원이 위계적인 형태로 구성된다고 보았다. 그리고 그는 하위 욕구가 충족되어야 상위 욕구가 나타난다고 봄으로써 욕구의 단계적 발현을 전제로 하고 상위에 있는 자아실현욕구가 발현될 때까지 이런 단계적 발현이 지속된다고 봤다. 반면 알더퍼의 ERG이론은 매슬로의 욕구구조를 존재, 관계, 성장 욕구 등으로 나누고 매슬로의 단계론을 부정하고 특이하게도 좌절−회귀에 대한 요소가 가미되었다. 허즈버그의 2요인이론은 직무 만족을 결정하는 요인과 불만을 결정하는 요인이 상호 구분됨을 설명했고 불만을 없애는 요인과 만족을 결정하는 요인을 분리함으로써 인간 심리에 내재된 복잡성을 풀고자 했다. 인지평가이론은 물질 중심의 외재적 보상과 성취나 만족 중심의 내재적 보상이 상호 상위적 관계가 있음을 주장한다. 목표설정이론은 종업원들에게 막연히 최선을 다하라는 일반적인 목표를 정해 주는 것보다는 구체적이고 명시적인 목표, 일정수준의 노력을 요하는 도전적인 목표를 설정하고 이에 대한 지속적 피드백이 가미될 때 목표의 달성도가 높아진다는 것을 주장한다. 목표 설정이론을 조직 관리에 구체적으로 활용한 프로그램이 목표에 의한 관리(MBO: Management by Objective)이다.

자기효능감이란 어떤 과업을 수행할 수 있다는 개인적 자신감과 믿음을 지칭한다. 자기 효능감은 성공경험, 대리 모델링, 구두적 설득, 각성 등을 통해 고양할 수 있다. 공정성이론은 개인과 조직 간의 사회적 교환관계에서 종업원이 조직에 대해 공정과 불공정을 형성하는 과정을 설명한다. 이 과정을 개인별로 투입과 산출의 비율의 비교를 통해 느끼는 인지적인 것으로 보고 있다. 이 공정성이론을 조직 차원으로 확대한 개념으로 분배공정성, 절차공정성, 상호작용 공정성이 있다. 분배공정성이란 물질적 분배의 할당 결과에 대해 인지하는 공정성이고 절차공정성이란 종업원들에게 분배결과를 이르게 한 과정과 절차, 즉 제도적이고 시스템 측면에서 인지되는 공정성을 지칭한다. 상호작용공정성이란 종업원 개인이 상사와 동료 등 인간관계로부터 받는 처의 질, 인격적인 상호작용을 질에 대해 인지하는 공정성을 지칭한다. 이 세 가지 공정성은 상호 보완적인 작용을 하는 것으로 이해되고 있다. 기대이론은 특정 행위에 대한 동기부여는 그 행위를 했을 때 나타나는 결과에 대한 기대와 매력도에 의존한다는 것을 주장한다. 즉 개인이 어떤 행위를 하고자 하는 의지는 그 행위를 했을 때 기대되는 목표정도와 목표 달성에 따라 나타나는 보상에 대한 기대, 그리고 이 보상이 가지는 매력도 등 심리적 연계성에 의해 행위를 하고자 하는 의지가 나타난다고 본다.

직무특성이론은 직무의 구성과 내용이 종업원의 심리적 상태와 내적 동기에 매우 중요한 영향을 미친다는 것을 주장하고 있는데 그 요소로 기술다양성, 과업정체성, 과업중요도, 자율성, 피드백 등을 제시한다. 이 이론은 다섯 가지의 직무 요인들이 개인의 내적 종기부여로 연결되는 과정을 설명한다.

위에서 언급한 여러 동기부여이론들은 실제 조직에서 다음과 같은 형태로 운영된다. 먼저 직무순환을 통해 조직은 개인이 수행하는 직무를 서로 바꾸어 줌으로써 동일한 직무를 수행함으로 나타나는 지루함과 단조로움을 벗어나 다양한 직무내용을 경험하게 할 수 있다. 직무충실화란 직무의 계획, 실행 및 평가 등 시작에서 완성까지 통제할 수 있는 권한을 직무 담당자에게 부여하는 것을 지칭한다. 유연시간 근로제는 근로자에게 출퇴근 시간을 자율적으로 조정하는 재량을 줌으로써 직무에서의 만족을 유도하는 제도이다. 직무공유제는 두 사람 이상의 종업원이 동일한 직무의 시간을 나눠 수행하는 것을 지칭하는데 육아부담이 있는 여성이나 학생들에게 직장과 가정, 또는 학업을 병행할 수 있도록 한 것이다.

종업원 경영참가는 우리사주제나 스탁옵션 등 소유 참여, 이익분배나 성과 분배 등 성과 참여, 그리고 의사결정 참여 등의 형태로 분류할 수 있다. 이런 참여형태는 종업원이 기업의 소유권을 가지게 하거나 기업이 달성한 성과 등을 일정부분 종업원들에게 배분하거나 종업원에게 많은 권한과 책임을 이양하여 자율적으로 과업을 수행할 수 있게 하는 등의 다양한 제도 등이 실현됨으로 가시화되고 있다.

Chapter 09

평가 및 보상관리

09

평가 및 보상관리

    우리는 제8장에서 종업원 동기부여에 관한 기초적 이론과 응용 프로그램 등을 살펴보았다. 본 장의 내용인 평가 및 보상 관리는 종업원 동기부여 차원에서도 매우 주요한 정책 사안이다. 왜냐하면 보상은 종업원들의 기본적 욕구(생리와 안전 욕구)에 있어 가장 핵심적인 항목이고 이를 연계하는 기준이 되는 평가체제는 상호 연합하여 종업원들이 품위 있게 과업 활동을 할 수 있는 조건을 제공하다는 점에서 기업에서 매우 중요시하게 취급되어온 인적자원관리의 주제이다. 더구나 급여는 노사관계에서도 첨예한 이해관계를 대변하고 있어 노사 단체협상 등에서 가장 중요하게 취급되어온 사안이다. 가변비를 최대한 절약하려는 회사의 의도와 충분한 급여 인상을 원하는 종업원들의 이해가 충돌해온 지점인 것이다.

    보상이란 노동의 대가로 조직에서 구성원들에게 부여하는 금전적이거나 비금전적인 제 자원을 의미한다. 보상은 월급이나 주급과 같이 현금의 형태로 부여되기도 하지만 승진이나 평가, 칭찬, 표상과 같이 비금전적인 형태로 부여되기도 한다. 기업에서 종업원들 사이에서 가장 많이 회자되는 대화의 주제가 아마도 평가와 보상일 것이다. 기업에서 어떤 방식으로든 평가와 보상을 결정하더라도 종업원들 모두를 만족시키는 방법은 없으므로 구성원들은 이에 대한 불만과 불평을 늘어놓는 경향이 많다. 평가와 보상은 구성원들에게 모두 민감한 사안이므로 조직 입장에서는 가장 심혈을 기울여 관리하여야 하는 영역이다. 평가와 보상의 변화를 통해 조직의 문화와 분위기를 쇄신한 예는 어렵지 않게 찾아볼 수 있다. 모건 스탠리사는 개인주의적 문화가 초래하는 어려움을 타개하고자 팀워크와 부서간 협력을 촉진하는 평가 및 보상 시스템을 설계하여 시행한 바가 있으며 삼성전자나 LG전자 등 국내 굴지의 대기업들은 호봉위주의 연봉체제에서 탈피하여 외부의 환경과 전략에 민감하게 대응할 수 있는 성과 위주의 기업 문화를 조성하고 이를 뒷받침하기 위해 과감하게 보상의 수준을 높이고 성과 중심의 평가, 이와 연동되는 급여체제를 실행하였다.

1 직원의 성과 평가

1) 무엇을 평가할 것인가?

성과 평가의 대상은 직원들의 역량, 행동, 결과 등으로 나눌 수 있다.

(1) 역량평가(속성평가법)

직원들의 역량평가는 조직의 성공에 바람직한 개인적 속성의 보유 정도를 평가하는 것이다. 각 종업원 개인이 가지고 있는 전문 지식, 의사소통능력, 판단력, 팀워크, 창의성, 문제해결능력, 리더십, 주도성 등 다양한 개인적 속성을 나열하여 이를 5점이나 7점 척도 등으로 개별 속성에 점수를 부여하여 종합하여 평가하는 방식이다. 따라서 이를 종업원 속성접근법이라고 하기도 한다.

(2) 행동평가(행동접근법)

행동평가는 직무수행에 필요한 행동을 사전에 정의하여 직원의 행동이 이런 행동의 기준에 따라 평가되는 방식을 의미한다. 이렇게 행동을 평가하려면 특정 직원의 행동을 면밀히 관찰하고 기록하는 것이 필요하다. 특별히 중대 사건 등을 중심으로 해 효과적인 행위의 구체적인 예들을 기록하여 이를 표준으로 삼아 개별 직원들의 행위를 관찰하여 점수화하여 평가한다. 행동평가법은 오랜 시간의 지속적 관찰이 요구되고 직무 수행에 있어 하나의 표준(One best way)이 정해져 있다는 전제를 하고 있어 복잡성이 높은 직무 등에 적용하기에는 다소 어렵다는 평을 듣는다.

(3) 결과평가(결과 접근법)

이 방법은 명시적이고 측정 가능한 결과를 중심으로 평가하는 것에 역점을 두고 있으며 평가자의 주관성을 많이 배제할 수 있는 것으로 알려져 있다. 이 접근법의 대표적인 것이 MBO(목표에 의한 관리)이다. 구체적이고 측정가능하고 노력을 투입할 때 달성가능한 수준의 어려움이 있는, 그리고 기간이 정해져 있는 목표를 제시하고 이 목표를 달성하기 위한 부서와 팀, 개인 수준의 성과 연계가 이루어져 이를 기준으로 하여 개인성과가 어느 정도 목표치와 근접하고 있는지를 평가하여 이 결과를 급여 인상이나 승진 등에 반영한다.

2) 어떻게 평가할 것인가

성과평가접근법은 상대평가로 하는지 아니면 절대평가로 하는지 등 두 가지 방식이 존재한다. 상대평가는 직원들을 서열화하되 각 등급별 직원들을 강제적으로 배분하는 방식이며 절대평가는 각 개인의 절대적인 성과를 관리하는 방식이다. 이 두 가지 방식은 각각의 장단점을 가지며 한쪽의 장점은 다른 방식의 약점이기도 하다.

상대평가는 종업원간의 개인 경쟁을 촉발하여 성과결과의 차등화를 유도함으로써 관리자 입장에서는 명확한 자료와 정보를 제공해 준다. 그러나 신뢰성과 타당성 등이 고과자에 의존하는 정도가 크고 직원들의 불만을 야기할 수 있는 가능성이 커지게 된다. 반면 절대평가는 조직의 전략적 목표에 연관되는 항목에 많은 가중치를 부여하고 전체 직원들의 협력적 노력을 유인할 수 있다는 점에서 장점이 부각되지만 직원들의 성과를 명확하게 구분하고 차별화하는 기능은 약한 편이다.

3) 누가 평가할 것인가

직원에 대한 평가는 일반적으로 직속 상사가 하는 경향이 있다. 직속상사는 각 부하 직원에 가장 근접해 있고 부하 직원이 하는 업무의 내용을 가장 잘 알고 이를 평가할 수 있는 위치에 있다. 그러나 한 사람만이 부하 직원의 성과를 평가할 경우 나타날 수 있는 여러 문제점 등이 있다. 평가의 오류가 생길 수 있을 뿐 아니라 평가자의 주관성에 의해 평가결과가 왜곡될 가능성도 있다. 객관적인 직원의 실적보다는 상사와 직원의 인간관계의 질에 의해 평가결과가 좌우될 수도 있다. 이 같은 단점 들을 극복하고자 점점 더 평가자의 범위를 확대하여 다양한 직무 관련자들이 해당 직원에 대해 평가를 하는 방향으로 변화하고 있다. 이를 다면평가라고 하는데 다면평가는 360도 평가로서 한 사람의 직원을 위로부터는 직속상사가, 옆으로는 동료 또는 내외부의 고객, 내적인 자기 평가 등 다양한 방면으로 평가하는 경향을 보인다. 이런 다면평가가 효과적이기 위해서는 피평가자의 업무의 내용과 결과를 관찰할 수 있는 기회가 다양한 평가자들에게 제공되어야 한다.

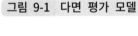
그림 9-1 다면 평가 모델

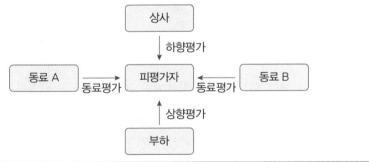

4) 평가자가 범할 수 있는 오류

앞선 직원의 선발단계에서 평가자가 범할 수 있는 오류에 대해 고찰하였는데 그 연장선에서 직원평가에 대한 평가자의 오류에 대해 설명할 필요가 있다. 평가자 오류란 직원들의 성과나 능력 평가에 있어 평가자의 편견이 체계적으로 반영되는 오류를 지칭한다.[1] 직원들의 성과를 평가할 시 부정확한 인지 과정 및 편견, 주관성의 개입에 의해 정확한 평가가 이루어지지 못하는 경우가 이에 해당된다.

(1) 후광효과(Halo effect)

후광효과는 평가자가 피평가자의 부분적으로 두드러지는 한 가지 특징으로 전체적인 평가 결과를 내는 오류이다. 가령 인간관계를 잘 구성하고 나와 접촉이 잦은 직원을 평가자는 업무 추진력이나 리더십 등 구체적인 요소들을 따져보지 않고 긍정적인 평가를 하는 경우가 많은데 이에 해당될 수 있다. 나와 좋은 인간관계를 맺고 있고 상호작용이 잦은 직원의 경우 업무 추진력, 리더십, 창의성 등 평가 항목에 보다 우호적인 점수를 부여하는 것이다. 후광효과는 평가자가 종업원들에 대해 전반적인 주관적 판단을 하고 난 뒤, 구체적인 성과기준에 대한 평가를 시행할 때 나타난다. 아울러 평가자가 중요시하는 항목이나 기준에 맞추어 나머지 성과 평가를 진행할 때도 나타날 수 있다. 이를 예방하기 위해서는 어떤 평가 영역과 내용을 평가하는지에 대해 명확히 규명하고 인지하여 평가에 임할 필요가 있다. 아울러 피평가자별로 평가항목들을 평가하는 것이 아니라 평가항목별로 피평가자들을 평가하는 것이 필요하다. 예컨대 종업원 A에 대해 특성평가항목인, 창의성, 성실성, 리더십, 인관관계 소통, 업무추진력 등을 평가하는 것이 아니라 모든 피평가자들의 창의성

---

1 이진규, 2005, 전략적·윤리적 인사관리, 박영사.

을 평가하고 성실성 항목에서 모든 피평가자의 성실성 등을 평가하는 것이다.

(2) 범위제한의 오류(Restriction of range error)

범위 제한의 오류란 평가자가 평가척도의 일부분을 사용하여 구성원들의 평가를 제한하는 것이며 이럴 경우 많은 직원들이 유사하게 평가되는 경향을 보인다. 이 오류는 크게 관대화오류, 중심화오류, 엄격화 오류 등으로 구분된다.

관대화오류란 피평가자의 평가 척도를 높게 책정하여 피평가자들의 실제 성과보다 높게 평가하는 오류를 지칭한다. 중심화오류란 피평가자의 평가 점수를 중간값에 가깝게 부여하여 피평가자간 차이가 구별되지 않아 평가 자체가 무의미해지는 오류를 지칭한다. 엄격화오류란 피평가자의 평가 점수를 전반적으로 낮게 부여하여 실제 성과보다 저평가하는 경우이다.

이런 오류가 있다 하더라도 피평가자들이 동일한 평가자에 의해 평가된다면 이런 오류가 피평가자 모두에게 체계적으로 적용되므로 불평등한 결과는 나타나지 않을 수 있다.

(3) 고정관념(상동적 태도)

고정관념 오류란 평가자의 피평가자가 소속되어 있는 단체나 집단(예를 들면 국적, 성, 고향, 학교, 인종) 등이 주는 고정적인 편견에 의해 개별 종업원에 대한 평가를 진행하는 것을 지칭한다. 평가자가 명문대학 출신인 피평가자에게 그렇지 않은 피평가자에 비해 높은 점수를 준다든지 하는 행위 등이 이에 해당된다. 이같이 특정집단에 대한 편견에 의해 그 집단에 포함되어 있는 직원들에 대한 평가가 좌우된다면 이는 고정관념 오류에 해당된다.

(4) 유사성 오류

평가자가 자신과 비슷하다고 인정되는 점이 많은 피평가자를 그렇지 않은 피평가자에 비해 높게 평가하는 오류를 지칭한다. 평가자와 유사한 특징을 가진 피평가자들은 이익을 보지만 그렇지 않은 피평가자들은 상대적인 피해를 본다.

(5) 시간적 근접오류(Recency of events error)

시간적 근접오류는 평가시점과 가까운 시점에 일어난 사건이 평가에 큰 영향을 미치게 되는 현상을 지칭한다. 평가자체를 중요사건 기록 등 기록물이나 서류 등에 의존하지 않고 주관적인 판단에만 의존한다면 대부분의 성과평가는 최근 일어난 사건이나 결과에 대한 기억에 의해 좌우되는 경향이 있을 것이다. 이같이 최근 시점의 사건들을 중심으로 해 성과평가가 이루어져 객관적인 사실이 반영되지 않을 때 시간적 근접오류에 해당될 수 있다.

(6) 대조효과(Contrast Effect)

피평가자간에 대조되어 발생하는 것으로 매우 우수한 실적을 가진 A평가자에 대한 평가 이후 B피평가자에 대한 평가가 진행될 때 B피평가자는 A피평가자와 비교되어 과소평가될 가능성이 높은데 이럴 경우 대조 효과라고 한다.

성과 평가는 조직의 목표와 더불어 직원들의 현재 성과를 객관적으로 평가하고, 미래의 잠재적인 역량을 개발할 수 있는 동기를 부여해 주는 것이다. 조직에서 행한 성과 평가 결과가 조직 구성원들에게 공정하게 인식되고 받아들여지는 것이 매우 중요하며 그러기 위해서 평가자의 주관성이나 편견이 개입될 소지 등을 최대한 억제하는 노력이 필요하다. 요즈음 직원평가는 성과관리란 측면이 많이 강조되고 있어 구성원 평가와 더불어 지속적인 피드백 관리가 필요해지고 구성원과 경영자간 피드백을 위한 상호작용이 후속적으로 나타난다. 이를 통해 지속적으로 성과를 관리하고 구성원의 자질 및 역량을 향상하는 노력을 기울일 수 있게 된다.

2 보상의 유형

보상은 금전적인 보상과 비금전적인 보상으로 나눌 수 있다.

1) 금전적 보상

금전적 보상이란 월급, 연봉 등 현금 형식의 화폐로 주어지는 직접적 보상과 사회보험이나 복리후생 방식으로 주어지는 간접적인 보상으로 나눌 수 있다. 예를 들어 올림픽이나 국제 대회에서 입상하여 국위를 선양한 운동선수에게 국가는 이에 상응하는 보상의 형태로 평생 사회 보험의 성격을 가진 연금을 부여하는 경우가 있는데 이럴 경우 이는 간접 보상에 해당된다. 또한 만약 어떤 영업사원이 자동차 판매왕에 등극하여 이에 상응하는 현금 인센티브를 받는다면 이는 직접적인 보상의 형태라 할 수 있다. 이와 같이 금전적 보상은 직접적이든 간접적이든 존재할 수 있다.

2) 비금전적 보상

비금전적인 보상이란 조직의 구성원에게 직무의 권한과 책임을 확대함으로써 발전감과 성취감을 고양시키는 직무관련 보상과 쾌적한 직무환경과 유연한 재량 시간을 부여함으로써 직무 수행 환경을 개선하는 등 직무환경관련 보상 등이 포함된다. 이런 형태의 보상은 금전적인 형태가 아니지만 조직의 구성원에게 직무에 대한 만족감과 성취감을 향상시킴으로써 자족감과 애사심을 고양시키는 장점을 가진다. 예를 들어 직위를 승진시켜 회사의 핵심적 직무를 맡겨 성취감을 고양시키든지, 또는 본인이 원하는 지역으로 이동시켜 근무 장소의 편의성을 도모하여 준다든지, 탄력적 근무 시간을 활용할 수 있도록 배려해 준다든지 하는 등의 조처 등을 비금전적 보상의 형태로 볼 수 있다.

금전적 보상과 비금전적 보상은 반드시 분리되는 개념은 아니다. 예를 들어 직무환경이나 직무의 변화를 통한 비금전적 보상이 금전적 보상과 분리되어 실행되지는 않는다. 조직의 구성원이 승진한다면 그 지위에 맞은 권한과 책임이 부여될 뿐 아니라 아울러 급여 역시 상승하는 것이 일반적이기 때문에 금전적 보상과 비금전적 보상이 현실적으로는 분리되어 설명되기는 어렵다.

3 보상에 대한 관점

보상의 효과는 크게 경영자와 조직 구성원의 두 가지 관점으로 분류해 설명할 수 있다. 경영자의 관점에서 보상의 효과는 다음과 같이 설명된다.

첫째, 보상은 경영자들이 종업원들을 통제하고 지배하는 매우 중요한 도구로 작용한다. 보상을 통해 경영자들은 종업원들의 노동 시간을 확보하고 직무와 관련하여 책임성 있는 행위를 요구할 수 있다.

둘째, 보상은 경영자들이 외부의 노동시장으로부터 유능한 인재를 영입하는 툴로 작용한다. 적어도 충분한 보상은 노동시장으로부터 유능하고 적절한 인재를 유인하는 효과를 가지므로 경영자는 인력을 유치하기 위해 충분한 보상 수준을 확보하고 유지하는 노력을 할 수 있다.

셋째, 보상은 경영자들에게 비용으로 인식되기도 한다. 종업원들에게 보다 많은 보상을 할수록 경영자들이 회사내에 유보하는 이익은 줄 것이므로 경영자들은 필요수준 만큼의 보상 수준만을 유지하려는 경향을 보이기도 한다.

넷째, 보상은 경영자의 전략적 목표를 추구하는데 매우 중요한 툴로서의 역할을 한다. 경영자는 미래 전략적 방향성과 관련하여 급여체제를 재구성하거나 변화시킬 수 있다.

구성원의 관점에서 보상의 효과는 다음과 같이 정리된다.

첫째, 보상은 기본적인 생계 차원에서 경제적인 생계 및 생활의 기반을 형성한다. 노동자 입장에서 보면 보상 수준은 곧바로 생계 및 소비 생활의 품질을 결정하는 매우 중요한 요소가 된다.

둘째, 보상은 노동자들의 노동 투입의 대가로 자기 노동력에 대한 가치로 인식된다. 노동의 대가로 높은 보상을 받는다면, 자신의 존재가치를 형성하며, 복리나 승진 등을 통해 자기 개발이나 성취 욕구를 형성한다.

셋째, 보상은 노동자들의 자기 정체성과 지위, 품위 등을 자각하는 효과를 준다. 보상 수준은 자기 존재의 가치감과 비례하는 경향이 있다. 이런 경향은 물질주의 문화와 가치가 만연하고 있는 자본주의 사회에서 피할 수 없는 현상으로 나타날 수 있다. 사람 존재의 가치가 그 사람이 받는 보상과 비례한다는 냉혹함이 분명히 존재하는 곳이 자본주의 사회이다.

보상이 조직 구성원들이나 노동자들에게 미치는 영향은 각 개인의 심리와 철학, 가치에 따라 매우 다양하게 나타날 수 있다. 아울러 금전적 보상과 비금전적 보상의 선호도가 각 개인별로 다를 수 있으므로 개인을 만족시키는 보상 자체의 구성이 다양하게 형성될 수 있다. 즉 개인이 금전적 보상을 더 선호하는지 아니면 비금전적 보상을 더 선호하는지의 여부 등은 각 개인의 욕구구조로 설명할 수 있다. 따라서 만약 어떤 경영자가 금전적 보상과 비금전적 보상을 통해 종업원들을 동기부여하려는 의도를 가지고 있다면 종업원들의 욕구구조를 먼저 파악하고 이에 적절한 배합을 결정해야 할 것이다.

그림 9-2 보상에 대한 관점

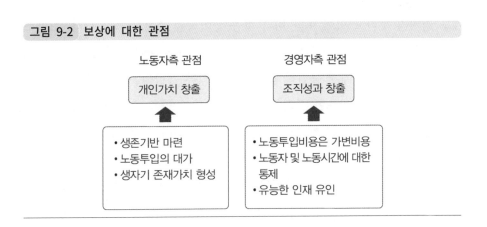

노동자측 관점

개인가치 창출

• 생존기반 마련
• 노동투입의 대가
• 생자기 존재가치 형성

경영자측 관점

조직성과 창출

• 노동투입비용은 가변비용
• 노동자 및 노동시간에 대한 통제
• 유능한 인재 유인

4 보상체제의 전략적 관점

보상체제의 전략적 관점이란 기본적으로 조직 전체의 전략적 관점과 보상 체제의 특징과 성격이 일치하는 방향으로 작용하여야 보상체제가 조직이나 구성원들에게 미치는 효과가 크게 나타날 수 있다는 관점을 말한다. 이에 따라 보상체제는 조직의 장래 전략적 방향성과 그것이 의도하는 조직 문화를 지지하는 방향으로 설계되어야 한다. 만약 조직 경쟁력의 원천이 신제품 개발과 개척 등에 초점이 맞추어진다면 이를 지원하는 창의적 조직 문화와 조응하는 임금체제를 구성하여야 한다. 즉 급여체제는 직원들의 창의력과 혁신의 개발에 중점을 둔 방식으로 설계되어야 하며 직원 상호간의 기술 공유와 학습 등을 조장하는 방향으로 만들어야 한다. 그러나 급여만으로 조직구성원의 동기부여를 설명하는 것에는 다소의 한계가 있다. 우리는 물질적이고 금전적인 급여 외에도 종업원들의 만족을 진작할 수 있는 다른 내재적인 보상 요인들이 있다는 사실 역시 주목해야 한다.

예를 들면 미국의 저가 항공사이면서 우수한 재무적 성과를 달성하고 있는 사우스웨스트 항공사의 경우, 직원들의 급여수준은 다른 중대형 항공사보다 최소한 10% 이상 낮다. 그러나 사우스웨스트 항공사의 이직수준은 연 2%에도 미치지 못하고 있어 여타 미국 항공사 이직률 중에서 가장 낮다. 그만큼 직원들이 회사에 대해 만족하고 있는 수준이 높다는 이야기이다. 사우스웨스트 항공사는 직원들에게 물질적 급여보다는 많은 재량권을 부여하고 상호 수평적인 의사소통에 기초한 문화를 통해 직원들의 만족 수준을 높이고 있다. 이 회사는 항공사 직원들에 대해 절대적으로 신뢰하는 문화를 가지고 있다. 기내에서 난동을 부리거나 적절하지 않은 행동을 하는 승객에 대해서는 비행기 탑승을 거부할 수 있도록 직원들의 권한을 강화하였으며 승객들에 대한 서비스에 대해 항공사 승무원들의 재량권을 강화함으로써 재미있는 펀 문화를 만든 것으로 유명하다.

임금관리의 핵심은 얼마만큼의 급여를 어떻게 직원들에게 주는가의 문제 뿐 아니라 급여지불을 통해 어떻게 종업원을 동기부여하여 조직의 목적을 성취할 것인지에 대한 양면적인 내용을 가진다. 이런 의미에서 위 사우스웨스트의 사례는 임금관리측면에서 시사하는 바가 크다.

5 임금과 관련되는 제 개념[2]

아래에서는 임금과 연관된 다양한 개념에 대해 논의하고자 한다. 임금과 연관되는 다양한 개념으로 실제 생계비, 이론생계비, 비교임금, 통상임금, 평균임금, 보수비용, 노동비용 등이 포함된다.

1) 생계비 수준

생계비 수준이란 임금이 종업원 생계의 기본이 되므로 최소한의 생계를 보장할 수 있는 임금 수준이란 의미로서 실제생계비와 이론적 생계비가 있다. 실제생계비는 다수의 종업원 집단을 모집단으로 하여 표본조사를 실시하여 표본에 소속한 종업원의 생계비의 평균을 산정하여 나온 것이다. 이론 생계비는 종업원이 생계유지를 위해 필요한 항목과 비용을 나열하고 적정 물가수준을 반영하여 각 항목별로 적정비율을 계산하여 이를 합산, 산출한 것이다.

2) 비교임금

비교임금이란 동일 노동 동일 임금의 원칙에 입각해 동일 노동시장에서 활동하고 질적, 양적, 가치적 측면에서 동일한 수준의 노동을 공급하는 노동자들은 동일한 수준의 임금을 받아야 한다는 공정 임금 개념이다.

---

2 박준성, 2004, 임금관리 이론과 실제, 명경사.

3) 통상임금

통상임금이란 매월 고정적으로 지급하는 임금 항목을 포함하는 총액 개념으로 주로 중도퇴사자나 중도입사자의 급여 산정, 연장근로 등 가산 급여의 환산 기준으로 사용되는 급여 개념이다. 최근 통상적이고 관례적으로 지급해 온 정기 상여금을 통상임금의 범위에 포함해야 하는지에 대해 노사 간의 소송전이 있었다. 대법원은 이에 대해 정기상여금이 통삼임금의 범위에 있는 것으로 판정함으로써 노동계의 손을 들어주었다. 이렇게 되면 기업은 향후 가산 급여와 중간퇴사자의 급여산정 기준으로 상여금이 포함된 총액개념의 통상임금을 기준으로 하여 급여수준을 산출해 지불하여야 한다.

통상임금의 범위에 대한 대법원 전원합의체는 1개월을 초과하는 일정 기간마다 확정적으로 지급되는 정기 상여금을 통상임금으로 봐야 한다는 점을 판결했고 아울러 특정 시점에 재직하는 근로자에게만 지급하여 고정성이 없는 임금은 통상임금에서 제외하나 근속에 비례하여 지급하는 임금은 고정성이 있어 통상임금이라고 판시하였다. 그리고 만약 노사합의로 정기상여금을 통상임금에서 제외하기로 했다면 이것은 근로기준법 위반으로 무효임을 확인하는 한편 노사합의를 근거로 해 다른 임금총액이나 기타 근로조건을 정한 경우 추가임금 청구로 인하여 기업에게 중대한 경영상의 어려움을 초래하는 것은 신의성실의 원칙을 위반하므로 허용될 수 없다고 판시하였다.[3,4]

4) 평균임금

평균임금은 정기적이든 부정기적이든 월급여로 받는 모든 금액을 의미하는데 통상임금에 임의성의 성과급이나 상여금, 임금성 복리후생 등을 더한 범

---

3 대법원 2013. 12. 28. 선고 2012다89399 전원합의체 판결.
4 대법원 2013. 12. 28. 선고 2012다94643 전원합의체 판결.

위로 간주된다. 평균임금의 산정 기준은 평균임금 산정 사유발생 직전 3개월의 금액을 기준으로 산정하고 있고 일반적으로 정상적인 퇴직자의 퇴직금 산정의 기준으로 사용된다.

5) 보수비용

보수비용(Compensation costs)은 평균임금에 사회 보험 등에 들어가는 사용자 부담금을 합한 금액이다.

6) 노동비용

노동비용(Labor Costs 혹은 인건비)은 보수비용에 비용성 복리후생과 인적자원에 대한 채용 및 교육비 등을 포함한 금액을 의미한다. 즉 노동비용은 회사가 인력운영을 위해 지출하는 모든 비용을 포함한다.

그림 9-3 임금관련 개념과 범위

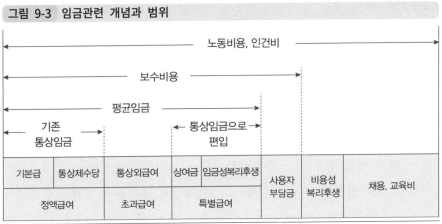

자료: 박준성(2004)

6 임금(급여)수준 결정요인

한 조직의 임금의 결정요인은 다차원적으로 파악된다. 이를 조직 외부적 요인과 조직내부적 요인, 그리고 개인별 차등요소 등으로 분류할 수 있다.

1) 조직 외부적 차원의 요인

(1) 정부의 급여 인상 통제, 법제도적 환경

먼저 정부의 임금 인상 관련 규제 및 법제도적 환경을 지적할 수 있다. 물가 인상을 억제하기 위해 정부가 급여 규제를 강화할 수 있다. 최근 대학과 관련된 사례로 반값 등록금에 대한 사회적 압력에 부응하기 위해 정부가 대학의 등록금 인상을 강하게 규제하고 있다. 이로 말미암아 대학의 임직원들의 급여는 거의 동결되는 경우가 많았다. 특히 국립대학에 비해 등록금이 비쌀 수 없는 사립대학의 경우 이 같은 압력은 매우 실질적으로 작용하여 서울의 모 S 사립대학의 경우 과거 5년 전부터 등록금 동결과 더불어 교수와 임직원들의 급여를 지속적으로 동결해오고 있다. 정부는 그간 공무원들이 임금 수준 역시 물가수준을 초과하지 않도록 규제하고 매년 소폭 인상하도록 규제를 해 왔다. 공무원 임금 인상은 매년 1~3.5% 정도의 범위에서 결정되어 왔는데 이는 물가인상률에 비교적 연동되어온 것으로 보인다.

아울러 노동법이나 최저임금법과 관련한 규제가 있을 수 있는데 최저 임금법에 의해 매년 정해지는 최저임금 수준은 저임금 노동자들의 급여수준을 높이는 효과를 가진다. 창원 인근에 있는 제조업체 중에는 종업원들의 급여가 최저임금수준에 의해 연동되는 구조를 가진 경우가 있다. 즉 최저임금이 오르면 그 오르는 만큼 종업원들의 급여 수준이 올라가는 구조가 된다. 2016년 최저임금은 시급 기준 6,030원이었고 2017년엔 2016년보다 7.3%가 인상된 6,470원, 2018년 최저임금은 7,530원, 2019년은 8,350원, 2020년 8,590원, 2021년 8,720원, 2022년 9,160원, 2023년 9,620원이 되었으며 2023년 기준으로 본 최저 월급은 2,010,580원이 된다.

(2) 외부 노동시장과 동종 산업 내 임금 수준

외부 노동시장의 임금수준의 동향과 기업이 소속된 산업내의 임금수준의 동향 등이 당해 기업의 임금수준 변화에 영향을 주게 된다. 대체로 기업들은 실적이나 재무적 능력을 고려하여 동종 산업의 타 경쟁사에 비해 최소한 비슷한 수준의 임금을 종업원들에게 부여하려는 경향을 가질 것이다. 경쟁사와 비교되는 보상 수준은 종업원들의 사기와 타사로의 이직의도 등에 영향을 줄 수 있기 때문이다. 우수한 인재 유치와 유지를 위해서는 경쟁사보다 높은 수준의 보상이 제시되어야 한다.

(3) 노동조합의 요구

대체로 종업원들의 보수 수준에 있어서 노동조합의 영향이 지대하다는 것이 일반화된 주장이다. 노동조합은 급여와 관련된 조합원들의 불만을 수렴하여 이를 단체협상을 통해 회사에 요구하고 임금 인상을 관철시키는 기능을 수행하여 왔다. 한국의 경우 노조가 결정되어 있는 생산직과 노조가 결성되어 있지 않은 사무직의 경우를 비교해 보면 비슷한 근무연수를 가진 직원의 경우 생산직의 기본급여수준이 사무직의 급여 수준보다 높은 경우가 많다. 경남 창원의 L회사의 경우, 생산직에 노조가 조직되어 있지만 사무직에는 조직되어 있지 않다. 생산직 사원들은 대부분 공고 등 실업계 고교 출신들로 구성되어 있고 고교 졸업 이후 근무하였다면 대부분의 사무직 직원들은 대졸 출신이 많다. 이 같은 학력수준에도 불구하고 같은 근무연수, 직급의 생산직과 사무직 사원의 급여수준을 비교해 보면 생산직 사원의 급여 수준이 사무직보다 20% 정도 더 많다고 한다. 인사노무관리자들의 말을 빌리면 이 같은 격차가 이미 오래전부터 고착화되어 왔으며 그 원인이 노조 결성 유무에 있을 수 있다고 했다. 이 같은 추세는 우리나라의 학력별 임금격차가 갈수록 감소하고 있는 사실과도 일치하고 있다.

2) 조직 내부적 요인

조직 내부적 요인으로 조직의 지급 능력, 경영자의 임금에 대한 태도 등을 고려할 수 있다.

(1) 조직의 지급능력

조직의 지급능력은 조직이 가지고 있는 재무적 역량, 당해연도의 재무적 성과 등에 연동된다. 대체로 당해연도의 재무적 성과가 높게 나타난다면 종업원들은 그 기업의 지급능력이 높아졌다고 판단한다. 따라서 노조나 대표단체 등을 통해 임금 인상 요구 등을 적극적으로 할 가능성이 높다.

(2) 조직의 경영전략

품질우위와 차별화 전략을 취하는 조직의 경우 고가 전략을 의미하므로 종업원들의 급여 수준을 높게 유지할 가능성이 커지나 원가우위전략을 취하는 조직의 경우 가능한 종업원 급여 등 가변비에 대해 민감하게 억제하는 정책을 취할 수 있을 것이다.

3) 개인별 차등 요소

(1) 개인별 교육 수준

과거 우리 기업에서는 종업원들의 교육수준에 따라 임금 수준이 영향을 받는 구조를 가지고 있었다. 즉 학력을 경력에 준해 인정해 주고 대졸의 경우에는 고졸의 경우보다 3~4년 정도의 경력으로 인정해 주었다. 남자들의 경우 군대 경력 역시 회사의 경력으로 인정되는 문화가 일반화되어 있다. 이런 조처의 전제에는 종업원들의 교육수준이나 학력이 인적인 역량을 대리하는 개념으로 간주되고 있다는 것을 보여 준다.

또한 같은 대졸이라 하더라도 명문대를 졸업했는지 비명문대를 졸업했는지가 인적역량 판단의 기준이 되기도 하였지만 이런 추세는 갈수록 퇴색하고 있다.

(2) 직무의 난이도

직무의 난이도에 따라 급여 수준이 달라지는 경우가 있을 수 있다. 전문성이 높게 요구되는 직무의 경우 난이도가 높다고 할 수 있으며 이를 잘 수행하기 위해서는 다양한 경험과 숙련이 요구될 것이다. 한국의 경우 직무의 난이도가 급여수준을 결정하는 정도는 다소 제한적이라고 보는 게 타당하다. 왜냐하면 그대로 한국은 연령이나 경력, 학력 등 연공적 요소의 영향력이 구미 국가나 유럽 국가들에 비하면 높기 때문이다.

(3) 숙련 정도

종업원의 숙련 정도는 급여 수준에 영향을 미치는 요소로 고려될 수 있다. 숙련수준이 높을수록 급여 수준이 높을 수 있으며 숙련 수준은 경력과도 비례하는 경향이 있다.

(4) 부양가족의 수

부양가족의 수가 많다고 해서 반드시 급여 수준이 높은 것은 아니지만 부양가족의 수는 기업으로부터의 급여 지원을 이끌어 낼 수 있다. 예를 들어 부양가족 수당과 같이 급여에 일부 지원되는 성향이 있다.

(5) 근속연수

근속연수가 높은 근로자는 숙련공일 가능성이 높아 임금 수준에 영향을 줄 것이다. 근속연수는 연령이나 숙련 등과 정적 상관관계를 가질 가능성이 높다.

7 임금 결정의 기준

임금을 결정하는 기준으로서 직무가치, 종업원 가치, 결과 가치 등 세 가지가 존재한다. 직무가치를 기준으로 하여 임금 수준을 결정하는 방식을 직무급 임금체계, 종업원 등 속인적 요소를 기준으로 하여 임금수준을 결정하는 요소는 연공급과 기술급, 역량급 등이 있다. 근속연수를 기준으로 하여 임금수준을 결정하는 방식을 연공급, 종업원의 기술수준과 숙련을 기준으로 하여 임금수준을 결정하는 방식을 숙련급(또는 기술급)이라고 하며, 종업원의 능력과 역량을 기준으로 하여 임금수준을 결정하는 방식을 역량급 또는 지식급 임금체계라고 지칭한다.

직무가치기준 → 직무급
종업원가치 중 근속연수 기준 → 연공급
기술과 숙련 → 기술급, 숙련급
능력과 역량 → 역량급, 지식급
결과 가치 기준 → 개인 성과급이나 집단 성과급

결과 가치를 기준으로 하여 임금수준을 결정하는 방식으로는 개인 성과급이나 집단 성과급 임금체제가 존재한다.

8 임금의 구조

일반적으로 임금은 종업원이 기본 생활을 안정적으로 누리는 것을 지원하는 기본급과 동기부여를 자극하기 위하여 운영되는 변동급 등 두 가지로 구성된다. 그런데 과거 연공서열식의 운영이 득세를 하고 있었을 때는 변동급의 비율이 거의 0에 가까울 정도로 각종 수당이나 보너스 등이 경력과 연공서열에 비례하게 책정되어졌다. 그러나 최근에는 이 같은 관행에서 많이 벗어나 변동급의 비율이 증가하고 있는 추세이고 최근 어느 직종에나 기본급과 변동급으로 급여 구조를 나눌 수 있을 정도이다.

　기본급 임금은 생활보장형으로써 종업원의 경력을 일정정도 반영하여 해마다 증가하든지 아니면 고정시키는 방식이 유행하고 있으며 기본급 자체를 줄이는 경우는 거의 발견되지 않고 있다.

　변동급 임금은 주로 동기부여나 자극형으로써 운용되는데 각종 상여금이나 성과급, 인센티브 등이 이에 해당된다. 이 같은 변동급 임금은 일반적으로 종업원 개인에 대한 성과 평가나 능력 평가에 기초하여 개별적으로 차등 지급되는 방식을 띤다.

9 급여체제의 내용

1) 연공급 급여체제

　연공급 급여체제는 종업원들의 근무연수에 비례하여 임금 수준을 연동시킨 방식의 임금 지불 체제를 의미한다. 원래 이 임금제도는 일본에서 주로 발달되어온 제도라 할 수 있다. 전통적 일본 기업의 경우 신입사원으로 입사하면 평생 직장으로 회사를 다니며, 급여체제나 승진 등 모든 인사 시스템이 연공서열형태의 방식을 따르게 되는 경우가 대부분이다. 물론 최근 일본의 몇 대기업 중심으로 이 같은 연공서열 방식의 인사시스템이 파괴되고 영미식으로 이행 도중에 있는 기업도 있다. 그러나 일반적인 경우 일본 기업의 경영 방식은 연공서열, 평생직장, 가부장적인 고용관계 등의 3가지 축에 기초하고 있다.

　연공급 급여의 장점은 조직 구성원의 장기적 고용안정과 생활의 안정을 확보하게 한다는 점과 시간이 흐를수록 조직에 대한 애착이 증가한다는 점 등을 지적할 수 있다. 반면 단점으로는 시간이 흐를수록 생산성 증가에 비해 인건비 비중이 가중된다는 점, 종업원들을 자극하지 않아 혁신이나 변화에 둔감하게 되는 점 등을 지적할 수 있다. 대체로 연공급제도에서의 대표적인 것은 경력에 비례하여 임금수준이 올라가는 호봉제도이다.

한국의 경우 70년대 경제개발기부터 IMF 경제위기 이전까지 대부분의 종업원들이 호봉제에 근거한 연공형 급여를 적용받았으나 IMF 경제위기와 2008년 세계경제위기 등 두 차례 경제위기를 겪으면서 갈수록 직무 성과급이나 개인 성과급 등 개별 변동급 성격이 강화되고 있는 추세이다.

2) 직무급 임금체제

직무급 임금체계란 직무 가치, 즉 직무의 중요성과 난이도에 따라 임금을 지불하는 방식이다. 직무급이란 직무 분석을 실시하여 직무의 상대적 가치를 측정한 후 이 상대적 가치에 근거하여 급여가 산정되는 방식이다. 전통적으로 한국, 일본 등에서는 연공, 서열 등 속인적 요소를 중시해왔지만 유럽이나 미국 등에서는 직무의 난이도와 중요도 등 직무 속성을 부각해 이를 급여수준에 반영하는 경우가 많았다. 이같이 직무의 성격을 가치로 평가하여 이를 급여로 연결하는 것이 직무급 임금체제이다.

(1) 직무급의 설계

먼저 직무분석이 선행되어야 하며, 직무 분석에 기초하여 나온 직무기술서와 직무명세서를 근거로 해 직무가치 평가에 임하게 된다. 직무기술서란 해당 직무의 과업의 내용, 의무나 책임 등을 명시화한 문서이며 직무명세서란 해당직무 수행을 위해 필요한 요건 등을 정리한 문서이다. 가령 직무를 수행하기 위해 필요한 학력, 요구 자격증, 경력 수준, 요구 숙련 등을 정리한 것이다.

직무기술서와 직무명세서에 기초하여 직무에 대한 가치가 평가되는데 이 가치는 여러 직무 중에서의 상대적 가치를 평가하는 것이다. 직무가치를 평가하는 기준은 전문가보다 다르게 나타나기도 하지만 일반적으로 직무수행의 난이도와 조직 내 직무의 중요도 등이 감안되고 있다.

둘째, 직무 가치 평가에 의해 직무의 상대적 가치를 위계적으로 결정한다. 조직에서 가장 가치 있고 중요한 직무로부터 덜 중요한 직무까지의 직무위계를 파악하여 이를 토대로 해 어느 직무에 임금이 어느 정도 할당되어야 하는지를 결정해야 한다. 이 단계에서 가장 중요한 것은 조직 구성원들이 직무평가 결과를 스스로 받아들여야 한다는 것이다. 즉 조직 구성원들이 직무의 가치 평가 결과 나타나는 위계를 순순히 받아들이고 동의해야 한다는 점이다.

셋째, 직무가치위계에 대한 동의가 이루어진다면 외부 노동시장의 유사 직무와 임금수준을 조사하고 비교 분석할 필요가 있다. 이 과정을 통해 동종 업계 다른 조직의 경우 동일 직종에 대한 임금 수준에 대한 정보를 접하고 이를 어떻게 운영하는 지를 고려해야 할 것이다. 무엇보다 경쟁업체의 임금 수준에 밑지지 않는 수준을 확보하여 이를 급여수준 결정에 반영할 필요가 있다.

넷째, 직무의 가치와 상응하는 급여의 양과 수준이 결정되면, 보상 범위 내에서 개인별 급여수준을 결정하는 기준을 마련하여야 한다. 같은 직무에 소속한 개인들의 업무 성과를 비롯해 숙련, 경력, 연공 등 다양한 인적 요소 등을 고려하여 개인의 급여 수준을 결정할 수 있다. 동일 직무 내에 속한 개인들의 급여 분포를 업무 성과를 평가하여 결정한다면 이를 직무 성과급이라고 하며, 반면 숙련이나 경력 등을 기초하여 결정한다면 직무 숙련, 직무 연공 등 다양한 조합이 이루어질 수 있다. 일반적으로 직무급은 직무급 단독으로 시행되기는 어려우며 한국에서는 직무급하면 직무성과급으로 인지하는 경향이 높다.

(2) 직무급의 장단점과 추세

첫째, 직무급은 조직 자체의 특성이나 고유의 문제를 간과하여 실시할 경우 실패할 확률이 높다. 한국의 경우 학력위주, 연공위주의 문화가 축적되어온 경우가 많아 이를 무시하기가 쉽지 않은데, 이런 문화적 요소를 고려하지 않고 급하게 도입하려다가 실패하기도 한다. 대부분 조직 문화적 측면 또는 구성원의 의식적 측면에서 거센 저항으로 인해 제도 실시가 좌절되는 경우가 많다.

둘째, 직무 평가시 객관성 확보에서 어려움이 많고 조직 구성원 모두가 받아들이는 직무 위계를 만들기가 결코 쉽지 않다. 이런 객관성을 확보하기 위해 대부분 조직에서는 외부 전문가를 영입하여 직무분석과 직무의 상대적 평가를 진행하는 경향이 있다.

셋째, 최근 급변하는 기술환경변화는 좁고 경직적인 직무 구분을 무의미하게 만들 수 있다. 이를 완화하기 위해 다기능과 포괄적인 기술 범위 등을 포함하여 직무 범위를 넓게 정의하는 방법이 진행되는데 이를 직무의 광대역화(Broadbanding)라 한다. 즉 직무 가치는 한번 결정되면 경직화되어 환경 변화를 반영하기 어려우므로 이를 극복하기 위해 직무 설계와 평가단계에서 직무를 광범하게 설정하여 정의하는 것이다. 직무를 구성하는 과업을 보다 다양

그림 9-4 직무급의 예시

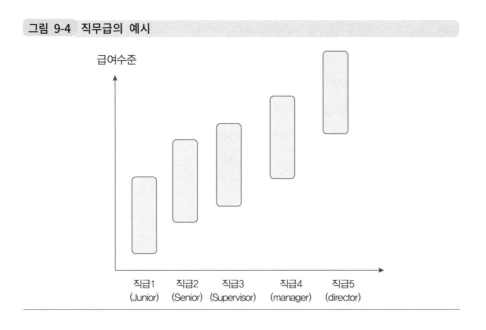

하게 포함하여 넓은 직무 범위를 설정하여 직무기술서와 직무명세서를 만들게 된다.

〈그림 9-4〉에서 보여주는 예는 직급에 따라 직무를 분석한 기업의 사례이다. 임금밴드가 중복형으로 설계되어 있으므로 경우에 따라 하위직급의 종업원이 상위 직급의 종업원의 임금수준을 초과하는 것이 가능하다.

(3) 직무급 실제의 운용

직무급은 직무급 단독으로 운영되기가 힘들다. 직무 평가에 의해 직무가치가 확정되더라도 동일 직무에 소속한 개인별 차등을 무엇을 기준으로 할 것인지 등의 문제를 해결하여야 한다. 한국의 경우 직무급은 직무 성과급으로 인지되는 경향이 있는데 이는 직무급 임금은 직무나 직급, 그리고 개인성과 평가에 의해 결정되는 경향이 있기 때문이다.

3) 직능급(Skill based pay)

보상수준을 결정하는 기준으로 직무를 수행하는 사람의 능력, 숙련, 기술을 고려하는 보상체제이다. 종업원 자신이 업무 과정에서 습득한 업무 기술이나 능력, 지식 등이 증가함에 따라 급여 수준을 연동하는 방식의 보상이다. 주로 소규모 제조기업이나 기술지향적인 벤처 기업과 같은 조직에서 많이 활용할 수 있는 제도이다.

(1) 숙련 수준(skill level) 결정 수준

① 업무 기술의 깊이

종업원이 가지고 있는 기술의 심도와 단계를 의미한다.

② 업무기술의 수평적 범위

종업원의 직무 수행에 얼마나 다양한 기술이 사용되는가, 즉 직무의 다

기능화 정도를 의미한다.

③ 업무 기술의 수직적 범위

업무 완결성과 자율성에 대한 통제권을 의미한다. 종업원이 자신의 과업을 수행할 때 작업일정이나 계획부터 실행, 조정, 리더십 등까지 일련의 과업 내용을 자율적으로 결정할 수 있는 정도이다.

숙련수준을 위 세 가지 측면으로 고찰하여 이의 내용을 감안해 숙련에 대한 등급과 자격제도 등을 고안할 수 있다. 조직은 종업원들의 숙련을 단계로 나누어 점차적으로 발전할 수 있도록 숙련 지도(맵)를 만들어 이를 실행할 수 있다.

(2) 직능급의 장단점

직능급은 조직구성원의 학습을 촉진하여 각자의 숙련과 기술을 향상시키는 동기를 자극할 수 있는 급여체제이다. 또한 기술 환경에 대한 유연한 대처가 가능한 것도 장점으로 볼 수 있다. 그러나 시스템을 만드는 초기 단계에서 들어가야 하는 비용이 만만치 않은 것으로 알려져 있다. 종업원들의 숙련을 분류하고 숙련맵과 승진 경로를 만들어주어야 한다. 다양한 자격시험을 고안해야 하고 종업원들의 학습의욕을 충족시켜줄 교육훈련제도 등을 개발하여야 한다. 따라서 직능급 체제를 완성하기에는 많은 노무비가 투입되어야 한다. 가변 비용에 민감한 경영자의 경우 선뜻 동의하기 힘든 제도이다. 또한 현재 사용되지 않는 진부한 기능이나 기술에도 보상이 지급된다는 점은 비용에 민감한 경영자는 받아들일 수 없는 내용일 것이다.

〈그림 9-5〉는 유한킴벌리 생산직 사원의 직능급 제도를 단순하게 그린 것이다.[5] 신입사원이 생산직으로 입사하여 일정기간이 지나면 기원이 될 수

---

5 정혜원, 2004, 대한민국 희망보고서 유한킴벌리, 거름.

그림 9-5 직능급의 예시: 유한킴벌리 생산직 직능급의 단순도식화

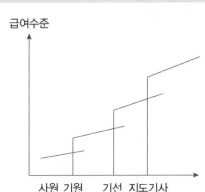

있는 자격 시험을 치르게 한다. 시험에 합격하면 기존 임금 수준에 자격 수당이 파격적으로 더해져 급여 수준이 올라가게 된다. 기원에서 역시 일정 시간이 흐르면 기선으로 올라갈 수 있는 숙련 자격시험을 치를 수 있다. 이 시험에 합격하여 자격을 취득하면 자격 수당이 파격적으로 인상되어 급여 수준이 올라간다. 이 같이 숙련 수준을 가르는 자격시험과 자격 수당으로 인해 급여 수준이 달라지는 구조를 가진다.

(3) 실제의 운영

개개인의 능력에 따라 임금 수준을 결정한다는 것이 직능급의 원칙이지만 직능급을 운영함에 있어 능력을 측정하는 것만으로 임금을 결정하지는 않는다. 실제 운영에 있어 거의 모든 경우에 직능급은 연공급을 보완하거나 보조하는 수단으로 사용되는 경향이 있다. 일본 기업의 경우 연공급과 직능급을 상호 혼합하여 급여 수준을 형성하기도 하고 한국의 경우에도 연공급에 대한 보조 수단으로 직능급을 채택하는 경우가 많다. 유한킴벌리의 생산직의 경우 직능급 급여체제를 적용하고 있지만 숙련 맵에 따른 자격시험을 생산직 사원 대부분이 열심히 노력하기만 하면 통과할 수 있는 수준으로 운영된다고 한다.

따라서 자격시험에 따른 자극성과 변별력이 약한 수준이다. 한국의 경우 최근 동기부여형 임금체계 도입 움직임의 일환으로 직능급 체계를 고려해왔지만 유한 킴벌리, 포스코 등 일부 기업에서 직능급 임금체계를 연공급에 대한 보조적 수단으로 채택하고 있다고 봐야 할 것이다.

4) 개인 성과급체제(performance based pay)

조직 구성원의 업무 성과를 기준으로 임금수준을 결정하는 방식으로 조직 구성원은 성과급의 변동성에 의해 자극 받기도 하지만 불안감을 느낄 수도 있다. 개인별 성과급과 집단 성과급으로 분류된다.

(1) 업적급(merit pay) 방식

개인 기준 성과급에서 가장 많이 사용하는 방식으로 개인에 대한 성과평가에 근거하여 기본급 인상률을 조정하는 임금체계이다. 매년 정해지는 기본급 인상분이 차년도에 누적되는 구조이므로 해가 진행될수록 개인간 임금 격차가 커지는 특징을 가진다. 대표적 업적급 방식으로 운영되는 급여제도가 연봉제도(Annual Pay)이다. 연봉제는 개인의 성과를 고려하여 기본급의 인상률을 결정하는데 만약 임금인상을 위한 제원이 있다면 이 제원을 기준으로 성과가 높은 개인에게는 높은 인상률을 적용하고 성과가 낮은 개인에게는 낮은 인상률을 적용하는 방식으로 운영된다.

예를 들면 국립대학교 교원에 적용되는 급여 방식으로 성과 연봉제가 2012년부터 적용되고 있는데 이것이 업적급 방식의 급여의 특징을 잘 보여주고 있다. C대학교의 예를 들면, 교원들을 S, A, B, C 등으로 평가하여 S등급인 경우 표준 성과 잉여분의 1.5배를 적용해 변동급을 산출하여 그 일부를 기본 연봉에 산입하고, A등급인 경우 표준 성과 잉여분의 1.3배, B 등급의 경우 표준 성과 잉여 배분의 0.8배, C등급의 경우 0를 적용해 변동급을 산출하여 그 일부를 각각의 기본 연봉에 산입해 연봉을 책정하고 있다. 이는 누적적 성과 연봉제로써 전형적인 업적급에 해당된다. 교원들의 성과 평가는 연구실적과 교육실적, 그리고 봉사실적, 산학실적 등으로 계량화되어 이를 개인별로 서열화하여 산출된다.

(2) 성과 가급 방식(merit bonus, lump sum payment)

조직 구성원의 직무 성과에 대하여 추가적으로 보상하는 것으로 보통 조직 구성원의 고과 성적, 기업의 성과를 고려하여 연말에 지급하는 경향이 있다. 기본급 인상이 누적되는 업적급과는 다르게 기본급 구조에 누적되지 않는 방식의 개인 및 집단 성과급 형태로 대체로 기본급 구조는 경력이나 연공을 중시하여 지급하고 연말의 성과급형태로 성과 가급을 채택하는 경우가 일반적으로 많이 나타나고 있다.

(3) 개별 성과급의 장단점

개별 성과급은 개인 구성원에 대한 동기부여 효과가 큰 것으로 알려져 있는데 특히 개인주의 조직 문화를 가진 조직의 경우 효과가 크게 나타나는 것으로 알려져 있다. 개인 경쟁 문화가 자리 잡고 있는 대조직의 경우 개별 성과급을 시행함으로써 조직의 변화와 종업원의 동기부여 효과를 추구할 수 있다. 한국의 삼성 그룹의 경우 개인 경쟁 문화가 잘 발달되어 있고 경쟁 문화가 조직내 구성원들의 의식 깊숙이 스며들어 있는 조직으로 알려져 있다. 삼성의 구성원들은 항상 개인별 성과에 의해 평가 받고 정당한 경쟁을 하며 그 결과에 승복할 뿐 아니라 경쟁에 도태될 경우 거의 자발적으로 퇴사하는 분위기를 만들어 놓고 있다. 삼성뿐 아니라 우리나라 대기업의 경우 대체로 조직내에서 개인별 경쟁 문화를 조장해 왔으며 그 중심적 제도로서 개별 성과 평가와 이에 기초한 급여체제로의 전환이 부각되어 왔다.

그러나 종업원들에 대한 동기부여 효과에도 불구하고 개인 성과급 제도는 몇 가지 단점을 야기할 수도 있다는 점을 동시에 감안해야 한다. 이 제도의 시행은 조직내 구성원간의 지나친 경쟁을 야기하여 조직내 응집력을 저하시킬 수 있다. 특히 소규모 조직일 경우 지나친 경쟁은 조직내 필요한 협력과 응집력을 저해할 뿐 아니라 특유 기술과 숙련의 형성 자체를 방해하고 종업원간의 정보 공유와 상호 학습을 저해할 수 있다.

(4) 개별 성과급 실행의 조건

개별 성과급은 어떤 조건에서 실행될 때 유리한 결과를 가져다주는가. 첫째, 개별 구성원들의 성과 평가(즉 공헌도를 의미)를 명확히 구분하고 확인할 수 있을 때, 둘째, 개인 직무의 자율성이 큰 경우, 즉 개인 구성원들이 각각 독립적으로 일할 수 있는 범위가 넓고 자율성의 영역이 크게 나타날 경우, 셋째, 협동이 조직성과에 중요한 영향을 미치지 않거나 경쟁 자체가 조직성과나 발전에 중요하다고 생각되는 경우에 개별 성과급의 실행은 매우 효과적인 결과를 가져다 줄 것이다.

(5) 한국적 현실

개별 성과급 제도나 그 일종인 연봉제 등의 급여제도는 강력한 노조가 있는 회사나 사업장의 경우 이에 대한 저항이 높아 기존 연공급이나 호봉위주의 급여체제를 유지하는 경향을 보이고 노조가 없는 사무 직종이나 영업직 등에 개인성과주의 임금을 먼저 도입하고 운영하는 방식이 지배적이다.

5) 팀 기준 성과급

팀 기준 성과급은 개인이 속한 팀의 성과에 기초하여 동일한 팀 구성원들이 이미 책정된 개인 기본급 위에 동등한 성과 보상을 받는 형태이다. 보통 개인 구성원들의 임금 책정이 끝난 후 팀 성과에 따라 부가적으로 보상이 주어지는 경우가 많다.

(1) 장단점

팀 기준 성과급은 팀이나 집단의 협력과 응집력을 높이는 기능을 한다. 또한 개인의 경쟁력과 팀의 응집력을 조화시키기 위해서 실시될 수 있다. 그러나 팀이 지나치게 큰 규모로 운영될 경우에는 개인의 무임승차 문제가 대두될 수 있고 팀이나 그룹간의 지나친 경쟁을 유발함으로써 조직 전체의 응집력이란 측면에서 부조화를 야기할 수 있다.

(2) 실행의 조건

팀기준 성과급은 개인간 업무의 상호 의존성이 클 경우, 개인간 업무의 협력이 성과에 중대한 영향을 미칠 경우, 그리고 팀 구성원들의 관계가 수직 서열적이 아닌 수평적인 관계일 경우, 개인 내부적 동기부여 수준이나 의욕이 높을 경우 실행하면 높은 효과를 기대할 수 있다.

6) 조직 성과급(집단 성과급)

조직 성과급에는 이익배분제(Profit Sharing)와 성과배분제(Gain Sharing) 두 가지가 있다.

(1) 이익배분제(PS: Profit Sharing)

이익배분제, 일명 PS라고 하는 것은 기업 활동의 결과, 기업이 이익을 만들어낼 때 그 이익의 일부를 사전에 정해진 분배공식에 의해 종업원들에게 분배하는 제도로 그 지급액이 사전에 정해지지 않고 매년 말 기업의 손익계산서상의 경영성과(이익)에 따라 결정되는 사후적인 보상이다. 우리나라에서는 삼성전자, 코오롱 등 대기업에서 지표가 가지는 객관성과 적용의 편의성 등으로 인해 도입되어 활용되고 있다. 기업이 한 해 동안 산출하는 이익을 결정하는 요인은 노동 외에도 매우 많기 때문에 노동을 열심히 한다고 해서 반드시 이익이 개선되는 것은 아니다. 이런 점에서 보면 아래에 소개하는 성과배분제가 과거 노동조합 등에서 더 선호하였던 집단 성과배분제도라 볼 수 있다.

(2) 성과배분제(Gain Sharing)

성과배분제는 종업원들을 대상으로 생산성을 기준으로 한 성과배분제이다. 즉 생산성을 향상하는 것을 목적으로 산정하여 생산성 향상분의 일정 부분을 구성원들에게 배분하는 것을 말한다. 생산성은 노동의 투입량과 노력에 의해 산출되는 산출물의 양과 품질 등 다양하게 산출되므로 이런 향상분을 화폐가치로 전환해 구성원들에게 배분하게 된다. 따라서 투입과 결과물에 대해 다양한 성과들을 포함할 수 있어 생산현장에서 다양하게 응용할 수 있는 장점이 있다. 일반적으로 많이 사용되는 생산성 산정 지표는 매출액증가나 비용절감이지만 서비스의 품질이나 고객만족, 혁신적 성과 등 다양한 분야로 생산성 산정지표를 확장할 수 있다.

생산성에 영향을 미치는 요인은 매우 다양하며 무엇을 생산성으로 간주할 것인가에 대해서도 다양하게 나타난다. 이에 개별 기업은 각자 기업의 실정에 맞는 또는 먼저 시급하게 해결해야 하는 성과지표를 개발하여 운영하는 것이 좋다. 현재까지 성과배분제로서 스캘런 플랜, 럭커 플랜, 임프로쉐어 등이 있다. 이 세 가지 성과배분제는 각각 생산성 등 성과지표를 산출하는 방식에서 차이가 난다. 스캘런 플랜은 노동비용(인건비)과 매출의 비율을 생산성의 지표로 삼고, 럭커플랜은 노동비용과 부가가치를, 그리고 임프로쉐어는 제품생산에 들어가는 표준시간과 실제소요시간과의 비율을 따져 생산성의 지표로 삼는다.

10 급여체제의 응용

1) 임금피크제: 연공급 임금제도의 변형

임금피크제도란 근속연수에 따라 일정 시점에서 정년을 보장하거나 연장하는 조건으로 임금 수준을 조정하는 제도로, 연공급제도의 변형된 형태의 급여제도이다. 이 제도의 시행은 근로인력의 고령화 현상과 깊은 상관관계를 가진다. 호봉제 등 연공급 임금체계로 인해 기업의 인건비 부담이 가중되면서 중고령 인력에 대해 기업의 퇴출압력이 갈수록 거세지자 이들에게 정년을 보장하거나 연장함을 조건으로 임금수준을 하방으로 조정하는 것을 지칭한다.

(1) 형태

임금피크제에는 정년보장형(임금삭감 후 정년보장), 정년연장형(임금삭감 후 정년연장), 고용연장형(정년퇴직 후 연속적으로 재고용) 등의 형태가 있다.

그리고 정년보장이나 연장 이후 임금 수준 조정의 형태는 상승둔화형, 수평형, 절감형, 하락 후 상승, 하락 후 수평 유지 등 다양한 형태가 있다.

(2) 임금피크의 내적 적합성

임금피크제는 이 제도 단독으로 시행되기 보다는 고령자 친화형인 다양한 인적자원관리 제도와 관행 등과 함께 시행되어져서 제도 시행의 시너지 효과가 최대로 나타날 필요가 있는데 이같이 고령친화형 직무개발, 직무 훈련, 각종 고용촉진을 지원하는 제도, 전직 지원 등 다양한 인적자원관리 관행 등과 함께 피크제가 시행될 때 피크제가 보다 효과적으로 운영될 수 있다는 것을 내적 적합성이라고 지칭한다.[6] 임금피크제는 기업내 고령인력을 대상으로 한 독특한 임금체계로서 연공급의 변형이다. 임금피크제의 효과성을 높이

---

[6] 이지만·박성훈·정승화·강철희·조상미, 2012, 국내, 일본 기업 사례 비교 분석을 통한 임금피크제의 실행효과와 그 향후 과제, 인적자원관리연구, 19(1), pp.1-26.

그림 9-6 임금피크제의 임금조정

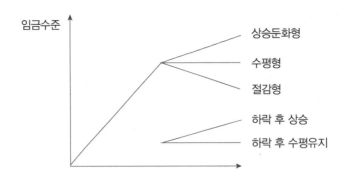

기 위해서는 직무개발과 교육훈련 등과 같은 다른 인적자원관리 관행들과의
내적인 적합성을 유지하여야 하며, 이런 적합성이 개별 인적자원관리의 효과
를 극대화하는 데 기여한다. 임금피크제와 함께 시행될 수 있는 인적자원관리
의 하부 관행들로, 고령자 과업 및 직무 개발, 고령자 고용촉진 프로그램, 전
직 및 창업지원 프로그램, 교육 및 훈련 등을 들 수 있다. 임금피크제가 위의
다양한 개별 인적자원관리 관행들과 함께 개발되고 운영될 때 기업은 인건비
절감과 함께 고령 인력이 가진 풍부한 지식과 경험 등을 활용할 수 있다. 또
한 임금피크제 대상자는 고용 안정뿐 아니라 직무에 만족하거나 조직에 대한
진심어린 몰입 등을 할 수 있을 것이다. 임금피크제의 효과적인 실행은 미래
의 대상자가 될 현재의 젊은 근로자에게도 자신의 직무와 노후 설계 및 대처
등에서 긍정적인 태도를 가지게 할 것이다.

　　임금피크제를 고령자 직무개발과 교육훈련, 그리고 전환배치와 함께 적
용한 사례로 "은행의 추심업무 사례"가 있다. 퇴직하거나 현직 고령의 은행
직원들에게 채권추심업무를 부여하여 평균 4,000만원대의 연봉을 받는 18명
의 인력이 연 34억 6,700만원을 회수한 사례가 있는데 이는 한 인력이 2억
5,600만원의 부실 채권을 회수한 결과이다.

(3) 임금피크제 도입과 정착에서의 쟁점

현 근로기준법에 의하면 근로자에게 불이익을 줄 수 있는 제도를 도입하고자 할 경우 노동조합이나 근로자 과반으로부터 동의를 받아 이의 시행을 위해 취업규칙을 변경해야 한다.[7] 즉 근로자의 임금을 삭감한다는 내용을 담은 임금피크제는 근로조건 불이익 변경에 해당될 수 있으므로 이를 취업규칙을 변경하여 시행하려면 과반수 노조나 근로자 과반으로부터의 동의가 필요하다. 따라서 반드시 노사합의가 전제가 되어야 임금피크제의 도입과 실행이 가능하다. 그러나 한국적 현실에서 노조나 근로자들이 이에 동의하기는 쉽지 않다. 노동자가 동의할만한 급여 감액률, 임금피크제 대상자 선정, 고령자의 고용기간 등 노사 모두가 만족할 만한 기준을 만들어내기가 쉽지 않다.

더구나 2013년 60세 정년 보장이 법으로 통과됨에 따라 노동자는 임금삭감 없는 정년보장을 원하고 경영자는 임금체계개편이나 임금삭감 조건하의 60세 정년보장을 원하는 상황이 되었다. 한국에서 가장 일반화된 임금피크제는 정년 보장형 피크제인데 기존 정년을 보장해주고 임금을 삭감하는 조건은 근로자들이 동의하여주기 힘든 조건이다.

이로 인해 최근까지 임금피크제로 인한 소송건이 발생하고 있으며 이에 대한 다양한 판례가 생성되고 있다. 다양한 금융기관들에 실시된 임금피크제에 대한 법적인 분쟁이 진행되고 있으며 대법원 이전 하급심에서 정년 유지형 임금피크제에 대한 무효판결이 속속 나오고 있다. 한편 드물지만 KT의 경우 최종 대법원에서 정년연장형 임금피크제가 적법하다는 취지의 판결을 받았지만 하급심에서 무효판결이 나온 전례가 있어 정년연장형 임금피크제에 대한 법적인 논쟁은 아직도 진행행이라 볼 수 있다.

한국에서의 고령자 임금피크제는 대부분 단순하고 보조적인 업무가 많아

---

7 근로기준법 제9장 제94조, 취업규칙 불이익변경에 관한 건.

이를 시행하려면 고령자 인력의 지식과 경험 등을 활용할 수 있는 다양한 직무들을 개발할 필요가 있다.

2) 연봉제도[8]

(1) 연봉제의 형태

연봉제도는 개별 성과급 제도의 일종으로 개인의 급여 수준을 매년 성과평가에 의해 갱신하여 결정하는 제도로 영어로는 Annual Pay라고 한다. 연봉제도는 1997년 IMF 경제위기 이후 사무직과 영업직 등을 대상으로 해 급격하게 확대 적용되었다. 연봉제도의 형태는 성과 평가로 인한 변동급이 다음해 기본급여로 누적되는 것의 여부, 급여 차별 인상의 범위 등 두 가지 기준으로 하여 다음과 같이 분류된다.

프로선수형은 임금전체가 비누적형이고 전년도 실적에 의해 금년도의 연봉수준이 결정된다. 그러나 차별인상범위가 연봉 수준 전체에 해당되므로 금년 연봉수준이 다음연도 연봉수준에 보전이 된다는 보장이 전혀 없다. 프로야구선수, 예를 들면 잘나가던 선수라도 부상으로 인해 한해 실적이 좋지 않으면 그간 받은 연봉 수준이 보전이 되지 않으며 졸지에 아주 적은 연봉을 받을 수도 있다.

성과 가급(Merit Bonus)형은 총 급여 중 일부에 한해 비누적적인 임금 차등이 이루어지고 대체로 기본 연봉(급)은 기존 수준을 유지하는 방식의 급여제도이다. 기본 연봉은 기본적으로 기존 방식대로의 인상률이나 보전률을 따라가면서 성과평가 이후 지급되는 변동급을 개인별로 차등하여 지급하되 변동급 자체는 기본급에 누적시키지 않는 구조를 가진다. 창원 국가산업단지내에서 활동하고 있는 많은 제조기업들은 근로자의 임금결정에서 기본급은 호봉에 근거하고 연말에 지급되는 성과급을 직원들에 대한 평가결과에 의거하

---

8 유규창·박우성 편저, 2005, 21세기형 성과주의 임금제도, 서울: 명경사.

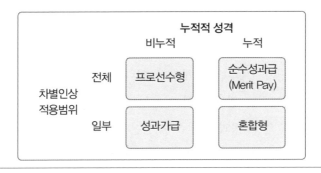

그림 9-7 연봉제도의 형태

여 비누적적인 형태로 지급하는 방식으로 운영하고 있다. 특히 이런 성향은 노조가 있는 사업장일수록 높게 나타남을 알 수 있다.

순수성과급은 급여 전체에 대해 누적적인 효과를 지닌 임금인상이 이루어지는 경우로 미국기업에서의 직무성과형태의 연봉제가 대표적이다. 누적적인 급여 인상이 이루어지므로 고성과자의 경우 급여 수준이 빠르게 증가하므로 우수 직원에 대한 자극적인 동기부여가 가능하지만 조직 입장에서는 인건비 부담이 빠르게 증가하는 요인이 되기도 한다.

혼합형은 순수성과급과 성과가급을 혼합하여 운영하는 형태로 기본급은 순수성과급형태로 누적적인 임금인상이 적용되나, 동시에 연말에 지급하는 상여금이나 성과급급여는 비누적적적인 성과가급을 적용하는 방식이다.

(2) 연봉제의 평가등급별 임금인상 조정방법

개인의 연봉수준을 결정에 일반적으로는 임금인상률을 달리함으로써 실현한다는 점이 특징이다. 인사평가결과에 따라 등급이 나누어지고 이 등급에 따라 임금인상이 결정된다.

만약 어떤 개인이 인사평가 결과 A를 받았고 개인별 인상재원이 1,000,000원이라고 가정하면 인사평가 A를 받은 개인은 1,000,000원×1.20＝1,200,000원의 성과급이 기존년도 연봉수준에 누적되어 인상되는 효과

표 9-1 등급별 임금인상 조정의 예

업무성과 평가 등급	S	A	B	C	평균
인상지수	1.5	1.2	0.8	0	1.0

를 가진다. 인사평가 B를 받은 개인이 있다면 이 개인은 1,000,000원×0.8
=800,000원의 성과급을 받게 되어 기존연도 연봉수준에 누적되어 인상된다.
이같이 가장 높은 업무 성과를 받은 사람은 인상재원의 1.5배, 가장 낮은 C
등급을 받은 개인은 추가적인 인상이 전혀 없는 구조가 된다.

(3) 연봉제는 반드시 개인의 성과 평가에 의해 실시되는가?

연봉제는 연간을 기초로 해 개인의 성과와 실적에 의해 임금총액을 결정
하는 것이라고 일반적으로 정의되지만 실제적인 운용에 있어서는 명시적인
업적과 실적에 의해 임금수준이 결정된다기보다는 개인 능력에 대한 기대와
업적을 혼용하여 평가하는 것이 대부분이다. 이는 사무관리직에 다른 직종보
다 우선하여 연봉제를 도입하면서 나타난 현상으로, 사무관리직의 경우 업적
과 실적이 다소 추상적인 개념이라 이를 정의하는 과정에서 나타난 현상이다.
만약 전년도 평가의 기준이 개인 능력에 대한 판단과 기대라면 이를 엄밀하
게는 연봉제라고 하기엔 어려우나 현실적으로는 개인의 능력에 대한 향후 기
대와 성과 중심의 혼합형 급여제로 간주하는 것이 현 추세라고 볼 수 있다.
개인의 성과와 개인의 역량이나 능력 등의 구분은 미국 기업의 경우 한국보
다는 좀 더 명확한 편이고 연봉제의 운영자체도 본래 연봉제의 개념에 가깝
게 진행되고 있다. 그러나 한국 등 동양권의 경우에는 연봉제에 개인적 과거
성과와 개인이 가지고 있는 능력과 역량에 대한 기대감을 혼용하여 사용하는
경향성이 높게 나타나고 있다. 이런 의미에서는 동양권에서의 연봉제는 평가
에 의한 역량급과 성과에 의한 연봉제가 혼합된 형태라고 볼 수 있다.

(4) 연봉제의 평가기준은 전년도 성과인가?

연봉제의 평가기준이 반드시 전년 1년치 성과라는 보장은 없다. 많은 미국 기업들은 전년 1년치 성과보다는 과거 누적된 성과와 실적에 대한 판단을 하되 최근의 실적을 중시하는 방식으로 연봉제를 운영하고 있다. 한국에서는 개인 능력과 역량에 대한 기대와 과거의 실적을 혼용하여 연봉제를 운영하는 경향이 많은데 이럴 경우 평가의 공정성과 객관성 등을 확보하여 이를 구성원들이 충분히 인지하고 받아들인다는 전제가 매우 중요해진다.

(5) 연봉제와 노동조합

연봉제는 개별 성과급 임금제도로 임금결정방식의 개별화를 추구하는 제도이다. 따라서 단체협약에 의하지 않고 직원개인과 조직간의 개별계약에 의해 임금결정이 이루어진다.

반면 노동조합은 임금 등 단체교섭 영역의 축소를 원치 않으며 조합원의 집단적 근로조건의 상향적 균등화를 추구하는 경향을 가지므로 연봉제의 실현에 적극적으로 반대해오고 있다. 이런 경향은 한국제조업 등에서 찾아볼 수 있는데 제조 기업의 경우 노조가 없는 사무관리직에 가장 많이 연봉제가 도입되었지만 생산직 등 노조가 결성되어 있는 직종에서는 개인 성과급이나 연봉제도가 실행되기 매우 어려운 구조이다.

(6) 연봉제와 동기부여 이론

연봉제는 물질적 급여가 종업원의 동기부여에 지대한 영향을 주는 요소라는 것을 전제로 하고 있는 제도이다. 그러나 연봉제를 시행할 때 임파워먼트, 조직 구성원들에게 권한과 책임을 대폭 위양하고 조직 구조의 변화와 함께 진행된다면 종업원의 업무 의욕 등 내재적 만족 수준도 동시에 진작할 수 있다.

강화이론에 의하면 연봉제는 종업원들에게 높은 성과에 대한 화폐적 보상을 약속함으로써 종업원들의 자발적이고 바람직한 노력을 유인할 수 있다. 또한 공정성 이론에 의하면 연봉제가 합리적인 성과 평가 기준과 공정한 평가에 의해 운영된다면 종업원의 노력에 비례하여 임금인상이 결정되는 구조를 제공한다. 기대이론에 의하면 연봉제는 개인의 직무 성과와 보상을 연계함으로써 직무 성과가 임금상승과 성취감 등을 진작하기 위한 수단으로 작용하는 인과관계를 형성하여 직원들의 자발적 동기부여와 노력을 부양한다.

(7) 연봉제의 경영상 장점

① 연봉제는 우수인력에게 보다 많은 보상이 가게 함으로써 우수 인력을 확보하고 유지하는 것에 기여한다.
② 호봉제 등 연공서열에 의한 일방적인 인건비 상승을 통제할 수 있다.
③ 조직 외부에서도 우수 인재의 유치 등을 가능하게 한다.
④ 연봉제와 더불어 권한이양(권한과 자율성을 부여)을 동시에 추진할 경우 조직 변화와 혁신 등에 기여할 수 있다.
⑤ 직원들 중 고과 우수자는 유지하고 저성과자는 퇴출하는 효과를 가진다.

(8) 연봉제의 문제점

① 현시적으로 연봉제의 장점만 부각되는 것은 아니다. 오히려 기대와는 달리 사기 저하 현상(Demotivation)이 나타날 수 있다. 연봉제도가 공정하지 못하게 운영된다는 것을 지각하면 오히려 이런 현상이 심화된다.
② 개인 경쟁의 심화로 인해 조직내 협력적 문화와 분위기를 파괴하면 오히려 사기 저하가 심화될 수 있다.
③ 보상재원을 제한하여 시행할 경우 충분한 보상이 이루어지지 않고 오

히려 직원들을 착취한다는 인상을 줄 수 있다.

④ 개인별 임금 차등화가 팀이나 조직적 역량의 개발에는 오히려 장애가
될 수 있다.

⑤ 연봉제 도입에 저항하는 사람을 포함하여 낮은 성과자의 경우 자기포
기 현상이 심화될 수 있고 회사에 대한 불만을 키워 더욱 노조 활동
에 몰입하게 할 수 있다.

(9) 연봉제의 성공을 위한 조건

첫째, 도입목적을 분명히 해야 한다. 대부분의 한국 기업들은 연봉제의
도입 목적이 인건비 통제와 종업원 동기부여라는 두 가지 상치되는 목적으로
나타나고 있다. 그러나 실제적으로는 인건비 통제의 의미가 더욱 강하다. 주
로 우리 기업들은 제로섬 형태의 연봉제를 많이 도입하였고 그나마 회사의
위기 등을 겪으면서 고육지책으로 도입하는 경우가 많았다. 반면 우수인재 유
치와 종업원 동기부여를 위한 생산성 향상을 유인하려면 충분한 수준의 재원
투자(파지티브 섬)와 권한 및 자율성의 하부 이양 등이 병행하여 실행되어져야
할 것이다.

둘째, 경영전략과의 일치성을 고려하여 연봉제를 시행하도록 한다. 회사
의 경영전략이 비용우위에 가깝다면 이를 지원하고 받쳐줄 수 있도록 비용절
감형 목적의 연봉제를, 반대로 차별화 전략에 가깝다면 동기부여형 연봉제를
도입하는 것이 바람직할 것이다.

셋째, 기업문화와의 적합성과 일치성이 확보되어야 한다. 종업원이 연공
서열방식의 문화에 익숙해 있는 경우 연봉제의 도입은 새로운 노사 갈등 요
인으로 작용할 가능성이 크다. 종업원의 가치, 의식 구조 등이 연봉제를 받쳐
주지 않으면 오히려 내부로부터의 저항을 야기하여 갈등이 발생할 수 있다.
그래서 연봉제의 도입은 최고경영자가 주도하여 조직 문화의 개혁과 의식 개
혁을 동시에 진행할 필요가 있으며 그렇지 못할 경우 실행 자체가 어려울 수

있다. 연봉제는 기능 중심의 조직 문화보다 속도, 단순성, 자아존중감, 합리주의적 조직 문화와 상응관계에 있지만 온정중심, 가부장적 문화, 기능 중심 조직 문화와는 상응하지 않는다. GE의 잭 웰치는 기업 구조조정을 진행하면서 보상제도를 비롯한 관리도구들 역시 개혁하였으며 전통적인 GE의 온정적, 기능 중심의 문화를 속도와 유연성을 중시하는 문화로 변화시켰다.

넷째, 업적평가제도가 공정하고 합리적이어야 한다. 관리자는 피평가자의 업적이나 능력 등을 관찰하여 주어진 기준에 의해 판단하지만 주관성 개입에 따른 오류 가능성을 줄이기 위한 다양한 노력이 지속적으로 필요하다. 이런 노력으로 평가항목의 개발, 평가 과정의 개선뿐 아니라 평가자를 대상으로 한 교육이나 훈련 등으로 가시화될 수 있다. 평가내용이나 과정개발 등은 개인의 개별적 평가라기보다는 기업의 전체적인 전략과 전체적인 성과 향상과 연동되어지는 것이 바람직하다. 조직은 평가제도의 타당도와 신뢰도를 개선하기 위해 지속적으로 노력하여야 하며 평가의 다면적 형태로 전환한다든지 아니면 평가자간 평가의 일치성인 평가자간 신뢰도 향상을 위한 평가자 교육 등이 필요하다.

다섯째, 직급간의 임금차이를 합리적으로 설정하기 위한 직급체계의 개편이 필요하다. 대부분의 조직에서는 직급과 직종 등 다양한 분류와 계층이 존재하고 있어 이런 직급체계를 합리화하고 이런 직급간 임금차이를 어떻게 설정하고 그 기준은 무엇인지에 대해 결정해야 한다. 연봉제는 직무 성과급 형태로 추진될 가능성이 높아 비슷한 직무가치나 인적역량을 요구하는 직위나 직급을 묶어 합리적으로 구조화하는 과정이 전체되어야 직무 성과 형태의 연봉제의 도입이 용이하다.

(10) 연봉제와 포괄임금역산제

포괄임금역산제란 사전에 기본급에다 사후에 발생할 각종 수당을 미리 산정하여 급여수준을 결정하고 사후에 구체적으로 발생하는 제반 수당(연장,

야간 및 휴일)을 따로 지불하지 않는 임금산정방식을 말한다. 현재 우리나라에서는 연봉제가 이 같은 포괄임금역산방식의 급여로 인정되고 있는 분위기이다. 판례는 근로자에게 불이익한 바가 없으면 포괄임금역산제의 유효성을 인정하고 있지만 이 임금산정방식이 유효하기 위해서는 미리 근로자의 동의가 있을 것을 요구하고 있다. 그렇다면 연봉제 적용자는 야간이나 휴일 근로 등 초과근무를 할 경우 수당 지급은 어떻게 되는가? 연봉제 적용자가 포괄임금 계약을 했다고 간주되면 추가적인 수당 지급은 되지 않는다.

즉 '포괄임금계약'이란 근로형태 및 업무성질 등에 비추어 시간외근로수당을 명확히 산정하기 어려운 경우 계산의 편의를 위해 매월 일정액을 제수당으로 지급하기로 약정하는 계약을 말한다. 판례는 업무의 성질 등을 참작하여 근로자의 승락하에 매월 일정액의 제수당을 지급하는 내용의 계약을 체결하였고 근로자에게 불이익이 없고 근로형태 및 업무성질 등 제반사정에 비추어 정당하다면 별도로 연장, 야간, 휴일근로수당을 지급할 필요가 없다고 판시하고 있다.

사용자는 연봉계약을 체결할 시 지난 몇 해 간에 발생한 평균 연장 근로시간(휴일, 야근 포함)수만큼을 연봉액에 포함하고 이에 대해 근로자의 동의를 얻어 포괄역산방식의 연봉계약을 맺은 것으로 간주된다. 문제는 근로자가 연봉계약시 이런 내용을 꼼꼼히 요구할 수 없다는 것에 있다. 사용자가 제시한 계약서에 얼떨결에 도장을 찍게 되면 그냥 포괄임금에 동의한 것으로 간주되기가 십상인 것이다. 그러나 엄밀하게는 포괄임금역산제를 적용하더라도 미리 예정된 근로시간 수를 초과하여 근로한 경우가 명확하게 제시된다면 연봉제라 하더라도 사용자는 시간외 가산 수당 등을 지급해야 한다.

포괄임금역산제는 그 기원을 미국의 전문 사무직 근로자들의 급여 방식에서 볼 수 있다. 미국의 노동자들을 단순하게 분류하자면 시급에 의존하여 일급이나 주급 등을 받는 블루칼라 노동자와 사무관리 형태의 노동자, 즉 화이트칼라 노동자 등 두 가지로 분류된다. 시급에 의존하여 급여를 받는 방식을 임금(Wage)기반이라고 할 수 있고 일정기간의 근로계약을 체결함으로써 급여를 확정하는 방식을 급여(Salary)방식이라고 한다면 미국의 전통적인 노동자들은 임금 방식인 블루칼라와 급여 방식인 화이트칼라로 양분할 수 있다. 시급에 기초한 방식을 적용받는 블루칼라의 경우에는 연장근무 등에 대한 개념이 명확하여 이에 대한 초과근무한 시간에 대해 가산 수당을 지급받지만 화이트칼라의 경우에는 이에 대한 개념이 모호하고 계약방식으로 급여수준을 결정하므로 초과근무에 대한 가산 수당에 대한 개념이 적용되지 않았다. 미국에서는 이 같이 가산수당이 적용되는 노동자를 비면제 노동자(Non-exempt employee)라 하고 법적으로 가산수당이 적용되지 않고 면제되는 노동자를 면제 노동자(Exempt Employee)라 하여 구분하였다. 전문적 사무관리직, 변호사, 의사 등 계약방식으로 급여를 확정하는 직원의 경우가 면제 직원(Exempt Employee)에 해당되면서 가산수당에 대한 법적 의무가 없었으며 이런 전통이 연봉제의 도입과정에서 그대로 한국사회에 전달되어 연봉제 계약에서 포괄임금제가 적용되는 것으로 인지한 듯이 보인다.

3) 스탁옵션 제도[9]

(1) 스탁옵션의 개념과 원리

스탁옵션은 회사에서 필요로 하는 경영자나 우수 기술 인재를 유치하기 위해 기업에서 시행하는 것으로 주로 수혜자에게 자사의 주식을 저렴한 가격으로 매수할 수 있는 선택적인 권리(옵션)를 부여하는 것이다. 즉 스탁옵션은 자사의 주식을 사전에 약정한 가격(권리행사가격)으로 일정 수량을 일정기간(권리행사기간) 내에 매수할 수 있는 권리이다. 따라서 스탁옵션은 개인의 성과 중심적 인센티브로서 비교적 장기적인 인센티브이다. 스탁옵션을 부여받은 개인은 권리확정기간 동안은 권리의 행사가 금지되고 이 기간 동안 개인성과

---

9 유규창·박우성, 2005, 21세기형 성과주의 임금제도. 서울: 명경사.

나 회사의 시장가치를 올리기 위한 다양한 노력을 해야 한다. 물론 권리확정 기간을 매우 짧게 하여 옵션을 부여한 후 즉시 권리 행사가 가능하도록 할 수 도 있지만 이럴 경우 전통적인 인센티브와 별 다를 바가 없다. 대체로 권리확 정기간을 충분히 설정하여 수혜자가 이 기간 동안 회사 경영 성과 향상에 몰 입할 수 있도록 유도함으로써 회사의 시장가치가 증가하면 행사를 선택할 수 있도록 하고 있다. 스탁옵션은 유연한 보상제도로서 보상액이 사전에 확정되 거나 자동적으로 결정되는 것이 아니라 개인성과 개선이 이루어지거나 회사 의 시장가치가 증가하여 수혜자가 옵션을 행사할 때 이익(평가이익)을 보는 구 조가 된다.

스탁옵션이 실현되는 과정에는 몇 가지 중요한 시점이 있다. 먼저 부여 시점으로, 이것은 스탁옵션을 직원에게 부여하는 시점이다. 둘째, 권리확정기 간으로 스탁옵션을 부여 받은 사람은 권리확정기간 동안에는 주식 매수 권리 를 행사할 수 없으며 개인적 성과를 향상하거나 회사의 시장가치를 제고하기 위한 다양한 노력을 이 기간 동안에 해야 한다. 셋째, 권리행사기간으로 스탁 옵션을 행사할 수 있는 기간을 설정한다. 스탁옵션 수혜자는 이 기간내에 주 식 매수 권리를 행사할 수 있으나 이 기간이 지나가면 매수 권리를 행사할 수 없다. 부여시점과 행사시점의 차이는 실제로 스탁옵션의 행사가 제한되는 권 리확정기간(Vesting period)이 된다. 권리행사기간은 권리확정기간의 이후로 설 정하며, 그 시차는 자유로이 조절할 수 있다. 스탁옵션의 행사는 무기한적으 로 허락되는 것은 아니다. 즉 스탁옵션의 부여는 미리 만기를 정해 진행하는 데 이 만기가 권리행사기간과 거의 동일하게 설정되는 경우가 많다. 만기란 스탁옵션의 권리가 소멸되는 시점을 말하고 이 기간이 지나가면 스탁옵션을 행사할 수가 없다. 스탁옵션 행사의 만료기간 설정은 회사의 정책적 결정 사 항이지만 일반적으로 10년을 넘지는 않고 있다.

스탁옵션의 권리가 존재하는 한 전 행사기간을 통해 주식가격이 행사가 격 이상으로 오르지 않으면 스탁옵션을 부여받은 자는 이를 행사할 이유가

그림 9-8 스탁옵션

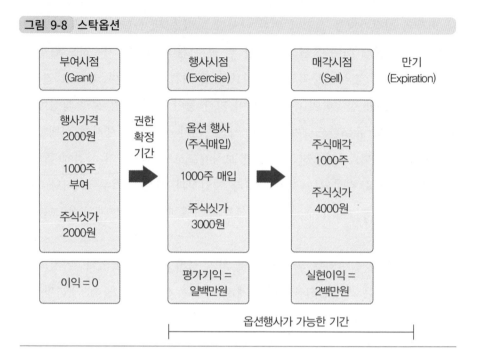

없으며, 이 경우 만기가 지나는 순간 스탁옵션의 권리 행사권은 소멸된다. 이에 따라 스탁옵션을 부여받은 자가 어떤 경우에도 손실을 입을 가능성은 전혀 없다.

(2) 스탁옵션의 특징

첫째, 스탁옵션은 회사성과 지향적 보상 수단이다. 모든 스탁옵션은 회사의 시장가치 향상에 목적을 두고 시행된다. 기업의 시장가치, 즉 주식 가격이 상승하면 옵션행사와 매각의 시세 차익이 커지게 되고 이로 인해 행사자는 이익을 보는 구조가 된다.

둘째, 스탁옵션은 장기적인 인센티브 보상 수단의 일종이다. 대부분의 스탁옵션은 권리 확정 기간을 설정함으로써 이 기간 동안은 옵션의 행사를 금지하므로 옵션을 부여받은 개인은 이 기간 동안 회사 성과를 향상시키기 위한 노력에 집중하게 한다. 그 이후 권한 행사를 함으로써 장기적으로 보상을 받게 하는 인센티브 정책이다.

셋째, 스탁옵션은 유연보상수단이다. 스탁옵션은 보상액과 보상수준이 사전에 확정되어 있지 않으며 미래의 시장가치 변동에 따라 보수액이 결정되는 방식으로 기업 성과에 연동되는 변동적 성격이 매우 큰 인센티브제도이다.

(3) 스탁옵션의 주식 부여 방법

① 자사주 취득 방식

스탁옵션을 부여한 회사가 자본 시장에서 자기 주식을 미리 사서 보유하고 있다가 옵션 수혜자가 옵션을 행사하여 그 금액을 납입한 경우 보유하고 있던 자기 주식을 교부하는 방식을 지칭한다. 자사주 취득 방식은 주식 가격이 스탁옵션의 행사 이후 희석되는 효과가 거의 없다.

② 신주 인수권방식

스탁옵션을 부여받은 개인이 옵션을 행사하여 행사가격을 납입한 경우 회사가 신주를 발행하여 교부하는 방식이다. 주주총회의 특별결의를 필요로 하며 이의 승인이 있을 경우 신주인수권방식으로 주식을 교부할 수 있다. 이 방식은 기존 주식에 새로운 주식을 발행하여 공급하는 방식이므로 기존 주식 가격을 끌어내리는 현상, 즉 주가의 희석 효과가 나타날 수 있다.

③ 주식 평가 차익권

주식이 실제로 교부되는 대신 행사시점에서 행사가격과 시장가격의 차액을 현금 또는 자기 주식으로 교부하는 방식이다. 행사자가 행사가격을 납입하지 않더라도 행사가격과 시장가격의 차액에 해당하는 보상을 현금이나 주식으로 받을 수 있고 회사의 경우도 자기 주식을 매수하기 어려운 경우 이를 현금으로 제공할 수 있다는 장점이 있는 제도이다. 교부과정에서 실제 주식이 매입되거나 매수되지는 않으므로 이를 유사스탁옵션(Phantom Stock Option)이라고도 한다.

(4) 급여체계 유연화의 방향에서 본 스탁옵션의 위치

급여체계의 흐름은 최근 유연화의 방향으로 나아가고 있는데 구체적으로는 연봉제, 성과배분, 스탁옵션 등으로 구현된다. 스탁옵션은 변동급에 해당되는 것이며 회사의 시장가치에 연동되어 급여가 결정되는 만큼 변동성이 매우 큰 인센티브제도라 할 수 있다.

스탁옵션은 성과 중심 임금으로 비누적 성격을 가진 장기 인센티브에 해당된다. 회사의 시장가치인 주식가치가 상승하는 등의 구체적인 성과가 나타나야 보상이 실현되는 구조이다.

그림 9-9 스탁옵션의 위치

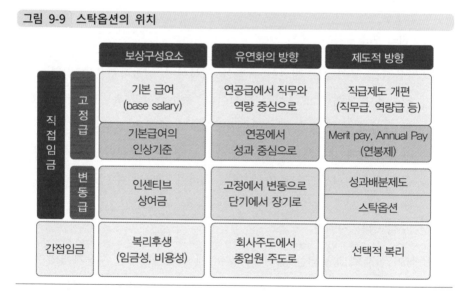

		보상구성요소	유연화의 방향	제도적 방향
직접임금	고정급	기본 급여 (base salary)	연공급에서 직무와 역량 중심으로	직급제도 개편 (직무급, 역량급 등)
		기본급여의 인상기준	연공에서 성과 중심으로	Merit pay, Annual Pay (연봉제)
	변동급	인센티브 상여금	고정에서 변동으로 단기에서 장기로	성과배분제도
				스탁옵션
간접임금		복리후생 (임금성, 비용성)	회사주도에서 종업원 주도로	선택적 복리

그림 9-10 단기/장기성의 기준에서 본 스탁옵션의 위치

성과 중심 임금 구조, 스탁 옵션

이야기

네이버의 스탁옵션과 직장 괴롭힘 사건[10]

네이버는 한국의 대표 IT기업이다. 직원들에 대한 과감한 권한이양, 혁신적인 사고 등을 중시하는 네이버에서 스탁옵션이 관여된 직장 괴롭힘 사건이 발생하였다. 네이버는 2019년부터 전 직원에 약 1천만원의 스탁옵션을 지급하고 2년 뒤에 행사할 수 있도록 한 제도를 시행하였다. 또한 이와 더불어 내부 핵심적 인재에 대해서는 조건 강화형 스탁옵션을 운영하고 있었는데, 회사의 성장을 견인할 수 있는 핵심인재에 대해 1천 주에서 3천 주, 총 1억에서 3~4억 정도에 해당하는 옵션을 지급한다고 알려졌다. 그런데 이 핵심인재의 선정을 비롯해 스탁옵션의 부여와 회수, 해임과 업무 변경 등 모든 인사조치는 사실상 담당 임원의 정성적 평가와 판단에 의해 정해졌다고 한다. 2021년 5월 25일 네이버의 한 직원이 숨진 채 발견되었는데 이 직원의 담당임원이 고인에게 모욕적 언행과 함께 과중한 업무 지시를 하였다는 것이 밝혀지게 되었다. 강화형 스탁옵션의 적용을 받는 직원은 스탁옵션의 행사 및 거래 등이 매우 까다롭게 되어 있어 회사를 옮기거나 대응하기가 쉽지 않은 구조이기 때문에 고인은 담당임원으로부터 이로 인한 상당한 스트레스를 감내했던 것으로 나타났다.

해당직원에 대한 평가와 보상결정에 있어 담당임원의 재량에 의해 결정되는 여지가 많을 뿐 아니라 회사는 담당임원에게 스탁옵션의 회수, 보직 해임이나 업무 변경 등 모든 인사조치에 대한 권한을 부여하였는데 이것이 갑질의 도구로 사용되었다.

이 이후 여러 IT 회사의 임직원들은 창업자와 CEO 등과의 간담회 등에서 "주식 말고 현금을 달라"고 요구하기 시작했다고 한다.

11 장의 요약

직원의 평가는 직원들의 역량, 행동, 결과 등을 대상으로 한다. 이의 평가 방법은 상대 평가와 절대 평가로 나눌 수 있는데 상대 평가는 개인 간의 경쟁을 부추기며 성과평가의 차등화를 유도함으로써 관리자에게 필요한 명확한 정보와 자료를 제공하지만 신뢰성과 타당성 등 고과자에 의존하는 정도가 크고 직원들의 불만을 야기할 가능성이 커지는 단점이 있다. 반면 절대평가는 직원들의 협력적 노력을 유인할 수 있지만 직원들의 성과를 차별하는 기능은 약하다. 직원에 대한 평가는 일반적으로 직원의 직속상사가 하는 경우가 많지만 최근에는 평가자의 주관성에 의해 좌우되는 오류를 줄이고자 다면평가방식을 활용하는 사례가 많아지고 있다. 평가자가 직원을 평가할 때 범할 수 있는 오류로서 후광효과, 범위제한의 오류, 고정관념, 유사성 오류, 시간적 근접 오류, 대조효과 등을 지적할 수 있다.

보상은 금전적 보상과 비금전적 보상으로 나눌 수 있고 이 두 가지 보상 개념은 서로 보완적으로 운용되는 경우가 대부분이다. 금전적 보상은 화폐로 보상이 주어지는 직접적 보상과 복리 등의 형태로 주어지는 간접 보상으로 나눠지고 비금전적 보상은 직원들의 성취감과 경력의 발전감 등을 고양할 수

---

10 신재용, 2021, 공정한 보상, 홍문사, pp.101－104.

있는 등 직무 환경과 관련된 내용으로 구성된다.

보상을 통해 경영자는 우수하고 유능한 인재를 유입하거나 유지할 수 있지만 회사 경영에서의 가변비로 인식되는 이중적인 의미를 가진다. 구성원의 관점에서 보상은 생활의 기반을 형성하고 소비 생활의 질을 결정하는 주요한 요소일 뿐 아니라 자신의 노동의 대가로 자신의 존재가치를 형성하고 승진이나 경력개발 등 자기 개발과 성취 욕구를 형성하는 요인으로 작용한다.

보상과 관련되는 범위를 지정하는 개념으로써 실제 생계비, 이론 생계비, 통상임금, 평균임금, 보수비용, 노동 비용 등이 있다. 실제 생계비는 다수의 종업원 집단을 모집단으로 하여 표본조사를 실시하여 표본에 소속한 종업원의 생계비의 평균을 산정하여 나온다. 이론 생계비는 종업원이 생계유지를 위해 필요한 항목과 비용을 나열하고 적정 물가수준을 반영하여 각 항목별로 적정비율을 계산하여 이를 합산, 산출한다.

통상임금은 매월 고정적으로 지급하는 임금 항목을 포함하는 총액 개념의 급여 범위를 지칭하는 용어로 주로 중도 퇴사자의 퇴직 급여 산정이나 연장근로 등 가산 급여의 환산 기준으로 사용된다. 평균임금은 정기적이든 비정기적이든 월급여로 받는 모든 금액을 의미하는데 통상임금에 임의성의 성과급, 상여금, 임금성 복리후생 등을 더한 범위로 간주된다. 평균임금은 정상적인 퇴직자의 퇴직금 산정 기준으로 사용된다.

보수비용은 평균임금에 사회 보험 등에 들어가는 사용자 부담금까지를 포함하는 범위를 가진다. 노동비용은 보수비용에 비용성 복리후생과 채용, 교육훈련비 등까지 포함한 범위를 지칭한다.

임금수준을 결정하는 요인으로서는 정부의 정책, 법제도, 외부 노동시장에서 동종 산업내 임금 수준, 노동조합, 조직의 지급능력, 전략, 개인별 교육과 숙련 수준, 직무의 난이도와 중요도, 부양가족, 근속연수 등 다양한 내용이 포함된다. 이 중 직무 가치가 급여수준을 결정하는 주요 요소라면 이를 직무급 임금이라 하고, 근속연수가 급여수준을 결정한다면 이를 연공급 임금체계라고 한다. 개인이 가진 기술과 숙련이 임금 수준결정에 중요하게 작용한다면 이를 기술급이나 숙련급 임금체제, 개인이 가진 능력과 역량을 중시한다면 이를 역량급, 지식급 임금체제라고 한다. 결과 가치를 기준으로 임금수준을 결정한다면 이를 성과급 임금체제라 하고 개인성과급체제와 집단 성과급제도 등이 포함된다.

임금은 종업원이 기본 생활을 안정적으로 누리는 것을 지원하는 기본급과 동기부여를 자극하기 위해 운영되는 변동급 등 두 가지로 구성된다. 기본급은 종업원의 안정적 생활을 보장하는 성격을 가지고 변동급은 자극을 중시하는 동기부여형으로 운영되는 성격을 가진다.

급여체제 중 연공급 체제는 일본 등 동양권에서 주로 발전해온 임금제도로서 조직 구성원의 장기적 고용안정과 생활의 안정을 확보하지만 시간에 따른 인건비의 자동적 증가와 변화에 둔감하게 되는 점 등의 단점 등이 있다. 직무급 체제는 직무 가치를 따져 이에 따라 급여수준을 연동하는 제도로 직무 가치 위계에 따른 상대적 가치 평가가 매우 중요하다. 직무의 가치에 상응하는 급여의 양과 수준일 결정되는 구조를 가진다. 직능급 체제는 직무 수행자의 기술과 숙련 수준에 따라 급여 수준을 연동시키는 것으로 제조 기업이나 기술 지향적인 벤처 기업 등에서 많이 사용할 수 있는 제도이다. 개인 성과급 체제는 구성원의 직무 성과를 평가하여 임금수준을 연동하는 방식으로 기본급 누적 방식인 업적급과 비누적 방식인 성과가급 등이 있다. 이 밖에 팀 성과급이나 조직 전체를 대상으로 이익이나 성과를 배분하는 이익배분과 성과 배분 제도 등이 많은 기업에서 시행되고 있다.

임금피크제도는 근속연수에 따라 일정 시점에서 정년을 보장하거나 연장하는 조건으로 임금수준을 하방으로 조정하는 제도로, 연공급의 변형된 형태이다. 기업에서 퇴출압력이 높은 비싼 인건비를 받고 있는 중고령인력을 대상으로 해 정년을 보장하거나 연장해주는 대신 인건비를 조정하는 방식으로 운영된다. 현 근로기준법에 의하면 임금피트제 등 근로자에게 불이익을 줄 수 있는 제도를 도입하고자 할 때 노동조합이나 근로자 과반으로부터 동의를 받아야 하고 취업규칙을 변경해야 한다.

연봉제도는 개별 성과급 제도의 일종으로 개인의 급여 수준을 매년 성과평가에 의해 갱신하여 결정하는 방식으로 IMF 경제위기 이후 한국 기업에서 많이 도입하여 시행하고 있다. 현재 이 제도는 노조가 없는 사무직과 영업직 등에서 시행되는 경우가 많으며 주로 업적급(Merit Pay), 즉 순수 성과급 방식이나 업적급과 성과가급을 혼합한 형태로 운영되는 경우가 많다.

포괄임금역산제란 사전에 기본급에다 사후에 발생할 각종 수당을 미리 산정하여 급여 수준을 결정하고 사후에 발생하는 제반 수당(가산 수당)을 따로 지불하지 않는 임금산정방식을 말하는 것이다. 현재 한국에서는 연봉제가 포괄임금역산방식의 급여로 인정되는 분위기이지만 최근 이에 대한 분쟁이 나타나고 있다.

스탁옵션은 회사에서 필요로 하는 경영자나 우수 기술 인재를 유치하기 위해 자사주를 저렴한 가격으로 매수할 수 있는 선택권을 주는 것이다. 스탁옵션의 권리가 존재하는 한, 수혜자는 행사기간을 통해 주식 가격이 행사가격 이상으로 오르지 않으면 이를 행사할 이유가 없고, 만기까지 이런 선택권을 행사할 수 있으나 만기에도 선택권을 행사하지 않으면 선택권은 소멸한다. 스탁옵션은 회사의 장기 인센티브 보상 수단의 일종으로 보상액과 보상 수준이 사전에 확정되거나 고정된 것이 아니라 미래의 시장가치에 연동되어 보수액이 결정되는 방식으로 변동적 성격이 매우 강한 장기인센티브이다.

Chapter 10

복리후생

10

복리후생

IMF경제위기 이후 한국은 기업의 부담을 줄이는 방향으로 정부가 복리후생에 적극적으로 개입하고 있는 실정이다. 기업의 퇴직금 제도의 폐해를 개선하기 위해 퇴직연금제도의 도입을 권고하고 있고 국민연금보험, 의료보험, 산재보험, 고용보험 등 4대 공적 보험을 중심으로 한 공적 복리후생을 강화하고 있다. 본 장은 기업이 자발적으로 제공하는 자발적 복리와 정부가 중심이 되어 강화하고 있는 법정 복리 등 두 가지를 중심으로 핵심적인 내용들을 정리하였다.

1 복리후생의 개념, 특징

복리후생제도는 종업원 노동의 직접적인 대가로 지불하는 임금과는 별도로 주어지는 간접적인 보상으로 종업원의 생활안정과 안전, 근로생활의 질을 향상시키기 위해 종업원과 그 가족을 대상으로 하여 제공되는 임금 이외의 모든 혜택과 서비스 등을 총괄하는 개념을 가지고 있다. 복리후생은 임금 이외 회사의 구성원들에게 지급되는 일체의 금전적 혜택과 비금전적 서비스 등을 모두 포함한다. 광의로 보면 국민연금, 고용보험이나 의료보험, 산재 보험 등 4대 사회보험 등을 포함하여 강제적으로 시행되는 법적인 복리후생과 기업이 구성원들에게 자발적으로 제공하는 법정외 복리후생 등을 모두 포함하

표 10-1 임금과 자발적 복리후생의 차이

	임금	자발적 복리후생
보상형태	직접적 보상 (금전, 승진)	간접적 보상(건강진단, 어학교육, 보험 가입, 휴가 등)
보상체계원칙	개인별 차등 지급	집단별 평등 지급
보상요구조건	필수적 조건 (근로자의 대가로 반드시 지급)	필요조건(요구 사항이나 기업의 의무 사항 아님)
보상의 목적	기업의 경제적 이익 창출에 초점	종업원의 삶의 질, 심리적 만족에 초점

지만 협의의 의미로 복리후생을 제한하면 회사가 구성원들에게 자발적으로 제공하는 혜택과 서비스만을 의미한다.

먼저 복리후생은 개인의 특징과 능력, 평가 등에 따라 제공여부가 결정되는 것이 아니라 회사에 소속한 직원이라면 누구에게나 제공되는 보편적인 편익의 성격이 강하다. 특히 4대 보험 등 법정 복리후생은 회사가 구성원들에게 의무적으로 부여하여야 하는 제도들이다. 기본적으로 법정 복리후생이 전 직원들에게 적용되더라도 회사는 이에 부가하여 자발적으로 복리혜택을 직원들에게 부여할 수 있다. 예를 들면 독신자나 파견자를 위한 사택이나 사원 숙소의 제공, 건강을 위한 체육시설을 제공하거나 자녀나 본인의 학자금 지원, 휴양시설 이용 지원, 건강진단 지원 등 직원의 생활을 간접적으로 지원하는 제도 등을 다양하게 시행할 수 있다. 실제로 우리나라 일부 대기업의 경우 직원들에게 제공하는 복리후생의 종류는 수십 가지에 이르기도 한다.

그렇다면 회사는 무엇을 위해 복리후생 제도를 운영하는가? 복리후생을 운영하는 것에는 많은 비용이 소요된다. 이 비용은 복리후생의 실행을 위해 투입되는 직접적인 소요 비용뿐 아니라 이를 유지하기 위해 투입되는 인력에 대한 비용 등을 모두 포함한 것이다. 차라리 복리후생이란 제도를 운용하지 않고 이 비용을 직접적인 연봉에 포함하여 지급하는 것이 더 효과적일 수 없을까? 실제로 한국에서의 많은 기업이 연봉제를 채택해 이를 확산함에 따라 복리후생으로 인한 혜택보다는 명시적인 연봉이 더 눈에 띄고 중요하게 인지되는 분위기가 존재한다. 그럼에도 불구하고 복리후생이 기여하는 역할에 대해 주의할 필요가 있기 때문에 여전히 기업에서는 복리후생을 포기하거나 무시하기는 어려운 실정이다.

첫째, 복리후생제도는 회사가 필요로 하는 우수한 인재를 영입하는 주요 수단으로서의 역할을 할 수 있다. 임금이 비슷한 수준이라면 대부분의 구직자들은 복리후생이 잘 지원되는 회사를 그렇지 않은 회사보다 선호하고 지원할 것이다. 최근 저출산과 고령화 사회에서 중요하게 부각되고 있는 일과 생활의 조화나 일과 가정의 양립을 지원하는 복리후생제도 등이 우수 여성인력이나 우수 청년 인력 등을 유인하는 수단으로 사용될 수 있다.

둘째, 복리후생제도를 잘 운영하면 조직 내 우수 인력의 이직을 방지하고 우수 인재를 장기적으로 유지하는 것에 기여할 수 있다. 복리후생에 대한 만족도가 높으면 이에 익숙한 직원들은 구태여 다른 회사로의 이직을 고려하지 않을 것이다. 이직을 방지하고 우수 인재를 장기적으로 유지함으로써 회사에 기여할 수 있는 소지가 증가하게 된다.

셋째, 복리후생제도의 운영으로 직원들의 동기부여를 높이고 생산성 등 조직성과를 제고할 수 있다. 전통적으로 복리후생은 직원들의 조직몰입과 직무 만족을 높이는 것에 초점을 두고 있어 복리 후생 제도가 잘만 운용된다면 직원들의 욕구를 만족시킬 뿐 아니라 회사에 대한 몰입과 충성심 등을 고양할 수 있을 것이다. 이를 통해 각 직원들의 업무적인 노력과 몰입을 유도한다면 이는 조직성과의 향상으로 귀결될 것이다.

넷째, 복리 후생의 시행은 바람직한 조직 문화의 형성에 기여함으로써 조직 통제 비용을 줄여줄 뿐 아니라 조직성과를 제고할 수 있다. 예를 들면, 종업원에 대한 교육훈련 등에 대한 기회를 복리후생을 통해 확대함으로써 조직내 학습 문화를 조장하고 직원들이 자신의 직무와 관련하여 지속적으로 연구하고 공부하게 하는 분위기를 조장할 수 있다. 이를 통해 작업장 내 혁신을 유도함으로써 조직의 성과 향상을 유도할 수 있을 것이다.

2 복리후생의 종류

1) 법정 복리후생

법정 복리후생은 기업이 법제도적으로 반드시 시행하여야 하는 제도로 의료 보험, 연금 보험, 고용보험, 산재 보험 등 4대 보험이 이에 해당된다. 한국의 경우 직장에서 고용된 임금근로자들은 반드시 회사를 통해 4대 사회 보험에 가입하여야 한다. 각 사회보험의 제도의 실행 내용은 법에 의해 규정되지만 각각의 보험을 운영하는 것은 공단을 통해 이루어지며, 회사는 직원들을 대행하여 보험료 납부 등을 시행하는 구조로 되어 있다.

(1) 의료보험

의료보험은 직원들의 질병을 예방하거나 조기에 발견하여 건강을 유지할 수 있도록 하고 발병 시에는 보험 기능을 활용하여 저렴한 비용으로 치료가 가능하도록 하는 역할을 한다. 우리나라에서는 1977년 처음으로 직장의료보험제도가 도입된 이래 점차 그 적용대상을 확대, 1989년부터 도시 자영업자를 대상으로 의료보험이 확대적용되면서 전국민 의료보험적용이 되는 시대를 열었다.[1] 직장인에 대한 의료보험은 2017년 현재 연간보수총액을 12월로 나눈 보수 월액에 대해 6.12%의 보험료를 산정하여 공단에 납부하게 한다. 이때 3.06%는 사용자가, 나머지 3.06%를 직원이 부담하도록 하고 있다. 갈수록 의료보험에 대한 비용이 증가함에 따라 향후 이 보험기여금 요율은 점차로

---

1 우리나라 의료보험제도는 전 국민이 공적보험에 가입하는 내용의 보편적 복지의 성격을 가진다. 이는 민영보험 위주로 보험을 직접적으로 개인이나 기업이 매입하여 가입해야 하는 미국과 대조를 이루고 있는데 이 점에서 미국 오바마 전 대통령은 한국의 의료복지 체제를 매우 부러워하였다고 한다. 그가 중심이 되어 구상한 오바마 케어는 미국의 전 국민(약 95%)을 의무적으로 민영보험에 가입시키되 그 비용을 기업과 정부가 일부 부담하는 형태이다. 오바마 케어는 전국민이 민영보험에 가입해야 한다는 점에서 전국민이 공적보험에 가입하는 한국과 차이를 보인다. 오바마케어는 미국 공화당의 지속적인 반대와 다양한 폐지 시도에도 불구하고 코로나 시기를 거치면서 다소 정착기에 들어가고 있는 듯이 보인다.

증가할 것으로 예상하고 있다. 2008년부터는 노인장기요양 보험제도가 도입되어 실행되고 있는데 이의 재원 역시 앞서 산정한 의료보험료의 6.55%를 사용자와 직원이 각각 부담하는 구조로 충당되고 있다. 노인 장기 요양 보험제도는 고령으로 인해 노인상 질병 등으로 시달리고 일상생활을 수행하기 힘든 노인을 대상으로 신체활동 및 가사활동 지원 등 장기요양급여를 제공하여 노후 생활 안정 및 건강 증진을 지원하고 그 가족의 노인 부양 부담을 들고자 시행되고 있다.

(2) 국민연금

국민연금은 근로자, 사용자나 국가로부터 일정액의 보험료를 받고 이를 재원으로 하여 노령으로 인한 소득 상실을 보전하는 노령 연금, 주소득자의 사망에 따른 유족연금, 질병 및 사고로 인한 소득상실을 보전하는 장애연금 등을 지급함으로써 노령의 생활안정을 도모하는 사회보장제도이다. 우리나라에서는 1988년부터 도입되었으며 2006년에 이르러 근로자 1인 사업장에까지 연금 가입이 의무화됨으로써 실질적으로 전 국민을 대상으로 연금을 확대적용하기 시작하였다. 직장인의 국민연금 보험료는 월 보수월액의 4.5%를 근로자가, 그리고 회사(사용자)가 4.5%를 부담하여 전체적으로는 보수월액의 9%가 해당되며 인구고령화로 인해 갈수록 국민연금의 기금이 고갈될 것으로 예상되어 향후 점차적으로 보험료율은 올리고 은퇴 후 혜택 수준은 감소하는 방향으로 개혁될 전망이다.

(3) 산업재해보험

산업재해보험은 산재를 당한 근로자와 그 가족의 생활안정을 도모하기 위해 국가가 책임을 지는 사회보장제도이다. 국가가 사업자로부터 일정 보험료를 징수하여 기금을 형성하여 사업자를 대신하여 산재를 당한 근로자에게 일정 수준의 소득을 지원하거나 회복과 재활 등을 지원해 준다. 우리나라의 산재 보험은 1964년에 종업원 500명 이상의 광업 및 제조업 분야에 도입되었지만 지속적으로 적용분야가 확대되어 2000년 7월 1일부터 1인 이상의 전 사업장으로 확대 적용되기 시작하였다. 산재보험은 다른 사회보험과는 달리 사용자가 보험료의 전부를 부담하도록 하고 있으며 2011년부터 산재보험을 포함한 4대 보험의 보험료 산정 기준이 보수월액으로 통일되었다. 만약 산재가 발생할 시 산재보상신고는 근로복지공단에 하고 산재신고를 고용노동부에 하는 구조이다. 산재 보험급여로는 요양급여, 휴업급여, 장해급여, 유족급여, 상병보상연금, 특별급여 등이 있다.

사업장내에 산재가 발생할 시 반드시 고용노동부에 신고해야 하므로 사용자는 이것을 피하고자 산재보험보다는 의료보험이나 공상 처리를 하고자 하는 유인이 많다.

(4) 고용보험

역사적으로 보면 고용보험은 세계 각국에서 비자발적인 이유로 실업을 당한 근로자의 생활안정을 지원하기 위한 실업보험으로부터 출발하였다. 그러나 실업보험의 사후적인 대응뿐 아니라 평소 근로자들의 고용 능력을 향상시키기 위한 사전적인 지원대책 등으로 그 기능이 확대되어 직업능력개발이나 지속적인 고용 유지를 도모하는 고용안정 사업 등 다양한 영역으로 그 사업 범위가 확대되어 오늘의 고용보험에 이르고 있다. 한국은 1995년 고용보험이라는 이름으로 사회보험을 도입하였고 1998년에는 1인 이상 전 사업장에 고용보험이 확대되어 적용되기 시작하였다.

현재 고용보험 사업은 크게 고용안정사업, 직업능력개발사업, 실업급여사업, 모성보호사업 등 4가지로 구분된다.

첫째, 고용안정사업은 근로자를 감원하지 않고 고용을 유지하거나 실직자를 고용하여 고용을 늘리는 사업자에게 그 비용의 일부를 지원하여 근로자들의 고용안정을 지원해주는 제도이다. 둘째, 직업능력개발사업은 사업자가 재직자들의 직업 훈련을 실시하거나 근로자가 자기 개발을 위해 교육과 훈련을 받을 경우 사업자나 근로자에게 일정 비용을 지원하는 제도이다. 셋째, 실업급여사업은 근로자가 비자발적으로 실직하였을 경우 일정기간 동안 실직자와 그 가족의 생계를 지원하고 구직활동을 지원하기 위해 일정한 실업 급여를 지급하는 제도이다. 고용보험에 가입한 사업장에서 실직 전 18개월 중 180일이상 근무하다가 폐업, 도산, 구조조정 등 본인의 자발적 의지가 아닌 이유로 퇴직하였을 경우 퇴직 전 평균임금의 50% 수준의 구직 급여를 90일부터 240일까지 받을 수 있다. 넷째, 모성보호사업은 근로자가 회사에 육아휴직이나 산전후 휴직을 신청하였을 경우 소정의 금액을 지원함으로써 생활안정을 지원하는 제도이다. 모성보호사업은 모성보호와 일·가정을 양립할 수 있도록 국가가 필요한 정책과 그에 수반하는 재정적 지원을 마련하는 역할을 수행한다. 구체적으로는 육아휴직급여 및 출산전후휴가급여가 있다.

남녀고용 평등법 제19조에 육아휴직에 관한 내용을 적시하고 있다. 이 법은 8세 이하의 아동을 양육하는 근로자의 경우 육아휴직을 신청할 수 있으며 육아휴직을 신청하였을 때 반드시 사용자는 이를 허락하도록 규정하고 있다. 그리고 육아 휴직 기간을 해당 근로자의 경력 산정에 산입시켜야 할 뿐 아니라 휴직기간이 끝나고 복귀할 때 그 해당 근로자를 휴직 이전과 상응하는 직무에 배치해야 할 것을 규정하고 있다. 이는 육아휴직으로 인해 근로자에게 고용상 또는 경제적 불이익이 생겨서는 안 된다는 원칙을 천명하고 있는 것이다.

고용보험의 보험료는 각 사업 구분에 따라 부담주체가 달라진다. 실업급여사업의 경우 근로자와 사업자가 각각 보수월액의 0.65%를 부담해야 한다. 반면 고용안정사업 및 직업능력개발사업의 경우 근로자는 보험료를 납부하지 않으며 전적으로 사업자가 보험료를 부담한다. 이때 사업자 규모별로 보험료율이 차등되며 대기업일수록 더 높은 보험료를 부담하도록 하고 있다.

표 10-2 고용보험사업의 내용

사업명	사업 내용
고용안정사업	고용유지지원, 전직지원, 지역고용촉진, 고령자고용촉진지원(임금피크제 보전수당 등), 고용촉진 시설에 대한 지원 등
직업능력개발사업	직업능력개발 및 훈련에 대한 지원, 능력개발비용 대부 및 지원, 직업능력훈련시설에 대한 지원, 자격검증지원, 고용정보의 제공, 고용지원기반의 구축 등
실업급여사업	구직급여, 취업촉진수당, 조기재취업지원 등 지원
모성보호사업	육아휴직급여, 출산전후휴가급여 지원 등

자료: 고용노동부

(5) 퇴직금과 퇴직 연금

우리나라는 일본 등 다른 나라에 비해 법정 퇴직금 제도를 의무조항으로 강제하고 있는 유일한 나라이다. 은퇴를 앞둔 근로자들에게는 퇴직금의 존재는 은퇴 후 생활안정에 매우 중요한 의미를 가진다. 우리나라의 퇴직금제도는 1년을 근무할 경우 평균임금의 30일분을 퇴직금으로 적립하도록 해왔다. 그래서 근속연수가 길수록 퇴직 직전 3개월간의 평균임금을 산정한 후 재직 연수만큼 퇴직금이 늘어나는 구조를 가지고 있었다. 이뿐 아니라 한국전력 등 일부 공기업 등에서는 근속연수가 늘어날수록 일정한 할증률을 곱하여 누진적 퇴직금제도를 운영하여 과도한 인건비 부담을 세금으로 충당하였던 적이 있어 비판의 대상이 되기도 했다.

2005년 12월 이후 근로자퇴직급여보장법이 제정되어 과거의 퇴직금제도를 대신하여 퇴직연금제도를 도입하여 운영하는 것이 가능하게 되었다. 퇴직연금제도는 퇴직적립금을 사내에 두지 않고 사외의 금융기관에 맡겨 그 운용을 도모케 함으로써 회사가 도산하거나 사내 퇴직 적립금을 소모하였을 시 나타나는 부작용을 방지할 수 있는 제도이다. 즉 퇴직연금이란 기업이 퇴직금 재원을 사내에 적립하던 퇴직금제도를 대체하여 금융기관에 매년 퇴직금 해당 금액을 적립하고 근로자가 퇴직할 때 연금 또는 일시금으로 지급받아 노

표 10-3 퇴직금과 퇴직연금의 비교

퇴직금	퇴직연금
퇴직연령에 상관없이 일시불로 지급하여 조기에 소진될 수 있음	일정한 퇴직연령에 도달해야 연금형태나 일시금형태로 인출 가능
기여금이 사내에 적립됨. 기업의 도산 시 근로자는 일자리와 퇴직금을 동시에 잃음	• 사외금융기관에 퇴직금 재원이 적립 • 사외금융기관에 소정의 운영수수료를 지급해야 함
5인 이상 사업장의 근로자에게 적용	사업장 제한이 없음

후 설계가 가능하도록 한 준공적연금제도이다. 기업은 퇴직금제도와 퇴직연금제도를 병행하여 실시할 수 있으나 정부는 적극적으로 퇴직연금제도 도입을 유도하고 있다.

퇴직연금의 경우 확정급여형(DB: Defined Benefit)과 확정기여형(DC: Defined Contribution), 개인퇴직연금제도(Individual Retirement Pension) 등 세 가지가 존재한다. 확정급여형은 향후 퇴직예정근로자에게 주어지는 퇴직금의 금액이 확정되고 적립금의 운용에 따른 이익이나 손실 등의 책임을 회사가 부담하게 한 제도이다. 반면 확정기여형은 기업이 금융기관에 납부하는 연금 기여금을 사전에 확정하고 적립금의 운용에 따른 책임을 근로자들이 부담하게 한 제도이다. 개인퇴직연금제도는 직장이나 직업을 자주 옮기면서 퇴직이 빈번하게 발생하는 경우 각각의 퇴직금을 개인퇴직계좌에 적립하여 향후 노후 안정 자금으로 사용할 수 있도록 한 것으로 미국 등 직장이동이 빈번한 직장인이 많은 사회에서 비교적 활성화되어 있는 연금제도이다. 대체로 한국의 경우 주로 확정급여형이나 확정기여형, 또는 양자의 혼합으로 운영하는 기업들이 많다. 2014년 고용노동부 자료에 의하면 확정급여형을 시행하는 사업장은 80,906개, 확정기여형을 시행하는 사업장은 142,450개, 확정급여형과 확정기여형을 동시에 시행하는 사업장이 6,886개, 기업형 개인퇴직연금을 시행하는 사업장은 32,131개로 IRP형 비율은 약 12.2% 정도로 도입하고 있다.

표 10-4 퇴직연금제 시행현황 (단위: 개소, %)

구분	DB형 단독 도입	DB, DC 동시 도입	DC형 단독 도입	기업형 IRP 도입	합계
2014. 6월 기준(%)	80,906 (30.8)	6,886 (2.6)	142,450 (54.3)	32,131 (12.2)	262,373 (100)

자료: 고용노동부

(6) DB형과 DC형의 비교

확정기여형과 확정급여형 중 어떤 방식이 근로자에게 더 유리한지는 각 조건에 따라 달라진다.[2] 만약 주식시장 등 유가증권의 예상되는 가격 상승률이 예상되는 급여상승률보다 높을 조건에서는 확정기여형이 확정급여형보다 근로자에게 유리하나 그 반대의 조건에서는 오히려 확정급여형이 확정기여형보다 유리하게 될 것이다.

표 10-5 DB형과 DC형의 비교

	DB형	DC형
구조	• 퇴직시 받을 금액이 확정 • 적립금의 운용실적에 따라 회사가 내는 기여금이 가변적임	• 기여금 수준이 사전에 확정 • 퇴직시 받을 금액은 적립금의 운용실적에 따라 가변적임
책임	적립금의 운용책임은 회사가 짐	적립금의 운영책임은 근로자에게 있음
급여	• 퇴직급여 수준은 직전 평균임금수준에 연동됨 • 적립금이 주로 채권으로 투자됨 • 한 직장에서 오래 근무하고 안정적인 임금인상을 예상할 시 유리함 • 퇴직시 연금과 일시금으로 수령가능	• 퇴직급여수준은 주식 등 투자운영실적에 의존함 • 적립금이 주로 주식으로 투자됨 • 주식 등 자본시장이 활성화될 때 유리 • 퇴직시 연금과 일시금으로 수령가능
통산	직장 이동시 통산이 어려움	직장 이동시 통산이 비교적 쉬움

---

2 박동석, 지영환, 조진형, 2006, 고령사회 생존 전략 퇴직 연금, 굿인포메이션

그림 10-1 DC형과 DB형 어떤 조건에서 유리한가

DB형이 유리   예상 급여 상승률   >   예상 펀드 수익률

DC형이 유리   예상 급여 상승률   <   예상 펀드 수익률

개인퇴직연금제도는 이전에 개인퇴직계좌제도란 명칭으로 운영되어오다가 2011년 7월 근로자 퇴직급여 보장법의 전면 개정을 통해 개인퇴직연금제도로 명칭을 바꾸고 가입대상을 확대함과 동시에 제도 운영의 유연성을 보장하였다. 이로 인해 자영업자, 특수고용형태종사자 등의 가입이 가능해졌고 가입자들이 희망에 따라 추가적으로 적립금을 불입할 수 있도록 했다. 2017년 이후에는 공무원 등 소득이 있는 모든 사람들을 대상으로 확대적용하고 있다. 개인퇴직연금제도는 직장을 여러 번 옮길 때마다 나오는 퇴직자산을 퇴직연금제도내에서 안정하게 적립시켜 노후 생활의 안정을 꾀하는 것으로 최근 기업성과주의의 확대 등으로 단일 기업 등에서 지속적으로 노무를 제공하던 노동 메커니즘이 사라지면서, 이직, 전직 등을 통해 개인퇴직연금제도의 이용이 지속적으로 늘어날 것으로 예상하고 있다.

(7) 유급휴가

근로기준법 제60조에 의해 유급휴가에 대한 조건 등이 규제되고 있다. 이에 의하면 사용자는 1년간 8할 이상 근무한 근로자에게 15일의 유급휴가를 주어야 하며 3년 이상 계속하여 근무한 근로자에게는 최초 1년을 초과하는 계속 근무 연수 매 2년에 대해 1일의 휴가를 가산해 주어야 한다. 이에 의해 근속연수가 1년 이상의 근로자가 받는 유급휴가는 최소 15일, 최대 25일이 된다. 유급휴가제도의 취지는 근로자에게 충분한 휴식과 재충전의 시간을 제공하여 자기개발이나 노동력의 재생산에 있다고 하겠으나 과거 이런 원래의

목적에 벗어나 유급휴가가 오히려 여가보다는 근로자의 임금소득을 높이는 수단으로 사용되거나 기업의 인건비 부담을 높이는 부작용 등이 발생하게 되었다. 이에 대해 최근 법 개정을 통해 근로자가 사용하지 않은 유급휴가에 대한 보상을 금지하고 그 대신 근로자의 유급휴가 사용을 촉진하기 위한 사용자의 노력과 이에 대한 의무 조항을 강화하였다.

2) 법정 외 복리후생(자발적 복리후생)

법정 외 복리후생은 기업자체의 자발적인 결정에 의해 종업원과 그 가족에게 제공되는 각종 복지시설 및 제도를 의미한다. 법정 외 복리후생은 기업이 속한 산업이나 인력구성 등에 따라 서로 다른 제도적 형태나 구성을 띠는 경우가 많다. 예를 들면 사업장이 전국적으로 산재되어 있는 기업의 경우 전근이나 전환배치가 잦게 되므로 사택 등 주택 관련 복리 후생이 중요하게 활용되는 경향이 있다. 또한 종업원 구성이 여성이 많은 기업의 경우 일과 가정의 양립을 지원하는 복리가 중요하게 인식된다. 이같이 법정 외 복리후생은 각 개별 기업이 처한 상황에 따라 다른 제도적 구조와 운영양태를 가질 수 있으며 추가적인 비용이 요구되지만 유연한 제도 운용이 가능하다.

(1) 주거안정지원

종업원의 주거안정을 지원하는 것으로 사택이나 기숙사 등과 같은 숙박시설을 건설하여 이를 무상이나 저비용으로 임대하기도 하며, 주택구입자금이나 전월세자금을 저리로 융자하는 등이 존재한다. 지방에 사업장을 가진 회사의 경우 서울이나 경기인근지역의 직원들이 순환배치되는 사례가 많아 사택이나 기숙사 등이 매우 중요한 복지의 기준이 되기도 한다.

(2) 건강과 안전에 관한 지원

종업원과 그 가족의 건강 증진을 위해 법정 의료보험에 더해 추가적인 건강검진을 제공하든지, 생명보험이나 상해보험을 가입하여 예상하지 못한 재해나 질병에 대비하게 한다든지, 회사내에 의료시설을 설치하여 간단한 진료나 치료를 가능하게 한다든지 등이 이에 해당된다. 또한 예방적인 차원에서 사내에 체력 단련실이나 휴게실 등을 운영하고 건강을 수시로 체크하고 유지할 수 있도록 하는 것도 이에 해당된다.

(3) 생활지원

각종 경조비를 지급하거나 소비조합을 두어 각종 식사를 저가로 제공하거나 혹은 식당은 운영하지 않더라도 급식비를 지급하거나 교통비를 따로 지급하는 등이 이에 해당된다. 통근버스 운용이나 자녀들의 학자금을 지원하는 등 다양한 생활지원형 프로그램 등이 실행되어져 왔다.

(4) 문화 휴식

사내의 다양한 동호회 활동을 지원하거나 도서실이나 콘도, 휴가 시설 등을 운용함으로써 종업원이 일상적 직무를 벗어나 다양한 문화적 체험과 휴식을 취할 수 있도록 한 것이다.

(5) 일과 가정의 양립 지원

일과 가정의 양립 지원은 최근 저출산, 고령화 현상이 사회적 문제로 부각됨에 따라 정부에서도 중점 정책 분야로 강조하고 있는 내용으로서 기업이 탁아시설을 설립하여 운영하거나 유연근로시간 등을 운영함으로써 일과 가정에서의 양립이 가능하도록 지원하는 것을 의미한다. 일과 가정의 양립 지원은 한국뿐 아니라 미국을 비롯한 선진국들에서도 매우 중요하게 취급되고 있는 실정이다. 최근 한국에서는 남녀고용평등과 일과 가정의 양립 지원을 위한 복리를 사업자의 의무로 법률로 규정하고 있다.

(6) 배우자 출산 휴가

배우자의 출산시 남성근로자가 사용할 수 있는 휴가제도이다. 배우자 출산휴가는 3~5일 사용가능한데 사업자는 최소한 3일 이상 배우자 출산휴가를 주어야 하며, 5일의 범위에서 근로자가 신청한 일 수 만큼 부여해야 한다.

(7) 육아휴직

초등학교 취학 전의 아동 양육을 지원하기 위한 사업자의 노력의무를 규정한 것으로 만 8세 이하 또는 초등학교 2학년 이하 자녀의 양육을 위해 육아휴직을 신청하는 경우 사업자는 의무적으로 1년 이내의 육아휴직을 허용해야 한다는 것이다. 또한 육아휴직을 30일 이상 수행한 근로자에게 사용자는 육아휴직급여를 지급하여야 한다. 육아휴직급여는 육아휴직전 통상임금의 40%를 지급하되 하한액 50만원과 상한액 100만원 사이이다.

(8) 육아기 근로시간단축제도

만 6세 미만 취학 전 자녀를 둔 근로자가 육아휴직 대신 근무시간을 줄여 근무할 수 있게 한 것이다. 근로시간을 주 15~30시간 범위로 줄일 경우 임금은 근로시간에 비례하여 지급받고 줄인 근로시간만큼을 고용노동부 산하 고용센터로부터 육아기 근로시간 단축급여를 받게 한 제도이다.

(9) 가족 돌봄 휴직제

가족 중 아픈 사람이 있으면 90일간 휴직이 가능한 제도로, 부모나 자녀, 배우자, 배우자 부모 등 가족이 질병이나 사고, 노령 등으로 인해 돌봄이 필요한 경우 연차 휴가 대신 최장 90일까지 휴직을 신청할 수 있게 한 제도이다.

3 선택적 복리후생제도

기업의 환경변화가 급격하게 진행되고 조직 구성원들의 욕구나 기대가 변화함에 따라 결국 과거의 일괄적인 복리후생제도가 이런 변화를 수용하지 못하는 불일치현상이 발생하였다. 기업들은 4대 보험 등 강제적인 복리에 대한 부담이 증가할 뿐 아니라 자발적 복리후생에 대해 비용 투입을 하고 있으나 과연 이것이 종업원들의 만족이나 동기부여에 어느 정도 기여하는지에 대해서 확신하지 못하는 현상이 발생하고 있는 것이다. 과거에는 기혼 남성을 대표적인 종업원으로 가정하고 이에 맞춰 복리후생의 설계 및 내용이 결정되었으나 현재는 이 같은 방식으로는 종업원의 다양한 복리 욕구를 해소할 수 없으므로 이를 개선하고자 등장하고 있는 것이 종업원들이 각각의 욕구에 따라 복리후생 항목을 선택할 수 있게 한 선택적 복리후생제도이다. 선택적 복리후생제도는 종업원들에게 특정한 크레딧을 제공하여 그 범위 내에서 원하는 복리후생프로그램의 수혜를 스스로 선택하게 한다.

우리나라에서는 이 같은 제도가 1997년 한국 IBM에서 도입된 이후 다른 대기업에게도 차차 퍼져나가게 되었다. 선택적 복리후생 제도의 유형은 다음과 같이 구분된다.

1) 선택항목추가형(Core plus option)

선택항목추가형은 모든 종업원에게 가장 중요한 항목의 복리후생 항목을 기본적으로 제공하고, 각 종업원들이 자신에게 부여된 크레딧의 범위 내에서 핵심 항목이외의 별도 항목을 자유로이 선택하여 수혜 받을 수 있도록 한 것이다. 핵심항목은 모든 종업원이 필수적으로 수혜를 받아야 하는 항목이고 선택항목은 종업원 각자의 선택의 자유에 의해 복리 욕구를 충족하는 방식이다. 선택항목 추가형은 종업원들의 욕구가 특정항목에 편중될 가능성이 있을 경우 이를 핵심 분야로 넣어 의무적으로 수혜하도록 하고 각자 다양한 복리 욕구를 선택항목에서 자유로이 선택하게 하는 방식으로 운영된다.

2) 모듈선택형(modular plan)

모듈선택형은 종업원이 다양한 복리후생의 항목으로 구성된 여러 개의 패키지 가운데 가장 적합하다고 판단되는 한 가지 패키지를 선택하여 수혜를 받는 방식의 제도이다. 모듈선택형은 설계를 통해 종업원들의 복리후생 욕구를 사전적으로 분류하여 패키지로 만들어 제공하는 방식인데 복리후생 총비용의 합계는 패키지간에 별 차이가 없이 설계된다. 종업원들의 복리후생에 대한 선호도가 몇 가지 그룹으로 명확하게 구분되는 경우에 이 제도를 활용하는 것이 바람직할 것이다.

3) 선택적 지출 계좌형(flexible spending accounts)

특정예산 범위내에서 종업원들에게 일정한 크레딧을 부여하고 이 크레딧의 범위내에서 종업원이 자유롭게 복지 항목을 선택하여 지출, 수혜할 수 있도록 한 제도이다. 이 유형은 선택항목추가형이나 모듈선택형보다 기업의 복지제도에 대한 선택을 종업원에게 가장 자율적으로 할 수 있도록 한 제도라 할 수 있다.

복리후생의 관리에는 많은 비용이 든다. 따라서 복리후생제도를 시행할 때 예상되는 비용과 그 편익에 대한 분석은 매우 중요할 수 있다. 지금까지 많은 기업에서는 복리후생에 추입되는 비용과 그 편익을 명시적이고 가시적인 관점에서만 계산하고 평가하는 경향이 있어 이를 전략적으로 관리하는 것이 쉽지 않았다. 특히 복리의 실행에서 기업의 가치를 넘어 사회적 가치를 반영하는 것이 쉽지 않았고 미래에도 쉽지 않을 것이다.

향후 경영자는 경영환경 변화, 특히 종업원의 욕구의 다양화의 경향에 주목할 필요가 있으며 이런 욕구 변화를 반영할 뿐 아니라 저출산 고령화 등 한국 사회가 당면한 사회적 욕구 또한 반영하여 복리를 설계하고 운영할 필요가 있다. 최근 정부와 사회에서 주목하고 있는 가족친화경영, 일과 생활의 조화 등과 관련된 복리후생을 적극적으로 강화하되 이를 기업적 가치와 일치하게 하는 노력 등이 필요한 것이다.

4 장의 요약

복리후생제도는 종업원 생활안정과 안전, 근로생활의 질을 향상시키기 위해 종업원과 그 가족을 대상으로 해 임금 이외의 금품이나 서비스 등을 총괄하는 개념이다. 광의로 보면 국민연금, 고용보험, 의료 보험, 산재 보험 등 4대 보험과 같이 강제적으로 시행되는 법적 복리후생과 기업이 구성원들에게 자발적으로 제공하는 법정 외 복리후생 등을 포함한다. 법정 복리후생은 기업이 법제도적으로 반드시 시행하여야 하는 제도로 직장에 고용된 임금 근로자들은 반드시 회사를 통해 4대 사회보험에 가입하여야 한다. 의료보험제도는 1977년 처음으로 직장의료보험제도가 도입된 이후 1989년 도시 자영업자를 대상으로 의료보험이 확대되면서 전 국민이 의료보험적용이 되는 시대를 열었다. 국민연금은 1988년부터 도입되었으며 2006년에 이르러 근로자 1인 사업장까지 연금가입이 의무화됨으로써 실질적으로 전 국민을 대상으로 연금을 확대적용하기 시작하였다. 직장인들의 국민연금 보험료는 월 보수액의 4.5%를 근로자가, 나머지 4.5%를 회사가 부담하여 전체적으로는 보수월액의 9%가 보험료율이 되며, 인구고령화로 인해 향후 점차적으로 보험료율은 올리고 은퇴 후 혜택 수준은 감소하는 방향으로 개혁될 것으로 예상된다. 산재보험은 1964년에 종업원 500명 이상의 광업과 제조업 분야에 도입되었지만 지속적으로 적용분야가 확대되어 2000년 7월 1일부터 1인 이상의 전 사업장으로 확대적용되었다. 산재 보험은 다른 사회보험과는 달리 사용자가 보험료의 전부를 부담하도록 하고 있으며 2011년부터 산재보험을 포함한 4대 보험의 보험료 산정기준이 보수 월액으로 통일되었다. 역사적으로 고용보험은 비자발적인 이유로 실업을 당한 근로자의 생활안정을 위한 실업보험에서 시작되었지만 다양한 영역으로 그 사업범위가 확대되어 왔다. 1995년 한국은 고용보험이란 이름으로 도입하였고 1998년 1인 이상 전 사업장에 고용보험이 확대되어 적용되기 시작하였다. 현재 고용보험은 크게 고용안정사업, 직업능력개발사업, 실업급여사업, 모성보호사업 등 네 가지로 구분된다. 고용안정사업은 근로자를 감원하지 않고 고용을 유지하거나 실직자를 고용한 사업자에게 그 비용의 일부를 지원하는 제도이고 직업능력개발사업은 사업자가 재직자들의 직업훈련을 실시하거나 근로자 자신이 자기 개발을 위해 교육을 받을 경우 일정정도의 비용을 지원하는 제도이다. 실업급여사업은 근로자가 비자발적으로 실직하였을 때 일정기간, 일정 수준의 구직 급여를 지급하는 것을 골자로 한다. 모성보호사업은 근로자가 회사에 육아휴직이나 출산 전후 휴직을 신청하였을 경우 소정의 금액을 지원함으로써 근로자의 생활안정을 지원한다.

우리나라는 일본 등 다른 나라에 비해 법정 퇴직금 제도를 의무조항으로 강제하고 있는 유일한 국가이다. 그러나 2005년 12월 이후 근로자 퇴직급여 보장법이 제정되어 과거의 퇴직금제도를 대신하여 퇴직연금제도를 도입하여 운영하는 것이 가능하게 되었다. 퇴직 연금이란 기업이 퇴직금 재원을 사내에 적립하던 퇴직금 제도를 대체하여 금융기관에 매년 퇴직금 해당 금액을 적립하고 근로자가 퇴직할 때 연금 또는 일시금으로 지급받아 노후 설계가 가능하도록 한 준공적 연금제도이다. 퇴직연금은 확정급여형(DB: Defined Benefit)과 확정기여형(DC: Defined Contribution), 개인퇴직 연금제도(IRP: Individual Retirement Pension) 등 세 가지가 존재한다.

법정 외 복리후생은 기업 자체의 자발적인 결정에 의해 종업원과 그 가족에 제공되는 각종 복지시설의 혜택과 서비스 지원 등을 의미한다. 그 내용으로는 종업원 주거안정 지원, 건강검진 등 건강과 안전에 대한 지원, 경조비나 급식비, 교통비 등 생활지원, 동호회 활동이나 휴가 시설 이용 등 문화 휴식 지원, 직장어린이 집 지원 등 일과 가정 양립 지원 등이 포함된다.

기업의 환경변화가 급격하게 진행되고 조직 구성원들의 구성과 욕구구조가 다양화됨에 따라 최근 복리후생제도는 종업원 각각의 욕구에 따라 복리후생 항목 등을 선택하게 하는 선택적 복리후생이 차차 퍼져나가게 되었다. 선택적 복리후생은 선택항목추가형(Core Plus Option), 모듈선택형(Modular Plan), 선택적 지출계좌형(Flexible Spending Account) 등으로 구분된다.

MEMO

Chapter 11

비정규직 및
고용 포트폴리오의 관리

11

비정규직 및 고용 포트폴리오의 관리

1 비정규 고용의 개념과 특징

　비정규직이란 정규직과는 상대적인 개념으로 기간제형태의 임시 계약직, 단시간 근로(파트타임), 재택근로, 파견근로, 사내 하청 방식의 근로 등을 포함하는 포괄적인 용어로 사용하고 있으나 노동계나 경영계가 사용하는 의미나 범위는 많은 차이가 있는 것이 현실이다. 비정규직이란 상시고용을 전제로 해 특별한 고용계약기간을 정하지 않고 일하는 정규직 인력에 대비한 개념으로 등장했다. 원래 한국 사회에서의 정규직이란 명시적이고 확고한 형태의 고용 계약을 맺었다기보다는 암묵적이고 잠정적인 고용 계약을 맺고 특별한 하자가 없고 본인이 원하면 지속적인 고용 보장을 받을 뿐 아니라 조직이 마련한 다양한 승진 경로를 따라 경력을 쌓아갈 수 있는 조건을 가진 근로자를 의미한다. 이에 비해 비정규직이란 조직이 정한 다양한 승진이나 내부 경력 개발의 대상이 될 수 없을 뿐 아니라 조직의 직접적인 인적자원관리의 대상이 될 수 없거나 이에 대해 제한적인 적용을 받는 근로자를 의미하는데 그 범위가 기간제나 파견근로자, 심지어 사내 하청 형태의 근로자가 포함하는 광범위성을 보이고 있다. 특히 노동계는 사내 하청 형태의 근로와 특수고용형태의 근로까지 포함하여 비정규 형태의 근로로 판단하는 경향이 높다. 학계에서 비정규직이란 용어 자체도 비정형근로(Atypical Work), 비표준 근로(Nonstandard

Work), 비정규근로(Contingent Work) 등 다양하게 표시되어 왔는데 이는 그만 큼 이 용어를 정의하는 것에 다양한 의견이 존재하고 통일된 개념이 형성되 어 있지 않다는 것을 보여준다.

비정규직 인력은 이처럼 매우 다양한 개념적 분화를 보이지만 전통적인 정규고용관계와는 달리 이들이 기업과 맺게 되는 고용관계는 그 제도적인 측 면이나 심리적인 측면에서 매우 느슨하거나 기업의 경계를 넘어 외부화되어 관리적 차원의 모호함이 부각되는 공통점을 가지고 있어 최근 관리의 모호함 과 더불어 동일노동 동일 임금 등의 원칙에 위배되는 등 고용형태별 차별에 대하여 다양한 사회적 논쟁을 일으키고 있다. 인력의 비정규화 또는 비정형화 를 판단하기 위해서는 근로계약기간, 근무 시간, 근무 장소, 관리적 통제의 형 태 등을 종합적으로 고려해야 하고[1] 이들 인력들이 받는 처우나 근로조건 등 이 기존 정규직과 상대적인 비교 대상으로 부각되어 오고 있는 것이다. 대체 로 비정규직 인력의 처우나 급여, 근로 조건 등은 비슷한 노동을 하는 정규직 에 비해 상당히 낮다고 보는 것이 일반적이다. 이런 보상 수준의 차이는 임금 수준과 복리, 퇴직금 등 다양한 요소에 나타나고 있다. 통계청자료에 의하면 2017년 8월 기준으로 볼 때 한국의 비정규직 인력은 654만명으로 전체 임금 근로자의 약 33%를 차지하고 있는 것으로 나타났다. 비정규직 인력의 직전 3 개월 임금수준은 월 평균 156만원으로 정규직의 284만원에 비해 약 60% 정 도이다. 물론 이 통계청 자료가 어느 정도 엄밀한 수준으로 고용형태별 차별 을 잡아내고 있는지에 대해서는 이견이 있지만 비정규직의 임금과 처우 조건 등이 정규직에 비하면 열악하다는 것이 사실로 인정되는 분위기인 것이다. 최 근 자동차 산업 등 제조업에 대한 사례 연구들에서는 자동차 산업 공급망을 중심으로 하여 완성조립차업체와 모듈업체나 완성조립차업체에 부품을 만들

---

1 Pfeffer, J. and Barron, J. N., 1988, Taking the workers back out: recent trends in the structuring of employment, *Research in Organizational Behavior*, Vol.10.

어 납품하는 1차 하청업체, 1차 하청업체에 부품을 납품하는 2차 하청업체 등 완성조립차 공급망의 서열구조에 따라 고용구조나 근로 조건 등이 서열화되는 현상 등을 지적하기도 했다.2 즉 단순히 정규직이냐 비정규직이냐란 고용 형태별 근로조건이나 임금 차이뿐 아니라 공급망 구조상 대기업이냐 아니면 종속적 하청기업이냐 등에 따라서도 근로자들의 임금수준이나 근로조건 등이 달라진다는 지적이다. 예를 들면 2017년 현재 H완성조립차 업체에서 일하는 정규직 인력의 연봉이 9,800만원 정도이고 동일한 완성차 업체에서 일하는 하청근로자의 연봉이 6,000만원 정도이지만 이 완성차업체에 납품하는 1차 하청업체에서 일하는 정규직 근로자의 평균 연봉은 4,500만원, 1차 하청업체에서 일하는 계약직 근로자는 약 3,000만원 정도의 연봉을 받는 등 정규직 또는 비정규직 등 고용형태뿐 아니라 공급사슬망상의 조직 서열 구조에 따라서도 연봉 수준이 갈리는 현상을 발견할 수 있다.

2 비정규직 고용 인력 등장의 배경

오늘날 가장 일반화된 고용형태로 정착한 정규직 근로자는 원래 산업혁명 초기부터 정착한 고용관리체제는 아니었다. 산업과 기업이 발전함에 따라 기업의 필요에 의해서 인력 시장을 통해 매개되는 것보다는 기업 내부의 관리하에 인력을 둠으로써 얻을 수 있는 다양한 장점이 부각되었고 이에 의해 장기고용에 기초한 정규직 고용이 확산된 것이다. 장기적인 정규직 고용을 통해 기업이 얻는 것은 노동인력에 대한 직접적인 관리와 통제가 가능하다는 점과 기업내부적인 숙련 축적 및 향상, 그리고 기업에 대한 충성과 애착 등을 고양할 수 있다는 점을 지적할 수 있다. 기업은 그 규모가 성장함에 따라 내부 노동 시장을 형성하고 자체적인 숙련형성 과정 및 승진 경로 등을 개발하여 필요한 인재를 육성할 수 있었다. 그러나 최근 들어 이 같은 내부 노동 시

---

2 조성재, 2006, 한중일 자동차산업의 고용관계 비교, 노동정책연구, 6(2). pp.1 – 27.

장 방식의 육성형 고용방식이 점차로 약화되고 있으며 오히려 그간 운영하였던 인력들을 외부화시키는 경향이 많아졌다. 그 이유는 기업환경의 변화에서 찾을 수 있는데 세계화의 촉진으로 인한 경쟁의 격화, 그리고 정보통신 기술의 발달로 인한 디지털 시대의 도래, 자동화의 촉진, 고객 욕구의 다양화 등과 같은 변화가 갈수록 기업에게서 상시성과 안정성보다는 기민성과 빠른 환경적응성을 요구하기 때문이다. 기업은 상시적인 인력관리로부터 나오는 관리비용의 증가를 해소하기 위해 이들 인력을 외부화하고 동시에 고용 유연성을 확보하여 빠른 환경적 변화에 적응할 수 있다고 간주해왔다. 기술의 발전과 자동화로 인해 유휴 인력과 청년, 여성, 고령 인력 등이 증가하여 이를 기반으로 한 인력 중개 업체가 발달하고 있는 점도 최근에 진행되고 있는 노동시장의 큰 변화라 할 수 있다.

즉 거래비용경제학을 주장한 윌리엄슨에 의하면 기업이 내부화를 할 것인지 아니면 외부화를 할 것인지에 대한 결정은 시장거래관계에서의 거래 상대방기업이 기회주의적 행동을 하여 정보 수집에 드는 비용, 즉 거래비용을 어느 정도 높이는가에 달려 있다는 것을 설명하였다. 즉 시장거래의 기능이 활성화되어 시장거래를 통해 조직에서 원하는 자원이나 서비스를 확보하는 것에 거래비용이 적게 들면 기업은 시장거래를 택하지만 그렇지 않고 거래 상대방 기업이 기회주의적 행동을 통해 거래 비용을 상당히 높일 경우에는 그 자원이나 서비스를 스스로 확보하는 전략, 즉 내부화를 한다고 본다. 이 같은 설명은 고용이냐 외주화를 결정하는 것에도 적용될 수 있다.

3 비정규직 고용의 목적

기업은 왜 비정규직 인력 고용을 선호하게 되었는가? 기존의 연구들에서 확인하면 기업이 비정규직 인력을 사용하는 목적으로 비정규직을 사용함으로써 절감되는 인건비 감소와 언제든지 계약을 해지할 수 있는 고용 유연성 확보 등이 지적되어왔다. 아울러 정원통제의 회피수단으로 정규 핵심적 인력을 환경변화로부터 보호하려는 목적이나 정규직 노조 세력의 약화를 위해 비정규직의 인력을 활용한다는 주장도 제기되었다.

1) 인건비의 절감

기업이 정규직보다는 비정규직을 활용하면 정규직에 투입되는 복리후생비나 퇴직금, 그리고 급여 등을 많이 절감할 수 있다. 이뿐 아니라 기업의 구조조정을 진행할 경우 정규직을 해고해야 할 경우에 들어가는 비용이 매우 높으므로 비정규직 활용을 통해 환경변화에 대응하고 환경 적응에 들어가는 비용을 많이 낮추려는 경향을 보인다. 비정규직의 경우 정규직에 비해 근속에 따른 호봉 상승이나 퇴직금, 그리고 복리의 적용 대상이 되지 않으므로 이런 비용 절감이 가능한 것이다.

2) 고용유연성

1980년 이후 급격하게 진행된 세계화와 정보 기술의 발전은 더욱 조직으로 하여금 환경변화에 대한 적응성을 요구하고 있다. 고객의 요구와 선호도가 급격하게 변화하고 있어 조직이 이 변화를 쫓아가고 적응하기 위해서는 민첩성과 유연성이 매우 필요해진다. 기업들이 인력관리의 유연성을 추구하게 되면서 자연적으로 비정규직 고용을 늘리게 되었다.

3) 핵심 정규 인력의 보호

조직이 비정규직 인력을 사용하는 것은 핵심 정규인력을 시장 환경의 변화로부터 보호하기 위한 안전판으로서 이들을 활용하기도 한다는 점을 지적하기도 한다. 즉 핵심 정규인력을 환경적 변화로부터 보호하기 위해 환경의 극심한 변화가 도래하면 비정규직 인력의 계약을 해지함으로써 환경변화나 경기침체에 적응할 수 있다는 것이다. 정규직 노동조합이 매우 강성일 경우 이런 노조원의 고용을 보호하기 위한 안전판으로 비정규직 고용을 합의하고 허락해주는 경우도 있을 수 있다.

4) 외부 전문 인력의 확보

기업에서 필요로 하는 외부 전문 기술 인력 등을 기업내부 노동시장에서 확보하기 어려운 경우가 발생할 수 있는데 이럴 경우 기업은 외부 노동 시장에서 이런 전문성을 가진 인재를 모집하여 계약직 형태로 선발할 수 있다. 전문인력의 속성상 그 공급이 수요에 못 미치므로 이럴 경우 조직은 전문 인력에 대해 상당한 고임금을 지불하는 경향이 있다. 소프트웨어 프로그래머나 인수합병이나 구조조정에 특화되어 활동하는 전문 경영인, 기업의 연구개발부서에서 활동하는 기술자나 과학자, 기업에게 법률적 자문을 도맡는 전속적인 변호사 등이 이에 해당될 수 있다.

4 기업별 비정규직 활용에 대한 이론

기업이 비정규직을 활용하는 정도와 비정규직 고용형태에 대한 기업별 선호도, 그리고 비정규직에 대한 인적자원관리나 복리후생 제공 정도 등은 기업별로 다양한 차이가 있는 것으로 보고되고 있다. 원래 비정규직은 정규직에 비해 조직의 적극적인 인적자원관리의 대상이 되질 않았고 기업의 주변부 노동으로 간주되어 상대적으로 관리론에서 소외되어 온 감이 있다. 그럼에도 불구하고 비정규직에 대한 활용도와 관리 정도에 있어 기업별로 차이가 나타나고 있다는 연구들이 장기간에 걸쳐 등장하였다. 주요 인적자원관리 분야의 논문들을 보면, 기업의 인적자원관리의 원칙과 구조(아키텍처)에서 다양한 고용형태와 HRM 구성의 조합 등에 대해 언급하였다. 이 연구들은 비정규직 고용을 기업의 인적자원관리 구조내에 존재하는 하위적인 요소로 핵심인적자원과의 연계성과 상호작용에 의해 조직경쟁우위 형성에 기여하는 것으로 간주하고 있다3. 즉 이들은 조직인력 운영 및 인적자원관리의 최종적 목적이 조직효율성이란 것을 전제로 하면서 이를 위해 핵심적 인적역량(인적 자산)과 사회적 자산의 중요도를 강조하고 이의 창출과 흐름을 보완하는 차원으로 비정규직의 활용가치를 인정한다.

기업의 비정규직 고용 및 관리란 주제에 대해서는 대부분의 비정규직 고용이 최고경영자를 비롯한 탑경영층에 의해 다루어지는 주제이기보다는 중간관리층이나 현장 감독 차원에서 다루어지는 현실을 감안할 때 비정규직 고용이 전략과의 연계성 또는 치밀한 계획 아래에서 진행되지 않았다는 점을 지적할 수 있을 것이다. 그래서 비정규직 사용에 인해 발생하는 결과는 예상외로 부정적일 수도 있다는 것인데, 이 부정적 효과를 완화하기 위한 차원에서 비정규직 인사관리란 개념이 나타나고 있다. 비정규직의 관리는 조직의 경쟁우위 달성을 위해 어떻게 지식융합과정을 창출하는지 등 지식 융합을 통한 경쟁우위 형성에 전문직종 비정규직 고용이 사용될 수 있다는 관점과 비정규직 인사관리 형태는 정규직 인사관리의 관행이 확대되는 과정으로 간주하는 내용 등을 포함한다. 정규직 인적자원관리가 사람 중심, 몰입 중심을 강조하는 성격을 가진다면 이런 특징이 비정규직의 관리에도 일정부분 투영되어 비정규직을 대상으로 하여 통합적 방향의 인사관리방식이 채택될 수 있다. 즉 조직이 직접고용하고 있는 비정규직에게는 급여나 복리후생, 훈련기회의 제공 등 정규직에게 부여되는 정책 등이 비정규직에게도 일부 영향을 줄 수 있다는 것이다.4

---

3 Becker, B. and Gerhart, B., 1996, The impact of human resource management on the organizational performance, *Academy of Management Journal,* 39, pp.779~802.; Lepak D. P. and Snell, S. A. 1999, The human resource architecture: toward a theory of human capital allocation and development, *Academy of Management Journal,* 24(1), pp.31–48.

4 Lautsch, B. A., 2003, The influence of regular work systems on compensations for contingent workers, *Industrial Relations,* 42(4), pp.565~588.; Lautsch, B. A. 2002, Uncovering and explaining variance in the features and outcomes of contingent

비정규직의 고용 및 관리에 대한 기업별 차이를 설명하는 몇 가지 이론을 정리하면 아래와 같다. 이 이론들은 기업이 비정규직 고용을 하는 요인과 비정규고용 관리에 대한 기업별 차이가 나는 요인들을 설명하는 것에 유용하다.

1) 고용관계에 대한 상호호혜성의 관점

상호호혜성 관점은 조직과 구성원간의 관계성 측면을 부각하여 조직이 지속적으로 존속하고 성장하기 위한 조건으로서 조직과 구성원간의 상호호혜성(Mutual Reciorocity)의 관계를 강조하는 고전적인 이론이다. 이 이론은 Barnard(1938)의 유인과 공헌,[5] Blau(1964)의 사회적 교환,[6] Rousseau(1989)의 심리적 계약론[7] 등에도 반영되어 있다. 핵심적 요소로 제시되는 상호호혜성이란 조직에 공헌하고자 하는 구성원들의 헌신과 노력은 그들이 받는 조직으로부터 받는 관심과 투자와 비례한다는 등가성의 원칙에 기반하고 있으나 상대방에 대한 기대는 즉각적인 것이 아니라 장기적이며, 또한 명시적이기보다는 암묵적인 성격을 가지는 상태를 말한다. 즉 조직에 대한 종업원의 기여와 노력이 즉각적인 보상이나 인정으로 나타나지 않더라도 종업원은 조직에 대한 신뢰와 믿음을 저버리지 않으며 이에 대한 장기적이고 암묵적인 기대를 하고 있는 상태이고, 반대로 조직이 종업원에 대하여 이와 같은 논리가 성립될 때 이를 우리는 양자간 관계를 상호호혜성의 관계라 할 수 있을 것이다.

조직과 종업원간의 관계를 높은 유인－높은 공헌의 상호호혜적 관계로 유지하는 것을 강조하는 모델로서 노사간 상호이익을 중시하는 고성과조직체

worker, *Industrial and Labor Relations Review*, 56(1), pp.23－43.

5 Barnard, C. I. 1938, *The Functions of the Executive*, Cambridge: Harvard University Press.

6 Blau, P. 1964, *Exchange and Power in Social Life*, New York: Wiley.

7 Rousse며, D. M., 1989, Psychological and implied contracts in organizations, *Employee Responsibilities and Rights Journal*, 2, pp.121－139.

제를 지적할 수 있다. 고성과 작업 체제는 높은 생산성과 높은 구성원의 처우 수준을 동시에 달성하기 위한 인적자원관리 관행의 변화가 주요 동력으로 작용하는 조직으로 조직에게 종업원들의 몰입과 참여로 인한 높은 성과를, 종업원들에게는 고용안정성과 내재적 보상 등을 제공하는 윈윈 모델 또는 고단위 전략(High Road)으로 지칭되어 있다.

대체로 비정규직이 정규직에 비해 소수이고 비정규직 인사관리가 정규직 인사관리 이후에 생겨난다는 점을 감안하면 정규직 인사관리가 비정규직 인사관리의 설계와 실행에 대한 준거가 될 가능성이 농후하다. 만약 기존 인사관리의 대상이 되는 정규직의 규모가 충분히 클 경우 이후 추가되는 작은 규모의 비정규직 인력에 대한 인사관리 및 복리 제공에 대한 추가적인 비용 부담은 한계비용 체감의 법칙에 의해 낮아질 수 있기 때문에 이를 비정규직에게까지 확대해 제공하기가 쉬워질 수 있다. 조직과 정규직과의 관계가 높은 상호호혜성의 관계를 유지한다면 이런 경향이 작은 규모의 비정규직 인력에게도 적용될 수 있을 것이다. 조직이 정규직 인사관리에서 높은 유인과 높은 공헌의 균형을 유지한다면 이런 경향이 소수 그룹의 비정규직에게도 적용될 가능성이 높아질 수 있을 것이다.

2) 옵션이론

옵션이론에 의하면 비정규직 고용이 가지는 유연성은 기업으로 하여금 미래 불확실성에 대비하는 옵션의 가치를 부여하기 때문에 선호되는 경향이 있으며 특히 환경이 매우 불확실한 시장에서 활동하는 기업일수록 이런 옵션의 가치는 높게 나타날 수 있다고 보았다. 기업에게 비정규직 고용은 고정비로 간주되는 정규직 고용을 당분간 유예하고 연기하는 옵션으로서의 의미를 가질 뿐 아니라 불확실성이 해소되고 경제적 전망이 악화될 때 쉽게 고용을 포기할 수 있는 선택권으로서의 의미를 제공한다. 비정규직을 고용함으로써 제한된 경제적 비용으로 근로자들을 스크린할 수 있고 향후 불확실성이 일정

정도 해소되었을 때 고용 혹은 계약 해지 등의 최종적인 의사결정을 할 수 있다.

환경의 불확실성이 높을 때 정규직 고용을 결정하였을 경우 향후 환경의 악화로 인해 이를 철회해야 하는 상황이 발생할 가능성이 크고 이것이 현실화되었을 때 매우 광범위한 비용을 지불하게 된다. 이 비용에는 정규직 해고로 인한 사회적 평판의 악화, 높은 퇴직금의 지불, 남아있는 정규직 근로자들의 사기저하, 조기 퇴직을 유도할 시 지불해야 하는 프리미엄 등이 포함된다. 또한 이들 인력의 재직시 제공된 교육훈련, 높은 인건비 및 복리 등 인적자산의 투자에 대해 전혀 회수 할 수 없게 된다. 이같이 과거에 결정한 인력 고용의 의사결정에 대해 이를 철회하거나 수정해야 할 상황이 발생할 경우 이전에 투자한 자본을 회수할 수 없을 뿐 아니라 심지어 추가적인 해고 비용을 증가시킴으로써 기업으로 하여금 이중의 부담을 안길 수 있다. 반면 비정규직 고용이란 옵션은 정규직을 고용함으로써 발생하는 불가역성의 비용을 피할 수 있게 해줄 뿐 아니라 향후 구조조정 등의 상황에서 인력해고비용을 최소화하면서 인력을 감축할 수 있게 한다.

옵션이론 관점은 불확실성의 환경에서 기업이 인력확대를 하고자 할 경우 인적투자의 불가역성을 최소화하는 방향으로 의사결정을 하는 성향이 있으며, 그 도구가 바로 비정규직 고용이란 것을 제시한다.[8]

옵션이론에 의해 기업의 고용결정행위는 다음과 같이 나타날 것이다.

첫째, 조직은 경영환경의 불확실성이 크질 경우 정규직 고용결정을 유보하고 비정규직을 고용함으로써 고용과 해고 등에 대한 옵션을 가지고자 한다.

둘째, 조직은 경영환경의 불확실성이 해소되고 환경이 우호적으로 변화하면 이전에 고용해 온 비정규직을 정규직화하거나 아니면 정규직에 가깝게

---

8 Foote, D. A. and Folta, T. B., 2002, Temporary workers as real options, *Human Resource Management*, 12, pp.579–597.

관리하고자 할 것이다. 즉 정규직 인사관리에 비정규직을 통합하고자 할 것이다. 그 이유는 비정규직에 대한 스크린 등을 해왔기 때문에 전혀 새로운 고용을 하기보다는 스크린 비용과 현재의 경력트랙에서의 별도 교육훈련이 필요 없는 비정규직의 채용을 원할 수 있기 때문이다.

셋째, 조직은 경영환경의 불확실성이 해소되고 환경이 불리하게 변화하면 이전에 고용해 온 비정규직의 계약을 해지함으로써 해고비용 없이 인력규모를 축소할 수 있다.

3) 학습이론적 관점

인력의 다양성이 가지는 장점을 주장하는 인적자원관리 학자들은 비정규직 등 고용형태 역시 다양성을 구성하는 요소로 보고, 비정규직 근로자와 정규직 근로자와 함께 뒤섞여 상호작용하며 일하는 것이 인적자원관리의 효율성이나 혁신적 성과를 달성하기에 좋을 것이라고 한다. 다양한 고용형태 등으로 구성되는 인력 구성의 다양성이 조직의 경쟁우위가 되는 지식 가치의 형성에 긍정적으로 기여할 수 있다는 점을 강조한다. 대체로 여기서의 비정규직은 전문직종으로서의 비정규직을 의미하고 높은 기술과 자신만의 지식으로 전문성을 인정받는 형태의 비정규직 근로를 의미한다고 봐야 할 것이다. 비정규직이 가지고 있는 기술과 지식은 조직내의 정규직이 가지고 있는 지식과 기술과는 별개의 것으로서 두 집단이 서로 어울려 상호작용하고 상호학습할 수 있는 요건이 된다면 새로운 지식의 창출이나 기존 지식의 업데이트 등 긍정적인 지식자원의 축적이 가능하다는 입장이다. 새로운 혁신을 추구하거나 기술 동향을 좇아가려는 기업들은 전문성을 가진 비정규 형태의 전문가들을 조직내에 영입하여 정규직 근로자들과의 다양한 상호작용을 통해 새로운 지식을 업데이트하거나 조직내에서 새로운 지식을 창출하고자 한다는 점이다. 이 점에서 보면 비정규직 고용은 크게 문제가 되지 않고 오히려 기업의 핵심적 역량을 구성하고 유지하는 것에 기여하는 것으로 간주될 수 있다.

4) 그룹관계이론

소수자 그룹과 다수자 그룹간의 관계 이론은 조직내 그룹의 상대적 크기가 사회적 작용의 질과 그룹간 갈등 수준에 많은 영향을 미친다고 주장한다. 조직내 소수자 그룹의 수와 비율이 증가하고 기업 활동에서 소수자 그룹에 의존하는 정도가 증가하면 양자간 갈등의 가능성이 증가하므로 이를 예방하고 바람직한 사회적 관계를 유도하기 위한 다양한 정책 등이 필요해진다. 그룹관계이론은 조직내 소수에 불과한 비정규직 근로자들의 수가 증가하고 조직에서 이들에 대한 의존도가 증가할수록 전반적인 인사관리의 방향이 이들의 발언권과 이익을 일정 정도 반영하도록 변화될 수 있다는 것을 시사한다. 따라서 조직에서 비정규직 비율이 증가하면 정규직 중심의 인적자원관리 관행이 비정규직들에게도 확대되어 적용되는 것이 불가피하게 발생하게 된다. 정규직의 인적자원관리 관행이 비정규직근로자들에게 유사하게 적용되고 혜택이 주어지기도 하지만 비정규직 인력에 대한 관리적 차별성을 더 크게 하는 방식으로도 진행될 수 있다. 만약 조직내에서 비정규직 인력에 대한 의존성이 매우 높게 작용한다면 조직은 가능한 이를 정규직 인적자원관리체제에 통합하려는 경향을 가질 것이다. 만약 그렇지 않고 비정규직에 대한 작업의존도가 작고 비정규직이 주변적인 직무만을 담당하는 구조라면, 즉 정규직과 비정규직의 직무가 엄격히 구분되고 작업장별 사용 시설이 엄격하게 분리하고 기존 정규직의 인적자원관리와의 차별성을 크게 할 것이다. 그러나 이런 방향성은 조직내 비정규직이 얼마나 강한 그룹으로 성장해있는지에 의존할 것이다.

5 비정규직 활용과 조직 성과

비정규직 활용은 조직이 유리한 성과를 내는 데 기여하고 있는가? 이 주제에 대해 그간 많은 학자들이 논쟁을 해오고 있다. 기업이 비정규직을 활용함으로써 조직 경쟁우위를 확보하려고 의도했는지, 또는 나날이 심화되는 경쟁환경의 압력에 의해 비정규직을 늘리고 활용하고 있는지 등 아직도 닭이 먼저인지, 알이 먼저인지식의 논쟁은 진행 중이다. 이를 규명하기 위한 실증적 연구들도 다수 진행되어졌다. 결론은 혼재되어 있으며 국내 연구들을 기준으로 보자면 비정규직 활용이 조직의 성과를 향상한다는 증거는 거의 발견되지 않고 오히려 부정적인 결과들이 나타나는 것으로 보고된다. 비정규직이 야기하는 결과물 등을 개인수준, 그룹수준, 조직수준 등으로 나눠 검토해 보자.

개인수준연구에서는 비정규직과 정규직의 조직에 대한 태도와 기여 행위 등의 차이에 대하여 탐구하는 내용이 많다. 예를 들어 비정규직 근로자는 정규직에 비해 직무 책임이나 근로조건, 조직밀착도 등에서 낮아 정규직 근로자에 비해 결과물이 부정적이고 아울러 조직기여도가 낮을 수 있다고 인식되는 경향이 있다. 이런 인식은 지식이나 기술집약적인 분야에서의 비정규직 사용을 제한하게 하는 사유가 되기도 했으며 실제로 대부분의 기존 실증 연구들에서 비정규직은 정규직보다 직무조건이나 조직 밀착도 등의 수준이 낮게 나타났고 이들 인력으로부터 조직기여행위를 유인해내는 것이 어렵다는 점이 비정규직 고용이 야기하는 단점으로 언급되었다.

일반적으로 조직에 대한 공정성 인식이나 조직시민행동의 수준 등에서 정규직이 비정규직보다 높게 나타나지만 태도와 행위와의 영향관계에서는 오히려 비정규직이 정규직보다 높게 나타나고 있음을 보고한다. 즉 많은 연구들이 비정규직의 조직밀착도나 조직몰입, 조직기여행위 등의 수준이 정규직에 비해 낮게 나타나지만 이들 인력에 대해 조직 밀착도나 태도를 진작할 수 있는 유인을 조직이 제공한다면 그 효과는 정규직보다 비정규직이 더 즉각적이며 높을 수 있다는 것이다. 조직이 제공하는 유인에 대해 정규직보다 비정규직이 더 즉각적이며 반응적이란 이야기이다. 그 이유는 다음과 같다.

비정규직은 대체로 조직과의 계약관계가 단속적인 성격을 가지므로 시밀적인 고용불안에 항상 노출되어 있어 시장이나 조직이 주는 신호에 대해 매우 민감하다. 만약 조직이 비정규직에게 급여나 근로조건 등에서 공정한 처우를 하기 위해 노력한다는 인식을 주면 비정규직은 이에 민감하게 반응하며 조직에 대한 기여행위를 할 가능성이 높다. 대부분 비정규직은 보다 나은 질적인 일자리를 찾는 경향이 있으므로 조직이나 시장이 보내는 신호에 대해 민감하고 이에 즉각적으로 반응하는 경향이 높다.

그룹수준에서는 주로 정규직과 비정규직 그룹의 관계에 초점을 둔 논의를 구성한다. 이 관계는 직무관계와 비직무적 관계로 나눠지는데 직무 관계 측면에서 보면 조직은 비정규직에게 단순하고 독립적인 과업, 과정이 단순하여 관찰과 평가가 용이한 과업을 할당하는 경향을 보이는 반면 정규직에게는 상호의존성이 높은 작업이나 복잡성이 높은 작업 등을 할당하는 경향을 보인다. 한편 비직무적 관계란 직무를 벗어난 사회적 관계를 지칭하는 것으로 직무적 관계 외에 정규직과 비정규직이 서로 대화하고 소통함으로써 형성되는 것으로 직무적 관계가 만들어내는 부정적인 결과들을 희석할 수 있는 요소로 간주될 수 있다. 정규직과 비정규직의 직무 분리와 단절로부터 오는 상호 스테레오타이핑(상동적 태도)효과와 거리감 등을 대화와 소통을 통해 해소할 수 있는 요소이다. 사회적 관계를 바람직하게 형성하면 정규직과 비정규직간의 지식공유가 가능해져 조직의 경쟁력에도 긍정적이란 주장을 하기도 한다. 현대 조직의 경쟁우위 형성을 위해서는 정규직과 비정규직으로 구성되는 고용 포트폴리오가 불가피한데 이들 간의 지식공유를 촉진하는 학습적인 문화를 형성함으로써 조직 목표를 정상적으로 달성할 수 있다고 보는 것이다.

그러나 과거 연구나 실제 인적자원관리의 영역에서 정규직과 비정규직의 관계는 서로가 쉽게 신뢰하고 직무에서 또는 사회적 관계에서 상호 공감대를 형성할 수 있는 관계는 아닌 것으로 나타나고 있다. 대부분의 기존 연구들에서는 비정규직과 정규직을 통합이란 관점보다는 분리 및 단절에 초점을 둔 논의를 해왔으며 이런 경향은 고용형태에 따른 분리가 많은 사용자들에게 의해 선호되어왔던 현실을 반영하는 것이다. 예를 들면 과거 경제적 변동성이 증가함에 따라 조직은 전략적으로 추구할 가치가 없거나 단순하고 독립적인 영역의 직무를 외주의 영역에 내어줌으로써 자원을 핵심적 분야, 즉 전략적 집중도를 높일 수 있다고 보았다. 정규직과 비정규직의 운용 및 관리에 대해 분리하는 관점은 정규인력은 핵심인력, 비정규인력은 주변 인력 등으로 분리하여 고용정책을 이원화하여 접근하는 태도와 관련된다. 문제는 이런 가치 부여가 그들의 보상에도 정상적으로 반영되지 않는다는 점이다. 정규직이라고 해서 반드시 핵심적 직무를 담당하는 것은 아니며 비정규직이라 해서 반드시 주변적인 업무만을 담당하는 것은 아니다. Gamble and Huang(2009)는 중국에 진출한 다국적 유통기업의 고용구조와 관리방식을 연구한 결과 표면적으로는 핵심－주변 인력운용 양상이 감지되지만 내용적으로 보면 기업의 경쟁우위 달성에 내부화된 인력(즉 정규직)보다 외부화된 인력의 기능과 지식의 공헌도가 더 높으며 이로 인한 부가적인 급부만 내부화된 인력이 향유하는 모순적인 상황이 도래할 수 있다는 것을 보여주었다.9

  고용구조를 조직 경쟁우위달성과 핵심역량의 유지에 기여하게 하기 위해 필요한 조건을 인력의 구조를 핵심－비핵심 등으로 갈라지는 경계와 분리론에 근거한 정태적 접근으로는 설명할 수 없고 이보다는 조직 구성원간, 또는 그룹간의 사회적 관계를 반영하는 상대방에 대한 태도와 행위, 이에 기초하여 내부자와 외부자간 경계를 넘나드는 지식의 흐름과 축적에 더 주목하여야 한다.

  불확실성을 헤쳐가기 위해 현대 조직은 갈수록 일선 작업 조직이 프로젝트 팀 기반으로 편성되어 프로젝트 참여자들간의 다양성과 다재다능한 재능, 창의성을 발현하고 이를 학습 과정으로 발전시켜 조직적 자산으로 축적하여야 한다. 작업과정에서 조직 내부자와 조직 외부자의 지식과 창의성을 결합하

---

9 Gamble, J. and Huang, Q., 2009, One store, two employment systems: core, periphery and flexibility in china's retail sector, *British Journal of Industrial Relations*, 47(1): 1–26.

여 조직적인 자산으로 발전시키기 위해서는 대등한 수평적인 작업관계와 이에 참여하는 사람들 간의 사회적 관계를 조화롭게 형성하고 융화시키는지가 매우 중요한데 이를 촉진하는 기능이 바로 인적자원관리라 보는 것이다.

조직수준에서의 비정규직 활용의 효과는 비정규직의 활용정도가 생산성, 이익 등 재무적 성과에 미치는 영향을 의미하는 것이다. 대체로 이에 대한 국내 연구들은 비정규직 활용의 정도가 매출액이나 이익에 부(−)적 영향을 주거나 아무런 관련성이 없다는 내용이 압도적으로 많다. 대체로 그 이유로 지적되는 것은 비정규직 고용이 단기적인 비용 감소나 생산성 등의 증가를 가지고 올 수 있지만 기본적으로 비정규직 사용은 조직과 구성원간의 심리적 계약의 파기, 조직밀착도의 감소 등 부정적인 효과가 나타나기 때문에 단기적인 비용감소나 생산성 증가가 이 효과들에 의해 희석되어 없어지거나 오히려 부정적 효과가 단기적인 비용감소나 생산성 증가를 압도하여 부정적 영향관계가 최종적으로 나타날 수 있다고 본다. 이는 비정규직 사용에 의한 효과를 인건비 절감과 이로 인한 비용 효율성 등 명시적이고 단기적인 이익과 심리적 계약의 파기 등 잠재적이고 장기적인 손실로서 구성하는데 잠재적인 손실로 인한 부정적 효과가 단기적인 비용 효율성보다 더 크게 나타날 수 있다고 본 것이다. 조직수준에서의 비정규직 활용의 효과는 〈그림 11−1〉로 표시될 수 있다. 비정규직을 사용함으로써 기업이 볼 수 있는 단기적 이익으로는 무엇보다 인건비와 직원 육성과 관련된 노무비, 해고 비용의 절감 등을 들 수

그림 11-1 비정규직 사용의 양면적 효과

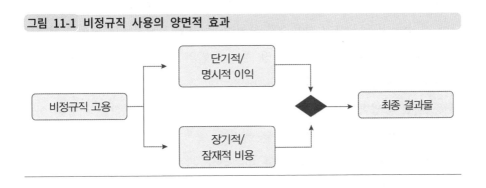

있다. 이는 단기적이고 명시적인 것이므로 특히 비용 효율성을 중시하는 경영자라면 누구나 매력적으로 간주할 수 있는 내용이다. 반면 비정규직 사용은 직원들과 회사와의 심리적 계약과 신뢰관계를 깨트리는 작용을 하여, 조직 몰입과 사기의 감소 등 조직 밀착도를 감소시킴으로써 나타나는 다양한 결과를 초래하는데, 이직의 증가, 작업환경에서의 사고나 직업병의 증가 등으로 표출된다. 이런 부정적 결과는 장부상의 가치 손실로 즉각적으로 반영되지 않으므로 조직의 관리자들이 경시하거나 과소평가할 가능성이 높다. 조직에서의 문화를 형성하는 공동체 의식이 와해된다면 조직은 매우 불안전해 지고 메마른 사막과 같을 것이다. 이 손실은 예측할 수 없을 정도로 장기적으로 조직에 내재될 것이므로 장차 조직의 재무적 성과에 잠재적으로 배태될 것이다.

한편 비정규직 사용의 부정적인 효과를 기업만이 전유하는 것은 아니며 오히려 기업은 이를 비정규직근로자 개인의 부담이나 사회적 부담으로 전가하는 효과를 가지므로 잠재적 손실을 기업내부에 부각하는 것이 적절하지 않을 수 있다는 주장이 제기될 수 있다. 즉 비정규직 사용에 따른 비용 효율성을 기업이 전담하지만 잠재적 비용의 대부분은 근로자 개인이나 사회로 밀어버리는 효과를 내기 때문에 기업이 비정규직 사용으로 인해 받는 부정적 효과는 제한적일 수 있다는 주장이다. 원청 기업이 추진하는 인력아웃소싱이나 외부화, 사내외 하청 방식에 의한 생산 방식 등은 작업과정상 직원 통제나 산업재해 등 다양한 책임에 대해 원청 기업이 본질적으로 지지 않는다. 만약 하청 사업장에서 작업으로 인해 산재가 발생한다면 이로 인한 부담은 산재를 당한 개인이 지거나 하청 사용자가 책임져야 하며, 산재로 인정되어야 사회적 비용으로 처리될 수 있다. 몇 년 전 경남 창원의 모 대기업에서 50여 가지의 화학약품을 사용하는 사업부를 매각하였는데 그 주된 이유는 그 사업부가 산재 등 위험 작업에 해당된다는 것이었다. 직원을 직접 통제하는 비용뿐 아니라 산재로 인한 부담을 줄이겠다는 취지다.

근로자 이직의 경우에도 이와 비슷하다. 근로자 이직의 증가는 근로자 개인에게는 새로운 직장 및 직업에 대한 탐색 및 준비 비용을 유발하고 현재와 같이 취업이 어려운 노동시장 상황에서는 이직자의 비용과 희생을 더 크게 할 것이다. 또한 기술의 진전으로 자동화가 발달하면서 인간 숙련에 대한 의존도가 갈수록 감소하는 것도 인력 육성을 통한 정규직 체제보다는 비용효율성을 중시해 비정규직 고용을 선호하는 현상으로 나타날 수 있다.

총체적으로 비정규직 사용의 양면성이란 비정규직 사용으로 인해 나타나는 단기적이고 가시적인 성과(비용효율성)와 장기적이고 잠재적인 비용(헌신의 감소, 이직 증가, 산재 증가)의 결합에 의해 그 결과가 결정되며, 비정규직 고용이 조직에 명시적 이익과 잠재적 비용을 동시에 초래하며 관리적 측면에서 이를 고려해야 한다는 점을 강조한다. 결국 최종적 결과물은 명시적 이익과 잠재적 비용과의 차감에 의해 결정되며 이에 따라 최종 결과물이 긍정적인지 아니면 부정적인지가 결정된다. 이 같은 논리적 추론은 왜 비정규직과 조직성과의 관계를 연구한 다양한 실증 연구들이 서로 혼재된 결과를 보고하고 있는지를 설명하는 근거를 제시한다.

6 비정규직 인력의 관리 정책

비정규직 사용 결과의 양면성론은 비정규직 사용의 최종적 결과물이 명시적 이익과 잠재적 비용의 차감효과에 의해 유동적일 수 있다는 관점을 가진다. 비정규직 사용의 최종적 결과물은 기업이 어떤 비정규직 관리 정책과 관행을 시행하는지에 의해 영향을 받게 될 것이다. 기업의 비정규직 관리 정책을 크게 양 극단으로 분류하면 분리(Segregation)와 통합(Integration)으로 나눌 수 있다. 분리 정책은 정규직과 비정규직의 직무를 분리하거나 관리상 정보를 통제하고 양 고용형태간 거리를 명확히 구분하고 유지하여 상호 비교가능성을 사전적으로 차단하는 정책을 의미한다.

반면 통합이란 가능한 비정규직을 정규직의 인적자원관리체제내로 포용하는 것을 의미하며 정규직에게 제공되어온 인적자원관리 관행과 복리 등을 비정규직에게도 제공함으로써 정규직과 비정규직 양자 간의 경제적 사회적 격차를 줄이고 동질성을 추구하는 것을 의미한다. 이로써 정규직과 비정규직 간의 긍정적인 상호작용을 유도할 뿐 아니라 비정규직의 조직 밀착도를 향상하고 장기적으로는 정규직과의 통합을 가능하게 함으로써 동질적인 일체감을 추구한다. 통합은 비정규직 인력을 기업 경영의 전략적 파트너로 간주하는 시각과 비슷하다. 즉 비정규직 인력의 선발에 있어서도 이들이 가진 기술이나 지식, 능력 등을 검토하고 향후 정규직으로서의 전환가능성이 면밀히 검토되며, 초기 입직이후 조직 사회화를 지원한다. 필요할 경우 정규직과 비슷하게 훈련과 인력개발이 지원될 수 있고 정규직으로의 승진 및 전환 가능성이 개방된다. 반대로 분리 정책은 비정규직에 대해 어떠한 인사관리적 지원 정책을 사용하지 않으며 철저히 인사관리의 대상에서 배제시키며 정규직과 비정규직 간의 양 직종간의 정보교환을 방지하는 등 차별성을 추구한다. 그럼으로써 양 직종간의 비교가능성을 원천적으로 배제하고자 의도한다.

개별 기업이 통합과 분리 등 비정규직에 대한 인사정책을 선택하여 시행하는 것에는 많은 제약과 규제가 작용한다. 비정규직 사용에 대한 정부의 정책이나 법제도적인 제약 등이 기업의 비정규직 사용 정책에 지대한 영향을 준다. 본질적으로 기업의 속성은 정부의 규제나 법제도적인 규제를 싫어하는 속성을 가지고 있으나 법제도적인 규제가 일단 마련되면 이를 반드시 지켜야한다. 따라서 일단 법제도가 실행되면 이에 적응하기보다는 가능한 법 규제의 대상이 될 수 있는 요인을 아예 만들지 않거나 이를 피해갈 수 있는 다양한 방법 등을 찾는 경향이 있다. 법제도적 규제를 넘어서지 않는 범위에서 가장 효율적인 인적자원관리 정책을 찾아 이를 시행한다는 것이다. 따라서 기업은 비정규직에 대해 법제도적인 규제에 의해 최적화된 정책을 찾고자 하며 분리와 통합 등을 혼합하여 선별적으로 시행하거나 아니면 아예 분리 정책을 시행하든지 아니면 전면적인 통합 정책을 선택할 수 있을 것이다. 고용에 대한

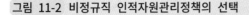

그림 11-2 비정규직 인적자원관리정책의 선택

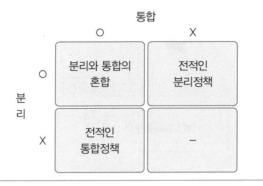

사회적 책임을 중시하는 기업은 통합 정책에 무게 중심을 둘 것이고, 반대로 그렇지 않은 기업의 경우에는 분리 정책을 추구할 가능성이 높을 것이다.

7 고용 포트폴리오, HR 아키텍처

1) 고용 포트폴리오

기업 조직에는 수많은 고용형태의 인력집단으로 구성될 수 있다. 이는 기업의 경영자가 인력관리에 어떤 철학을 가지고 있으며 어떤 경영환경에 처해 있는지에 따라 달라질 수 있다. 박우성(1999)은 이를 고용 포트폴리오 관리로 설명하고 있다. 한 기업 조직에 속한 인력은 조직과 종업원간 사이에 기대되는 고용기간이나 조직과 직무 몰입과 책임성 등에 따라 장기축적 능력 활용 인력 그룹, 고도전문능력활용인력 그룹, 고용유연형 그룹 등으로 나눌 수 있다고 보았다.[10]

고용포트폴리오에서 고용포트폴리오의 구성은 기본적으로 경영환경, 경영전략의 영향을 받아 결정되며, 각 조직이 처한 직무환경이 반영된 직무 특

---

10 박우성, 2009, 비정규직 인력의 관리, 21세기형 인적자원관리: 뉴파라다임과 실천과제(한국노동연구원), pp.363 – 385.

그림 11-3 고용포트폴리오

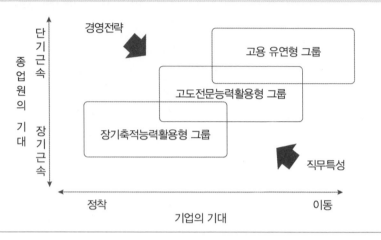

자료: 박우성(2009)

징에 의해서도 영향을 받는다는 것을 전제로 한다.

　먼저 장기축적 능력 활용형 집단은 기업 특수적 핵심역량이나 지식, 기술을 보유하고 개발하는 집단으로 이들에 대해서는 장기적 고용이 적용되며 기능적인 유연성을 확대하며 최대한 고용을 보장해 준다. 두 번째로, 고도 전문 능력 활용형 집단은 외부 노동시장에서 평가되는 전문 능력을 가진 집단으로 기업 특유의 기술이나 지식보다는 직종이나 업계에서의 전문 능력이 더 중요시되는 인력들로 구성된다. 예를 들면 기업에 채용되는 변호사나 변리사, 공인노무사 등이 여기에 해당될 수 있다. 이들에 대해서는 중간 정도의 고용기간을 설정하고 인력 이동의 유연성도 중간 정도에 해당되게 관리된다. 세 번째로 고용유연형 집단은 기업의 핵심역량과는 무관하게 주변적이고 보조적인 업무 영역에서 근무하는 인력들로써 이들에 대해서는 기능적 유연성보다 수량적 유연성이 중요하게 간주되어 적극적으로 활용된다. 즉 고용유연형 집단을 구성하는 인력들은 고용기간이 짧고 이직이 잦은 성격을 가진다.

　이런 집단 구분과 이에 따른 인적자원관리 정책은 근로자의 기대와 희망, 그리고 기업의 기대와 희망이 일치할 때 문제없이 지속될 수 있으나 만약 근로자의 심리적 기대와 기업의 기대가 서로 불일치하면 근로자의 사기저하와 불만, 그리고 노사간의 갈등이 야기될 수 있다.

이를 미연에 방지하기 위해서는 인력의 채용 단계에서 기업측이 기대하는 근로 및 고용관계의 성격을 명확히 주지시키고 상세히 설명해야 하며 이를 자발적으로 받아들이는 인력을 채용하거나 충원할 필요가 있다. 또한 인력관리차원에서 각 그룹간의 승진이나 이동이 가능하도록 통로를 열고 인력간의 이동성이 가능하도록 운영할 필요가 있다. 가령 고용유연형 집단에 속한 근로자가 나름 능력개발을 하고 기업에서 필요로 하는 기술 등을 습득하여 전문성을 인정받는다면 이 근로자를 고도전문능력활용형 그룹이나 장기축적 능력활용형 그룹으로 이동시켜주는 개방성이 필요하다. 이 같은 개방성을 확보하는 것은 정책이나 제도 구현상 쉬운 것은 아니다. 무엇보다 기존 근로자들과의 형평성이나 역차별 논쟁 등이 일어날 수 있는데 특히 고용유연성 집단에 속한 근로자의 이동시 장기축적 능력집단이나 고도전문능력 집단의 하위직과 임금이나 근로조건 상의 형평성 문제가 대두될 가능성이 높다. 이동직의 급여수준은 어떻게 해야 다른 고도전문능력그룹과 또는 장기축적 능력 집단과 형평성을 확보할 수 있는지, 그리고 급여체제와 근로조건은 어떤 선에서 합의를 해야 하는지 등 다양한 이슈들이 부각될 수 있다. 다양한 고용형태를 가진 인력을 관리하는 핵심적인 요소는 인력 그룹간의 개방적 이동성을 보장하되 이동직과 조직내부 인력, 특히 기존 인력과의 처우 형평성을 적절하게 확보하는 것이다. 이는 경영상의 문제라기보다는 내부 조직 구성원간의 합의의 문제와 연관될 수 있다.

고용포트폴리오 개념은 그간 인적자원관리가 주로 정규직 근로자들을 대상으로 한 근로관계와 동질적인 정책적 관행 등에 집중해온 전통적 영역을 넘어 기업의 인력집단을 다양한 고용관계를 형성하고 있는 집단으로 구분하여 통합적으로 운영할 필요성을 제기한다. 여기서 제시한 고용의 분류가 바로 기업 현장에서 적용될 수 있는 성격은 아니지만 다양한 고용형태와 인력들을 동질적으로 보지 않고 그 이해관계와 고용기간 등이 다름에 따라 나타나는 다양성과 차별성을 통합적으로 관리해야 한다는 시사점을 던져준다.

2) HR 아키텍처

갈수록 경쟁이 심화되는 경영환경은 기업으로 하여금 다양한 고용 형태의 근로자들을 사용하도록 압력을 행사하고 있다. 이미 많은 회사와 조직들이 풀타임으로 일하는 정규직 근로자 이외에도 임시직 근로자, 기간제 근로자, 파견 근로자, 사내하청 등 다양한 형태의 노동자들을 사용함으로써 사업을 진행하고 있다. 이 고용형태를 내부화된 인력과 외부화된 인력으로 나눌 수 있다면 이들을 포괄하는 인적자원관리의 아키텍처는 어떻게 구성해야 할까? 여기서 아키텍처는 조직 인적자원관리의 구조와 내용을 한 눈에 보여주는 지도와 같은 것으로서 인적자원관리 및 운영의 원칙을 비롯하여 전체적인 그림을 보여주는 것이라고 할 수 있다.

경영학에서의 인적자원 아키텍처에 관한 논의는 오늘날 한국 사회에서 벌어지고 있는 고용분화형태와 양식과는 다소 일치하지 않는 비현실성이 있지만 인적자본이란 이론적 기초에서 조직의 효율성과 효과성을 진작하기 위해서 인적자원 아키텍처의 구조와 향후 방향에 대해 심도 있게 다루어 왔다.

조직에서 내부 고용(Internal Employment)을 통해 사용하는 것의 이점은 장기고용과 내부 개발을 통해 인력을 안정적으로 운영함으로써 기업 특수적 지식과 기술을 핵심적 역량으로 발전시키는 것이 가능하다는 것이고 친숙한 사회화 과정으로 인하여 직원들의 협조가 협력이 잘 이루어진다면 업무상 나타나는 다양한 거래 비용을 절감할 수 있다는 것에 있다. 그러나 인력을 관리하기 위한 간접적인 비용과 경직적 고용을 관행적으로 관리해야 하는 관료주의적 비용으로 인한 폐해의 가능성도 많이 열려 있다.

반면 외부 고용(External Employment), 즉 아웃소싱이나 비정규직 형태의 인력을 사용하는 것의 이점은 운영에 투입되는 간접비용과 인건비용의 절감,

환경적 변동성에 대응하는 유연성의 증가 등이 될 것이다. 그러나 외부 고용은 이를 이용해 장기적인 기업의 발전에 기여하는 지식과 역량을 기업내부에 축적하기 어렵게 하고 단기적이고 기능적인 문제 해결에 치중하는 결과를 가져오기도 한다. 결국 내부 고용이나 아니면 외부 고용이냐, 어떤 방식의 선택이 기업의 발전에 성공적인가 하는 것은 이런 선택이 종업원들의 지식, 기술, 역량 등 조직의 성공에 기여하는 인적자본을 어떻게 개발하고 이것을 기업의 핵심적인 역량으로 축적해 갈 수 있는지에 대한 여부에 있다고 하겠다.

　고용의 내부화와 외부화에 대한 선택에 대한 논의는 오래전에 제시되었던 거래비용이론에서 포함했던 make or buy 논쟁으로부터 비롯되었다. 이 논쟁은 회사의 생산에 필요한 물품이나 재료를 마련하기 위해서 이런 재료를 만드는 회사를 수직적으로 통합하여 물품을 안정적으로 공급받는 것이 효과적인지 아니면 원재료를 만들고 공급하는 회사와 일정정도의 거리를 두면서 시장 거래를 통해 일회적이거나 단속적인 수준에서 원재료를 공급받는 것이 효과적인지에 대한 내용을 다룬다. 그러나 오늘날 조직에서는 이 같은 내부화와 외부화 활동 등이 혼재되어 있으며 내부화 활동에만 주력하거나 아니면 외부화 활동에만 주력하는 기업은 거의 찾아볼 수 없다.

　Lepak and Snell(1999)은 한 가지 활동에만 전념하여 기업의 핵심적 역량을 개발하고 발전하는 조직은 거의 없으며 오히려 내외부 활동의 상호작용과 상호교환, 그리고 상호 지식의 결합에 의해 조직의 핵심적 역량과 지식이 개발된다는 점에 착안하여 다음과 같은 HR 아키텍처를 제시했다.[11] 이 모델에서는 조직의 가치창출(Value creation)과 자산의 특유성(asset specificity)의 근원을 인적자본으로 보고 있다. 인적자본이란 기본적으로 조직을 구성하는 사람들의 지식, 기술, 역량의 수준을 지칭하는 것인데 인적자본의 두 가지 핵심

---

11 Lepak, D. P. and Snell, S. A. 1999, The Human Resource Architecture: toward a theory of human capital allocation and development, *Academy of Management Review*, 24(1), pp.31－48.

그림 11-4 HR 아키텍처

조직의 경계

	외부화	내부화	
고	사내 하청 사내 도급	핵심지식근로자	관계적
특유성	독립적 계약 근로자	내부 채용 전통적인 근로자	거래적
저	아웃 소싱		

고용관계의 성격

저   기업 가치 부가   고

자료: Lepak and Snell(1999)의 아키텍처를 약간 변경하여 제시함

요소로 가치창출과 자산의 특유성 두 가지를 제시하였다. 〈그림 11-4〉에서 제시하듯이 인적자원관리의 관행을 고용형태(Employment mode:내부화 혹은 외부화) 측면과 상호작용 측면(Employment relation: 거래적 혹은 관계적)으로 나누어 나타나는 4가지 분면은 각각 다른 근로자 집단으로 구성되는 것으로 가정하였다. 구체적으로 보면 핵심적 종업원들은 매우 가치 있는 지식과 기술을 보유하고 있으며 이런 자산이 기업 특수적인 성격을 가지고 있어 현 회사의 경쟁력의 주된 근원이 될 수 있는 특징을 가지기 때문에 회사에서도 이들을 내부적으로 고용해야 할 유인이 높다. 전통적 종업원들은 회사가 필요로 하는 지식의 특유성 측면에서는 두드러지지 않지만 현재 회사의 현금 생성에 기여하는 가치가 있는 지식과 기술을 가지고 있어 회사에서는 이들에 대하여 장기적으로 고용할 유인을 가질 수밖에 없다. 사내하청인력은 기업에게 가치를 부가하는 정도는 높지 않지만 기술의 기업 특유성이 높아 거래 비용을 최소화하기 위해서는 회사의 반경 내에 들어와 작업을 해야 하는 성격을 가진다. 마지막으로 독립적계약근로자는 기업에 직접적으로 가치를 부가하는 정도가 낮고 기술의 기업 특유성도 낮은 성격을 가지는데 예를 들면 기간제, 계약제

등 고용형태 근로, 또는 변호사, 컨설턴트 등 전문직종 등이 해당될 수 있을 것이다. 이들 인력은 일정정도 기간이 지나면 해촉을 전제로 하여 운용된다.

HR 아키텍처의 이런 분류는 정태적으로 고정되어 있는 것은 아니며 각 고용형태들을 구성하는 인력들이 동적으로 상호작용함으로써 때론 지식과 기술의 퇴락이 나타나기도 하고 때론 지식과 기술이 업그레이드되어 더 나은 부가가치를 부여하는 역할의 인력으로 발전하기도 한다. 기업이 성공적이기 위해서는 무엇보다 핵심지식근로자의 범위와 심도가 확대되어야 하며 그러할 때 조직내 학습이 활성화되고 혁신이 일어나게 될 것이다.

조직에서의 학습과 혁신은 핵심적 인력들이 가진 역량(인적자본)과 핵심적 인력들이 접하고 상호작용하는 내외부의 인력들간의 관계망(사회적 자본)의 결합에 의해 창출되고 발전된다. 즉 조직 내부 인력이 내부 인력간의 관계와 외부 인력간의 관계에서 생성하는 다양한 정보와 지식의 흐름이 중요하고 그 맥락에서 비정규직 인력의 관리가 합리적인 방식으로 고려되어야 한다는 것이다. 인적자본과 사회적 자본이 협력하여 가치 창출을 한다는 요지의 다양한 논문들은 조직 내외부의 관계망 관리의 차원에서 비정규직인력을 비롯한 외부 인력과 조직 내부 인력이 형성하고 상호작용하는 관계망의 특징과 가치의 관리에 주목하는 경향을 보이고 있다.[12]

이 같이 대체로 HR 아키텍처는 기업 내부적 관점에서 구성되는 인력 고용 형태의 다양성을 어떻게 관리해 나가야 할지에 대한 기본적인 프레임을 제시한다. 그러나 기업내부적 관점만으로 인력 운영이 원만하고 성공적으로 이루어지는 것은 아니다. 무엇보다 인력운용방식에 대한 사회적 분위기, 법과 제도적인 제약 등 외부적 요인도 내부적 관점 못지않게 중요하게 부각된다. 조직외부의 인력과 조직내부인력과의 상호작용을 통해 새로운 지식과 기술이

---

12 Kang, S. C., Moris, S. S., and Snell, S. A. 2007. Relational Archetypes, Organizational Learning, and Value Creation, *Academy of Management Review*, 32(1), pp.236−256.

조직내부에 들어와 축적되고 활성화될 수 있다는 방식의 학습론적 접근 개념은 법제도적 제약 등 구체적인 조건 등을 고려하지 않고 논의가 진행될 때 허공에 떠있는 현실성 없는 이론이 되어 버릴 가능성이 있다. 합리적 가치 중심의 일원론적 관점으로만 이론이 개발된다면 사람은 부각되지 않고 사람이 가진 지식과 역량의 가치만 부각될 것이며 인력은 조직에 필요한 핵심 자원과 나머지 주변적 땔감 정도로 양분화 또는 다분화하여 분리·관리하는 매정함이 정당화될 뿐이다. 여러 가지 측면에서 이 분야에 더 많은 연구가 진행될 필요가 있지만 무엇보다 학문적 공허함을 벗어나기 위해서는 기업 내부적 일원론적 관점으로부터 나와 다양성이 존재하는 다원론적 관점으로 나아가서 제도적인 측면의 보완과 더불어 사람 냄새가 물씬 나는 정제된 이론으로 발전시킬 필요가 있을 것이다. 그래서 현실을 반영하고 현실에 적용하는 실용적인 노력이 강화되어야 할 것이다.

8 알고리즘에 의한 관리

최근 고용이란 개념에서 벗어나서 독립적으로 계약되어 일하는 방식의 노동이 증가하고 있는데 소위 특수고용형태종사자, 또는 플랫폼 기반의 노동공여자 등이 여기에 속한다. 특수고용형태종사자와 플랫폼 기반의 노동공여자, 또는 독립적 계약자, 프리랜서 등에 대한 연구는 2000년 이후부터 본격화되었는데 주요 연구 관심은 이들 노동제공자들이 고용된 근로자로 인정받지 못함으로 인해 노동법의 보호를 받지 못할 뿐 아니라 산업재해 등 사회보험의 보호 역시 받지 못하는 사각지대에 놓여있다는 점에 있었다.

한국경제가 글로벌화되고 정보통신 기술이 발달하면서 정보기술 플랫폼으로부터 일감을 받고 플랫폼이 제공하는 알고리즘에 의해 급여 등이 결정되는 이른바 플랫폼 노동이 갈수록 팽창하고 확대되고 있다, 2018년 한국고용정보원 조사에 의하면 한국의 플랫폼 노동종사자는 전체 취업자의 1.7~2.0%

비중으로 약 46만명에서 53만명까지 추정된 바가 있다. 플랫폼 노동의 주요 직종으로, 차량호출(ride hailing) 대리운전, 화물운전기사, 퀵서비스, 배달노동, 가사 서비스 등 지역기반 플랫폼 노동이 절대적으로 많다.

플랫폼 노동공여자가 차량호출이나 가사서비스 등에 대한 일감을 디지털 플랫폼을 통해 통보받으면 이들은 고용된 근로자가 아니라 1인 아웃소싱 자영업자 또는 독립적 계약자가 되어 자신의 차량이나 사무실 또는 장비 등을 이용해 서비스 수요자에게 서비스를 제공하게 된다.

플랫폼 알고리즘이란 이 같이 서비스 수요자와 서비스 공급자를 상호 일치 시켜 작업과 서비스를 제공하게 하고 이로 인한 대가를 계산하여 서비스 공여자에게 지불하는 디지털플랫폼의 엔진을 지칭한다.

알고리즘에 의한 관리란 전통적으로 인사관리자가 개입하였던 일의 할당이나 분배, 작업과정에 대한 감독, 작업자에 대한 평가 등이 더 이상 사람에 의해 주관되는 것이 아니라 디지털화된 알고리즘에 의해 진행되는 방식이다.

일에 대한 평가는 고객에 의한 벌점이나 평가로 대체되고 이 역시 알고리즘에 의해 수행되며 평가에 근거한 일의 배분이나 급여 수준 역시 알고리즘에 의해 대행되는 체제가 된다.

종사자는 자신의 일의 결과와 그 평가 등에 대해 투명하게 그 내용을 알 수 없고 알고리즘의 과정과 내용을 전혀 알 수 없으므로 종사자의 운명은 알고리즘의 자비와 시혜에 의해 결정되고 유지되는 상태가 된다. 결국 알고리즘이란 것도 사람이 만들어 실행하는 것이란 것을 전제로 한다면 사람이 가지고 있는 가치관, 편견, 차별적 시각 등이 고스란히 반영될 수 있다는 점에서 혹 학자들은 많은 우려를 제기하고 있다.[13]

예를 들면 우버 운전자, 배달 노동을 비롯한 모빌리티 노동의 경우 고객

---

13 Bailey, D. E. 2022, Emerging technologies at work: policy ideas to address negative consequences for work, workers, and society, *ILR Review*, 75(3), 527-551.

으로부터의 평가가 지속적으로 좋지 않으면 일의 배급 자체가 정지되기도 하는데, 이에 대한 이의제기나 그 과정에 대한 합리적인 설명도 전혀 듣지 못하고 그냥 당하는 일방적인 사례가 생겨나게 된다. 또한 고객들이 제기하는 평가에 대해 어떤 피드백 과정을 제기할 수 없으며 받아들일 수밖에 없다. 즉 알고리즘에 의한 관리나 경영이 실행되는 경우 노동공여자의 개인적 인권이나 존엄 등을 더 이상 문젯거리가 되지 않으며 일방적인 통제가 이뤄진다는 점에서 다소의 비판이 제기되고 있다.

디지털 플랫폼에 의해 수요자와 공급자가 연결되는 긱 경제가 확장됨에 따라 전통적인 HR 기능들은 갈수록 시스템 디자인 엔지니어에게 외주화되며 이들이 생성한 알고리즘에 의해 HR 기능들이 수행되게 된다. 이런 추세는 기업에게 HRM에 대한 비용을 절감하고 직접고용으로 인하여 발생하는 비용과 위험 요인 등을 개인에게 전가하는 효과를 가질 것이다.[14] 반면 조금 시각을 달리하면 이 현상을 과거 전통적 고용관계에서 플랫폼을 중심으로 하여 시장 참여자와 주체자 간의 느슨한 거버넌스로 전환된 것으로 평가할 수 있다. 즉 경제적 가치 창출이 고용관계가 아니라 플랫폼에 참여한 다양한 주체들에 의해 자원이 교환되고 가치가 산출되는 방식으로 전환된 것이다.

그러나 플랫폼을 중심으로 한 거대 네트워크나 생태계가 형성됨으로써 새로운 권력관계가 형성되는 것에 주목할 필요가 있다. 생태계 내의 주체 간에 동등한 입장의 정보교환이나 힘의 균형이 이뤄지는 것이 아니라 거대 플랫폼 소유 기업 중심으로 한 생태계가 형성되며 거대 플랫폼 소유기업은 생태계 내 활동 기준이나 규칙을 정하며 생태계 참여 주체들에 대해 거대한 권력을 소유하며 영향력을 행사하게 된다.

플랫폼 생태계내의 거버넌스가 선한 거버넌스로 발전하기 위해서는 플랫

---

14 Angrave, D, Charlwood, A., Kirkpatrick, I., Lawrence, M., and Stuart, M., 2016, HR and analytics: why HR is set to fail the big data challenge, *Human Resource Management Journal*, 26(1).

폼 소유기업에 집중된 권력을 보다 주체 중심적인 분권화가 이뤄져야 하며 주체들의 내부 활동에서의 참여성 정도가 더 향상되어야 한다는 주장들이 제기되고 있다.[15]

9 장의 요약

비정규직 인력은 정규직 인력에 대한 상대적 개념으로 다양한 분화를 하고 있지만 비정규화 또는 비정형화를 판단하기 위해서는 근로계약기간, 근로시간, 근무 장소, 관리적 통제의 형태 등 다양한 요소를 파악해야 한다. 이에 따라 임시계약직, 단시간 근로, 재택근로, 파견근로, 사내하청근로, 도급 근로 등 다양한 고용형태를 비정규직의 범위에 포함한다. 물론 노동계와 경영계, 학계에서 사용하는 비정규직의 의미와 범위는 많은 차이가 나고 있다. 최근 들어 기업환경의 불확실성이 증가하면서 상시성과 안정성보다는 기민성과 같은 빠른 환경 적응이 필요해짐에 따라 갈수록 기업 기능의 아웃소싱과 외부화 등이 증가하고 있다.

이런 배경에서 기업은 비정규직 고용을 상당히 늘리게 되었는데 왜 기업은 이렇게 비정규직고용을 선호하게 되었는가? 무엇보다 비정규직 고용은 기업에게 정규직에 투입되는 인건비, 복리 등의 비용에 비해 싼 비용이 투입되므로 비용 절감이 가능하다. 둘째, 빠른 환경 적응이 갈수록 중요해짐에 따라 인력관리의 유연성이 요구되면서 자연히 비정규직의 고용이 늘어나게 되었다. 또한 기업은 비정규직을 활용함으로써 불황기 시장의 축소로부터 핵심적 정규 인력 등을 보호할 수 있었다. 기업이 새로운 지식이나 기술을 가진 인재를 내부에서 구할 수 없을 경우 이를 외부 노동시장에서 확보하여야 하는데 조직은 이렇게 전문 인력을 모집 확보하여 상당한 고임금을 지불하기도 한다.

---

15 표시영, 2021, 굿 거버넌스 관점에서 본 플랫폼의 적정 규제방안 논의, 한국방송학회보, 35(3), 117-154.

비정규직의 고용 및 관리에 대한 기업별 차이를 설명하는 이론들로서 상호호혜성이론, 옵션이론, 학습이론, 그룹관계이론 등이 있다. 상호호혜성론은 조직구성원과 조직간의 심리적 관계성을 부각한 것으로 양자간 교환관계의 질을 의미하는 것이다. 옵션이론은 비정규직 고용이 가지는 유연성은 기업으로 하여금 미래 불확실성에 대하여 대비하는 옵션으로서의 가치를 가지므로 기업이 비정규직을 고용하는 것은 고정비로 간주되는 정규직 고용을 유보하고 향후 불확실성이 해소되고 경제적 전망이 악화될 경우 쉽게 고용을 포기할 수 있는 선택권을 주기 때문이라고 주장한다. 학습이론적 관점은 비정규직이 가지고 있는 기술과 지식이 정규직의 그것과 다르고 별개의 전문성이 있으며 비정규직과 정규직이 상호 학습할 수 있는 요건이 된다면 새로운 지식의 창출이나 기존 지식의 업데이트 등 긍정적인 지식자원의 축적이 가능하다는 입장이다. 그룹관계 이론은 조직내 소수자 그룹과 다수자 그룹간의 권력관계로 비정규직과 정규직의 현상을 설명하는 이론으로서 그룹의 상대적 크기가 사회적 상호작용의 질과 그룹간의 갈등 수준 등에 영향을 미친다는 점에 주목한다.

조직이 비정규직을 활용함으로써 유리한 성과를 내고 있는지에 대해서 많은 실증연구가 이루어졌으나 이 연구들의 결과는 매우 혼재되어 있다. 개인수준의 연구에서는 비정규직과 정규직의 태도와 기여 행위 등의 차이에 대해 탐구한 연구가 많은데 비정규직 근로자는 정규직 근로자에 비해 직무 몰입, 밀착도, 조직시민행위 등에서 낮아 비정규직을 고용할 경우 이 같은 단점을 극복해야 하는 것을 언급한다. 그룹수준에서는 양 그룹간의 통합과 단절 등이 조직에 미치는 영향, 상호작용 등 사회적 관계에 주목한다. 조직수준에서는 조직에서의 비정규직 활용이 조직의 생산성, 이익, 매출, 이직, 재무적 성과 등에 미치는 영향을 주로 분석해왔다. 조직에서 비정규직 활용은 단기적 비용절감 등에 기여하지만 이직이나 산업재해 등을 야기할 수 있다. 다만 비정규직 사용으로 인한 비용(이직이나 산재) 등은 기업이 전유하는 것이 아니라 근로자 개인이나 사회에 전가하는 효과를 가지므로 기업이 비정규직을 끝없이 사용하고자 하는 유인이 작용한다.

비정규직 사용결과의 양면성은 비정규직 사용의 최종 결과는 비용절감 등 명시적 이익과 잠재적 비용의 차감효과에 의해 유동적일 수 있다는 관점을 가진다. 대부분 기업의 비정규직 사용 정책은 극단적인 통합과 분리의 양 축에서 적당한 위치를 점할 것으로 간주된다.

기업환경의 불확실성이 극대화됨에 따라 기업 조직에는 다양한 고용형태의 포트폴리오가 형성된다. 고용포트폴리오는 그간 인적자원관리가 주로 정규직 근로자들을 대상으로 한 근로관계와 동질적인 인사관리관행 등에 집중해온 전통적 흐름에서 벗어나 기업의 인력집단을 다양한 고용관계를 형성하고 있는 집단으로 구분하여 통합적으로 운영할 필요성을 제기한다. 또한 최근 정보기술의 발달로 인해 나타나는 플랫폼 노동공여자의 경우 사람이 주관하고 간여한 인적자원관리방식에서 벗어나 인공지능 등을 활용한 알고리즘에 의한 관리 방식의 적용을 받는다. 이럴 경우 나타나는 부작용 등도 향후 인적자원관리 학문분야에서 검토해봐야 할 사항이 될 것이다.

찾아보기

권순식

권순식 교수는 2008년부터 국립창원대학교 교수로 재직하고 있다. 주 전공은 고용관계, 인적자원 관리이며, 이 분야에서 다양한 저서와 논문을 저술하고 있다.

제2판
인적자원관리

초판발행	2019년 1월 7일
제2판발행	2023년 9월 5일
지은이	권순식
펴낸이	안종만·안상준
편 집	전채린
기획/마케팅	김민규
표지디자인	Ben Story
제 작	고철민·조영환
펴낸곳	(주) 박영사
	서울특별시 금천구 가산디지털2로 53, 210호(가산동, 한라시그마밸리)
	등록 1959. 3. 11. 제300-1959-1호(倫)
전 화	02)733-6771
f a x	02)736-4818
e-mail	pys@pybook.co.kr
homepage	www.pybook.co.kr
ISBN	979-11-303-1859-2 93320

정 가   27,000원